KB152657

THE
LOST
CITY OF
THE
MONKEY
GOD

THE
LOST
CITY OF
THE
MONKEY
GOD

원숭이
신의
잃어버린
도시

더글러스 프레스턴 지음 ㅣ 손성화 옮김

나무의철학

나의 어머니
도로시 매캔 프레스턴께
이 책을 바칩니다.

## 차 례

## 원정을 시작하며

    내가 '백색 도시' 전설에 관해 처음으로 들은 것은 1996년 〈내셔널 지오그래픽*National Geographic*〉에 신기로 한 캄보디아의 고대 사원들에 관한 기사를 쓸 때였다. 미국항공우주국 나사NASA가 기술적으로 진일보한 레이더 시스템이 탑재된 수송기 DC-10을 세계의 여러 밀림 지역 상공에 띄운 직후였다. 밀림 속에 무엇이 숨겨져 있는지 밝혀내기 위해 레이더가 나뭇잎을 관통할 수 있는지 알아보는 게 목적이었다. 결과물은 캘리포니아주州에 있는 나사 산하의 제트추진연구소에서 분석했다. 원격탐사 전문가들로 구성된 팀이 우주에서 촬영한 지구의 영상도 꼼꼼히 살폈다. 그리고 많은 양의 데이터를 고속으로 처리한 뒤 그때껏 알려지지 않았던, 캄보디아 밀림에 숨어 있던 12세기 사원 유적을 찾아냈다. 나는 더 많은 정보를 얻고자 그 팀의 수장인 론 블롬Ron Blom을 찾아갔다.

    블롬은 사람들이 일반적으로 떠올리는 전형적인 과학자의 이미지와는 사뭇 달랐다. 다부지고 탄탄한 체격에 턱수염을 기른 그는 조종사용 안경에 '인디아나 존스' 모자를 쓰고 있었다. 그는 아라비아 사막에서 사라진 도시 우바르를 발견해 세계적인 명성을 얻은 인물이었다. 현재 공을 들이고 있는 다른 프로젝트에는 어떤 것들이 있는지 내가 묻자 그는 상당히 많은 일들을 줄줄이 읊어댔다. 블룸은 아라비아 사막을 가로지르는 유향 통상로를 발견하고 옛 실크로드의 자취를 좇으면서 버지니아주의 남북전쟁 현장을 찾고 있었다.

그의 설명에 따르면, 서로 다른 파장의 적외선과 레이더를 이용하여 찍은 디지털 영상들을 조합한 다음, 컴퓨터로 그 데이터를 재생하면 지금은 사막이 된 지역의 모래 밑 4.5m까지 그리고 울창한 나무로 뒤덮인 밀림 또한 투사해 그 안을 볼 수 있다고 했다. 게다가 고대의 흔적을 찾기 위해 현재 나 있는 흔적이나 길을 (모니터상으로) 지워버리는 일도 가능했다.

고대의 자취들도 물론 흥미로웠지만, 나는 특히 이 기술을 통해 우바르 같은 사라진 도시들을 발견할 수 있을지도 모른다는 생각에 사로잡혔다. 이에 관하여 내가 질문을 던지자 블룸은 별안간 말을 얼버무리기 시작했다. "딱 이 말만 할게요. 우리는 지금 다른 유적지들을 살펴보고 있는 중입니다."

과학자들은 거짓말에는 젬병이다. 나는 블룸이 뭔가 굉장한 것을 감추고 있다는 사실을 금세 눈치챌 수 있었다. 내가 좀 더 압박하자 결국 그는 털어놓았다. "지금 찾고 있는 곳이 매우 중요한 유적지일 가능성이 있으나 그와 관련해서 더는 입을 열 수 없습니다. 나는 민간인의 요청으로 비공개 작업을 하는 중입니다. 기밀유지

협약서에도 서명을 했어요. 이 작업은 사라진 어느 도시에 관한 전설에 기초한 것으로, 그 유적지가 아메리카 대륙 어딘가에 존재한다는 것만 알려줄 수 있습니다. 다만 여러 전설에서 두루뭉술하게 암시되어 있기 때문에 목표물의 정확한 위치를 알아내기 위해서 위성자료를 이용하고 있습니다."

"그곳을 찾았나요?"

"더는 말씀드릴 수 없습니다."

"유적지 발굴을 요청한 사람은 누구인가요?"

"그 정보 또한 밝힐 수 없습니다."

블롬은 베일에 싸인 그 고용주에게 내가 관심이 있으니 연락을 바란다는 뜻을 전해주기로 했다. 다만 그 고용주가 반드시 연락할 것이라는 보장은 없다고 했다.

잃어버린 도시의 정체가 드러날 수도 있다는 생각에 한껏 들뜬 나는 알고 지내던 중앙아메리카 전문 고고학자 몇몇에게 전화를 걸었다. 그들은 각자 자신의 생각을 이야기해 주었다. 그중 데이비드 스튜어트David Stuart는 그 지역에 대해 매우 잘 안다고 했다. 당시 하버드피바디박물관의 마야 상형문자 비문 연구 프로그램 부책임자였던 스튜어트는 마야 상형문자의 해독에 기여한 인물 중 한 사람이었다. 그는 "현재까지도 그 지역의 일부는 고고학자들이 거의 탐사하지 못한 상태예요. 현지인들은 늘 자신들이 숲에서 사냥하다가 본 유적지, 조각상들이 있는 거대한 폐허들에 대해 내게 얘기해 주었죠. 그 이야기 대부분은 진짜예요. 왜냐하면 그 사람들이 거짓말을 할 이유는 전혀 없으니까요"라고 했다. 덧붙여 그는 마야의 상형문자 명문銘文에는 지금껏 알려진 유적과는 별개인 주요 도시와 신전들에 관한 감질 나는 언급도 포함되어 있다고 했다. 그곳은 크리스토퍼 콜럼버스Christopher Columbus가 신대륙을 발견하기 전에 실제로 존재했던 도시가 수백 년간 훼손되지 않은 채 원래 모습 그대로 숨겨져 있을 수도 있는, 지구상에 마지막으로 남아 있는 지역 가운데 한 곳이었다.

지금은 고인이 된 하버드대학교의 마야 학자 고든 윌리Gordon Willey는 당시 백색 도시에 관한 전설을 화두로 꺼냈다. "기억납니다. 1970년 온두라스에 갔을 때 '시우다드 블랑카Ciudad Blanca', 그러니까 백색 도시라고 불리는 곳이 해안에서 떨어진 곳에 예전 그대로 존재한다는 이야기가 있었어요. 술집에서 허풍선이들이 흔히 하는 잡담이었지요. 나는 석회암 절벽 같은 것이겠거니 생각했어요." 그럼에도 불구하고 윌리는 강한 흥미를 느끼고 그 지역을 확인해보고자 했다. "하지만 그곳에 갈 수 있는 허가를 얻지 못했어요." 온두라스 정부는 그 오지 정글에 대한 고고학 탐사 허가를 좀처럼 내주지 않았다. 너무나도 위험했기 때문이다.

일주일 뒤, 블롬의 고용주로부터 연락이 왔다. 그의 이름은 스티브 엘킨스Steve Elkins로, 본인을 영화 촬영감독, 호기심 대장 그리고 모험가라고 소개했다. 그는 대관절 왜 내가 블롬에게 정보를 캐묻고 다니는지 알고 싶어 했다.

나는 전설 속의 사라진 도시, 아니 그게 뭐가 됐건 간에 그가 진행하는 탐색에 관하여 〈뉴요커New Yorker〉에 짧은 분량의 글을 한 편 쓰고 싶다고 이야기했다. 엘킨스는 마지못해 동의해 주었다. 단, 그 도시의 위치나 그것이 소재한 국가는 밝히지 않는다는 조건으로 말이다. 하지만 그는 '원숭이 신의 잃어버린 도시'라고도 알려진 백색 도시, 즉 시우다드 블랑카를 실제로 찾고 있는 중임을 마침내 시인했다. 그는 본인이 현장에서 사실 여부를 확인하기 전까지는 〈뉴요커〉에 실릴 내 글에 그 어떤 것도 밝히지 않았으면 좋겠다고 했다(관련 기사는 〈뉴요커〉 1997년 10월 20일과 27일자에 실렸다). "중앙아메리카 어딘가에 있는 사라진 도시라고만 해요. 온두라스에 있다거나 우리가 엮여 있다는 사실은 언급하지 말고요."

엘킨스는 토착민들과 유럽인들 모두에게서 백색 도시에 관한 전설을 들었다. 전설에 따르면, 문명이 발달하고 광범위한 무역망을 보유했던 부유한 그 도시는 접근하기가 힘든 모스키티아의 깊은 산골짜기에 사람의 손을 타지 않은 채로 수백 년 전 버려진 그날, 그 상태 그대로 있다고 했다. 어마어마하게 중대한 의의를 지닌 고고학 발견이 될 터였다.

향후 지상탐사를 할 때, 우주에서 촬영한 영상을 이용하여 목표 지역의 정확한 위치를 찾아내고 무언가를 찾을 수 있는 장소들을 알아낼 수 있을 것이라고 엘킨스는 설명했다. 블룸이 이끄는 팀은 그동안 'T1 Target one'이라는 명칭을 붙인 약 2.5km$^2$ 지역에 초점을 맞췄다. 거대한 인공 구조물들이 존재하는 것으로 보이는 곳이었다. 다만 엘킨스는 더 자세한 설명은 거부했다.

"더는 말씀드릴 수 없습니다. 누구든지 그 우주 영상 데이터를 입수할 수 있으니까요. 누구라도 우리가 했던 일을 따라 할 수 있어요. 공을 가로챌지도 모릅니다. 이제 우리에게는 그곳에 가는 일

만 남았어요. 올봄으로 예정하고 있습니다. 그때쯤에는 세상에 알
릴 만한 무언가가 우리 손에 있었으면 좋겠네요!"

# 01

# 지옥문에 들어서다

온두라스 동부 모스키티아 지역 밀림에는 지금까지 인간의 발길이 닿지 않은 곳들이 있다. 약 8만 2,879km²에 달하는 광활한 무법지대인 모스키티아는 열대우림, 습지, 석호, 강, 산으로 뒤덮인 땅이다. 옛 지도에는 포르탈 델 인피에르노, 즉 '지옥문'이라고 표기되었던 곳이다. 워낙 다가가기 힘든 험지인 탓이다. 세계에서 가장 위험한 지역 가운데 하나로, 그곳을 뚫고 들어가 탐험해보겠다는 시도는 지난 수백 년간 좌절되었다. 21세기인 지금까지도 수백 제곱킬로미터에 이르는 모스키티아의 열대우림은 여전히 과학적으로 연구되지 않은 미지의 상태로 남아 있다.

모스키티아 중심부에는 울울창창한 세계 최고의 밀림이 자리하고 있다. 해발 1,609m가량의 산맥이 맹렬한 기세로 정글을 뒤덮은 가운데, 아찔한 높이에서 떨어지는 폭포와 포효하는 급류로 인해 깎아지른 듯한 협곡들이 생성되어 있다. 연간 강수량이 3,000mm 이상인지라 잦은 물폭탄을 맞고 툭하면 돌발홍수와 산사태로 쓸

려나가기 일쑤인 지형이다. 사람 하나를 산 채로 집어삼킬 수 있는 진흙 늪도 곳곳에 포진해 있다. 하층식생에는 치명적인 독을 품고 있는 뱀과 재규어가 우글거리고, 살점과 옷을 찢어발기는 갈고리 모양의 가시가 달린 고양이발톱덩굴이 무성하다. 모스키티아에서는 마체테(열대지방에서 주로 길을 내거나 작물을 자를 때 사용하는 외날의 넓은 칼—옮긴이)와 톱으로 단단히 무장한 노련한 탐험대도 하루 열 시간 악전고투 끝에 겨우 3~4km를 이동할까 말까 하는 정도다.

모스키티아 탐험이 위험한 까닭은 자연적인 조건 때문만은 아니다. 온두라스는 세계에서 살인율이 가장 높은 국가에 속한다. 남아메리카에서 미국으로 향하는 코카인의 80%는 온두라스, 그중에서도 대부분은 모스키티아를 경유해 운송된다. 인근 시골 지역과 도시의 상당 부분을 마약 카르텔이 장악하고 있다. 현재 미국 국무부는 미국 시민들에 대한 이들의 위협 정보를 확인하고 모스키티아 및 그 부근으로의 여행을 금지한 상태다.

그러나 이 무시무시한 격리가 오히려 호기심을 유발하는 결과를 낳았다. 수백 년 동안 모스키티아는 세상 사람들의 애간장을 태운 전설을 품고 있었다. 이 폐쇄된 황무지 어딘가에 흰 돌로 축조한 '잃어버린 도시'가 있다고들 했다. 시우다드 블랑카, 즉 백색 도시라 불리는 그곳은 원숭이 신의 잃어버린 도시이기도 했다. 누군가는 마야인들의 도시라고 주장했고 또 누군가는 알려지지 않은, 지금은 사라진 사람들이 수천 년 전에 건설한 도시라고 했다.

2015년 2월 15일, 나는 온두라스 카타카마스에 있는 파파 베토

호텔의 한 회의실에서 열린 브리핑에 참석했다. 이튿날 나는 탐험을 위해 꾸려진 원정대와 함께 헬리콥터를 타고서 전인미답의 계곡으로 갈 예정이었다. T1이라고만 알려진 그곳은 모스키티아의 깊은 산골짜기에 자리하고 있었다. 헬리콥터가 이름 모를 강둑 위에 우리를 내려주면 그 열대우림에 아주 기본적인 것만 갖춘 야영지를 만들 계획이었다. 우리가 미지의 도시 유적이라고 믿는 곳을 탐험하는 동안 베이스캠프로 사용될 야영지였다. 우리는 모스키티아의 그 지역에 입성한 최초의 탐험가들이 될 터였다. 실제로 그 땅에서 무엇을 보게 될지는 아무도 몰랐다. 빽빽한 정글 속, 사람들이 기억하는 한 살아 있는 인간을 본 적이 없는 원시 자연에 둘러싸인 그 비밀스러운 곳에서 말이다.

카타카마스에 어둠이 내려앉았다. 회의실 맨 앞에 선 사람은 탐험대의 실무 총책임자인 앤드루 우드Andrew Wood였다. 군인 출신인 그는 '우디'라는 별칭으로 통했다. 영국군 특수부대SAS의 특무상사이자 영국 왕실 근위대의 근위병이었던 그는 생존 전문가였다. 우디는 다음과 같이 말하면서 브리핑의 포문을 열었다. "내 임무는 단순합니다. 우리 원정대 모두를 살아 있게 하는 것이 내가 해야 할 일입니다." 우디가 원정대를 회의실로 소집한 이유는 T1을 탐험하는 동안 맞닥뜨리게 될 다양한 위협들을 확실히 인식시키기 위해서였다. 그는 야생 밀림에서 지내는 며칠 동안 SAS 출신들로 꾸려진 팀이 원정대 책임자 역할을 하는 데 대해 탐험 대원 전원, 심지어 (명목상의) 대표들에게까지도 이를 이해하고 동의해 달라고 했다. 탐험대는 군대와 비슷하게 운용되었고 우리는 꼬투리 잡는 일 없이 그들의 명령에 따르기로 했다.

탐험대가 한자리에 모인 건 그때가 처음이었다. 구성원의 조합은 다양했다. 과학자, 사진작가, 영화 제작자, 고고학자 그리고 작가도 한 명 있었는데 그게 바로 나였다. 다들 야생 기술에 있어서는 무척 많은 경험을 가지고 있었다.

우디는 딱 부러지는 영국식 억양으로 거듭 보안을 당부했다. 우선 밀림에 들어가기 전부터 조심해야 했다. 카타카마스는 극악무도한 마약 카르텔이 장악한 위험한 도시였다. 호텔 밖으로 나가려면 반드시 무장한 호위 병력과 함께 움직여야 했다. 또한 진행 중인 일에 관해서도 함구해야 했다. 호텔 직원들의 귀에 이야기가 들어갈 만한 곳에서는 원정에 관한 진행 중인 일에 대해서는 입도 뻥긋하지 말아야 했다. 또한 관련 문서를 호텔방에 아무렇게나 두거나 사람들 앞에서 대놓고 휴대폰으로 통화를 해서도 안 되었다. 그래서 문서, 돈, 지도, 컴퓨터, 여권을 따로 보관할 대형 금고가 호텔 창고에 있었다.

우리가 밀림에서 마주하게 될 위험 요소 중에서 특히 위험한 것은 독사였다. 우디가 말하기를 페르드랑스fer-de-lance는 그 지역 일대에서는 '노란 수염'으로 알려져 있다고 했다. 파충류학자들이 살모사 중의 살모사로 꼽는 뱀으로 아메리카 대륙에서 사람들의 목숨을 제일 많이 앗아가는 뱀이다. 페르드랑스는 밤에 출몰해 인간을 향해 활동을 개시한다. 공격적이고 예민하며 민첩하다. 관찰된 바에 따르면, 두꺼운 가죽 부츠도 뚫을 수 있는 페르드랑스의 송곳니에서 뿜어져 나오는 독액은 약 2m 이상 날아간다. 때로는 사람을 덮치고 나서 놔주었다가 다시 덮치기도 한다. 대체로 공격할 때는 위로 뛰어올라 사람의 신체 중 상체에 타격을 가한다. 페르드랑스의 독은 치명적이기 때문에 그 독에 노출되면 뇌출혈로 즉사하거나 곧바로 사망하지는 않더라도 추후 패혈증으로 목숨이 위태로워질 수 있다. 혹 목숨을 건지게 되더라도 대개 공격받은 팔이나 다리는 절단해야 하는 때가 부지기수다. 페르드랑스의 독은 괴사시키는 성질을 갖고 있기 때문이다. 우리는 야간이나 기상 상태에 따라 헬리콥터가 운행될 수 없는 지역으로 갈 예정이므로 뱀에 물린 환자를 후송하는 데 수일이 지연될 수도 있다고 우디는 말했다. 그는 어느 때고 케블라 재질의 뱀물림 방지용 각반을 꼭 착용하라고 했다. 특히 밤에 자다가 소변을 보러 갈 때에는 늘 통나무를 밟고서 걸어야 한다고 신신당부했다. 잘 보이지 않는 쪽에 발을 내려놓는 일은 절대로 있어서는 안 되었다. 우디의 친구 스티브 랜킨Steve Rankin은 이를 지키지 않아 독사에게 물리고 말았다.

랜킨은 베어 그릴스Bear Grylls의 〈인간과 자연의 대결〉 프로듀서로, 우디와 함께 코스타리카에서 촬영장소를 물색하던 중이었다. 그는 뱀물림 방지용 각반을 차고 있었지만 통나무 밑에 숨어 있던 페르드랑스는 각반 아래에 무방비 상태로 있던 그의 부츠를 공격했다. 송곳니는 마치 버터를 가르듯 가죽을 뚫어버렸다. "그러고는 이렇게 됐죠." 우디는 자신의 휴대폰을 꺼내 여러 사람이 볼 수 있도록 했다. 랜킨의 발이 어떻게 됐는지 보여주는 끔찍한 사진이었다. 항사독소를 투여하는 처치를 했음에도 불구하고 랜킨의 발은 괴사되었고 썩은 살점은 물론 힘줄과 뼈까지 절제해야 했다. 다행히 발은 건졌지만, 넓적다리 일부는 벌어진 상처를 메우기 위해 이식을 받아야 했다. 우디는 말을 이어갔다. "그 계곡은 페르드랑스의 천국이나 다름없습니다."

나는 함께 떠날 탐험 대원들을 슬쩍 살펴보았다. 그날 회의실에 들어오기 전까지 호텔 수영장 주변에서 한 손에 맥주를 들고 있을 때 뿜어져 나오던 명랑하고 유쾌한 분위기는 온데간데없이 사라졌다.

독사 다음으로 이어진 것은 우리가 조우하게 될지도 모르는 질병을 유발하는 곤충들에 관한 이야기였다. 모기('모스키티아'라는 지명이 이 곤충에서 유래한 것은 아니다), 샌드플라이, 양충, 진드기, 키싱버그(사람 얼굴을 물기 좋아해서 이런 이름이 붙었다), 전갈 그리고 물리면 총상과 맞먹는 고통을 안겨주는 총알개미 등이었다. 아마도 가장 무시무시한 모스키티아의 풍토병은 피부점막리슈만편모충증이라고 할 수 있다. 백색 나병이라고 불리기도 하는 이 병은 기생충에 감염된 샌드플라이에 물릴 경우 발병한다. 리슈만편모충은 희생자의 코와 입술 점막으로 이동하여 그것들을 먹어치운다. 결국에는 한때 얼굴이었던 것이 진물이 흐르는 거대한 상처 덩어리가 되고 만다. 우디는 꼬박꼬박 머리끝에서 발끝까지 방충제인 디트DEET를 바르고 옷에도 뿌리는 것이 중요하다고 강조했다. 땅거미가 진 뒤에도 빈틈없이 말이다.

밤중에 부츠 안으로 기어 들어가는 전갈과 거미 얘기도 들었다. 우리는 부츠의 발 넣는 부분을 지면으로 향하게끔 막대기에 거꾸로 꽂아 보관하는 한편, 매일 아침 신발을 털어내는 것이 일과가

원숭이 신의 잃어버린 도시

되었다. 우디는 하층식생에 떼를 지어 다니는 악랄한 불개미에 대해서도 말했다. 나뭇가지 하나가 아주 살짝만 흔들려도 비처럼 후드득 쏟아져 머리카락 안으로 들어가거나 목덜미를 타고 내려가면서 사정없이 살을 물어뜯으며 독소를 주입할 터였다. 이 경우 환자는 즉시 후송되어야 했다. 나무의 가지나 줄기, 몸통에 손을 올리기 전에 잘 살펴봐야 한다고 우디는 경고했다. 울창한 초목을 헤치고 나갈 때, 되는대로 아무렇게나 밀어젖혀서도 안 되었다. 가뜩이나 곤충들, 나무를 기어오르는 뱀들이 곳곳에 숨어 있는 데다가 그곳에 있는 많은 식물들이 상처를 내는 못처럼 뾰족한 가시들을 자랑하기 때문이다. 정글에 있는 동안에는 반드시 장갑을 껴야 하는데, 그중에서도 스쿠버용 장갑이 가시에 찔리지 않는 데 가장 효과적이었다.

우디는 밀림에서는 무리에서 고작 3~4m가량 벗어나기만 해도 길을 잃기 쉽다고 경고했다. 밀림에 있는 동안에는 어떤 경우에도 혼자 야영지를 나서거나 무리에서 이탈하는 일이 결코 용납되지 않을 터였다. 우디는 베이스캠프를 떠나 답사를 하러 갈 때마다 비상용 보급품 키트가 든 배낭을 반드시 휴대해야 한다고 말했다. 식량, 물, 옷, 디트, 손전등, 칼, 성냥, 우의로 구성된 비상용 키트는 길을 잃을 경우 부득불 물이 뚝뚝 떨어지는 통나무 같은 곳 아래로 피신하여 밤을 보낼 수밖에 없는 경우를 대비한 것이었다. 그리고 호루라기도 지급되었다. 길을 잃었을 때는 곧바로 그 자리에 멈춰서서 호루라기로 조난 신호를 보낸 다음, 사람들이 데리러 올 때까지 기다려야 한다는 것이었다.

나는 주의 깊게 들었다. 정말이다. 다만, 안전한 회의실에서 이야기를 듣다 보니 우디가 그저 군기를 잡으려고 겁을 주는 것으로, 야생활동 경험이 부족한 어리바리한 탐험 대원들에게 필요 이상으로 경고하려고 안간힘을 쓰는 것으로만 보였다. 원정대가 향하게 될 극오지의 계곡, 즉 T1 상공을 실제로 비행해본 사람은 그 회의실에서 단 세 사람뿐이었다. 그중 한 사람이 바로 나였다. 하늘에서 볼 때 그곳은 우디의 표현처럼 각종 질병과 뱀들이 들끓는 위험하고 습한 밀림이 아니라 햇빛이 일렁이는 열대 낙원 같았다.

그때는 이렇게 생각했다. '별일이야 있을라고….'

# 02

# 목숨을 건 도박

폐하, 매우 광범위하고 부유한 지역들 그리고 그곳을 통치하는 강력한 족장들에 관해 보고드릴 소식이 있습니다. 그곳은 트루히요라는 도시에서 걸어서 여드레 혹은 열흘이 걸리는 곳에 있는, 더 정확히 말하자면 50~60개의 부족연맹이라는 사실을 알아냈습니다. 이 특별한 지역에 관한 내용은 아주 굉장합니다. 과장을 좀 보태자면, 부富에 있어서는 멕시코를 넘어서고 마을과 도시의 규모, 인구밀도, 거주민 정책 면에서는 멕시코와 맞먹을 정도입니다.

1526년 에르난 코르테스Hernán Cortés가 카를로스 1세Carlos I에게 보낸 이 서신은 온두라스 연안의 트루히요 만灣에 정박한 배 안에서 작성되었다. 역사가와 인류학자들은 코르테스가 멕시코를 정복하고 나서 6년 뒤에 쓴 이 글이 시우다드 블랑카 신화의 씨앗이 되었다고 본다. 멕시코, 즉 아스텍 제국이 믿기 어려울 정도로 엄청난 부를 소유했고 그 수도首都에는 최소 30만 명이 거주했다는 점을 감안하면, 이보다 훨씬 대단한 새로운 땅이 있다는 코르테스의 주장은 주목할 만한 사실이다. 코르테스는 원주민들이 그곳을 '적토의 옛 땅'이라고 부른다고 서술했지만 그 위치에 대해서는 모스키티아 산속 어딘가에 있다는 식으로 모호하게 기술했다.

그런데 당시 코르테스는 음모에 휘말려 부하들이 일으킨 반란을 제압해야 했기에 실제로 그곳을 탐색하지는 못했다. 아마도 트루히요 만에서 눈으로 똑똑히 볼 수 있는 높고 험한 산봉우리들을 보면서 그 여정이 힘에 부치리라는 사실을 확신했는지도 모른다. 그럼에도 코르테스의 이야기는 계속해서 생명력을 이어갔다. 수백 년 동안 남아메리카에서 '엘도라도'에 관한 이야기들이 끈질기게 지속된 것과 마찬가지였다. 코르테스가 이 서신을 보내고 나서 20년이 흐른 뒤, 한 선교사가 고된 활동 중에 모스키티아의 밀림 깊숙한 곳으로 가게 되었다. 크리스토발 데 페드라사Cristóbal de Pedraza 라는 이 선교사는 훗날 온두라스의 초대 주교가 된 인물이다. 그는 그곳에서 깜짝 놀랄 만한 광경을 우연히 발견하게 되었다. 깎아지른 듯한 높은 절벽 위에 선 그의 눈앞에 펼쳐진 것은 강 유역에 위치한 번화한 거대 도시였다. 그와 동행한 원주민 길잡이는 그 땅에 사는 귀족들이 금으로 된 그릇과 술잔에 음식을 담아 먹었다고 얘기해 주었다. 금에는 도통 관심이 없었던지라 페드라사는 그 계곡에 발도 들이지 않은 채 가던 길을 재촉했다. 다만, 그는 이 사실을 추후 카를로스 1세에게 보고했고 이는 전설을 더욱 키우게 되었다.

그 뒤로 300년 동안 지리학자들과 여행자들이 전한 중앙아메리카의 몰락한 도시들에 관한 이야기들이 이어졌다. 1830년대에는 존 로이드 스티븐스John Lloyd Stephens라는 뉴요커가 중앙아메리카 우림 깊숙한 곳에 있다는 그 도시들을 찾는 데 열중했다. 그는 단명한 국가였던 중앙아메리카연방공화국 대사로 용케 임명되었다. 그가 온두라스에 도착한 1839년은 때마침 중앙아메리카연방공화국이 폭력과 내전으로 붕괴되고 있던 중이었다. 혼돈의 틈바구니에서 스티븐스는 수수께끼 같은 유적지들을 찾아내기 위해 비록 위험하기는 하지만 단호하게 나아갈 수 있는 기회를 찾았다.

그는 최고 실력을 자랑하는 영국인 예술가 프레더릭 캐더우드 Frederick Catherwood와 동행했다. 캐더우드는 장차 발견하게 될 모든 것을 세세한 부분까지 보여주고 모사하기 위해 카메라 루시다를 챙겨갔다. 두 사람은 위대한 도시에 대한 소문들을 좇아 토박이 길잡이들과 함께 온두라스를 관통하여 몇 주일 동안 행군했다. 내륙 깊숙한 곳으로 들어간 그들은 마침내 과테말라 국경 부근의 어느 강둑에 위치한 코판이라는 마을에 당도했다. 가난하고 비우호적인데다 모기떼가 극성인 곳이었다. 현지 주민들은 정말로 강 건너편에 원숭이들만 사는 고대 사원이 있다고 알려 주었다. 강기슭에 이르자 저 멀리 강가에 마름돌로 쌓아올린 석벽이 보였다. 두 사람은 노새를 타고 강을 건넌 뒤 계단을 올라 그 도시 안으로 들어갔다. 시간이 흐른 뒤 스티븐스는 그때의 상황을 이렇게 서술했다.

우리는 거대한 돌계단을 따라 올라갔다. 어떤 곳은 완벽한 상태로 남아 있었지만, 틈 사이로 자란 나무들 때문에 무너져 내린 곳도 있었다. 그러다가 단구에 이르렀다. 울창한 숲에 덮여 있는 탓에 식별이 불가능한 상태였다. 길잡이가 마체테로 길을 냈다. 빽빽한 숲을 통과해 서서히 나아가던 중 우리는 네모난 돌기둥 하나와 맞닥뜨렸다. 정면에는 어떤 남자의 형상이 새겨져 있었다. 화려한 옷차림새가 정교하게 조각되어 있었고, 누군가의 초상임이 분명한 얼굴은 두려움을 자아낼 정도로 근엄하고 심각하며 다부졌다. 기둥 뒤편은 이때껏 한 번도 본 적이 없는 모양으로 양 옆면은 상형문자들로 뒤덮여 있었다.

이 발견이 있기 전까지 대부분의 북아메리카 사람들이 품고 있었던 아메리카 원주민들에 대한 이미지는 활자를 통해서나 국경에서 수렵·채집 부족들을 접하는 과정에서 형성된 것이었다. 대체로 신세계(아메리카 대륙)의 토착민들을 '문명'이라고 하는 것에 근접할 만한 것을 이룬 적이 없는, 반쯤 벌거벗은 야만적인 인디언들이라고 여겼다.

스티븐스의 탐험은 이러한 시각을 송두리째 바꿔놓았다. 아메리카 대륙에서 엄청나게 거대한 문명들이 독자적으로 생겨났다는 사실을 세상 사람들이 깨닫게 된 역사적으로 중요한 순간이었다. 스티븐스는 이렇게 서술했다. "이 뜻밖의 기념물을 보자마자 아메리카 고대 문화의 특징과 관련된 모든 불확실성이 마음속에서 곧바로 그리고 영원히 사라졌다. 이는 새로이 발견된 여느 사료들과 마찬가지로 과거 아메리카 대륙을 점유했던 사람들이 야만인이 아니라는 사실을 입증한다. 여러 피라미드와 신전으로 도시를 건설하고 기념물들을 상형문자로 뒤덮었던 사람들, 마야인이라고 불리는 이 사람들은 구세계(유라시아 대륙)의 고대 문화만큼이나 진보한 문명을 창조해냈다."

진취적인 기업가 정신이 투철한 전형적인 미국인답게 스티븐스는 지체 없이 현지 땅주인에게 50달러를 주고 코판 유적지를 사들였다. 그리고 (나중에 포기하기는 했지만) 관광자원으로 쓸 요량으로 그곳의 조형물들을 해체하여 화물 운반선을 이용해 미국으로 실어 나를 계획을 세웠다. 그 후 몇 년에 걸쳐 스티븐스와 캐더우드는 멕시코에서 온두라스에 이르기까지 고대 마야 도시들을 탐사하며 지도를 만들고 기록을 남겼다. 하지만 모스키티아에는 실제로 위험을 무릅쓰며 들어간 적은 없었다. 어쩌면 그동안 마야 왕국에서 경험한 그 어떤 고난보다도 인간을 한계에 다다르게 하는 산과 밀림 때문에 마음을 접었는지도 모른다.

스티븐스와 캐더우드는 자신들의 성과를 두 권으로 구성된 책으로 펴냈다. 《중앙아메리카, 치아파스와 유카탄 여행에서 있었던 일 Incidents of Travel in Central America, Chiapas and Yucatan》이라는 이 책에는 유적지, 노상강도, 잔혹한 밀림 여행에 관한 흥미로운 이야기들이 가득한 데다, 캐더우드의 훌륭한 판화 작품들이 삽화로 풍성하게 들어가 있다. 이 책은 19세기를 통틀어 최고의 인기를 구가한 논픽션 베스트셀러였다. 미국인들은 신세계가 구세계에 필적할 만한, 즉 이집트의 피라미드나 고대 로마의 영광과 맞먹는 도시와 신전, 어마어마한 고대 문화를 가지고 있었다는 주장에 열광했다. 스티븐스와 캐더우드의 책은 미국인들의 마음속에 사라진 도시들에 대한 모험심을 심어 놓았다. 또한 중앙아메리카 밀림은 정체가 드러나기만을 기다리며 더 많은 비밀을 품고 있는 게 분명하다는 생각까지 하게 했다.

오래지 않아 마야 문명은 신세계의 고대 문화 가운데 가장 집중적으로 연구가 이뤄진 분야가 되었다. 속세의 과학자들만이 아니었다. 예수 그리스도 후기성도 교회(일반적으로 모르몬교라고 불린다-옮긴이)가 1830년에 내놓은 〈모르몬경Book of Mormon〉에 연대순으로 기록한 바에 따르면, 마야인들은 이스라엘의 사라진 10지파 가운데 하나인 '레이맨인'들이라고 한다. 기원전 600년경에 레이맨인들이 이스라엘을 떠나 배를 타고 아메리카 대륙으로 건너갔다는 것이다. 〈모르몬경〉에는 예수 그리스도가 신세계의 레이맨인들에게 나타나 그들을 기독교로 개종시켰다는 내용이 담겨 있고, 유럽인들이 아메리카 대륙에 발을 들여 놓기 전에 일어났던 많은 사건들이 기술되어 있다.

20세기에 모르몬교는 이런 이야기들을 현장 발굴을 통해 공식화하려는 의도로 충분한 자금을 지원하며 많은 고고학자들을 멕시코와 중앙아메리카로 보냈다. 그 결과 양질의 값진 연구조사가 이뤄질 수 있었으나 역설적이게도 학자들의 입장은 곤란해졌다. 모르몬교의 역사관이 틀렸다는 것을 입증하는 명백한 증거 앞에서 일부 고고학자들은 결국 믿음을 잃게 되었고 의혹을 표명한 몇 사람은 파문되기도 했기 때문이다.

코판은 멕시코 남부에서 온두라스까지 펼쳐진 마야 왕국의 끝자락에 있었던 것으로 보인다. 광활한 밀림이 우거진 산세를 자랑하는 코판의 동쪽, 특히 모스키티아의 밀림은 사람이 살기에는 너무

원숭이 신의 잃어버린 도시

나도 힘들고 위험한 곳이어서 고고학 연구는커녕 탐사 자체가 전혀 없다시피 했다. 콜럼버스가 신대륙을 발견하기 전에 마야인들이 아닌 이들이 일궈낸 문화가 한때 반짝 나타났다는 사실이 코판 동쪽 지역에서 드러나기는 했으나 이 사라진 사회들은 여전히 규정하기 어려웠을뿐더러 연구성과 역시 저조했다. 단순히 마야의 영향력이 코판의 동쪽과 남쪽으로 어디까지 뻗어나갔는지조차 확인하기 어려웠다. 외부와 단절돼 있다 보니 사람들이 안달하는 소문들은 점점 커져만 갔다. 도저히 헤치고 들어갈 수 없는 그 잡목림 속에 마야 문명일 수도 아닐 수도 있는 위대하고 부유한 도시들의 유적이 숨겨져 있다는 이야기는 고고학자들과 보물 사냥꾼들의 마음을 사로잡았다.

20세기의 막이 올라갈 무렵 각종 이야기와 소문이 더해지면서 성스러운 금단의 도시, 시우다드 블랑카의 아직 발견되지 않은 많은 문화재에 대한 하나의 전설이 탄생하게 되었다. 이 이름은 아마도 모스키티아의 (파야족族으로도 불리는) 페크족Pech에서 유래되었을 가능성이 있다. 인류학자들은 페크족 정보원들로부터 두 개의 강 상류의 어느 산길 너머에 있다고 하는 '카하 카마사Kaha Kamasa'에 관한 이야기들을 수집했다. 어떤 원주민들은 스페인 사람들의 침략을 피해 달아났던 주술사들의 은신처라고 했다. 또 어떤 원주민들은 스페인 사람들이 실제로 백색 도시에 입성하기는 했으나 신들의 저주를 받는 바람에 죽거나 숲에서 사라지거나 혹은 영영 길을 잃고 헤매게 된 것이라고 했다. 재앙이 잇따르면서 무너지고만 비극의 도시라는 이야기도 있었다. 신들의 노여움을 사게 되었다고 생각한 주민들이 도시를 버리고 떠난 뒤로 영원히 금단의 땅이 되어 누구든지 그곳에 발을 들였다가는 병에 걸려 죽거나 악마의 손에 죽임을 당한다는 얘기였다. 미국판 전설도 있었다. 여러 탐험 가와 탐사자, 비행사들은 모스키티아 중심부 어딘가의 울창한 밀림 위로 폐허가 된 도시의 석회암 성벽이 솟아 있는 모습을 언뜻 보았다고 말했다. 토착민들과 스페인 사람들 그리고 미국 사람들이 한 이 모든 이야기가 모아져 원숭이 신 전설의 토대를 형성한 듯 보였다.

스티븐스의 발견에 뒤이어 많은 탐험가들이 중앙아메리카 우림으로 행했다. 하지만 엄두도 못 낼 정도로 벅찬 지형인 모스키티아 지역 안으로 위험을 무릅쓰고 간 사람은 거의 없었다. 1920년대에 룩셈부르크의 민족학자 에두아르트 콘체미우스Eduard Conzemius는 모스키티아를 탐험한 최초의 유럽인 중 한 사람이었다. 그는 덕아 웃 카누dugout canoe(통나무 속을 파내서 만드는 카누-옮긴이)를 타고 플라타노 강을 따라 올라갔다. 콘체미우스가 전한 바에 따르면, 그는 이 여행길에서 20~25년 전 어느 고무 채취자가 플라타노 강과 파울라야 강 사이의 덤불에서 길을 잃었을 때 발견한 중요한 유적지에 관한 이야기를 들었다고 한다. "그 남성은 자신이 본 것을 기가 막히게 묘사했습니다. 가장 중요한 도시 유적인 그곳에는 대리석과 유사한 흰 돌로 만들어진 석조 건축물들이 있고, 그 건축물들과 같은 재료로 쌓아올린 거대한 벽이 그 주위를 에워싸고 있다고 했습니다." 하지만 그 고무 채취자는 이러한 발견을 알린 직후 행방불명됐다. 이를 두고 한 원주민은 콘체미우스에게 "감히 그 금단의 장소를 보았다는 이유로 악마가 그를 죽인 것"이라고 말했다. 이에 콘체미우스가 백색 도시로 안내해줄 길잡이를 고용하려고 하자 원주민들은 다들 딴청을 피웠다. 그들은 도시의 위치를 누설했다가 죽임을 당할까봐 두려움에 떨었던 것이다.

1930년대 초 무렵, 전설은 더욱 크게 부풀려졌고 미국의 고고학자 및 주요 기관들도 관심을 갖게 되었다. 그들은 이 전설이 실제로 있었던 일일 뿐만 아니라 마야의 경계를 따라 이어진 전인미답의 산골짜기 밀림에 폐허가 된 도시, 어쩌면 사라진 하나의 문명이 숨겨져 있을 가능성도 내포하고 있다고 보았다. 물론 그것은 마야 문명일 수도 전혀 새로운 문명일 수도 있었다.

1930년대 초 스미스소니언의 미국민족학조사연구부는 마야 문명이 험준한 모스키티아의 잡목 숲으로까지 뻗어나갔는지 알아보기 위해 답사 차원에서 전문 고고학자를 코판 동쪽 지역으로 파견했다. 윌리엄 덩컨 스트롱William Duncan Strong은 학자이자 시대를 앞선 인물이었다. 그는 과묵하고 주의 깊은 데다 세심했으며 구경거리나 유명세를 싫어했다. 그는 모스키티아에 마야인이 아닌 미지의 고대인들이 거주했다는 사실을 최초로 주장한 사람 중 한 명이었다. 스트롱은 1933년에 5개월 동안 온두라스를 횡단했다. 덕아웃 카누를 타고서 파투카 강 및 그 지류들을 따라 올라갔다. 그는 삽화를 곁들인 일지를 썼는데 현재 스미스소니언협회에서 소장하고 있다. 이 일지에는 세부적인 이야기는 물론이고 새, 유물, 풍경을 그린 뛰어난 그림들이 가득하다.

스트롱은 자신이 찾은 주요 고적지들을 일지에 상세히 묘사하고 스케치하는 한편, 시굴도 몇 차례 실시했다. 플로레스타 둔덕, 왕키빌라Wankibila와 도스케브라다스의 고대 도시들, 브라운 유적지(파인 강을 따라 있는 유적지) 등이 그가 발견한 것들이었다. 그의 여정에도 아슬아슬한 모험의 순간이 없진 않았다. 총에 맞아 손가락이 날아가기도 했고 비, 곤충, 독사, 울창한 밀림과 시시때때로 사투를 벌였다.

스트롱은 그곳이 마야 도시가 아니라는 사실을 단박에 알아차렸다. 마야의 도시들은 돌로 건설된 데 반해, 그 지역에는 거대한 흙 둔덕을 건조建造한, 마야와는 별개의 정교한 문화가 광범위하게 있었다. 완전히 새로운 문화였다. 스트롱의 노고 덕분에 모스키티아가 마야 왕국의 일부가 아니라는 사실이 명확하게 드러났다. 하지만 그의 이러한 발견은 명쾌한 해답보다는 의문을 더 불러일으켰다. 그렇다면 그 문화를 만든 이들은 대체 누구인가? 그들은 어디에서 왔는가? 어찌하여 오늘날에 이르러 그들에 관한 기록이 깡그리 사라져 버렸는가? 그들은 도대체 어떻게 그처럼 적대적인 밀림의 환경 속에서도 용케 삶을 이어가고 농사를 지을 수 있었는가? 이웃에 있는 강력한 마야인들과는 어떤 관계였는가? 게다가 흙 둔덕은 또 다른 수수께끼였다. 그 둔덕 밑에 묻혀 있는 것은 건축물인가, 무덤인가? 혹은 다른 이유로 만들어진 또 다른 어떤 것인가?

고대와 관련된 많은 궁금증들을 밝혀낼 당시 스트롱 역시 가장 거대한 유적, 즉 백색 도시에 관한 이야기를 줄곧 들어왔다. 하지만 아름다운 전설로만 치부했다. 스트롱은 모스키티아에 흐르는 틴토 강의 둑 위에서 한 정보원이 들려준 이야기를 "금단의 도시"라는 제목으로 일지에 기록해 두었다. 스트롱이 적어 놓은 내용에 따르면, 그 사라진 도시는 북쪽 깊은 산골짜기의 호숫가에 있다고 했다. 오렌지, 레몬, 바나나 나무들이 하얀 성벽을 에워싸고 있는데 그 금단의 열매를 따먹었다가는 산속에서 영영 길을 잃게 된다는 이야기였다.

그의 이야기에 따르면 그렇다고 한다. 그러니 그 정보원의 아비처럼 강을 따라가다가 그 강이 어두운 숲과 바위 사이로 서서히 흘러들어 작은 호수를 만드는 지점에 이르면, 왔던 길로 다시 돌아 나오는 편이 좋을 것이라고 한다.
그 도시는 여전히 그렇게 그곳에 있으리라. 그리고 아마도 오랫동안 호기심 많은 자들을 유혹하는 미끼가 될 것이다.

이 모든 소문과 전설 그리고 갖은 이야기들이 다음 국면을 위한 배경이 되어 주었다. 한쪽에서는 자나 깨나 그 생각뿐인 불운한 탐험대들이 사라진 그 도시를 찾아 나섰고, 다른 한쪽에서는 진지한 고고학적 연구조사가 시작되었다. 모두 '백색 도시'의 미스터리를 푸는 데 기여할 터였다.

# 03

## 숨겨진 보물을 찾아서

마침내 조지 구스타브 헤이George Gustav Heye가 등장한다. 헤이의 부친은 존 D. 록펠러John D.Rockefeller에게 본인의 석유 사업을 팔아서 부를 이뤘고, 헤이는 뉴욕시市에서 투자은행가로 일하면서 그 재산을 불렸다. 하지만 헤이의 관심은 돈 바깥에 있었다. 1897년 대학을 갓 졸업하고 애리조나주에서 직장 생활을 하던 때였다. 헤이는 이를 잡아 죽이기 위해 남편의 멋들어진 사슴가죽 셔츠를 물어뜯고 있는 원주민 여성을 우연히 만나게 되었다. 그는 충동적으로 이가 우글대는 그 옷을 샀다.

미국 역사상 가장 열렬한 수집 이력 가운데 하나가 그 사슴가죽 셔츠 한 장에서 시작되었다. 헤이는 아메리카 원주민과 관련된 모든 것에 푹 빠졌고, 결과적으로 100만 점에 이르는 수집품을 모으게 되었다. 1916년에는 자신의 수집품을 보관할 목적으로 뉴욕시 브로드웨이 북부에 아메리카인디언박물관을 설립했다.

헤이는 거구의 인물이었다. 키가 190cm가량에 몸무게는 거의

136kg에 달했다. 그는 두툼한 가슴팍을 가로질러 금 시곗줄을 늘어뜨리고 암색 정장 차림에 밀짚모자를 쓰고 다녔다. 작게 오므린 입 밖으로는 시가가 툭 튀어나와 있었다. 그는 대개 자신의 리무진을 타고 국토를 횡단하며 수집 여행을 다녔는데, 지역 신문에 실린 부고 기사를 찾아본 뒤 고인들이 남긴 인디언 유물 수집품 가운데 유족들이 원치 않는 것이 있는지도 알아봤다.

뉴올리언스의 한 의사가 모스키티아에서 왔다고 하는 아르마딜로(포유류 동물) 조각상 하나를 헤이에게 팔았을 때 그의 집착은 온두라스까지 확대되었다. 현무암을 깎아서 만든 흥미롭고 매력적인 그 물건은 재미난 얼굴 표정에 등은 아치형으로 다리가 세 개여서 안정감 있게 서 있을 수 있었다. 헤이는 아르마딜로 조각상에 마음을 뺏겼다. 결국 더 많은 유물을 찾고자 겉보기와 달리 매우 위험한 지역인 온두라스로 떠나는 원정대에 자금을 대기로 했다. 그는 프레더릭 미첼헤지스Frederick Mitchell-Hedges라는 탐험가를 고용했다. 영국인 모험가인 미첼헤지스는 벨리즈에서 마야 도시 루반툰을 찾아냈다고 주장한 인물이었다. 전해지는 바에 따르면, 그의 딸이 그곳에서 수정으로 만든 그 유명한 '크리스탈 해골'을 발견했다고 한다. 미첼헤지스는 늠름하고 근사한 영국인 탐험가 그 자체였다. 영국 상류층 특유의 말투에 브라이어 담배파이프를 사용했으며 보기 좋게 그을린 얼굴도 한몫했다.

미첼헤지스는 1930년에 헤이를 대신하여 모스키티아 주변부를 탐험하다가 말라리아와 이질의 공격을 받고 자리에 드러눕고 말았다. 병세가 너무 심한 나머지 일시적으로 한쪽 눈이 멀기도 했다.

하지만 몸을 추스른 뒤 그는 1,000점이 넘는 유물을 가지고 귀환했다. 거대한 원숭이 상이 묻힌 채 잠들어 있는, 심심산곡에 버려진 도시에 관한 놀라운 이야기도 함께 가져왔다. 미첼헤지스의 말에 따르면, 그 지역의 토박이들은 그곳을 '원숭이 신의 잃어버린 도시'라고 부른다고 했다. 헤이는 그 사라진 도시를 추적하기 위해 재빨리 모스키티아로 가는 새 원정대를 꾸린 다음, 미첼헤지스를 다시 그곳으로 보냈다. 이 원정에는 영국 박물관도 자금을 지원했다.

여러 곳에서 이 원정에 관심을 보였다. 미첼헤지스는 〈뉴욕 타임스New York Times〉에 이렇게 공표했다. "우리 원정대는 현재 지도상에 미개척지로 표시된 특정 지역을 뚫고 들어갈 작정입니다. 내가 알기로 그 지역에는 아직까지 인간이 한 번도 발을 들여놓은 적이 없는 어마어마한 유적지가 있습니다." 그 위치에 대해서는 모스키티아 어딘가에 있다고만 했을 뿐, 미첼헤지스는 자세한 내용은 비밀에 부쳤다. 그러곤 이렇게 덧붙였다. "그곳은 접근이 거의 불가능한 산속 오지에 있는 잔혹한 밀림의 땅이라고 표현할 수 있는 지역입니다." 하지만 이 원정에서 미첼헤지스는 그 지역 내부로 들어가지 않았다. 아마도 이전에 겪은 고생이 되풀이되는 것을 경계한 탓이리라. 대신에 그는 온두라스 베이 제도諸島의 모래해변 및 해안지대를 탐사하는 데 대부분의 시간을 할애했다. 그리고 그곳에서 해안 침식으로 가라앉은 것으로 보이는 석상들을 물 밖으로 끌어냈다. 그는 훨씬 위대한 발견, 즉 아틀란티스 섬의 유적을 찾아냈다고 주장하면서 모스키티아로 다시 들어가지 않은 자신의 사정을 정당화하려 했다. 이후 그는 해안선을 따라간 여행길에서 들은 원숭이 신의 잃어버린 도시에 관한 더 많은 이야기들을 수집해 귀국했다.

헤이는 곧바로 또 다른 온두라스 원정을 계획하기 시작했다. 이번에는 새로운 탐험 대장을 물색했다. 아마도 미첼헤지스가 돈이나 축내는 사기꾼은 아닌지 뒤늦게 의심이 들기 시작한 것이다. 그런데 진짜로 그는 급이 다른 사기꾼이었다. 그는 루반툰을 발견한 일이 없었으며 (훨씬 나중에는) 그 크리스탈 해골 또한 가짜임이 밝혀졌다. 하지만 당대에는 수많은 동시대인들을 속이는 데 성공했다. 심지어 〈뉴욕 타임스〉에 실린 그의 부고 기사는 결과적으로 미첼헤지스가 수년간 퍼뜨리고 다녔던 일련의 수상쩍은 행적들을 진실인 것처럼 언급했다. 그의 몸에 여덟 군데의 총상과 세 군데의 자상이 있다는 등, 제1차 세계대전 중에는 미국 측 비밀요원이었던 판초 비야Pancho Villa와 함께 싸웠다는 등, 아서 코넌 도일Arthur Conan Doyle의 아들과 함께 인도양에서 바다괴물을 찾으러 다녔다는 등의 이야기였다. 하지만 몇몇 회의적인 고고학자들은 미첼헤지스가 온두라스로 두 번째 원정을 떠나기 전에도 그를 두고 협잡꾼이라고 딱 잘라 말했으며 원정을 다녀온 뒤에는 아틀란티스 섬을 찾아냈다는 그의 기이한 주장에 조롱을 퍼부었다. 미첼헤지스는 본인의 경험담을 담은 책《경이와 공포의 땅Land of Wonder and Fear》을 펴냈는데, 이 책에 관하여 한 고고학자는 이렇게 서술했다. "내가 보기에는 그가 그처럼 터무니없는 헛소리를 쓸 수 있다는 게 경이롭고 다음번에는 얼마나 더 황당한 장광설을 지어낼지 공포스럽다."

헤이는 이번 원정을 온두라스국립박물관 그리고 온두라스 대통령과 함께 진행했다. 온두라스 대통령은 이 새로운 모험을 통해 광활한 모스키티아 지역에 현대의 온두라스인들이 정착할 수 있는 길이 열리기를 기대했다. 하지만 유감스럽게도 그와 같은 과정에서 과거 미국 서부와 마찬가지로 여전히 그곳에서 삶을 이어가고 있는 원주민들이 쫓겨나거나 심지어 말살되는 일이 벌어진다는 사실 또한 잘 알았다. 그리하여 온두라스 정부와 국립박물관은 원주민들이 사라지기 전에 이들의 생활방식을 상세히 기록해두고자 했다. 이에 따라 고고학적으로는 물론이고 민족지학적인 연구조사도 실시하는 것이 이 원정의 중요한 목적이 되었다.

제대로 된 전문가를 고용하리라 마음먹었을 테지만 헤이는 또다시 진실성이 의심되는 허풍선이에 취약한 면모를 보였다. 울창한 밀림이 점령한 위대한 유적을 찾아내기 위해서 헤이가 선택한 인물은 R. 스튜어트 머레이R. Stuart Murray라는 캐나다 기자였다. 머레이는 15년 전 산토도밍고에서 일어난 (그리 대단치 않은) 혁명에 참여했을 때 스스로 '대위'라는 직함을 붙였다. 온두라스로 떠나기 전에 그는 한 인터뷰에서 이렇게 말했다. "내가 찾으러 갈 예정인 사라진 도시가 실재한다고 추정된다. 원주민들은 그곳을 원숭이 신의 도시라고 부른다. 그들은 그 근처에 가기를 두려워하는데, 가까이 갔다가는 한 달이 채 안 돼 독사에 물려 죽게 된다고 믿기 때문이다."

머레이는 헤이를 대신해 1934년과 1935년 두 차례에 걸쳐 모스키티아 원정대를 이끌었다. 이 여정은 '제1, 2차 온두라스 원정'으로 알려지게 되었다. 원숭이 신의 잃어버린 도시에 관한 각종 이야기와 서술을 좇던 머레이에게 손에 잡힐 듯 말 듯 성공의 순간들이 찾아왔다. 다만 그 도시가 눈앞에 와 있다는 생각이 들 때마다 매번 일이 틀어지곤 했다. 밀림 때문에, 강 때문에, 산 때문에 그리고 길잡이의 죽음 때문에 말이다. 아메리카인디언박물관 기록보관소에는 머레이의 사진 한 장이 있다. 어느 강둑 위에서 그는 각종 새와 동물의 머리가 아름답게 조각된 작은 메타테(맷돌 형태의 용구)를 죽 늘어놓은 바로 옆에 무릎을 꿇고 앉아 있다. 머레이는 그 사진 뒷면에 헤이에게 전하는 메시지도 적어 두었다.

'원숭이 신의 잃어버린 도시'에서 나온 메타테들입니다. 이 맷돌들을 가지고 나온 인디언은 9월에 페르드랑스에 물려 사망했습니다. 그 도시의 위치에 관한 비밀은 그의 죽음과 함께 사라지고 말았습니다. 더 자세한 이야기는 돌아가서 말씀드리겠습니다.

-R. S. 머레이

머레이가 갖고 돌아온 수많은 유물 가운데 사라진 도시에 관한 단서를 가지고 있다고 그가 생각한 것은 딱 두 점이었다. 바로 상형문자가 새겨진 돌 하나와 발로 얼굴을 가린 작은 원숭이 상 하나였다. 1935년 원정을 다녀온 뒤 그는 다른 프로젝트에 합류했다. 1939년에는 당시 최고의 유람선이었던 스텔라 폴라리스호에 초청 강연자로 초대되기도 했다. 그곳에서 그는 시어도어 A. 모드Theodore A.Morde라는 청년을 만났다. 모드는 스텔라 폴라리스 선내에 배포되는 신문의 편집을 맡고 있었다. 두 사람은 급속도로 친해졌다. 머레이는 원숭이 신의 잃어버린 도시를 찾으러 간 이야기로 모드를 즐

겹게 해주었고, 모드는 기자로서 스페인 내전을 취재하면서 겪은 모험담을 머레이에게 들려주었다. 배가 뉴욕항에 도착했을 때 머레이는 모드를 헤이에게 소개했다. "저는 그 사라진 도시를 찾아다니느라 수년을 돌아다녔습니다"라는 말과 함께 말이다. 이제는 그 임무를 다른 사람에게 넘겨줄 차례였다.

헤이는 곧바로 모스키티아로 향하는 제4차 온두라스 원정대의 지휘를 모드에게 맡겼다. 그리고 이 여정을 통해 마침내 헤이가 바라던 대로 원숭이 신의 잃어버린 도시가 세상에 공개되었다. 모드는 스물아홉 살에 불과했지만 그가 이끈 원정대가 이뤄낸 기념비적인 발견은 역사를 관통하는 영향력을 미쳤다. 이미 이 원정 이야기에 마음을 뺏겼던 미국 대중은 엄청난 관심을 가지고 그 과정을 유심히 지켜봤다. 원정대는 향후 끊임없는 논쟁을 불러일으킨 수수께끼 같은 단서들을 역사가들과 모험가들에게 제공했다. 만약 모드와 그의 운명적인 탐험이 없었다면, 1950~1980년대까지 수십 년의 세월을 어지럽게 휘저었던, 그 사라진 도시를 찾겠다는 기이한 탐색들은 존재하지 않았을 것이다. 모드가 없었다면 아마 스티브 엘킨스도 그 전설을 들을 일이 없었을 테고, 그랬다면 원숭이 신의 잃어버린 도시를 직접 찾아 나서겠다는 별난 행동에 착수할 일도 결코 없었을 것이다.

# 04

# 풀리지 않는 미스터리

가느다랗게 다듬은 콧수염에 넓고 반듯한 이마 그리고 매끈하게 뒤로 넘긴 올백머리를 한 사내였던 모드는 1911년 매사추세츠주 뉴베드퍼드에서 대대로 고래잡이를 해온 집안에서 태어났다. 그는 팜비치 원단으로 만든 슈트, 빳빳한 셔츠, 백구두를 선호한 멋쟁이였다. 모드는 고등학생 시절 지역 신문사의 스포츠 기자로 언론인 생활을 시작했고 이후 라디오 작가 및 시사 해설자로도 활동했다. 2년 동안 브라운대학교를 다니다가 1930년대 중반 여러 유람선에 배포되는 신문의 편집을 맡게 되었다. 1938년에는 특파원이자 사진기자로서 스페인 내전을 취재하기도 했다. 그의 주장에 따르면, 파시스트와 공화파 양측 모두를 취재하기 위해 최전선인 두 주둔지 사이의 강을 헤엄쳐서 건너다녔다고 한다.

헤이는 모드가 가급적 빨리 원정을 떠나기를 바랐다. 원정대를 체계적으로 조직할 시간이 없었던 모드는 대학 시절 친구인 로렌스 C. 브라운Laurence C. Brown에게 동행을 요청했다. 브라운은 지질학

자였다. 1940년 3월, 유럽 전역에 걸쳐 전쟁이 발발했을 때 모드
와 브라운은 453kg에 달하는 장비와 물품을 싣고 뉴욕을 떠나 온
두라스로 향했다. 헤이는 이를 '공식적'으로 제3차 온두라스 원정
이라고 칭했다. 그 뒤로 넉 달 동안은 감감무소식이었다. 마침내 두
탐험가가 모스키티아에서 나왔을 때, 모드는 헤이에게 자신들이
발견한, 세상을 놀라게 할 소식을 담은 편지를 급히 써 보냈다. 브
라운과 모드는 그때껏 아무도 해내지 못한 일을 이뤄냈다. 이 소식
은 1940년 7월 12일자 〈뉴욕 타임스〉에 실렸다.

'원숭이 신의 도시'가 있는 것으로 보인다.
원정대가 온두라스 탐험의 성공을 전했다.

〈뉴욕 타임스〉에 실린 기사를 보면 "재단으로 온 연락에 따르면,
해당 원정대가 파울라야 강과 플라타노 강 사이의 접근이 거의 불
가능한 지역에 있는, 소문만이 무성한 원숭이 신의 잃어버린 도시
의 대략적인 위치를 밝혀냈다고 한다"라고 되어 있다. 미국인들은
이 기사를 게걸스럽게 읽어댔다.

모드와 브라운은 8월에 화려한 팡파르를 울리며 뉴욕으로 귀환
했다. 1940년 9월 10일, 모드는 CBS 라디오와 인터뷰를 했다. 모
드가 직접 손글씨로 주석을 단 대본이 현재까지 남아 있다. 가장
완벽한 상태로 잔존하는 발견물에 관한 설명이라고 볼 수 있다. 모
드는 청취자들에게 이렇게 말했다. "저는 지금 막 잃어버린 도시를
발견하고 돌아온 참입니다. 우리는 이때껏 한 번도 탐험된 적이 없

는 온두라스의 한 지역으로 갔습니다. 수주일의 지난한 시간 동안 복잡하게 뒤얽힌 밀림의 물줄기들을 따라 삿대질로 배를 몰고 올라갔지요. 더는 배로 갈 수 없는 지점에 이르렀을 때 우리는 덤불을 쳐내 길을 내가면서 밀림을 관통하여 나아갔습니다. 이런 생활이 몇 주 동안 이어지면서 우리는 굶주리고 약해졌으며 결국 낙담하게 되었습니다. 그런데 막 포기하려던 찰나에 저는 그리 높지 않은 절벽 위에서 제 발길을 붙든 뭔가를 보게 되었습니다. 그것은 어느 도시의 성벽이었습니다. 바로 '원숭이 신의 잃어버린 도시' 말입니다!

도시의 규모가 어느 정도인지는 알 수 없습니다. 다만, 밀림 안쪽 저 멀리까지 뻗어 있는 그곳에 아마도 3만 명 정도는 살았을 겁니다. 하지만 그건 2,000년 전의 얘기죠. 지금 남아 있는 거라곤 흙둔덕이 전부였습니다. 예전에 집들이 서 있던 곳은 온통 허물어진 벽들, 장엄한 신전의 것으로 보이는 주춧돌들이 뒤덮고 있었지요. 원주민들이 들려준 고대 전설이 떠올랐습니다.

그 전설에 따르면 잃어버린 도시에 있던 거대한 원숭이 상은 신으로 숭배되었다고 합니다. 제가 본 밀림에 뒤덮인 그 거대한 둔덕을 언젠가 발굴하게 된다면 그 원숭이 신이 드러날지도 모릅니다. 지금도 인근에 거주하는 원주민들은 바로 그 원숭이 신의 도시를 떠올리기만 해도 무서워서 벌벌 떱니다. 그들은 울라크족Ulak으로 불리는 유인원처럼 털이 많은 인간들이 그곳에 살고 있다고 생각합니다. 우리는 그 도시 근처의 샛강에 금, 은, 백금이 풍부하게 매장되어 있다는 사실도 발견했습니다. 저는 가면을 하나 찾아냈는

데 그것은 원숭이 얼굴처럼 생겼습니다. 거의 모든 것의 표면에 조각되어 있었지요. 저는 서방 세계에 몇 남지 않은 미스터리 가운데 하나를 풀어 보기 위해 다시 그곳으로 갈 예정입니다." 모드는 도굴을 우려해 도시의 정확한 위치는 밝히기를 거부했다. 심지어 헤이에게도 그 정보를 숨긴 것으로 보인다.

모드는 어느 잡지에 기고한 글에서 그 유적을 상세히 묘사했다. "원숭이 신의 도시는 성벽으로 둘러싸여 있었다. 우리는 그 성벽의 일부를 발견했다. 도성 위를 뒤덮은 초록 밀림은 소소한 피해만 주었을 뿐, 도성은 초목의 홍수를 꿋꿋하게 견뎌냈다. 우리는 성벽을 따라갔다. 그 벽은 둔덕 아래로 사라졌다. 그 둔덕은 한때 위대한 건축물들이 있었다는 증거를 오롯이 품고 있었다. 실제로 아주 오래된 그 장막 밑에는 아직도 건축물들이 남아 있었다. 그곳은 이상적인 장소였다. 우뚝 솟은 산들이 완벽한 배경을 제공했다. 바로 가까이에는 시퀀 장식이 달린 화려한 드레스처럼 아름답게 하지만 맹렬한 기세로 흘러내리는 폭포가 그 유적이 있는 푸르른 계곡으로 쏟아져 내렸다. 보석만큼이나 영롱한 빛깔의 새들이 이 나무에서 저 나무로 날아다녔고 병풍처럼 빙 둘러싼 빽빽한 숲에서는 원숭이들이 작은 얼굴을 내밀고는 호기심 가득한 눈망울로 우리를 빤히 쳐다보았다."

모드는 나이가 지긋한 원주민들에게 열심히 질문을 던졌고, 그 도시에 관해 많은 것을 알게 되었다. 과거에 그 도시를 본 적이 있다던 조상들이 전해준 이야기들이었다. "원주민들의 이야기로는 그 도시로 들어가는 긴 계단으로 된 진입로가 나올 것이라고 했다.

북쪽의 몰락한 마야 도시들을 본떠 길을 닦았을 테고 원숭이 석상들이 그 진입로를 따라 쭉 늘어서 있었을 것이다. 신전 중심부에 돌로 만든 높다란 단이 하나 있었는데, 그 위에 원숭이 신의 상像이 있었다. 그곳은 제물을 바치는 장소였던 것이다."

모드는 돌과 점토로 만든 원숭이 상과 본인이 탔던 카누, 항아리와 석기 등 많은 유물들을 가지고 돌아왔다. 이 가운데 대다수는 현재 스미스소니언협회가 소장하고 있다. 모드는 이듬해에 다시 그곳으로 돌아가 발굴을 개시하겠다고 굳게 약속했다.

그런데 그사이에 제2차 세계대전이 발발했고, 모드는 CIA의 전신인 미국전략사무국 스파이이자 종군기자로 활동하게 되었다. 그의 부고 기사에 따르면, 히틀러 암살 작전에도 참여했다고 한다. 1954년 알코올 중독에 빠지고 결혼생활이 파탄나면서 그는 매사추세츠주 다트머스에 있는 부모님의 별장 욕실에서 목을 매어 자살했다. 결국 모드는 다시 온두라스로 가지 못했다.

당시 백색 도시를 발견했다는 모드의 이야기는 언론의 폭넓은 관심을 받은 것은 물론, 미국인들과 온두라스인들의 상상력에 불을 지폈다. 모드가 사망한 뒤로 그 도시의 위치는 격렬한 추측과 논쟁을 불러일으키는 주제가 되었다. 단서가 될 만한 것을 찾기 위해 수십 명에 이르는 사람들이 모드가 남긴 글이나 설명을 분석하여 그 도시를 찾아 나섰으나 아무런 결실을 맺지 못했다. 이러한 탐색자들에게 성배와도 같은 물건이 하나 있었으니, 바로 모드가 아끼던 지팡이였다(현재는 모드 집안의 소유로 되어 있다). 지팡이에는 "NE 300; E 100; N 250; SE 300"로 방위나 좌표로 보이는 수수께끼 같은 숫자들이 세로로 새겨져 있다. 데릭 페어런트Derek Parent라는 지도제작자는 이 지팡이에 새겨진 표식에 사로잡혔다. 그는 수년간 탐구한 끝에 그 숫자들을 잃어버린 도시의 방위로 보고 모스키티아 지도를 만들었다. 이 과정에서 페어런트는 그간의 정보 가운데 가장 상세하고 정확한 모스키티아 지도를 만들어냈다.

근래에 진행된 탐색은 2009년에 이루어졌다. 퓰리처상을 받은 이력이 있는 〈월스트리트 저널Wall Street Journal〉 기자 크리스토퍼 S. 스튜어트Christopher S. Stewart는 모드의 경로를 되짚어가겠다는 일념으로 모스키티아 심장부로 들어가는 험난한 여정을 떠났다. 스튜어트는 고고학자인 크리스토퍼 베글리Christopher Begley와 동행했는데, 그는 모스키티아의 고적지들에 관한 박사 학위 논문을 쓰고 100곳이 넘는 그곳의 유적지들을 찾아간 경험이 있는 인물이었다. 강을 따라 올라가서 밀림으로 들어간 베글리와 스튜어트는 플라타노 강 상류의 '란세티얄Lancetillal'이라는 거대 유적지에 이르렀다.

그곳은 스트롱 등의 고고학자들이 과거에 모스키티아를 점유했던 사람들이라고 밝힌 고대인들이 건설한 도시였다. 1988년 미국 평화봉사단이 밝혀내고 지도까지 제작하면서 알려지게 되었는데, 적어도 베글리와 스튜어트가 확인할 수 있는 범위 내에서는 모드가 잃어버린 도시라고 주장한 지역과 거의 근접한 곳이었다. 그 도시는 광장 네 개, 메소아메리카 문명의 구기장으로 보이는 윤곽이 뚜렷한 흙 둔덕 스물한 개로 이뤄져 있었다. 이 유적지 뒤편으로 조금 떨어진 곳에 있는 밀림에서 두 사람은 흰색 절벽을 발견했다. 스튜어트는 멀리서 보면 부서진 성벽으로 오인할 수도 있겠다고 생각했다. 스튜어트는 자신의 탐색활동을 담은 책《정글랜드: 잃어버린 도시의 신비, 제2차 세계대전 스파이 그리고 목숨을 건 모험에 관한 실화*Jungleland: A Mysterious Lost City, a WWII Spy, and a True Story of Deadly Adventure*》를 펴내 호평을 받았다. 하지만 베글리와 스튜어트가 최선을 다했음에도 불구하고 란세티얄 유적이 정말로 모드가 말한 원숭이 신의 잃어버린 도시인지 확인할 만한 증거는 나오지 않았다.

후에 드러난 바에 따르면, 앞선 모든 탐색자들은 거의 75년 동안 엉뚱한 곳에서 답을 찾느라 시간을 허비했다. 모드와 브라운이 쓴 일지는 모드 집안에서 대대로 전해져 내려왔다. 유물들은 아메리카인디언박물관에 보관되었지만 일지는 그렇지 않았다. 모드와 브라운의 일지는 그 자체로 일반적인 표준 관행에서 벗어난 것이었다. 보통 그와 같은 일지에는 필수적인 과학 정보가 들어 있고 대개의 경우 탐험가가 아니라 원정에 자금을 댄 기관이 소유하게 마련이다. 그런데 그 일지는 최근까지도 모드의 조카인 데이비드 모드David Morde가 가지고 있었다.

그런데 2016년에 몇 달 동안 모드 집안이 미국국립지리학회에 그 일지를 대여해준 덕분에 나는 그것의 사본을 입수할 수 있었다. 지리학회에 소속된 사람들 중에 그 일지를 읽은 이는 아무도 없었다. 나는 그 학회에서 발간하는 잡지인 〈내셔널 지오그래픽〉에 실을 기사를 쓰고 있던 터라 그 일지를 스캔받을 수 있었다. 나는 스튜어트가 적어도 그 일지의 일부분을 보기는 했으나 원숭이 신의 잃어버린 도시의 위치에 관해서는 아무런 실마리를 찾지 못해 실망했다는 사실을 알고 있었다. 스튜어트는 모드가 보안상의 이유로 일지에조차 그 정보를 공개하지 않았다고 추정했다. 그래서 나는 주목할 만한 대단한 사실을 발견하리라고는 기대하지 않은 채 일지를 훑어보기 시작했다.

일지는 총 세 권으로 구성되어 있다. 두 권은 양장본인데 캔버스 천으로 된 지저분한 표지에 "제3차 온두라스 원정Third Honduran Expedition"이라고 적혀 있다. 나머지 한 권은 그보다 작은 크기의 스프링노트로, 검정색 표지에 "야전수첩Field Notebook"이라고 되어 있다. 손으로 쓴 300쪽이 넘는 분량의 이 일지들에는 원정의 처음부터 끝까지 포괄적이고 종합적인 이야기가 담겨 있었다. 누락된 날짜나 페이지는 없었다. 매일 하루도 빼놓지 않고 상세히 기록했다. 일지는 브라운과 모드의 합작품으로서, 두 사람은 탐험하는 동안 하나의 기록장에 각자의 기록을 남겼다. 읽기 쉽고 둥글둥글한 브라운의 필체와 뾰족뾰족하고 앞으로 기울어진 모드의 필체가 번갈아 가면서 나온다. 나는 이 일지들을 읽을 때의 경험을 쉽게 잊지 못할 것 같다. 당혹감, 불신, 충격이 차례대로 이어졌기 때문이다.

미국 대중과 더불어 헤이와 아메리카인디언박물관은 사기를 당한 것으로 보였다. 모드와 브라운이 직접 쓴 글에 따르면, 두 사람에게는 모종의 비밀스런 계획이 있었다. 애초에 둘 다 사라진 도시를 찾겠다는 마음 따위는 없었던 것이다. 일지에서 '잃어버린 도시'를 언급한 유일한 기록은 글의 끝자락에 되는대로 쓴 메모 하나뿐이었다. 그마저도 콘체미우스의 이야기를 참고한 것이 분명했다. 메모의 내용은 이게 전부였다.

- 백색 도시에 관하여

1898년: 파울라야 강, 플라타노 강, 꽝푸 강의 발원지가 도시 근처에 있는 게 분명하다.

1905년: 파울라야 강에서 플라타노 강으로 건너간 애꾸눈의 고무 채취자가 여전히 그곳에 서 있는 기둥들을 봤다.

수백 쪽에 달하는 기록 가운데 그들이 찾으려고 애썼다고 한 잃어버린 도시, 그들이 미국 언론에 그토록 생생하게 묘사했던 그 도시와 관련된 정보는 이것이 전부였다. 모드와 브라운은 고고학 유적지를 찾고 있지 않았다. 두 사람은 피상적인 조사에 그쳤던 것이다. 일지에 따르면, 그들은 모스키티아에서 어떠한 유적과 유물 그리고 도시도 발견하지 못했다. 그렇다면 그 두 사람은 헤이와 세상 사람들이 다들 숨죽이고 소식을 기다리고 있던 그 넉 달 동안 모스키티아에서 무엇을 하고 있었던 것일까? 무엇을 찾았던 것일까?

그것은 바로 금이었다. 금 수색은 충동적으로 내린 결정이 아니었다. 모드와 브라운이 챙겨 간 수백 파운드에 달하는 장비들 중에는 선광냄비, 삽, 곡괭이, 사금 채취통을 만드는 장비, 야금법의 하나인 아말감법을 쓰기 위한 수은 등 정교한 금 채굴 장비들이 포함되어 있었다. 원정 파트너를 마음대로 고를 수 있었던 모드가 고고학자가 아닌 지질학자를 선택했다는 점도 주목해야 한다. 브라운과 모드는 브랑쿠 강의 지류들을 따라서 존재할 가능성이 있는 금 광상에 관한 상세한 정보를 가지고서 밀림으로 들어갔고, 그 정보에 따라 경로를 짰다. 그 지역에는 강바닥을 따라 생성된 자갈 사주沙洲 및 구멍에 사금이 풍부하게 매장되어 있다는 소문이 오랫동안 돌았다. 브랑쿠 강은 그들이 잃어버린 도시를 발견했다고 주장한 곳으로부터 남쪽으로 꽤 떨어진 지점에 있다. 일지에 나온 기록들을 토대로 지도를 만들어가다 보니, 나는 브라운과 모드가 파울라야 강이나 플라타노 강 상류로 올라간 일이 아예 없었다는 사실을 알게 되었다. 파투카 강 상류로 올라가던 두 사람은 쾀푸 강어귀를 그대로 지나쳐 파투카 강과 쿠야멜 강이 만나는 곳까지 간 다음, 쿠야멜 강을 따라 브랑쿠 강으로 올라갔다. 모드와 브라운은 훗날 백색 도시를 찾았다고 주장한 대략적인 지점인 파울라야 강, 플라타노 강, 쾀푸 강 상류를 아우르는 지역에서 64km 이내에 있었던 적이 없었다.

　두 사람은 제2의 캘리포니아, 제2의 유콘을 찾고 있었다. 그들은 가는 곳마다 자갈 사주를 파헤쳤다. 은밀히 조사하여 알아낸 각각의 조각들을 광적일 정도로 꼼꼼하게 합쳐 반짝이는 것, 즉 금 조각들을 얻기 위한 선광 작업을 했다. 마침내 브랑쿠 강으로 흘러 들어가는 지류 가운데 하나인 울라크와스Ulak-was에서 모드와 브라운은 실제로 금광맥을 찾았다. 1907년 펄Perl이라는 미국인이 그곳에 사금 채취 작업장을 세운 적이 있었다. 어느 부유한 뉴요커의 난봉꾼 아들이었던 펄은 채굴이 아니라 술과 오입질로 허송세월을 보냈고, 그 꼴을 보다 못한 그의 아버지가 회사 문을 닫아버렸다. 펄의 사금 채취 작업장은 1908년에 폐광되었다. 모드와 브라운은 펄이 그대로 두고 떠난 댐, 송수관, 게이트밸브, 모루 등 유용한 장비들을 수리해서 재사용했다.

울라크와스 강어귀에 이르렀을 때 모드와 브라운은 원주민 길잡이들을 떼놓고서 강을 따라 올라갔다. 그러고는 펄의 작업장이 있었던 바로 그곳에 캠프를 만들었다. 두 사람은 그 후 3주 동안 매일 뼈 빠지게 금 채취 작업에 몰두했다. 원정에 나선 지 딱 절반이 되는 시점이었다.

그들은 강물이 사금 채취통 안으로 흘러들도록 수류를 바꾸기 위해 펄이 만들었던 낡은 댐을 보수했다. 사금 채취통의 홈과 채 위로 물이 흘러가면 모래보다 무거운 금 조각들이 따로 분리되면서 모이는 방식이었다. 모드와 브라운은 매일 하루치 수확량을 일지에 기록했다. 그들은 고되게 일했다. 폭우에 몸이 홀딱 젖고 우글거리는 샌드플라이와 모기떼에 시달렸으며 매일 몸에서 30~50마리의 진드기를 떼어내야 했다. 또한 그들은 독사의 공포에 끊임없이 시달렸다. 독사는 어디에나 있었다. 커피와 담배는 떨어졌고 급기야 쫄쫄 굶기 시작했다.

모드는 일지에 이렇게 적었다. "우리는 금 시굴에 대해서 거듭 철저히 논의한다. 그리고 미국이 이미 전쟁에 연루되었을지도 모른다고 보고 전쟁의 추이에 관해서도 숙고한다." 그들은 큰 꿈을 품기도 했다. 브라운은 이렇게 적었다. "우리는 강 바로 건너편에 비행기 이착륙이 가능한 멋진 장소를 찾아냈다. 우리의 계획대로라면 이 고원에 베이스캠프를 건설할 수도 있을 것이다."

하지만 우기가 맹렬한 기세로 두 사람을 덮쳤다. 우듬지에 폭우가 요란하게 쏟아지기 시작했다. 매일 수백 밀리미터의 장대비가 퍼부었다. 매일 같이 내리는 큰비로 인해 울라크와스 강이 불어나면서 모드와 브라운은 수위 상승에 대처하기 위해 발버둥 쳤다. 그러나 결국 재앙이 닥치고 말았다. 엄청난 양의 집중호우로 돌발홍수가 발생하는 바람에 울라크와스 강이 넘치면서 댐이 터졌고, 금 채굴 작업장도 그대로 쓸려가 버렸다. 모드는 비통함을 감추지 못하면서 일지에 이렇게 적었다. "더는 금 채취 작업을 할 수 없다는 게 명백하다. 댐이 완전히 사라졌다. 우리의 계획 역시 마찬가지다. 우리가 생각하기에 이 상황에서 할 수 있는 최선책은 서둘러 이곳의 일을 마무리 짓고 다시 강을 따라 내려가는 것이다."

브라운과 모드는 물자와 금을 실은 통나무배를 타고서 금광을 버리고 정신없이 빠른 속도로 불어난 강물을 따라 내려가기 시작했다. 그들은 울라크와스 강에서 브랑쿠 강, 쿠야멜 강, 파투카 강으로 아슬아슬하게 내달렸다. 거슬러 올라갈 때는 2주일이 걸렸던 길게 뻗은 파투카 강줄기를 하루 만에 내려왔다. 마침내 문명의 언저리에 당도했을 때 모드는 프랑스가 함락됐다는 소식을 듣게 되었다. 파투카 강을 따라 형성된 정착촌에는 라디오가 딱 한 대 있었다. 모드는 실질적으로 미국이 전쟁 상태에 있으며 금명간에 이를 공식화할 것이라는 얘기를 들었다.

두 사람은 온두라스에 고립되었다는 생각으로 공황 상태에 빠졌다. "우리는 원정의 순수한 목적을 서둘러 완수하기로 결정했다." 이 알쏭달쏭한 문장이 의미하는 바에 대해서는 논란의 여지가 있다. 하지만 그들은 변명거리가 될 만한 거짓 이유를 부지런히 꾸며내야 한다고, 그러니까 헤이에게 가져다줄 잃어버린 도시에서 나온 것으로 추정되는 고대 유물 몇 점을 손에 넣어야 한다는 사실을 깨달았던 것 같다(모스키티아에서 유물을 찾았다거나 가지고 나왔다거나 하는 것까지는 일지에 언급되어 있지 않다).

모드와 브라운은 불어난 파투카 강을 질주하여 내려갔다. 그리고 브루스 라구나에 도착했다. 미국이 참전하지 않았다는 정확한 사실을 알게 된 그들은 더는 서두르지 않고 그곳에서 일주일을 보냈다. 그리고 마침내 온두라스의 수도 테구시갈파에 당도했다. 이동하는 동안 그들은 후원자인 헤이에게 거짓 보고서를 써서 보냈고, 그 내용이 〈뉴욕 타임스〉 기사로 실리게 되었다.

뉴욕으로 돌아가자마자 모드는 그 도시를 발견한 이야기를 되풀이했고, 그때마다 이야기는 더욱 정교해졌다. 대중은 그 이야기를 무척 좋아했다. 두 사람이 가져온 상당히 수수한 유물들은 박물관에 전시되었다. 일지에 적힌 대로 두 사람은 밀림을 떠나온 뒤 해안가 근처의 브루스 라구나 서쪽 지역에서 그 유물들을 급하게 입수했다고 한다. 어느 스페인 사람 하나가 그들에게 도기들이 사방에 흩어져 있는 유적지를 보여주었고 그곳에서 두 사람은 유물 몇 점을 파냈다. 현지인들로부터도 유물을 구입한 것으로 보이는데, 일지에는 이러한 의혹에 관한 이야기가 전혀 없다.

모드와 브라운은 일지에 본인들의 행동을 숨기거나 꾸미려는 노력을 일절 하지 않았다. 왜 그토록 솔직하게 사기 행각을 기록해두었는지 이해하기 어렵다. 다만, 후원자인 헤이나 대중과 함께 그 일지의 내용을 공유하려는 생각은 애초에 없었다는 것은 분명하다. 아마도 자만심으로 가득 찬 상태에서 자신들이 발견한 기막힌

노다지를 일종의 유산으로 물려주겠다는 꿈을 꾸면서 자손들을 위해 기록해두고자 했던 것이 아닐까 싶다. 잃어버린 도시를 발견했다는 두 사람의 발표는 마지막 순간의 충동적인 행동이었을 수도 있으나 그보다는 시종일관 본인들의 진짜 의도를 숨기기 위한 위장술로 계획되었을 가능성이 더 커 보인다.

우리가 제대로 알고 있는 것은 수십 년 동안 많은 이들이 모드가 도시를 발견했는지 궁금해 했다는 사실이다. 지금껏 전반적으로 합의에 이른 일반 여론은 모드가 실제로 고고학 유적지, 어쩌면 중요한 의미를 갖고 있는 유적지를 실제로 발견했을 가능성이 있다는 것이었다. 하지만 모드는 아무것도 찾지 못했으며 그의 '발견'은 하나부터 열까지 모두 새빨간 거짓말이었다. 일지가 그 증거였다.

그렇다면 지팡이와 거기에 새겨진 알쏭달쏭한 숫자들은 과연 무엇일까? 최근에 나는 데릭 페어런트와 메일을 주고받았다. 페어런트는 수십 년 동안 모스키티아를 탐구하고 모드의 경로를 조사하면서 지팡이의 숫자를 해독하려고 애쓴 인물이다. 어쩌면 그는 현재 살아 있는 사람들 중 그 누구보다도 모드에 관해 많은 것을 알고 있을지도 몰랐다. 데이비드 모드는 수년에 걸쳐 페어런트에게 일지 일부 복사본을 조금씩 보내주었다. 나와 연락을 하던 중 어느 날 페어런트는 이렇게 말했다. 모드가 이야기하기를, 일지에 누락된 부분이 있는데 도시를 발견한 내용은 바로 그 부분에 담겨 있다고 말이다.

"누락된 부분이라뇨?" 내가 물었다.

바로 그 순간 누가 봐도 명백한 데이비드 모드의 계략이 드러났다. 그는 "일지 2"("제3차 온두라스 원정"의 두 번째 권)의 대부분이 사라진 상태라고 페어런트에게 말했다. 그는 첫 번째 페이지만 남아 있어 그것만 복사해 페어런트에게 보낸 것이라고 했다. 페어런트는 해당 일지의 나머지 부분이 아예 없는 것으로 보아, 파울라야강을 따라 올라가서 백색 도시에 이른 모드의 여정은 그 누락된 부분에 기록되어 있을 것으로 확신한다고 말했다. 그렇다면 그 부분은 왜 사라진 걸까? 페어런트의 설명에 따르면, 모드의 사후에 영국 군사정보부에서 모드가 작성한 문서들을 소각하라는 명령을 내렸고 가족들이 그 지시를 따랐을 가능성이 있다고 했다. 아니면 쥐가 들끓는 매사추세츠주의 눅눅한 창고에 보관되어 있는 동안 훼손되었을 수도 있다는 것이다.

페어런트가 이런 얘기를 들려주었을 때 나는 깜짝 놀라지 않을 수 없었다. 그도 그럴 것이 데이비드 모드가 사라졌다고 주장한 페이지들은 원본에서 전혀 누락되어 있지 않았기 때문이다. 나는 각 장에 일일이 번호가 매겨져 있고, 단단하게 양장본으로 제본된 온전한 형태의 "일지 2"를 가지고 있었는데, 거기에는 날짜가 건너뛰어 있다거나 본문이 누락된 부분은 전혀 없었다. 사라졌다고 했던 내용에는 모드가 브루스 라구나에서 유유자적 보낸 시간만이 기록되어 있을 뿐이었다. 그때 모드는 현지에 거주하고 있던 미국인들과 어울리며 항해를 하고 낚시를 했으며 당일치기로 유물 발굴 여행을 다녔다.

그는 왜 페어런트를 속였을까? 나는 페어런트에게 이러한 사실들을 알려준 뒤 "일지 2"의 나머지 부분의 사본을 보냈다. 그는 엄청난 충격을 받았다고 메일을 보내왔다. 이러한 가운데 지팡이의 미스터리는 여전히 남아 있다. 그간의 정황을 알게 된 뒤 페어런트는 최근에 생각해 낸 본인의 가설을 내게 들려주었다. 그는 그 지팡이가 울라크와스 강에 있는 금 채취 캠프 혹은 그 주변에 있는 뭔가 흥미로운 장소의 방위를 기록해둔 것일지도 모른다고 했다. 그는 모드가 뭔가를 찾아냈고 그래서 일지에 적는 대신 자신의 지팡이에 그곳의 방위를 새겨놓았다고 생각했다. 너무나도 중요한 발견이기에 브라운과 공유하던 일지에 적기보다는 훨씬 비밀스럽게 유지하고 싶어 했다는 것이다.

페어런트는 지팡이의 숫자들만 따로 뽑아내 지도를 만들었다. 그는 나침반 방위 및 거리가 울라크와스 강어귀에서 상류로 굽이굽이 올라가는 브랑쿠 강의 만곡과 일치한다고 했다. 그는 현재 명확하게 밝혀진 종점까지 그 강둑을 따라가는 경로를 기록한 여정이 지팡이에 표시되어 있다고 보았다. 페어런트가 확인한 바에 따르면 그 종점은 300에이커 면적의 협곡으로, 브랑쿠 강은 그 계곡을 관통해 흘렀다. 이때껏 조사가 이뤄진 적이 없던 계곡이었다. 그곳은 아마도 모드가 훗날 브라운 없이 홀로 다시 가려고 했던, 사금이 매장되어 있을 가능성이 높은 또 다른 장소일 수도 있고, 아니면 뭔가 흥미로운 다른 발견물을 표시해둔 것일 수도 있었다.

하지만 이제 우리는 그것이 백색 도시의 방위를 나타내는 암호가 아니라는 사실은 알게 되었다. 일지를 보면 야생에서 벗어나 문명화된 도시에 도착하기 전, 그러니까 원정의 마지막 날인 1940년 6월 17일에 모드는 이렇게 적었다. "우리는 그곳에 위대한 문명이 존재한 적이 없었다고 확신한다. 고고학적으로 가치가 있는 발견은 하나도 없다."

풀리지 않는 미스터리

# 05

# 어둠의 심연 속으로

모험과 낭만이 가득한, 거짓말처럼 믿기 힘든 모드의 이야기는 75년 동안 잃어버린 도시 전설의 촉매제였다. 이 전설은 온두라스 국민 정서의 일부가 되었다. 초등학생들도 알 정도로 친숙한 이야기였다. 1960년 온두라스 정부는 모스키티아 내부의 광범위한 미개척지 가운데 5,180km²를 따로 떼어내어 '시우다드 블랑카 고고학 보전지역'으로 설정했다. 1980년 유네스코는 이 지역을 플라타노 강 생물권 보전지역으로 지정했고, 2년 뒤에는 이 특별한 우림을 세계 문화유산 보호지역으로 등재했다. 그러는 사이에 야심만만한 탐험가들은 잃어버린 도시를 발견했다고 하는 입증되지 않은 수상한 주장들을 계속해서 했다. 하지만 대다수 고고학자들은 어떤 형태로든지 그러한 도시가 밀림 깊숙한 곳, 그러니까 모드가 주장했던 지역 부근 혹은 다른 어딘가에 존재할 가능성을 의심했다. 1994년 온두라스 정부에서 유적을 담당하는 최고 책임자 조지 아세만George Hasemann은 한 인터뷰에서 모스키티아의 드넓은 유적지 전체가 하나의 정치체제에 속했을 수도 있다고 말했다. 그 정치체제의 중심이 바로 아직까지 발견되지 않은 백색 도시라는 것이었다.

스티브 엘킨스는 스티브 모건Steve Morgan이라는 모험가로부터 백색 도시에 관한 이야기를 처음으로 들었다. 모건은 전설과 이야기를 모으는 전문 수집꾼이었다. 그는 자신이 생각하기에 세계에서 가장 미스터리한 것들을 목록으로 만들었다. 사라진 도시, 해적들의 보물, 고대 무덤, 금이 실린 난파선에 대해 조사한 내용들을 여러 개의 상자에 나눠 보관했다. 그의 집에는 중국 도자기가 태산같이 쌓여 있었고 스페인의 옛 은화가 수북이 담긴 궤들이 가득했다. 로스앤젤레스에서 방송 종사자들에게 촬영장비를 대여하는 사업을 했던 엘킨스는 장비도 있겠다, 자신이 직접 방송 제작에 뛰어들기로 마음먹었다. 그는 모건과 상의했다. 그리고 모건이 작성한 미스터리들의 목록에 푹 빠져서 그것들을 하나하나 자세히 검토했다. 특히 엘킨스의 관심을 끈 미스터리는 두 가지였다. 하나는 시우다드 블랑카 전설, 또 하나는 코코스 섬의 보물로 알려진 리마의 전리품에 관한 이야기였다.

엘킨스와 모건은 한 팀이 되어서 시우다드 블랑카에 관한 조사를 진행했고, 본인들이 생각하기에 그것이 있을 만한 모스키티아의 한 지역을 알아냈다. 그들은 원정대를 조직했고 지휘는 모건이 맡았다. 엘킨스는 이 원정을 다루는 방송 프로그램 기획을 독일 슈피겔 TV에 판매했다.

엘킨스와 캘리포니아 영화 제작진, 독일인 공동 제작자 및 특파원은 1994년 온두라스에 도착했다. 그들은 실무를 처리하기 위해 브루스 하이니케Bruce Heinicke라는 남성을 현지 가이드로 고용했다. 그는 모건의 어린 시절 친구로, 온두라스 여성과 결혼한 미국인이었다. 그는 오랫동안 온두라스에서 금 채굴, 마약 밀매, 보물 사냥, 유물 약탈로 돈을 번 인물로 현지 가이드를 그와 같은 사람으로 선택한 것은 일견 상식에서 벗어난 듯 보일 수도 있다. 하지만 원정대에게는 온두라스 지리에 밝을 뿐만 아니라 (정교하고 까다로운 기술이라고 할 수 있는) 사람을 매수하는 시기와 방법, 목숨을 보전하면서 위험한 범죄자들을 을러대고 협박하는 일을 명민하게 처리할 수 있는 능력자가 필요했다. 엘킨스는 온두라스에 도착한 뒤 공항 주차장에서 처음으로 본 하이니케의 모습을 아직도 똑똑히 기억했다. 파인애플이 그려진 셔츠를 입고 새끼손가락 반지와 금시계를 착용한 거구의 사내가 입에 담배를 문 채 돈다발을 손에 쥐고 있는 모습이었다. 이때부터 길고 복잡한 관계가 시작되었다.

제작진은 코판을 촬영한 다음 부시플레인(수상용 경비행기 - 옮긴이)을 타고 모스키토 해안의 소도시 팔라시오스로 간 뒤, 원주민 길잡이들과 함께 내륙으로 들어갔다. 원정대는 그동안 진행했던 조사와 인터뷰에 기초하여 그 잃어버린 도시가 있을 만한 장소를 대략적으로만 파악하고 있는 상태였다. "우리는 카누를 타고 어둠의 심연으로 들어갔습니다." 엘킨스는 그때를 이렇게 회상했다. 원정대를 이끈 모건은 깊은 산골짜기에 유적이 있는 곳을 안다고 주장하는 현지 정보원들을 고용했다. 엘킨스는 이렇게 말했다. "솔직히 말해서 나는 그냥 따라가기만 했어요. 당최 어디로 가고 있는지 정말로 몰랐죠."

원정대는 마호가니의 몸통을 통째로 파낸 12m짜리 카누를 이용했다. 선체 바깥쪽에 작은 에빈루드 모터가 장착되어 있었다. 배 한 척당 사람 여섯 명과 장비 꾸러미 한 묶음이 딱 들어갈 수 있었다. "우리는 어느 작은 강을 따라 올라갔습니다. 나는 그 강 이름도 몰라요." 상류는 수심이 너무 얕은 데다 물에 가라앉은 통나무들이 가득하고 진흙 사주가 펼쳐져 있었다. 직접 삿대질을 해서 배를 밀고 갈 수밖에 없었다. 원정대는 헷갈리고 불확실한 지도에 의지해 상당한 시간 동안 끝이 보이지 않는 습지를 통과하여 수 미터를 간 다음, 이름 모를 지류들을 타고 올라갔다. "쉴 새 없이 카누에 들락거렸어요. 늪가의 뻘을 지나자 밀림이 갈수록 울창해지더니 마침내 고산지대에 이르렀지요."

사라진 도시의 흔적은 어디에도 없었다. 다만 뭔가를 발견하기는 했다. 엘킨스는 이렇게 말했다. "매우 큰 바위가 불쑥 물속에서 모습을 드러냈습니다. 그 바위에는 멋들어진 머리장식물을 쓴 사내가 씨를 뿌리는 모습이 새겨져 있었지요." 그때 그는 귀한 것이 나타났다는 느낌을 받았다고 했다. 그 바위는 베일에 싸인 수준 높은 문화권의 사람들이 지금은 인적이 끊긴 심심산곡 밀림에서 한때 농경생활을 했다는 증거였다. 원정대는 현지 원주민 길잡이들이 앞장서서 이끄는 대로 계속 나아갔다. 어느 지점에 다다랐을 때는 카누를 버리고 도보로 갈 수밖에 없었다. 마체테로 밀림을 헤치며 돌진했다. 하루 동안 애써서 1.5~3km가량만 가도 다행이었다. 원정 대원들은 전투식량으로 끼니를 해결했고 원주민 길잡이들은 이구아나를 잡아먹었다. 한 번은 이런 일도 있었다고 한다. 앞서 가던 길잡이들이 갑자기 동요하기 시작했다. 그들은 무기를 꺼내들면서 재규어들이 우리의 뒤를 밟고 있다고 알려주었다. 원정대는 잊을 만하면 독사를 만났고, 밤이고 낮이고 벌레들의 공격을 받아야 했다. 엘킨스는 이렇게 회상했다. "거기서 나온 뒤에도 그때 물리고 쏘인 자국이 반 년 동안 사라지지 않았어요." 그는 그 지역에서 흔히 발생하는 갖가지 무시무시한 열대병에 걸리지 않은 것만으로도 천만다행으로 여겼다.

어느 날 밤, 엘킨스는 볼일을 보려고 텐트 밖으로 나왔다. 숲이 온통 무수한 점들로 빛나고 있었다. 적절한 온도와 습도에서 빛을 내는 균류의 생물 발광發光으로 펼쳐진 장관이었다. "마치 9,144m 상공에서 로스앤젤레스를 내려다보는 것 같았습니다. 살면서 본 것 중에 가장 아름다운 광경이었어요."

원정대는 그 우림의 어딘가에서 실제로 부서진 석상들과 도기, 도구들이 여기저기 흩어져 있는 곳을 찾아냈다. 밀림이 워낙 빽빽한 탓에 둔덕이 있는지 확인하는 것은 불가능했지만 둔덕이 있건 없건 간에 규모가 매우 작았다. 백색 도시가 아닌 것만은 분명했다. 기력도 돈도 바닥난 상태에서 원정대는 마침내 두 손을 들고 말았다.

엘킨스는 온두라스에서 하이니케가 일을 해결하는 방식을 볼 때마다 거듭 경악했다. 밀림에서 나와 온두라스 만의 로아탄 섬에서 촬영을 마친 뒤였다. 독일 제작자의 위성전화로 긴급 연락이 왔다. 업무상 문제로 즉시 함부르크로 귀환하라는 내용이었다. 원정대는 서둘러 공항으로 이동했다. 하지만 공항에 도착했을 때 함부르크행 비행기는 이미 이륙 준비를 하고 있었고, 다음 비행 편은 며칠 동안 아예 없는 상황이었다. 하이니케는 씩씩대며 활주로로 걸어가더니 이륙 준비 중이던 비행기에 올라탔다. 그러고는 콜트 45구경 권총을 꺼내고선 맨 마지막으로 탑승한 사람이 누구냐고 물었다. 하이니케는 그 운 나쁜 승객을 향해 권총을 흔들어대면서 이렇게 말했다. "당신이 앉아 있는 그 좌석이 필요해. 내려!" 그 승객은 공포에 질린 채로 비틀거리며 비행기에서 내렸다. 하이니케는 권총을 허리띠에 도로 찔러 넣더니 독일인 제작자에게 말했다. "자, 자리 났어요."

훗날 하이니케는 나에게 이 이야기를 들려주면서 스티브 엘킨스와의 파트너 관계에서 본인이 맡은 역할에 대해 설명했다. "봐요, 엘킨스 그 사람이 자기가 본 어떤 사람의 좋은 점들을 얘기하면 난 이렇게 말하는 식이죠. '엿이나 먹으라고 그래요. 난 그자가 싫습니다. 그자를 믿지 않아요.' 아마도 그래서 우리가 별 탈 없이 함께 일할 수 있는 거겠지요." 엘킨스의 입장을 들어보면 이러했다. "브루스는 단연코 내 편으로 삼고 싶은 유형의 사내입니다. 반대편이 아니라요." 엘킨스는 목소리를 낮추면서 덧붙였다. "그러기 위해서 가끔은 악마와 춤을 춰야 했죠."

백색 도시를 찾겠다는 첫 번째 시도 이후 엘킨스는 달라졌다. 그는 백색 도시 전설에 대해 더욱 큰 호기심을 가지게 되었고, 그 안에서 인생의 사명을 발견했다. 나중에 그는 이렇게 말했다. "나는 그걸 '잃어버린 도시 바이러스'라고 부릅니다. 중독자가 되었지요. 나는 그 도시가 정말로 존재하는지 입증해 보겠다는 생각에 빠져 정신을 못 차리는 상태가 되고 말았습니다."

　엘킨스는 포기를 모르는 집요한 근성의 소유자였다. 이런 성격
은 독특한 집안 배경에서 비롯되었을 가능성이 매우 크다. 원래 영
국과 러시아 출신인 엘킨스의 증조부모는 1890년대에 엘리스 섬
을 통해 미국으로 건너왔다. 조부인 잭 엘킨스Jack Elkins는 재즈 피아
니스트였는데 1920년대에 딕시랜드 밴드와 함께 투어를 다니기도
했다. 엘킨스의 부친 버드 엘킨스Bud Elkins는 아예 다른 방향으로 나
갔다. 그는 군인이 되었다. 버드는 열다섯 살 때 나이를 속이고 군
대에 들어갔으나 신병 훈련 기간에 들통이 났다고 한다. 이후 고등
학교를 졸업한 다음, '알류샨 호랑이' 비행중대 소속으로 일본군에
맞서 전투기를 조종했다. 은퇴 후 코셔 핫도그(유대교식式으로 만든
핫도그 – 옮긴이) 사업을 했다고 하는데 안타깝게도 이는 결국 실패
했고 엘킨스가 열한 살이 되던 해에, 버드 부부는 갈라서게 되었다.
때문에 엘킨스는 아버지가 부재한 환경에서 성장했다. 그는 어머
니에 대해 이렇게 이야기한다. "어머니는 세상의 소금이자 바위처
럼 단단한 분이셨습니다." 엘킨스는 어머니의 단단한 심지와 더불
어 아버지의 방랑벽을 물려받은 것으로 보인다. 적절하게 어우러
진 이 두 성격이 그가 백색 도시를 탐사하는 데 많은 도움이 되었
을 것이다.

　엘킨스는 서던일리노이대학교를 다녔다. 도보여행에 열심이었
던 그는 친구들과 함께 쇼니 국유림 일대를 돌아다녔다. 당시 유람
중에 엘킨스는 미시시피 강을 굽어보는 어느 절벽에서 석굴 하나
를 발견했다. 그는 친구들과 함께 그곳에 진을 치고서 땅을 이리저

리 헤집기 시작했다. 그러자 화살촉, 창끝, 뼈, 깨진 도기가 모습을 드러냈다. 그는 그것을 학교로 가지고 갔다. 그를 가르치던 고고학 교수는 학기 중에 엘킨스가 발견한 동굴을 발굴하는 특별 연구 수업을 개설했다. 그 수업을 통해 사람 뼈, 석기, 음식물 흔적 등을 발굴할 수 있었다. 방사성탄소 연대측정을 해보니 가장 아래층은 수천 년 전에 생성된 것으로 드러났다.

"내가 고대사에 빠지게 된 게 바로 그때였습니다"라고 엘킨스는 말했다. 그는 석굴에 앉아서 많은 시간을 보냈다고 한다. 미시시피 강 계곡을 보면서 그곳, 그러니까 5,000년 전의 미국에 있었던 그 동굴에서 태어나고 자라서 자식들을 키우다가 늙어 죽는, 그 삶이 어떠했을지 상상했다.

엘킨스는 첫 번째 모스키티아 원정을 통해서 단순하지만 잔혹한 진실을 마음에 새기게 되었다. "아무런 목적 없이 그 밀림을 헤치며 걷는 건 미친 짓이었습니다. 그런 식으로 했다가는 결코 아무것도 발견할 수 없습니다." 그는 더욱 체계적인 방식으로 그 문제를 다뤄야 한다고 했다. 엘킨스는 양면 작전, 즉 역사적 고증과 우주 시대의 기술을 동시에 활용하여 이를 처리하고자 했다.

그는 백색 도시를 찾으러 갔다는 사람들의 수많은 이야기들을 철저하게 조사했다. 실제로 그 도시를 발견했다고 주장하는 이들도 있었다. 그런 얘기를 하는 사람들은 대부분 누가 봐도 기인이거나 신뢰할 수 없는 부류였다. 그런데 단연 눈에 띄는 한 사람이 있었다. 스티브 모건이 소개해준 샘 글래스마이어Sam Glassmire라는 사람이었다. 글래스마이어는 백색 도시의 정확한 위치를 찾아 직접 답사하고 왔다고 했다. 글래스마이어를 만나본 엘킨스는 그가 대단히 신뢰할 만한 이야기를 품고 있는 믿음직하고 훌륭한 과학자라는 걸 알게 되었다. 글래스마이어의 집 거실에는 그 유적지에서 가져왔다고 하는 인상적인 석상들이 있었다. 1997년 엘킨스와 촬영팀은 샌타페이에 있는 글래스마이어의 자택에서 그를 인터뷰하는 장면을 녹화했다(나는 이때 엘킨스를 처음 만났다).

지질학자인 글래스마이어는 원래 모드의 원정으로 촉발된 모스키티아 금광맥 탐사를 위해 고용된 사람이었다. 하지만 그는 잃어버린 도시를 찾아 나설 생각이었다. 그는 1950년대 말에 모스키티아 탐사 원정대를 세 차례나 이끌었다. 걸걸한 목소리로 뉴멕시코 사람 특유의 느릿하게 끄는 말투를 쓰는 글래스마이어는 세상의 온갖 풍상을 모두 겪어낸 강인한 사람이었다. 또한 훌륭한 과학자로서의 경력을 쌓았다. 1950년대 중반에는 로스앨러모스 국립연구소 소속 공학자였다. 당시만 해도 로스앨러모스는 폐쇄 도시였는데, 그는 점점 핵폭탄 제조에 환멸을 느끼게 되었고 결국 샌타페이로 이주해 지질 컨설팅회사를 차렸던 것이었다.

1959년 그는 미국 광산 업체에 고용되었다. 그가 맡은 일은 파투카 강 및 지류의 상류에 있는 자갈 사주를 따라 사금이 존재하는지 알아내는 일이었다. 고용주는 돈이 많았다. 첫 번째 탐사에만 예산이 4만 달러나 들었다. 이후 글래스마이어는 그곳으로 두 차례 더 파견되었다.

첫 번째 원정에서 글래스마이어는 백색 도시에 관한 무성한 소문들을 들었다고 한다. 그는 온두라스에 발을 딛자마자 그 얘기를 듣게 되었다고 했다. 금을 찾아 강을 탐사하는 동안 그는 길잡이들에게 성가실 정도로 그 소문들에 관해 질문을 해댔다. "나는 원주민들이 베일에 싸인 시우다드 블랑카를 언급하는 것을 자주 들었다." 글래스마이어는 1960년 〈덴버포스트Denver Post〉에 기고한 글에서 이렇게 밝혔다. "나는 그 도시에 관해 길잡이에게 물어보았다. 마침내 입을 연 그가 말하기를, 내가 시우다드 블랑카를 향해 괌푸강 상류로 원정대를 보낼 계획을 세울까봐 원주민 길잡이들이 전전긍긍하고 있다고 했다. 덧붙여 만약 내가 실제로 그렇게 할 경우 길잡이들은 원정대를 버리고 달아날 것이라고 했다." 글래스마이어가 이유를 묻자 그 길잡이는 이런 이야기를 들려주었다고 한다. 장대한 도시였던 시우다드 블랑카는 정복자들이 온 뒤로 불의의 재앙들이 잇따라 닥쳤고, 사람들은 신들의 노여움을 샀다고 여기게 되었다는 것이다. 그래서 결국 갖고 있던 물건들을 고스란히 남겨둔 채 도시를 떠났고, 그 뒤로 그곳은 금단의 땅이 되어 사람들이 멀리하고 피하게 되었다는 것이다.

세 번째 온두라스 탐사 원정에서 글래스마이어는 브랑쿠 강과 쿠야멜 강을 따라가면서 엄청난 금이 묻힌 사광상을 발견했다. 모드가 금맥을 찾았던 곳과 거의 같은 지역이었다. 하지만 잃어버린 도시가 글래스마이어의 머릿속에서 떠나질 않았다. "할일을 전부 끝낸 뒤에 그곳을 찾으러 나섰습니다." 그는 엘킨스에게 이렇게 말했다. 글래스마이어는 수무족Sumu 노인 한 명을 포함해 열 명을 따로 뽑았다. 그 원주민 노인은 어린 시절에 시우다드 블랑카에 가본 적이 있다면서 그곳의 위치를 기억하고 있다고 했다. "나와 동행하도록 하기 위해 그들에게 상당히 많은 돈을 줘야 했습니다. 우리는 원주민들이 꽘푸 강이라고 부르는 밀림의 강 상류까지 한참을 올라간 다음, 파오 강이라고 하는 지류로 빠졌습니다. 카누를 타고서요. 강에서 나온 다음에는 목적지까지 걸어서 가야 했습니다. 그곳은 세계에서 가장 무시무시한 밀림 가운데 한 곳이었습니다. 산이 아주 많고 길이 매우 험하고 가파른 지역이었어요. 세상에 그보다 더한 오지는 보지 못했습니다."

험난한 육로 여행을 시작한 지 엿새가 지난 1960년 3월 10일, 글래스마이어의 눈앞에 마치 푸른 잎사귀들로 뒤덮인 거대한 아이스크림콘을 뒤집어 놓은 듯한 심상치 않은 원추형 둔덕이 나타났다. 작은 풀밭에서 그들은 땅 위에 여기저기 흩어진 유물들을 발견했다. 그 가운데는 동물 머리로 장식된 의례용 의자 혹은 왕좌로 보이는 것도 있었다. 계속 앞으로 나아가는 동안 카펫처럼 끝도 없이 펼쳐진 밀림 밖으로 둔덕들이 툭툭 불거져 나왔다. 빛을 받아 일렁이는 초록 물결 곳곳에 간간이 뿌려진, 뭐라고 딱히 규정하기 힘든 회백색 반점들도 포착되었다. 갖고 있던 9배율 쌍안경을 들이대자 그것들의 정체가 드러났다. 그 회백색 점들은 폐허가 된 석조 건축물들이었다.

"찾았다!" 글래스마이어는 같이 있던 원주민 길잡이들을 향해 외쳤다. "내가 시우다드 블랑카를 찾아냈어!" 초목을 베어 길을 트면서 그 도시에 가까이 다가가기까지 사흘이 걸렸다. 밀림을 통과하는 데 워낙 시간이 오래 걸린 탓에 그 도시 전체를 돌면서 탐사한 시간은 다 합해봐야 고작 공원 한 바퀴를 도는 정도로 느껴졌다. 그는 아름다운 돌조각 등을 모아서 가지고 돌아오기는 했으나 엄청나게 많은 유물들을 그대로 두고 올 수밖에 없었다고 했다.

글래스마이어는 재단이나 대학에서 그 발견에 관심을 갖게 하려고 무던히 애썼다. 그가 엘킨스에게 한 말에 따르면, 펜실베이니아대학교에서 그의 수집품을 소장하고 싶다는 의사를 전해와 유물과 사진, 지도를 다수 보내줬다고 한다. 하지만 그러고 나서도 글래스마이어에게는 머리 조각들과 석기들이 많이 남아 있었다. 그의 딸 보니Bonnie가 지금도 아버지의 수집품을 갖고 있는데, 내가 본 것이 바로 그 유물들이었다. 수집품에는 돌그릇, 메타테, 정교한 솜씨로 조각된 돌들이 있었다. 깃털 달린 뱀인 케찰코아틀(아스텍인의 수호신이자 평화의 신 – 옮긴이)을 표현한 기가 막힌 조각도 있었는데, 뉴욕 메트로폴리탄박물관의 마이클 록펠러Michael Rockefeller 컬렉션에 있는 것과 같았다.

이 유물들만 보더라도 글래스마이어가 중요한 유적지를 발견했다는 사실을 짐작할 수 있다. 그 유적지의 유물들을 찍은 사진을 보면 그가 두고 온 조각상들이 매우 많다는 사실을 알 수 있다. 그가 손으로 직접 그린 지도에는 파오 강 상류에 있는, 그때껏 알려지지 않은 물줄기들이 하나하나 상세히 나와 있는데, 이는 글래스마이어가 전인미답의 그 지역을 실제로 관통하여 들어갔다는 사실을 입증하는 것이다. 그가 인터뷰에서 밝힌 바에 따르면, 펜실베이니아대학교 역시 원정길에 올랐다. 그런데 이 원정대는 바다로 들어가서 카누를 타고 강을 따라 올라가는 대신 카타카마스라는 도시에서 출발해 산을 넘어 지름길로 갈 계획을 세웠다. "서너 사람이 죽었지요." 글래스마이어가 말했다. 때문에 원정대는 다시 돌아올 수밖에 없었다.

글래스마이어는 본인이 직접 만든 지도의 사본을 스티브 엘킨스에게 주었다. 그 지도는 정확한 위치를 못 박을 수 있을 정도로 상세하지는 않았으나, 훗날 엘킨스가 그 유적지가 있을 가능성이 있는 계곡을 알아내는 데 도움이 될 만큼은 정확했다. 한참 세월이 흐르고 나서 우리가 백색 도시를 찾고 있을 때 엘킨스는 항공 측량 과정에서 그곳을 'T4'로 명명했다. 글래스마이어의 발견은 중요한 진전을 할 수 있도록 이끌어주었다. 덕분에 엘킨스는 모스키티아 내륙 깊숙한 곳에 지금껏 알려지지 않은, 적어도 하나의 중요한 유적지가 있다는 믿을 만한 확실한 기록을 입수할 수 있었다. 엘킨스는 그 기록을 사라진 도시들에 관한 전설들이 환상이 아니라는 강력한 증거라고 생각했다.

정확한 탐사를 위해 엘킨스가 취한 행동의 두 번째 갈래는 연구조사과정에 최신 우주 기술을 들이는 것이었다. 이를 위해 그는 제트추진연구소의 론 블롬으로부터 도움을 받았다. 엘킨스는 론 블롬이 아라비아반도의 룹알할리 사막에서 사라진 도시 우바르를 찾아내는 데 성공했다는 사실을 잘 알고 있었다. '1,000개 기둥의 도시 이람'으로도 불리는 우바르는 〈코란Koran〉에 등장하는 도시다. 〈코란〉에 언급된 바에 따르면, 그 도시의 부패와 타락에 노한 하나님(알라)이 천벌을 내려 도시를 멸하고 모래 속에 파묻어 버렸다고 한다. 블롬의 연구팀은 우주에서 촬영한 룹알할리 사막의 영상들을 자세히 검토하여 지상에서는 보이지 않는 고대 대상로隊商路의

자취인 방사선 패턴을 발견해냈다. 이 방사선 무늬는 그 옛날 사막에 있었던 샘과 카라반세라이(여행자 숙소)였다고 알려진 곳으로 수렴했다. 위성자료를 보면 단순한 야영지 이상의 뭔가가 있었다는 사실을 알 수 있었다. 블롬의 연구팀이 발굴을 진행한 결과, 산산조각이 난 요새 유적이 드러났다. 1,500년도 더 된 그 요새는 거대한 성벽 및 여덟 개의 망루로 이뤄져 있었는데, 이는 〈코란〉에 묘사된 내용과 일치했다. 연구팀은 그 도시에서 무슨 일이 벌어졌는지도 알아냈다. 샘물의 침식작용이 지속되면서 점차 요새가 훼손되었고 그러던 어느 날 싱크홀이 생기면서 무너진 뒤 바람에 날려온 모래가 쌓이면서 사막에 묻히게 되었다. 〈코란〉에 기록된 전설은 실제로 일어난 사건에 기초한 것이었다.

엘킨스는 블롬에게 연락해 또 다른 사라진 도시를 찾는 데 관심이 있는지 물었다. 블롬은 그렇다고 했다. 그런데 문제가 있었다. 모스키티아는 아라비아 사막보다 훨씬 큰 시련을 안겨주었다. 아라비아 사막은 '펴놓은 책'이나 마찬가지였다. 건조한 사막 모래의 경우 합성 개구레이더(지상으로 전파를 발사해 지표면의 영상을 만들어 내는 장비로, 주로 비행기·인공위성 등에 탑재한다 – 옮긴이)로 4.5m 혹은 그 이상 내부를 들여다볼 수 있다. 핵심은 '건조'하다는 데 있었다. 물 분자는 레이더를 강하게 빨아들인다. 이 때문에 밀림에서는 레이더 투시가 훨씬 어렵다. 마른 모래의 경우 레이더 전파가 몇 미터까지 관통할 수 있지만 커다란 나뭇잎은 전파를 차단해 버릴 것이다. 하지만 블롬의 연구팀은 이러한 장애물에 굴하지 않고 적외선 및 가시광선으로 촬영한 모스키티아의 위성 영상 수십 장을 분석하기 시작했다. 그들은 우주왕복선에서 찍은 합성 개구레이더 영상들을 살펴봤다. 블룸은 이 영상들을 조합해 데이터를 처리하고 손을 봐서 더 나은 상태로 만들었다. 수개월에 걸친 고된 작업 끝에 마침내 블룸은 대박을 터뜨린 듯했다. 연구팀은 자연적이지 않은 직선과 곡선 모양의 형상들이 있는 것으로 보이는 지역을 찾아냈다. 그들은 그 계곡과 미지의 형상을 아울러 'T1'이라고 명명했다. 1997년 5월 12일, 엘킨스는 여러 파트너들 가운데 한 명인 톰 와인버그Tom Weinberg에게 팩스로 이 소식을 전했다.

이 계곡은 온통 아주 가파른 산들로 에워싸여 있습니다. 안으로 접근해 들어갈 수 있는 유일한 통로는 그 산들 사이로 흐르는 작은 '물길'뿐입니다. 작은 물줄기 두 개가 계곡을 관통하고 있습니다. 정착지로는 완벽한 장소이지요. 그곳을 보니 저는 영화 〈샹그릴라 SHANGRA LA〉가 떠오르더군요!

엘킨스는 흥분한 어조로 팩스 말미에 블룸이 '(그가 측량한 바에 따르면 548m에 달하는) 상당히 큰 L자형 물체'의 존재를 확인했다고 언급했다. 계곡 자체도 굉장히 인상적이었다. 지질학적으로 볼 때 기이한 형태였다. 자연적 요새 기능을 하는 가파른 산등성이들이 빙 둘러싼 커다란 그릇 모양이었다. 정말이지 〈샹그릴라〉에 관한 묘사와 매우 유사했다. 아니, 그보다는 아서 코넌 도일의 《잃어버린 세계》에 훨씬 더 가까웠다. 두 개의 강이 흘러 들어가는 계곡 안쪽은 완만하고 온건한 지형이었다. 나지막한 산들과 단구, 범람원으로 이뤄져 있어서 고대 농경 및 정착에 아주 적합한 곳이었다. 위성 영상을 보면 인간이 들어가서 점유했다거나 토착 원주민들이 사용한 흔적은 전혀 없었다. 훼손되지 않은 원시 우림으로 보였다. 오늘날 세계적으로 사람이 아예 살지 않았던 열대우림은 극히 드물다. 예를 들면, 아마존의 극오지 혹은 뉴기니의 산악지대조차도 토착민들이 계절에 따라 이용하고 있고, 과학자들이 최소한도로 탐사해왔다.

흥미진진한 일이기는 했으나 일단은 하나의 생각, 하나의 가설일 뿐이었다. 집중적으로 영상 정보를 처리하는 과정을 거쳤으나 46m에 달하는 삼중으로 뒤덮인 엄청난 우림은 비밀을 내어주지 않았다. 20세기 말에 기밀 해제된 위성 영상은 대부분 지상 해상도가 27m에 불과했다. 다시 말해 영상을 보고 식별할 수 있는 가장 작은 물체의 크기가 가로세로 27m라는 얘기였다. 그 영상을 한참 동안 뚫어져라 응시하면 자연이 만들어낸 것 같지 않은 윤곽들이 흐릿하게 보이기는 했으나, 결코 명확한 증거는 될 수 없었다. 그 영상들은 로르샤흐 검사법에서 사용하는 잉크 반점들과 약간 비슷했다. 어쩌면 뇌가 실제로는 거기에 존재하지 않는 것들을 보고 있는지도 몰랐다.

보다 자세히 알고 싶은 마음이 간절했던 엘킨스는 그 계곡을 누군가가 답사한 적이 있는지 궁금해졌다. 그는 파트너인 톰 와인버그와 함께 전 세계를 샅샅이 뒤져 모스키티아에서 시간을 보낸 적이 있는 사람들을 찾아냈고 그들을 인터뷰했다. 엘킨스는 고고학자, 금 채굴자, 마약 밀수업자, 지질학자, 약탈자, 모험가 등 다양한 사람들의 이야기를 수집했다. 그는 조사원들을 고용하여 온두라스 등지에 있는 기록보관소들을 이 잡듯 찾게 한 다음, 모스키티아에서 답사가 이뤄진 지역과 그렇지 않은 지역을 퍼즐 조각 맞추듯 정리해 나갔다.

많은 조사를 진행한 끝에 엘킨스는 T1이 정말로 답사가 이뤄지지 않은 지역이라는 사실을 알아냈다. 사실상 거의 모든 모스키티아 원정대는 큰 강이나 배가 다닐 수 있는 지류의 상류로만 올라갔다. 강은 예로부터 밀림의 고속도로였다. 강에서 출발한 원정대들은 통행이 불가능한 멀고 험한 산골짜기까지 들어간 적이 없었다. T1에는 선박이 항행할 수 있는 하천이 전혀 없었고 온통 산으로 둘러싸여 완전히 가로막힌 상태였다. 이렇게 보니 엘킨스가 T1에 관해 갖고 있던 것은 직감이었다.

"그냥 이런 생각이 들더라고요. 내가 왕이라면 거기야말로 내 왕국을 숨길 만한 완벽한 장소일 것 같다고요."

# 06

# 악마의 파라다이스

미스터리가 풀리기 직전이라고 확신한 엘킨스는 곧바로 T1 원정 계획을 세우기 시작했다. 세부 실행 계획을 진행해가는 과정은 악몽 그 자체였다. 허가권을 손에 쥔 온두라스 정부의 관료제도는 변덕스러운 데다 제대로 작동하지도 않았다. 정치도 파벌화되어 있었다. 한 정치인이 도와주기로 하면 반대파가 막고 나섰다. 하지만 적재적소에 제대로 돈을 풀어가면서 조심스럽지만 끈질기게 양쪽 진영과 관계를 구축한 덕분에, 엘킨스는 마침내 T1 탐사 허가를 받아낼 수 있었다. 이 기간 내내 그는 신중한 태도를 유지하면서 온두라스 정부에 T1의 위치를 비밀로 부쳤다. 정보가 새나갈 경우 도굴을 초래할 가능성을 우려했기 때문이다. 고도의 외교적 줄타기였다. 엘킨스는 몇 십만 달러에 이르는 재원을 마련하는 데도 성공했다. 수주일이 걸리는 잔혹한 육로 여행을 피하고자 그는 헬리콥터로 그곳에 들어갈 계획을 세웠다.

그런데 1998년 10월 29일, 이 모든 계획이 돌연 중단되었다. 허리케인 미치가 온두라스를 강타한 것이다. 미치는 일부 지역에 914mm 상당의 물폭탄을 퍼부었다. 홍수와 이류(산사태 때 흘러내리는 진흙더미 — 옮긴이)로 재난이 발생하면서 7,000명이 사망했고 질병이 확산되었으며 약탈 및 사회 불안이 촉발되었다. 폭풍우는 온두라스 GDP의 약 70%에 달하는 피해를 주었고, 도로와 다리의 3분의 2가 파괴되었다. 원정은 취소될 수밖에 없었다. 설사 가능하다고 해도 재개될 기미가 전혀 보이지 않았다.

당시 온두라스 대통령은 미치가 온두라스 경제의 시곗바늘을 50년 전으로 돌려놓았다고 말했다. 그 뒤로 오랫동안 혼란과 붕괴가 뒤따랐다. 투자가 곤두박질하고 사법제도가 무너지는 가운데 살인율이 치솟았다. 2013년에 한 온두라스 기업가는 〈텔레그래프 *Telegraph*〉 기자에게 이렇게 말했다. "이 나라는 현재 '좀비 아포칼립스' 그 자체로 변하고 있습니다."

허리케인 미치가 강타한 이후 온두라스가 다시 일어서기까지 그토록 힘든 시간을 보내야 했던 데는 두 가지 주된 이유가 있었다. 첫 번째는 스페인으로부터 받은 농지제도였다. 이 제도로 인해 결과적으로 소수의 초부유층 집안들이 국토의 대부분을 장악하게 되었다. 그런데 이보다 더 나라를 쇠약하게 만든 요인이 있었으니, 바로 미국과의 불건전한 관계였다. 미국의 근시안적 정책 및 경제적 이해관계 때문에 온두라스는 100년이 넘는 세월 동안 줄곧 정치적으로 불안정한 상태였다. 1821년 독립 당시부터 현재에 이르기까지 온두라스는 격동의 역사로 고통 받았다. 300건에 가까운 내전, 반란, 쿠데타 그리고 예기치 못한 정권 교체가 빈번하게 발생했다.

온두라스의 현대사는 쥘 베른이 소설 《80일간의 세계 일주 _Le Tour de Monde en 80jours_》로 미국인들에게 바나나를 소개했던 1873년에 시작되었다고 말하는 사람들이 있을지도 모르겠다. 그 소설에서 베른은 바나나를 두고 "빵 못지않게 건강에 좋고, 크림 못지않게 맛이 기가 막히다"고 칭찬을 아끼지 않았다. 바나나는 본래 아시아가 원산지인데, 스페인 사람들이 들여온 뒤로 수백 년 동안 중앙아메리카에서 경작되었다. 바나나는 희소한 데다 상하기 쉬운 특성 때문에 미국 내에서는 이국의 별미로 통했다. 1885년 보스턴의 사업가 앤드루 프레스턴Andrew Preston은 동업자와 함께 보스턴 프루트 컴퍼니를 설립했다. 프레스턴은 바나나가 부패하기 전에 시장에 내놓기 위해서 범선보다 빠른 증기선을 이용할 생각이었다. 사업은 성공적이었다. 저렴하고 맛있는 바나나는 미국을 단번에 사로잡았다. 세기가 바뀔 무렵 훗날 유나이티드 프루트 컴퍼니로 합병된 보스턴 프루트 컴퍼니는 온두라스 북부 해안선을 따라 161km²에 달하는 바나나 대농장을 개발했고, 온두라스 내에서 최대 기업으로 우뚝 섰다.

그런데 바로 그때부터 미국 바나나 회사들과 온두라스 간의 매우 어렵고도 파괴적인 관계가 형성되었다. 온두라스는 '바나나 공화국'이라는 경멸적인 뉘앙스를 품은 별명을 얻게 되었다. 유나이티드 프루트 컴퍼니는 물론이고 곧이어 뛰어든 다른 과일 회사들은 정치적 음모, 세금 책략, 쿠데타 획책, 뇌물 수수, 노동자 착취로 악명을 떨쳤다. 이 기업들은 온두라스의 진보를 틀어막아 숨통을 끊어놓았고 부패와 극단적 형태의 족벌 자본주의가 그 땅에서 자라나게 만들었다. 이러한 환경에서 미국의 과일 회사들은 자신들에게 유리하게끔 온두라스 정부를 마음대로 주물렀다.

이러한 역사 속에서 중심이 된 인물은 새뮤얼 지머리Samuel Zemurray라는 미국인이었다. 러시아 이민자였던 지머리는 청년 시절 앨라배마주에서 수레를 끌고 다니면서 장사를 하는 행상인으로 처음 일을 시작했다. 열여덟 살 때 그는 모빌항港에 들어오는 보스턴 프루트의 화물선들이 항해하는 동안 너무 익어버린 바나나는 버린다는 사실을 알게 되었다. 이미 숙성된 바나나는 시장에 도착하기도 전에 썩기 때문이다. 지머리는 다 익은 바나나들을 거의 공짜나 다름없는 가격에 대량으로 사들인 다음, 기차간에 한가득 채워 내륙으로 싣고 갔다. 그는 도중에 식료품상들에게 전보를 보내서 상인들이 기차 화물칸이 오기를 미리 기다리고 있다가 저렴한 바나나를 재빨리 구입할 수 있게끔 했다. 스물한 살이 됐을 무렵 지머리는 10만 달러가 넘는 돈을 벌어들였고 '바나나맨 샘'이라는 별칭으로 유명해졌다. 지머리는 부정기 화물선 두 척과 온두라스 해안에 자리한 20km²의 바나나 경작지를 가지고 쿠야멜 프루트 컴퍼니를 설립했다. 미국인들은 질리지도 않고 바나나를 찾아댔다.

미국의 과일 회사들이 떵떵거리며 번영을 누리는 동안 온두라스 경제는 끊임없이 위기를 맞아야 했다. 당시만 해도 영국은 전 세계의 돈줄이었다. 영국은 현명하지 못하게도 온두라스의 상환 능력을 훨씬 뛰어넘는 액수의 돈을 빌려주었다. 온두라스의 국가부채가 걷잡을 수 없이 불어나자 영국은 빌려준 돈을 받아내기 위해 온두라스와의 전쟁도 불사하겠다는 으름장을 놓았다. 이에 다른 유럽 강대국이 온두라스에 간섭할 가능성이 있다는 것은 미국 대통령 윌리엄 하워드 태프트William Howard Taft로서는 그냥 두고 볼 수 없는 일이었다. 1910년 필랜더 녹스Philander Knox 국무장관은 J. P. 모건을 설득하여 영국으로부터 온두라스의 국가부채를 달러당 15센트라는, 그야말로 헐값에 사들여 채무를 정리하도록 만들었다. 온두라스 정부와 맺은 계약에 따라 모건의 직원들은 온두라스 세관을 물리적으로 점유하게 되었다. 직원들은 채권을 회수하기 위해 세금영수증을 모조리 챙겼다.

지머리는 화가 나서 펄펄 뛰었다. 그도 그럴 것이, 몇 년에 걸쳐 본인에게 유리하도록 온두라스 정부와의 면세 거래망을 구축해 놓은 터였기 때문이다. 그런데 모건의 계획에 따라 파운드당 1페니라는 아주 무거운 바나나 세금이 부과될 경우, 쿠야멜 프루트는 머지않아 문을 닫게 될지도 몰랐다. 이 새로운 조치에 항의하기 위해서 지머리는 워싱턴 D.C.로 가서 녹스 국무장관을 만났다. 만남은 잘되지 않았다. 녹스는 열에 들뜬 독선적인 태도로 지머리에게 설교를 늘어놓았다. 그는 J. P. 모건의 수하에 있는 훌륭한 은행가들이 미국의 이익을 위해 돈을 벌 수 있도록 도움으로써 지머리가 본분을 다해야 한다고 이야기했다. 지머리는 몹시 화가 난 채로 자리를 떴다. 지머리의 반응을 보고 걱정이 된 녹스는 특별 경호원에게 그를 유심히 지켜볼 것을 지시했다.

지머리는 문제를 풀 수 있는 간단한 해법을 알아냈다. 바로 모건과 거래한 온두라스 정부를 전복시키는 것이었다. 일이 수월하게 되려고 그랬는지 마침 온두라스의 전직 대통령 마누엘 보니야Manuel

Bonilla가 무일푼 신세로 뉴올리언스에서 가난하게 살고 있었다. 지머리의 대저택에서 몇 블록 떨어진 곳이었다. 지머리는 특별 경호원의 감시를 가뿐히 따돌리면서 은밀하게 용병들을 모집하고 무기와 배를 준비하여 보니야를 온두라스로 몰래 들여보냈다. 그사이에 지머리는 온두라스 언론을 구워삶아 J. P. 모건의 계획이 온두라스 주권을 어떤 식으로 무너뜨렸는지를 강조하면서 그 계획을 비난하도록 만들었다. 모건의 조치에 대해 그전부터 의구심을 품고 있었던 온두라스 국민들은 곧바로 혁명의 열정으로 분연히 들고 일어났다. 이후 보니야는 의기양양하게 귀환했고 온두라스 대통령은 사임했다. 보니야는 선거에서 압승했다. 그는 25년 비과세 영업권, 50만 달러 대출, 최적의 입지 조건을 지닌 북부 해안의 플랜테이션 부지 100km² 증여로 지머리에게 고마움을 표했다.

국가 온두라스는 부채를 갚을 수 없는 형편에 놓이게 되었으나 지머리라는 개인은 눈부신 승리를 거두었다. 그는 전략 면에서 녹스 국무장관을 이겼고 미국 정부에 반기를 드는 데 성공했으며, J. P. 모건을 꼼짝 못하게 만들어 결과적으로 이전보다 훨씬 더 부유해졌다. 덕분에 그는 자신의 흔적을 잘 덮을 수 있었다. 당시 지머리의 모의에 관한 조사가 진행되기는 했으나 그 연결고리를 찾아내지 못했고 따라서 위법성을 입증하지 못했다. 그렇기는 해도 지머리가 본인의 경제적 목적을 달성하기 위해 일국의 정부를 의도적으로 전복시킨 것은 엄연한 사실이었다.

앤드루 프레스턴이 회장으로 있는 동안 유나이티드 프루트는 세계 최대의 과일 · 설탕 회사로 성장했다. 그런데 지머리의 쿠야멜 프루트 역시 강력한 기업으로 성장하면서 '제 살 깎아먹기'식 가격 경쟁이 벌어졌다. 유나이티드 프루트는 1930년에 쿠야멜 프루트를 사들임으로써 이 문제를 해결했다. 지머리에게는 3,100만 달러 상당의 유나이티드 프루트 주식이 지급되었고 이사회 자리도 주어졌다. 그런데 대공황이 유나이티드 프루트를 강타했다. 1924년 프레스턴이 사망한 뒤로 유나이티드 프루트는 나태한 방식으로 경영되었다. 지머리는 그 후 몇 년이 흐르는 동안 유나이티드 프루트의 주가가 90% 이상 떨어지는 과정을 지켜보았다.

그의 지분은 200만 달러로 줄어들었다. 지머리는 이사회에 충고하려고 했으나 무례한 방식으로 묵살되었다. 당시 유나이티드 프루트의 이사회는 보스턴의 프로테스탄트 엘리트들이 장악한 상태였다. 전부는 아니더라도 대다수가 추악한 반유대주의자들이었다. 이들은 쿠야멜 프루트의 인수로 어쩔 수 없이 이사회 구성원으로 받아들일 수밖에 없었던 그 유대인 이민자 지머리를 달가워하지 않았다. 1933년 운명을 가른 회의가 열렸다. 지머리는 다시 한 번 회사를 구하기 위해서 본인이 생각한 구상을 고려해 달라고 이사들을 설득했다. 힘이 없는 보스턴 명문가 출신인 이사회 의장 대니얼 굴드 윙Daniel Gould Wing은 슈테틀(옛 동유럽·러시아의 소규모 유대인 공동체─옮긴이) 억양이 심한 지머리의 말을 듣고는 이렇게 말했다. "지머리 씨, 안타깝지만 당신이 하는 말을 하나도 못 알아듣겠소." 이사들은 그를 대놓고 무시하는 태도를 보이면서 낄낄댔다.

지머리는 무시를 당하거나 모욕을 받고 가만히 있을 사람이 아니었다. 그는 대량 살상 무기를 들고 그 특별 회의에 참석했다. 그 무기란, 회사에 대한 대부분의 실권 그리고 본인이 결정하는 대로 조치를 취할 권한을 그에게 부여하는 유나이티드 프루트 주주들의 위임장이었다. 지머리는 위임장이 든 가방을 가지고 들어가서는 탁자 위에 내던지며 이렇게 말했다. "의장 나리, 당신은 해고야. 내 말 알아듣겠소?" 그러고는 고개를 돌려 다른 이사들을 보며 말했다. "당신들은 충분히 오랫동안 이 회사를 개판으로 만들어 왔소. 앞으로는 내가 바로 잡을 거요."

지머리는 이사회 의장, 회장 그리고 대부분의 이사들을 내쫓은 다음, 갈팡질팡하던 그 거대 기업을 접수했다. 회사는 혼수상태에서 깨어나 신속하게 수익을 내는 상태로 전환되었다. 〈뉴욕 타임스〉는 이러한 극적인 변화를 이끌어 낸 지머리를 두고 '고래를 집어삼킨 물고기'라고 표현했다.

유나이티드 프루트의 실권을 완전히 장악한 지머리는 회사에서 물러날 때까지 지속적으로 온두라스 정치에 과도하게 개입했다. 1954년 그는 자선 사업에 전념하겠다면서 사업에서 손을 뗐다. 인생 말년에 그는 과거의 수상쩍은 거래들을 만회하고 보상하려는 듯 중앙아메리카의 여러 단체, 학교, 자선 사업에 거액의 돈을 기부했다. 그는 이스라엘이 건국되는 데 중요한 역할을 담당하기도 했고 하버드대학교에 여성 교수직을 만들어 그 대학에서 최초로 여성 정교수가 임명되도록 이끌었으며 진보 성향의 잡지인 〈네이션 Nation〉에 자금을 대기도 했다. 지머리는 눈부시게 성공한 (다만 모순적인) 인물이었다.

지금까지 언급한 이들의 다채로운 개인사 중, 꼭 집고 넘어가야 할 것이 있다. 프레스턴, 지머리 그리고 미국의 과일 회사들은 온두라스에 어두운 식민주의 유산을 남겼다. 그 유산은 지금까지도 온두라스에 나쁜 기운으로 드리워져 있다. 과일 회사들은 온두라스의 발전에 심각할 정도로 치명적인 영향을 미쳤다. 온두라스는 그 멍에에서 벗어나기는 했지만 국가적 불안정과 기업들의 괴롭힘에 따른 피해는 아직도 작동 불능인 정치, 후진적인 국가 조직, 힘 있는 집안과 기업, 정부와 군 사이의 밀월 관계라는 형태로 남아 있다. 이러한 취약성이 허리케인 미치가 몰고 온 재앙을 더욱 키웠다.

온두라스는 마약 밀매업자들의 밥이 되었다. 1990년대에 콜롬비아가 실효적인 마약 근절 정책 및 현장 급습을 단행하면서 마약 거래의 상당 부분이 온두라스로 옮겨갔다. 밀수업자들은 온두라스를 남아메리카와 미국 사이에서 거래되는 코카인을 옮겨 싣는 최고의 마약 밀수 환적지로 바꿔놓았다. 그리고 그 중심에 모스키티아가 있었다. 밀림을 불도저로 밀어 대충 만들어 놓은 활주로는 베네수엘라에서 날아온 마약의 야간 동체착륙에 사용되었다. 법 집행기관과 사법제도가 무너지면서 살인율은 치솟았다. 주요 도시의 광범위한 지역을 장악한 폭력조직들은 강탈을 자행하고 보호를 명목으로 돈을 뜯어냈으며 군과 경찰이 출입할 수 없는 구역을 만들었다. 범죄조직의 폭력이 끊임없이 계속되자 달리 방도를 찾을 수 없었던 온두라스 국민들은 대개 자식들을 북쪽으로, 즉 안전한 미국으로 보냈다.

상황이 이렇다 보니 엘킨스는 원정 허가를 다시 받을 수 없었다. 온두라스는 가망이 없어 보였다. 외견상 엘킨스는 백색 도시 탐색을 영영 접은 듯했다. 그는 내게 이렇게 말했다. "할 만큼 했어요. 이제 다 끝났습니다. 어쩌면 그 도시는 내가 풀 수 없는 미스터리가 될지도 모르겠네요."

원정을 단념한 뒤 엘킨스는 스티브 모건의 미스터리 목록에 있던 두 번째 아이템, 바로 리마의 전리품으로 관심을 돌렸다. 엘킨스는 다른 것들보다도 특히 백색 도시를 찾는 과정에서 알게 된 최첨단 기술을 보물 사냥에도 적용할 수 있지 않을까 기대했다(또한 나를 리마의 전리품 탐색에 끌어들였다). 그는 이 프로젝트에 10년이라는 세월을 바쳤다.

들리는 바에 따르면, 코코스 섬의 보물이라고도 알려진 리마의 전리품은 그 가치가 10억 달러에 달하는 것으로 추산되는 금과 보석으로 이루어져 있다고 했다. 그 보물들은 페루 독립전쟁이 한창이던 1821년에 리마 바깥으로 빼돌려진 듯하다. 당시 리마는 포위된 상태였다. 전하는 얘기에 따르면, 스페인 총독이 만에 하나 혁명가들이 리마를 차지하게 될 경우 혁명가들의 손에 리마의 막대한 보물들이 들어가지 않게 하려는 마음을 품었다고 한다.

혁명가들은 항구를 봉쇄했으나 전함이 아닌 일반 외국 선박의 경우에는 자유 항행을 허용했다. 스페인 총독은 자신이 잘 아는 영국인이 선장으로 있는 영국 선박에 리마의 보물들을 몰래 맡겼다. 만약을 대비해서 총독은 보물을 지키기 위해 스페인 병사들과 사제들을 파견했다. 계획은 이러했다. 그 영국 선박이 봉쇄선 밖으로 나가 있는 동안, 리마에서 혁명가들이 처단되면 보물들을 다시 가져오거나 멕시코에 있는 스페인 금고로 가져가려 한 것이다.

하지만 보물의 유혹은 너무나도 강했다. 봉쇄선을 뚫고 나가기도 전에 영국 선원들은 스페인 군인들과 사제들을 살해하고 시체를 바다에 유기한 뒤 보물을 싣고서 서둘러 달아났다. 스페인 군에 쫓기던 그들은 태평양의 외딴 화산섬인 코코스 섬에 상륙했다. 코코스 섬은 광활한 무인도였다. 영국 선원들은 그 섬에 보물을 묻어둔 채 배를 타고 다시 떠났지만 금세 스페인 전함에 붙잡히고 말았다. 스페인은 해적행위를 했다는 이유로 그들 모두를 교수형에 처했고, 선장과 일등항해사만이 보물이 있는 곳으로 안내한다는 조건으로 목숨을 부지할 수 있었다.

그런데 선장과 일등항해사는 코코스 섬에 도착하자마자 산속으로 달아났다. 스페인 군대는 몇 주일 동안이나 두 사람을 잡으러 다녔다. 하지만 결국 보급품이 바닥나기 시작하면서 수색을 중단하고 배를 띄울 수밖에 없었다. 선장과 일등항해사는 지나가던 포경선에 의해 구조되었다. 포경선에 있던 사람들은 두 사람이 조난당했다고 생각했다. 구조된 두 사람은 남몰래 지도를 만들었고, 보물을 묻어둔 위치를 기록한 문서도 작성했다. 그들은 기회가 생기는 대로 서둘러 보물을 되찾아올 생각이었다.

하지만 선장은 구조된 직후에 사망했다. 스코틀랜드인이었던 일등항해사는 결국 캘리포니아에 정착했다. 그는 저명한 스페인 집안의 딸과 결혼해 캘리포니아의 부유한 대지주 가문의 수장이 되었다. 그는 각종 사업에 열중하며 돈을 무척 빨리, 그것도 굉장히 많이 벌게 되었다. 코코스 섬의 보물을 되찾겠다는 생각은 희미해진 지 오래였다. 다만 전해지는 이야기에 따르면 장남에게 보물이 있는 위치를 표시해둔 지도와 문서를 물려주었다고 한다. 이 자료들은 오늘에 이르기까지 그의 가문 대대로 전해지고 있다.

허리케인 미치가 백색 도시에 대한 꿈을 무너뜨린 뒤 엘킨스와 그 파트너들은 이 자료들을 소유하고 있던 그의 집안 후손들과 손을 잡았다. 그들은 보물을 되찾을 계획을 세우기 시작했다. 현재 국립공원으로 지정되어 있는 코코스 섬은 수년에 걸쳐 큰 변화를 겪은 탓에 대다수 주요 지형 지물이 사라진 상태였다. 엘킨스는 땅속에 묻힌 금속을 원격 탐지하는 최신 기술을 테스트하는 데 대단히 관심이 많았다. 엘킨스와 그 동료들은 재원을 마련하고 코코스 섬의 소유주인 코스타리카 정부로부터 필요한 허가를 받기 위해 오랫동안 공을 들였다. 하지만 원정이 현실화되는 지점에 이르기도 전에 프로젝트는 무산되고 말았다. 만약 그 섬에 보물이 묻혀 있는 게 사실이라면 아마 여전히 발견되지 않은 상태로 남아 있는 것이다.

그리고 2010년이 되었다. 스티브 엘킨스는 쉰아홉 살이 되었다. 그는 생애의 마지막 20년 동안 엄청난 돈을 쏟아 부으며 세계에서 가장 끈질긴 두 가지 미스터리를 풀어보려고 애썼으나 이렇다하게 보여줄 만한 성과는 없었다.

낙담하고 있던 바로 그해에 엘킨스는 잡지 〈고고학Archaeology〉에 실린 "밀림의 레이저Lasers in the Jungle"라는 제목의 기사를 읽게 되었다. 라이다LIDAR라고 하는 매우 효과적인 기술에 관해 설명한 기사였다. 라이다는 그전에 벨리즈의 마야 도시 카라콜의 지도를 그리는 데 사용된 적이 있었다. 고고학계에서 하나의 분수령이 된 사건이었다. 기사를 본 엘킨스는 짜릿한 전율을 느꼈다. 그는 마침내 시우다드 블랑카의 정확한 위치를 찾는 데 필요한 도구를 손에 넣을 수 있을지도 모른다는 사실을 깨달았다.

1930년대에 카라콜을 발견한 탐험가들은 그곳이 마야 왕국에서 가장 큰 도시에 속한다는 것을 알게 되었다. 그 잡지 기사는 1980년대에 알런 체이스Arlen Chase와 다이앤 체이스Diane Chase 부부가 카라콜 및 그 주변 지역에 관한 지도를 제작하는 프로젝트를 시작하게 된 과정을 담고 있었다. 25년 동안 체이스 부부와 그 탐사팀은 우림 속을 걸어 다니면서 찾아낼 수 있는 모든 벽과 바위, 동굴, 길, 무덤을 일일이 측량하고 기록했다. 2009년 즈음 그들은 그때까지 나온 것 중에 가장 상세하다고 할 만한 마야 도시의 지도를 만들어 냈다.

하지만 수년에 걸쳐 연구를 진행하는 동안 체이스 부부는 번번이 좌절하고 낙담했다. 왜냐하면 그 도시는 매우 거대했기 때문이다. 두 사람은 자신들이 찾지 못한 엄청난 무언가가 있을지도 모른다는 불안감을 떨칠 수 없었다. 게다가 울울창창한 밀림 속에서 지도를 제작하는 일은 너무나도 고되고 위험했다. 그들은 이렇게 서술했다. "우리는 마체테로 길을 내면서 울창한 덤불을 간신히 지나갔다. 그러면서 우리가 뭔가 놓치고 있을지도 모른다고 생각했다." 두 사람은 현장에서 벗어나 카라콜의 지도를 만들 수 있는 더 나은 방식을 간절히 바랐다.

그리하여 체이스 부부는 새로운 도구, 바로 라이다에 의지하게 되었다. 달 표면이나 육지 대축척지도 제작에 사용되던 라이다는 불과 10년 사이에 미세한 고고학적 특징들을 잡아낼 수 있을 정도의 해상도를 갖게 되었다. 허리케인 미치가 왔다간 뒤에 코판 유적지의 지도 제작에 라이다가 이용되기는 했으나 그 사용 범위에 대한 논의는 어디까지나 중앙아메리카 내로 한정되어 있었다. 체이스 부부는 해저지형측량 라이다를 사용하여 카라콜의 지도를 제작하기 위해 NaSa 그리고 휴스턴대학교의 국립공중발사레이저지도제작센터NCALM와 협력했다. 라이다는 블롬이 이용했던 레이더나 위성 데이터보다 몇 배는 더 효과적인 기술이었다. 1990년대 중반에 블롬이 도달할 수 있었던 지상 해상도는 27m 정도가 최선이었다. 그에 비해 라이다는 숲 지붕canopy 밑으로 91cm 아래까지 볼 수 있는 해상도를 보장했다.

NCALM은 100만 달러짜리 라이다 기기가 든 커다란 녹색 상자를 수송하기 위한 용도로 내부를 뜯어낸 소형 비행기 세스나 스카이매스터Cessna Skymaster 한 대를 보유하고 있었다. 라이다 전달 임무를 받은 조종사가 세스나 스카이매스터를 몰고 휴스턴에서 벨리즈로 이동했다. 벨리즈에서는 지도 제작 전문가 세 사람이 합류했다. 이들은 카라콜 및 그 주변 지역의 상공을 다섯 차례에 걸쳐 비행했다. 레이저로 우림을 정밀하게 살피는 데 일주일 남짓한 시간이 걸렸다.

그들이 가지고 돌아온 영상을 보고 체이스 부부는 할 말을 잃었다. 두 사람은 이렇게 기술했다. "그 시스템은 여태껏 고작 13%만이 지도화되어 있었던 거의 207km²에 달하는 지역의 상세 사진을 대번에 뚝딱 만들어냈다. 라이다 영상에는 지형, 고대 구조물, 둑길, 계단식 농경지가 담겨 있었다. 우리가 지상 탐색과정에서 놓쳤던 수많은 고고학적 특징들도 말이다." 라이다는 체이스 부부가 25년이나 걸려서 이룬 것보다 일곱 배나 큰 성과물을 닷새 만에 내놓았다.

# 07

# 비밀문서의 열쇠를 발견하다

엘킨스는 라이다에 대해 알면 알수록 그 기술이 사라진 도시를 찾아내리라 확신하게 되었다. 만약 그 도시가 실재한다면 그리고 자신에게 탐색을 재개할 끈기와 용기가 있다면 말이다. 하지만 온두라스 정부로부터 허가를 받아내야 한다는 생각을 하자 그의 흥분도 한풀 꺾였다. 이미 경험했듯이 온두라스 정부의 허가를 받는 과정은 악몽 그 자체였다. 온두라스 정부는 대통령이 몇 차례나 바뀐 데다 군사 쿠데타까지 일어난 곳이다. 허가 취득은 그 어느 때보다도 벅찬 일로 보였다. 엘킨스는 나에게 이렇게 말했다. "내가 그 말도 안 되는 모든 일을 또 겪어낼 자신이 있는지 생각해봤어요." 그 사이의 10여 년 동안 모스키티아는 극도로 위험해졌다. 폭력적인 마약 카르텔과 범죄조직들이 장악한 무법지대가 되었다. 모스키티아 상공을 지나가는 것조차 위험천만한 일이었다. 코카인 밀매업자들의 주된 하늘길이기 때문이다. 정체불명, 국적불명의 비행기는 미군이나 온두라스 군에 의해 격추될 가능성이 있었다.

그때 소설가도 감히 쓸 엄두를 못 낼 정도로 말이 안 되는 일이 벌어졌다. 스티브 엘킨스가 어떻게 해야 할지 한창 머리를 싸매고 있을 때, 온두라스에 있던 오랜 친구이자 현지 가이드 브루스 하이니케로부터 연락이 왔다.

브루스는 온두라스인 아내 마벨과 함께 1996년 세인트루이스로 이주했다. 마벨의 자매가 온두라스에서 살해된 일이 있은 후였다. 브루스는 마약 밀매나 부정한 돈벌이를 하면서 지내는 생활을 청산하고 평화롭고 평범한 삶을 위해 그곳에 정착했다. 하지만 엘킨스와 마찬가지로 백색 도시를 찾아내겠다는 집착은 떨쳐낼 수가 없었던 모양이다.

2009년 말, 마벨은 남편 없이 혼자서 테구시갈파로 갔다. 아버지의 장례식에 참석하기 위해서였다. 당시 온두라스는 연초에 발생한 군사 쿠데타의 후유증에서 회복되고 있는 중이었다. 좌파 대통령 호세 마누엘 셀라야Jose Manuel Zelaya Rosales는 재임이 가능하도록 헌법을 개정하기 위해 강압적으로 국민투표를 실시하기 위한 작업에 착수했다. 대법원은 셀라야 대통령의 그러한 시도가 불법이라는 판결을 내렸으나 대통령은 법원의 결정을 무시했다. 온두라스 의회는 대통령의 체포를 지시했고, 어느 일요일 아침 일찍 온두라스군은 대통령 경호원들의 무장을 해제시키고 셀라야 대통령을 침대에서 끌어낸 뒤 코스타리카행 비행기에 밀어 넣었다. 코스타리카 공항에서 셀라야는 잠옷 바람으로 울분을 토하며 격정적으로 항의 연설을 했다. 언론에서는 셀라야가 옷을 갈아입을 새도 없이 급하게 국외로 쫓겨났다고 보도했다. 하지만 온두라스 관료들이 훗날 나에게 개인적으로 해준 이야기에 따르면, 군인들은 셀라야가 옷을 갈아입고 다른 옷가지도 몇 벌 챙겨갈 수 있도록 해줬다고 한다. 다만 셀라야가 더 많은 동정과 분노를 사려는 의도로 비행기에서 다시 잠옷으로 갈아입는 교활한 연출 수법을 쓴 것이었다.

군은 민간 부문에 다시 권력을 넘겨주었고 5개월 뒤에 선거가 실시되었다. 치열한 접전 끝에 포르피리오 로보 소사Porfirio Lobo Sosa가 권력을 잡게 되었다. 마벨은 아버지의 장례식이 열린 바로 그 교회에서 새로 선출된 대통령이 그다음 주 토요일에 각료들과 함께 예배를 드릴 예정이라는 소식을 듣게 되었다. 곧 시작될 4년의 대통령 임기 동안 신의 가호와 축복을 비는 예배였다.

마벨은 남편에게 이 소식을 전했고 브루스는 아내에게 그 기회를 잡아야 한다고 신신당부했다. 마벨은 나와의 인터뷰에서 이렇게 말했다. "브루스는 그 주 내내 내가 어떻게 해야 하는지 알려줬어요. 그이는 이렇게 말했죠. '그 사람 근처로 가서 백색 도시에 대해서 설명해. 나머지는 내가 알아서 할게'라고요."

대통령이 방문하기로 한 날, 마벨은 그를 붙들고 이야기하기 위해 교회로 갔다. 남동생이자 온두라스의 축구 스타인 망고와 함께였다. 교회는 몹시 붐볐다. 대통령은 경호원 스무 명과 소총을 휴대한 지역 경찰 파견대를 대동하고서 뒤늦게 도착했다.

예배가 끝나자 망고는 본인이 알아서 하겠다며 마벨에게는 그냥 자리에 있으라고 말했다. 망고는 목사에게 이야기하기 위해 예배단으로 올라갔다. 하지만 두 사람의 대화는 도통 끝날 기미가 보이지 않았다. 마벨은 망고가 아무런 도움이 되지 않는다고 확신했다.

원숭이 신의 잃어버린 도시

그러는 사이에 대통령과 수행단이 자리를 뜨기 위해 일어섰다. 대화를 나눌 기회를 잃을지도 모른다는 생각에 마벨은 자리에서 일어나 수많은 인파를 뚫고 대통령을 향해 쏜살같이 내달렸다. 그러나 대통령은 서로 팔짱을 껴서 인간 띠를 만든 경호원들에 둘러싸여 있었다. 마벨이 대통령의 이름을 목청껏 외쳤지만 모두 못 들은 척했다. 마침내 사람들 사이를 겨우 비집고 들어가 대통령의 팔을 붙잡았다. "그러고는 말했지요. '할 말이 있어요!'라고요." 대통령은 하는 수 없다는 듯이 마벨 쪽으로 몸을 돌리면서 대답했다. "좋아요."

"나는 경호원들에게 말했어요. '실례합니다, 좀 비켜주세요.' 하지만 그들은 안 된다면서 고개를 내저었어요. 허리춤의 총에 손을 올려놓은 채로요. 그들은 아주 단단하게 손을 맞잡고 있었고 나는 어떻게든 밀치고 들어가려고 안간힘을 썼어요. 대통령은 웃고 있더라고요. 그래서 내가 한마디 했죠. '저 좀 들어가게 해달라고 말씀 좀 해주시겠어요?' 경호원들은 내 말대로 해준 다음 다시 손을 꽉 맞잡아 내 주위로 원형 띠를 만들었어요. 나는 대통령에게 시우다드 블랑카에 관해 들어본 적이 있는지 여쭈었어요. 그렇다고 하시더라고요. 그래서 내 남편이 20년 전에 그 도시를 찾겠다고 시도한 적이 있다고 했지요. 그분은 '흥미로운데요? 계속 얘기해 보세요'라고 하시더라고요. 나는 남편이 그곳에 갔었다고 얘기했어요 (이 말은 물론 과장이다). 그러니 이렇게 물으시더군요. '남편분이 그곳에 다시 갈 수 있나요?' 그래서 이렇게 말했죠. '그래서 대통령님의 허가가 필요하답니다'라고요."

로보 대통령은 마벨을 쳐다보면서 마침내 이렇게 답했다. "좋아요. 여기까지 와서 나를 괴롭히시니. 앞일은 신만이 아실 테지요. 그 도시에 대해서는 들어본 적이 있지만 그곳에 사람이 실제로 갔었다는 얘기는 처음이네요. 당신이 하는 말을 믿습니다. 당신도 나를 믿어줬으면 좋겠군요. 각료 한 분을 소개할게요. 그분이 나를 대신해 대화를 진행하고 각종 허가나 당신이 이 사안을 처리하는 데 필요한 모든 것을 할 수 있도록 도와줄 겁니다. 그의 이름은 아프리코 마드리드África Madrid예요."

그리하여 마벨은 각료들이 모여 있는 곳으로 가서 마드리드를 만났다. "나는 그 프로젝트와 관련해서 그 사람과 이야기를 나누기 시작했어요. 그는 '세상에, 흥미로운 얘기네요'라면서 '만약 대통령께서 우리가 그 일을 할 거라고 말씀하셨다면, 그렇게 할 겁니다. 필요한 건 무엇이든지 도와드리도록 할게요'라고 했어요." 그러고는 서로 메일 주소를 주고받았다고 했다.

자리를 뜨던 마벨은 대통령이 차에 오르는 모습을 봤다. 마벨은 서둘러 달려가서는 자신의 휴대폰으로 함께 사진을 찍을 수 있는지 물었다. 대통령은 그 청 또한 들어주었다. 그런데 대통령이 마벨에게 남편과 통화하고 싶다고 이야기했다. 마벨이 자신의 휴대폰을 건네주자 대통령은 미국에 있던 브루스 하이니케에게 전화를 걸었다.

"세인트루이스에 있는데 그 전화가 왔어요." 하이니케가 말했다. "온두라스 대통령이 전화로 연결되어 있었지요. 그분께서 이렇게 물으셨습니다. '그 도시가 어디에 있는지 정말로 알고 있습니까?'

나는 대답했죠. '그렇습니다, 대통령님.' 그러자 이렇게 답하셨어요. '그 일, 꼭 하고 싶군요. 우리나라에 좋은 영향을 줄 겁니다'라고요."

엘킨스는 이 기묘한 이야기를 들었을 때 몹시 놀라면서도 좀체 믿지 않았다. 정말 우연하게도 때마침 라이다에 관한 기사를 읽고 있을 때 그런 일이 벌어졌던 것이다. 하이니케와 새로 들어선 온두라스 정부에 대해서 더 알아본 뒤에 엘킨스는 그 이야기가 사실이라는 것을 알게 되었다. 로보 대통령은 그 프로젝트에 열정적이었다. 그와 같은 발견이 온두라스에 안겨줄 이득을 알아보았기 때문이다. 물론 본인의 불안한 지지율을 끌어올릴 수 있는 가능성도 있었다.

온두라스 대통령의 승인으로 원정 허가가 떨어질 것이 확실해지자 엘킨스는 카라콜의 지도를 제작했던 NCALM 관계자들을 만나기 위해 휴스턴으로 날아갔다. 자신이 구상한 계획을 맡아달라고 그쪽 사람들을 설득하기 위해서였다. NCALM은 휴스턴대학교와 캘리포니아대학교 버클리캠퍼스의 공동 프로젝트로, 미국 국립과학재단에서 자금을 지원하고 있었다. 임무의 범위는 학술적·과학적 연구조사에 국한되어 있다. 다시 말해, 어쩌면 실재하지 않을 수도 있는 사라진 도시를 찾아 나서는 생소한 탐사 원정은 임무에 속하지 않았다. NCALM의 공동 수석연구원이자 책임 과학자인 윌리엄 카터William Carter는 라이다를 만든 사람들 중 한 명으로, 대학원생 시절 아폴로 착륙작전에 참여하여 최초의 달 레이저 거리측정소 중 한 곳을 설계하고 운용하는 데 힘을 보탠 인물이었다.

엘킨스는 카터와 NCALM 센터장 라메시 슈레스타Ramesh Shrestha 등 센터 구성원들이 그 잃어버린 도시의 탐색에 합류하게 만드는 데 하루를 꼬박 썼다. 엘킨스의 제안은 그때까지 NCALM에서 해왔던 그 어떤 일과도 다른, 상식에서 벗어난 별난 계획이었다. 카라콜의 경우에는 확실한 결과물이 있는, 세계적으로 유명한 유적지의 지도를 제작한 것이었다. 반면 엘킨스의 프로젝트는 시간 낭비가 될 가능성이 있고 과학적으로 난감한 상황에 처할 수도 있는 위험하고 불확실한 도박과 같은 일이었다. 라이다는 그때껏 '순수하게' 고고학 탐사도구로 사용된 적이 없었다. 즉, 그 누구도 실재하는지조차 확신할 수 없는 뭔가를 찾기 위해 쓰인 적이 없었다.

슈레스타가 말했다. "그곳에 정말로 무언가가 있는지 확신이 서지 않습니다. 여전히 우리가 뭐라도 찾을 수 있기는 한 것인지 의문이 듭니다." 하지만 카터는 엘킨스가 이전에 NaSa와 함께 그 도시에 대한 수색 작업을 진행했다는 사실에 깊은 인상을 받았다. 론 블롬이 촬영한 T1의 영상들을 살펴본 카터는 모험 삼아 한번 해볼 만하다는 생각이 들었다.

그렇지만 여전히 여러 면에서 위험했다. 슈레스타는 당시에 벌어진 논쟁을 떠올리며 말했다. "그것은 어느 누구도 해내지 못한 일이었어요. 뭔가를 찾아내 고고학 분야에 상당한 영향을 미칠 가능성이 있는 일이었지요. 나는 솔직히 터놓고 말했습니다. '저기, 이건 매우 실험적인 프로젝트예요. 물론 우리는 최선을 다할 겁니다. 하지만 성과가 있을지는 장담할 수 없어요. 일이 제대로 되지 않더라도 우리 책임은 아니라는 겁니다." 하지만 슈레스타와 카터는 지구상에서 가장 울창한 우림 밑에 있는 지형의 지도를 제작한다는 도전에 몹시 마음이 끌린 듯했다. 만약 라이다가 모스키티아에서 제대로 힘을 발휘한다면 어디에서든 효과적으로 사용할 수 있을 터였다. 그 프로젝트는 라이다 기술의 최종 테스트나 매한가지였다.

꽤 회의적인 NCALM 사람들도 있었다. 슈레스타는 이렇게 말했다. "내 밑에 있는 직원들 중에는 그 일을 해낼 수 없을 거라고 한 사람들이 몇 명 있었습니다." 우림이 지나칠 정도로 빽빽하다는 것이 그 이유였다. "그래서 내가 그랬죠. '해보지도 않고서 안 될 거라고 말하지는 말아요'라고요."

고고학자가 한 명도 참여하지 않는다는 점을 우려한 사람들도 있었다. "스티브 엘킨스는 영화판 사람입니다." NCALM에서 지도 제작을 총괄하는 책임 과학자 마이클 사르토리Michael Sartori가 후에 이렇게 말했다. "나는 그 프로젝트가 터무니없는 구상이라고, 우리가 꼭 해야 하는 종류의 프로젝트가 아니라고 동료들에게 누차 말했어요. 그것은 고고학 분야의 학자들에게 양질의 자료를 제공하는 일반적인 방식이 아니니까요."

엘킨스는 당초 모스키티아 전역을 라이다로 측량해 달라고 제안했다. 하지만 그렇게 하려면 수백만 달러의 비용이 든다는 사실을 알고서 탐색구역을 약 $130km^2$ 정도로 좁혔다. 지도를 제작하는 데는 직접비용으로 25만 달러가량 그리고 지원비용으로도 이와 맞먹는 금액이 소요될 터였다.

T1은 $52km^2$가량에 불과했다. T1에서 아무것도 나오지 않을 경

우를 대비해 스티브 엘킨스는 조사 작업을 진행할 또 다른 미탐사 지역 세 곳을 선정했다. 그는 이 지역을 T2, T3, T4로 명명했다. T2는 흰색 석회암 절벽으로 둘러싸인 깊은 산골짜기로, 역시 그 내부에 백색 도시가 있다는 소문이 돌았던 곳이다. T3는 T1과 비슷한 지역이었다. 탁 트인 넓은 지형에 온화한 풍경이 펼쳐져 있으나 산속에 갇혀 있어서 접근이 어렵고 과학적으로 탐구되지 못한 곳이었다. T4는 샘 글래스마이어가 유적을 발견한 곳이라고 엘킨스가 생각하는 계곡이었다.

엘킨스는 고고학적으로든 다른 목적에서든 최근 탐사가 진행된 적이 있는지 알아보기 위해 이 타깃 지역을 집중 조사했다. 모스키티아에서 고적지라고 알려진 모든 곳의 최신 지도들을 취합했고 미발표 보고서를 찾기 위해 온두라스인류학·역사연구소IHAH의 기록보관소를 샅샅이 뒤졌다. 또한 공식적으로 등재된 온두라스의 고고학 유적지들도 살펴보았다.

20세기에 고고학자들이 모스키티아에서 찾아낸 고적지는 약 200군데였다. 이는 마야 지역으로 기록된 수십만 곳의 유적지 혹은 뉴멕시코주에 등재된 16만 3,000곳의 고적지에 비하면 새 발의 피다. 200여개의 모스키티아 유적지 중에는 거대한 토루(가옥)가 있는 다소 규모가 큰 정착촌들도 있었고 광범위하게 퍼진 같은 문화권에 속하는 것으로 보이는 좀 더 규모가 작은 유적지들, 매장굴, 암각화 그리고 드문드문 산재한 몇 안 되는 유물들도 있었다. 이 유적들은 마야 지역과는 달리 지도상에서 그저 점으로만 표시된 경우가 많았다. 이들 지역에 대해서는 정밀조사가 이뤄진 적이 한 번도 없었고 온전히 발굴된 적도 사실상 전혀 없다시피 했다. 모스키티아에 대해서는 고고학이 100년간 거의 답을 내놓지 못한 상태였다. 기존의 답들은 대부분 한정되고 피상적이거나 그 수준이 형편없었다. 그때껏 고고학자들은 이 문화와 관련하여 가장 기본적인 몇 가지 질문에 대해서도 답을 하지 못하고 있었다. 그 지역에 있던 이들은 누구인지, 어디에서 왔는지, 어떻게 살았는지, 그들에게 무슨 일이 벌어졌는지에 관해서 말이다. 따라서 모스키티아가 근원적인 비밀들을 폭로할 만한 수많은 미발견 유적들을 품고 있다는 것은 의심할 바 없는 분명한 사실이었다.

엘킨스는 T2, T3, (글래스마이어 외에) T4를 탐사한 사람이 있다는 것을 입증하는 증거를 찾지 못했다. 인간이 출입했다는 기록이 전혀 없으니 그 지역들은 마치 빈 칸처럼 과학계에 알려지지 않은 상태였다. 하지만 그렇다고 해서 사람이 아예 없는 곳이었을까? 안타깝게도 기록보관소에는 토착민들이 수렵과 채집을 위해 그 지역들을 이용했다는 기록조차 없었다.

엘킨스는 타깃 지역 네 곳의 최신 위성 영상을 보여 달라고 부탁했다. 영상을 본 그는 경악을 금치 못했다. 글래스마이어의 백색 도시가 있는 계곡인 T4를 가장 최근에 촬영한 위성사진에는 불법 삼림벌채로 나무를 베어내 몇 군데가 우묵하게 패어 있었다. 벌목과 도굴은 보통 함께 이뤄진다. 글래스마이어의 유적이, 만약 그것이 실제로 존재한다면, 벌채로 인해 노출되면서 소리소문없이 약탈되었을 테고, 옮길 수 있는 유물은 암시장으로 흩어지거나 현지인들이 가지고 갔을 가능성이 있었다. 하지만 엘킨스는 알려졌든 알려지지 않았든 모스키티아에는 대형 유적지들이 많다는 것을 잘 알고 있었다. 그 유적지 중 하나가 당시 미해결 수수께끼였던 전설 속 백색 도시일지도 몰랐다. 정말로 이야기 속에서 묘사된 모습 그대로 실재하는 경우에 말이다. 엘킨스는 목록에서 T4를 삭제했다.

슬픈 이야기지만 T4의 운명은 유별난 것이 아니다. 현재 온두라스 우림은 연간 최소 1,214km²의 비율로 사라지고 있다. 1990~2010년 사이에 온두라스는 개벌伐代로 우림의 37% 이상을 잃었다. 엘킨스가 관심을 갖고 있는 타깃 지역들은 하나같이 명목상 보호구역에 해당되거나 그 근처에 있었다. 하지만 실제 보호와 법 집행은 거의 이뤄지지 않았다. 제아무리 외지고 험준한 산악지대일지라도 벌목과 방목으로 얻을 수 있는 이득은 피할 재간이 없다. 이처럼 고고학은 삼림벌채와 싸움을 벌이고 있다. 고고학자들이 조사를 위해 어느 우림 유적지에 다다를 즈음, 그곳은 이미 사라지고 없을 공산이 크다. 처음에는 벌목꾼의 도끼에 의해 그다음에는 도굴꾼의 삽에 희생되기 때문이다.

2010년 10월 모스키티아 우림에 라이다를 사용해도 된다는 허가가 떨어졌다. 이는 대통령과 내무장관의 승인 덕분이었다. 또한 IHAH와 비르힐리오 파레데스Virgilio Paredes 소장이 전폭적으로 지원해 주었기 때문에 가능했다. 무엇보다도 새로 들어선 온두라스 정부가 적극적으로 탐색활동을 후원해 주었기에 원정을 시작할 수 있었다. 로보 대통령은 접전이 벌어진 선거에서 역대 최저 득표율로 당선되어 온두라스 대통령직에 올랐다. 온두라스 경제는 아메리카 대륙을 통틀어 두 번째로 빈곤했다. 시골 지역과 소도시 중

매우 많은 지역이 마약 밀매업자들의 수중으로 넘어갔다. 그전까지도 이미 세계 최고 수준이었던 살인율은 더욱 치솟았다. 부패가 걷잡을 수 없을 정도로 만연했고 사법제도와 법 집행은 사실상 붕괴된 상태였다. 국민들은 가난했고 표류했으며 예민하고 반항적이었다. 온두라스는 간절할 정도로 좋은 소식이 필요한 나라였다. 백색 도시의 발견이 그런 좋은 소식이 될 것이라고, 로보 대통령은 시간이 흐른 뒤 나에게 말했다.

# 08

# 악마와 함께 춤을

허가를 받자마자 엘킨스는 돈을 마련하기 위해 나섰다. 그는 친구이자 영화 제작자인 빌 베넨슨Bill Benenson에게 탐사과정을 기록하는 영화 프로젝트의 투자자를 찾아달라고 부탁했다. 베넨슨은 부유한 사람들을 많이 알고 있었다. 그런데 그는 고민 끝에 자기 주머니에서 그 돈을 내주기로 결심했다. 너무나도 좋은 기회였다. 베넨슨과 엘킨스는 탐사과정을 담아낼 다큐멘터리 영화를 공동으로 연출하기로 했다. 베넨슨이 단독 제작자가 되고 톰 와인버그와 스티브는 공동제작자 역할을 맡았다.

프로젝트를 진행할 당시 72세였던 베넨슨은 턱수염을 바짝 깎아 다듬은 잘 생기고 건장한 남성이었다. 그는 이야기를 할 때 단어 하나하나를 신중히 골라 사용했다. 위험을 감수하는 부류의 사람으로 보이지 않았다. 베넨슨은 이 다큐멘터리 프로젝트가 '상당히 미친 짓'이라고 이야기했다. 하지만 그는 운에 맡기고 한번 탐험해보고 싶다는 충동에 사로잡힌 것이었다. "나는 그 이야기에 흥미가 있었습니다. 사라진 도시, 모든 모험가와 거짓말쟁이들 그리고 그 도시를 찾으러 다녔던 정신 나간 사람들까지도요. 다큐멘터리 제작과 관련해 모든 것을 걸고 도박할 것이라면 그 프로젝트야 말로 내 돈을 걸 만한 게임이라고 생각했습니다. 그건 룰렛 휠에서의 나의 17번(행운의 숫자)이었어요."

그의 조부 벤저민은 19세기 말에 벨라루스에서 미국으로 이주하여 뉴욕 브롱크스에 자리를 잡았다. 목수였던 벤저민은 처음에는 다른 사람들을 위해 집을 지어주다가 나중에는 본인이 쓸 목적으로 건축 일을 시작했다. 현재 빌 베넨슨이 회장으로 있는 베넨슨 캐피털 파트너스는 맨해튼 등지에 있는 최고의 부동산을 소유한 주요 부동산 회사이다. 하지만 그가 진짜 애정을 갖고 있는 것은 영화 그리고 인류학 및 고고학이었다. 대학을 졸업한 뒤 평화봉사단에 들어간 그는 브라질에서 2년을 보냈다(그때 첫 번째 영화 〈다이아몬드 리버Diamond Rivers〉를 만들었다). 현재 베넨슨이 제작에 참여한 장편영화 및 다큐멘터리는 스무 편이 넘는다. 그는 다큐멘터리 〈비스트 오브 노 네이션Beasts of No Nation〉의 제작 책임자였으며 〈더 하드자: 라스트 오브 더 퍼스트The Hadza: Last of the First〉를 연출하고 제작했다.

베넨슨은 색다른 프로젝트를 알아보는 예리한 눈을 가지고 있었다. 설사 아무것도 발견하지 못한다 하더라도, 전설 속의 도시를 찾아 나서는 또 한 번의 '정신 나간' 탐색이 실패하는 과정 자체가 매우 매력적인 다큐멘터리로 재탄생하리라고 믿었다. 엘킨스와 베넨슨은 원정 및 영화 프로젝트의 세부사항들을 처리하기 위해 다른 파트너들과 함께 UTL이라는 회사를 설립했다.

마침내 수십 년을 끌어온 프로젝트의 윤곽이 드러나기 시작하자 엘킨스는 다음 단계로 원정대를 꾸리는 작업을 진행했다. 나는 엘킨스와 몇 년 동안 정기적으로 연락하며 지내온 사이였다. 그는 내게 〈뉴요커〉에 탐사에 관한 글을 기고해보지 않겠느냐고 물었다. 당시에 나는 〈뉴요커〉에 이따금씩 고고학 관련 글을 쓰곤 했는데, 그의 제안이 썩 내키지는 않았지만 그러마 하고 약속했다. 사실대로 말하자면 나는 탐사 결과에 대해 매우 회의적이었다. 그래서 원정이 끝나기 전까지는 〈뉴요커〉에 그 구상에 관한 얘기를 함구하기로 마음먹었다. 원정이 완료된 뒤에 그리고 뭔가를 찾은 때에 알리기로 결심했다. 나는 라이다 조사가 전혀 성과를 내지 못해 난처해지는 상황을 만들고 싶지 않았다. 더군다나 지난 500년 동안 그 사라진 도시를 찾기 위한 시도들이 하나같이 사기나 실패담으로 끝났다는 사실로 미루어 짐작하건대, 이 역시도 그럴 가능성이 농후했다. 내가 이런 심정을 엘킨스에게 솔직히 털어놓자 그는 이렇게 말했다. "글쎄요, 만약 우리가 아무런 결과를 얻지 못하더라도 최소한 휴가를 즐기다 올 수는 있을 거예요."

2012년 4월 28일, 휴스턴에 모인 원정 대원 열 명은 다 같이 온두라스 만의 로아탄 섬으로 향했다. 온두라스 본토와 떨어져 있는 로아탄 섬은 그 자체로 별개인 하나의 세계다. 길이가 48km, 폭은 3km 정도 되는 그 섬은 진주 가루를 뿌려놓은 듯 영롱하게 빛나는 모래해변, 터키석 빛깔의 청록색 바다가 펼쳐진 열대 낙원이다. 눈부신 산호초, 고급 리조트들이 즐비한 곳으로 대형 유람선과 스쿠버다이버들의 목적지이기도 하다.

엘킨스와 베넨슨은 첫 번째 목적지로 로아탄 섬을 선택한 이유는 무엇보다 아름다운 휴가지라는 점과 기밀 화물을 실은 우리 비행기에 대한 보안 측면에서 그 섬의 공항이 온두라스 본토보다 나았기 때문이다. 국무부는 그 비행기가 2주 간 미국 바깥으로 나갈 수 있도록 허가를 내주었다. 단, 밤낮없이 무장 감시요원들이 배치된 비공개 지역에서 철통같은 경계 상태를 유지해야 한다는 조건이 붙어 있었다. 엘킨스와 베넨슨은 적절한 비용을 지불하고 온두라스 군대에 이 일을 맡겼다.

온두라스 북동부에 자리한 로아탄 섬은 모스키티아로 가기에도 위치가 좋았다. 타깃 지역 세 곳이 비행기로 불과 한 시간 정도 거리에 있었다. 다만 한 가지 문제가 있었다. 로아탄 공항에서는 항공용 가솔린을 채우는 것이 금지되어 있었다. 온두라스에서는 마약 밀매 문제로 항공용 가솔린이 엄격하게 통제되고 있었다. 유조차가 납치되는 일이 일상다반사였다. 유조차 운전자는 살해되고 연료는 마약 밀매에 사용되었다. 우리의 비행기 세스나는 라이다 비행을 할 때마다 로아탄 섬으로 귀환하기 전에 급유를 위해 온두라스 본토의 라 세이바 공항에 착륙해야 했다.

로아탄 섬 남쪽 해안에 자리한 패럿 트리 리조트는 우리의 본부였다. 원정대는 한데 모여 있는 붉은 기와지붕을 얹은 방갈로 여러 채를 썼다. 방갈로는 터키석 빛깔의 석호를 따라 죽 이어져 있었다. 백사장, 물이 졸졸 흐르는 샘, 바스락거리는 소리를 내는 야자수가 주위를 둘러싸고 있었다. 스위트룸은 대리석 욕실, 화강암 조리대가 설치된 주방, 단단한 열대 활엽수를 잘 다듬어서 만든 침실을 자랑했다. 건물 내부는 동상에 걸릴 정도로 에어컨이 시원하게 작동되었다. 방갈로 뒤편으로는 거대한 담수 풀이 펼쳐져 있었다. 인공 바위와 폭포, 이슬 맺힌 열대 지방의 꽃송이들 사이에 만들어 놓은 수영장에는 작은 원두막도 있었다. 열대의 미풍이 불어오자 그곳에 드리워진 새하얀 시트와 시폰 커튼들이 한껏 부풀어 올랐다. 인접한 정박지에는 백만 달러짜리 요트들이 카리브 해의 바닷물을 맞으며 휴식을 취하고 있었다. 광을 낸 선체는 햇빛을 받아 눈부시게 빛났다.

"불편할 게 뭐가 있겠어요?" 엘킨스는 다 같이 모인 저녁 식사 자리에서 이렇게 말했다. 우리는 석호를 바라보는 해변에서 바닷가재 요리를 먹었다. 밤하늘에는 별이 반짝이고 파도가 해변을 따라 속삭였다. 하지만 이런 고급스러운 환경은 원정대의 불안을 한층 고조시키기만 했다. 초소형 세스나는 휴스턴에서 내려오는 길에 플로리다키스 제도에서 발이 묶이고 말았다. 그쪽에 폭풍우가 잇달아 불어닥쳤기 때문이다. 날씨가 좋아지려면 며칠이 걸릴 수도 있었다. 베넌슨과 엘킨스는 다들 할일 없이 기다리면서 허송세월하는 데 매일 수천 달러를 지불하고 있는 상황이었다. 그 누구도 마음이 편치 않았다.

NCALM은 임무를 수행할 라이다 엔지니어 세 사람을 파견했다. 작전 설계자이자 라이다 책임엔지니어인 후안 카를로스 페르난데스 디아스Juan Carlos Fernández Díaz 박사, 데이터맵핑 과학자인 마이클 사르토리 그리고 라이다 기술자인 아비나브 싱가니아Abhinav Singhania 였다. 우연이었지만 다행스럽게도 페르난데스는 온두라스 태생이었다. 그는 온두라스의 정치와 문화에 관해 잘 알았고 스페인어를 유창하게 했으며 라이다에 관한 지식이 풍부한 데다 호감 가는 성격까지 갖춘 인물이었다. 그는 원정대에서 없어서는 안 될 중요한 구성원이 되었다. 서른다섯 살의 공학자인 그는 겉으로는 차분하고 사무적인 태도를 유지했지만 그 이면에는 눈부신 과학 정신과 능청스러운 유머 감각을 지니고 있었다.

원정이 진행되는 동안에 지옥과도 같은 상황이 비일비재했지만 페르난데스는 기꺼운 마음으로 이 프로젝트에 참여했다. 그리고 이 일로 온두라스의 국민 영웅이 되었다. 그는 웃으면서 이렇게 말했다. "결국 운과 기회 그리고 내가 도울 수 있는 위치에 있었다는 운명이 결합된 놀라운 조합이 바로 '원숭이 신'이었던 거죠." 그는 수고로운 이 프로젝트가 조국에 의미 있는 일이 되리라고 낙관했다. "우리 온두라스는 밝은 미래를 만들기 위해 우리의 과거에 관해 더 많이 배워야 합니다."

반면 사르토리는 회의적인 태도를 전혀 숨기지 않았다. "당신들은 거대한 황무지에 있는 '그곳'으로 갈 예정입니다. 그 지역들을 목표로 삼을 계획이고요. 그런데 거기에 무엇이 있는지는 모른다는 것이죠? 내 생각에 그 계획은 아주 말도 안 되는 막연한 추측으로만 보입니다." 보통 재정적으로 몹시 빡빡한 상황에서 진행되는 학계의 탐사와는 다르게 터무니없을 정도로 호화찬란한 리조트에서 탐사를 시작하자 이 또한 사르토리의 의구심을 증폭시켰다.

원정대에는 영화 제작진, 스틸 사진사 그리고 톰 와인버그도 포함되어 있었다. 와인버그는 영화의 또 다른 공동 제작자이자 원정대의 공식 기록자였다. 희끗희끗한 턱수염에 헝클어진 백발의 주인공이었던 그는 주변 사람들에게 웃음을 전파하는 다정하고 온화한 성격의 남성이었다. 그는 1994년부터 엘킨스와 함께 백색 도시 프로젝트에 공을 들이고 있었다. 영화계와 방송계에서 오랫동안 활동하면서 여러 차례 에미상을 받았고, 시카고 영화판에서는 전설적인 인물이었다.

하지만 뭐니 뭐니 해도 가장 인상적이었던 팀원은 오랫동안 엘킨스의 해결사로 탁월한 능력을 발휘했던 브루스 하이니케였다. 나는 수년간 스티브가 하이니케라는 사람과 그 사람의 모험담에 대해서 생생하게 전해준 이야기를 듣고서 그를 만나는 날이 오기만을 고대했다. 저녁 식사 시간이 되기 전에 나는 수영장 부근 바에 있는 하이니케를 발견했다. 상당히 비만이었던 그는 파나마 모자를 쓰고 있었다. 단추를 풀어 헤친 하와이안 셔츠 사이로 금목걸이가 보였다. 한 손에는 담배 한 개비, 다른 한 손에는 맥주를 들고서 엄청나게 죽상을 하고 있었다.

하이니케는 공항에 다녀온 참이라고 나에게 말했다. 로아탄 세관을 통해 컴퓨터, 비디오카메라, 필름카메라, 음향 장비, 삼각대 등 원정대가 부친 장비를 받아 오기 위해 캔자스시티 돈뭉치를 지금 막 나눠주고 왔다고 했다. 대통령의 승인이 있어도 따로 챙겨줘야 했다고 했다. "그 사람들은 보증금 18만 달러를 원했어요." 하이니케가 말했다. 늘어진 턱살이 분노로 부들부들 떨렸다. "장비가 온두라스를 떠날 때 다시 돌려주겠다고 하더군요. 그래서 그자들한테 이렇게 말했지요. '아니, 그럴 일은 없을 거요.'" 내가 메모를 하기 시작하자 하이니케는 "내가 당신에게 하는 이야기들은 지면에 내면 안 돼요"라고 말했다. 그는 보물과도 같은 귀한 이야기들을 품고 있었다. 하지만 거의 모든 이야기의 말미에는 축축한 눈으로 나를 바라보며 이렇게 말했다. "이 이야기는 쓰지 말아요. 오프 더 레코드니까."

낙담한 나는 그에게 이렇게 물어보았다. "이야기 중에 일부라도 쓸 수 있는 방법이 없을까요?" 그는 다음과 같이 대답했다. "아, 물론 있지. 아무렴, 있고말고요. 문제될 게 전혀 없어요. 내가 죽은 뒤에 말이오!" 브루스는 큰소리로 웃으면서 콧방귀를 껴댔다(나중에 그는 자기가 죽기 전까지는 그 어떤 것도 공개하지 않겠다는 조건으로 메모를 허락해 주었다. 그리고 그는 2013년 9월 8일에 세상을 떠났다).

나는 브루스에게 스티브 엘킨스와의 관계, 즉 두 사람의 협력 관계가 어떤 식으로 굴러가는지 물어보았다. "이야기 하나 해줄게요. 예전에 어느 식당에 앉아 있는데 사내들 몇이 시끄럽게 떠들더라고요. 나는 곧 닥칠 문제를 예감했죠. 그래서 한 놈 머리에다 총을 갖다 대면서 이렇게 말했어요. '여기서 꺼져. 안 그랬다간 네놈 머리통에 든 뇌가 모조리 뒤에 있는 망할 놈의 벽에 칠갑되는 꼴을 보게 될 테니.' 이게 바로 내가 일을 처리하는 방식이지요. 여기선 그렇게 하게 됩니다. 그런 자들은 그 누구도 존중하지 않아요. 인간의 생명 따위는 안중에도 없죠. 그러니 당신도 그자들을 그런 식으로 대해야 합니다. 안 그랬다가는 험한 꼴을 당하게 돼요. 그런데 스티브는 모든 사람을 다정한 친구로 생각해요. 그들의 친구가 되고 싶어 하죠. 그저 도둑질할 기회만 노리거나 사람을 죽일 수도 있는 인간들이 있다는 걸 이해하지 못해요. 하지만 여기선 도저히 그렇게 할 수 없어요."

그는 총상으로 한쪽 무릎이 성치 않았다. 그는 그 사연을 들려주기를 좋아했다. 아내를 만나기 전에 브루스는 어느 콜롬비아 여성과 사귀었고, 그 여자의 아버지와도 가까워졌다. 여자친구의 아버지는 콜롬비아에서 주요 마약 카르텔 가운데 하나를 관리하던 인물이었다. 브루스는 마약 운송 및 수금 업무를 하면서 그의 사업을 거들다가 마약단속국에 붙잡히고 말았다. 마약단속국은 그에게 감옥살이를 피하고 싶다면 자신들 편에 서서 위장 정보원 노릇을 해야 한다고 요구했다. 브루스의 말에 따르면, 그는 마약 카르텔 보스 밑에서 계속 일하면서 말단 및 중간급 인사들 몇 명을 마약단속국에 넘겨주었다고 했다.

어느 날 그는 보스를 대신하여 코카인을 콜롬비아에서 니카라과로 전달하기 위해 마약을 밀반출했다. 하이니케는 작은 더플백 안에 든 그 상품을 거래자에게 전달하기 위해 카르타헤나로 갔다. 그 거래자는 7만 5,000달러를 지불하기로 되어 있었다. 셔터를 내린 어느 식당 안으로 들어간 브루스는 화들짝 놀랐다. 만나기로 한 장소에 한 사람이 아니라 두 사람이 와 있었던 것이다. 한 남성이 돈이 가득 든 가방을 들고 있었다. "그 사람한테 돈을 보여 달라고 했죠. 그랬더니 나를 향해 걸어오기 시작하더라고. 그래서 말했어요. 이쪽으로 오지 말고 그냥 가방을 열어서 나한테 밀어 보내라고요." 그 남자는 시키는 대로 했다. 그런데 뒤로 물러서자마자 나머지 한 사람과 동시에 총을 꺼내더니 브루스를 향해 쏘기 시작했다. "두 사람과 나 사이의 거리가 3m 정도 됐을 때 나도 45구경 권총을 꺼냈죠. 한 명은 오른쪽 어깨를, 다른 한 명은 얼굴을 향해 쐈습니다. 총격전은 2~3초 만에 끝났어요. 그리고 나는 오른쪽 무릎에 한 방 맞고 말았지요."

저녁 식사를 마친 뒤 엘킨스는 원정대를 데리고 회의를 진행했다. 주된 의제는 현지인들에게 원정대의 위장 목적을 오해가 없도록 분명히 밝히는 것에 관한 내용이었다. 온두라스 정부 내에서는 소수의 사람들만이 우리가 하는 일의 정체를 알고 있었다. 시우다드 블랑카 혹은 원숭이 신의 잃어버린 도시에 관해 되는대로 마구 떠벌리는 일은 일체 없을 터였다. 엘킨스는 우리를 그저 생태, 우림, 동식물상을 연구하기 위해 신기술을 이용하여 모스키티아를 항공 측량하는 과학자 그룹이라고 설명했다. 전설에 관한 소문이 점점 커지면서 많은 온두라스인들은 시우다드 블랑카에 금으로 된 어마어마한 보물이 감춰져 있다고 확신하게 되었다. 우리가 실제로 어떤 활동을 하고 있는지 알려진다면 안전을 장담할 수 없을지도 몰랐다.

비행기를 띄우기 전에 라이다팀은 고정 GPS 장치 세 대를 지면에 똑바로 세울 수 있는 안전한 장소를 물색해야 했다. 이 장치들은 비행하는 동안 기체 내부에 장착된 GPS 장치와 서로 정보를 주고받게 될 터였다. 각 장치는 저마다 전력원이 있으면서 원칙적으로는 데이터를 업로드하기 위해 인터넷 연결이 되어 있어야 했다. 후안 카를로스는 이미 그 시스템의 기하학적 구조를 산출해 낸 상태였다. 쉽지 않은 일이었다. 그 지역은 대부분 통행이 불가능하거

악마와 함께 춤을

나 위험했기 때문이다. 페르난데스는 마침내 장치 세 대를 거의 일 직선상에 배치할 수 있는 설치 계획을 도출해냈다. 첫 번째 장치는 로아탄 섬에, 두 번째 장치는 직선거리로 72km가량 떨어진 트루히요에, 세 번째 장치는 161km가량 떨어진 거리에 있는 둘세 놈브레 네 쿨미Dulce Nombre de Culmi라는 아주 작은 마을에 설치하기로 했다 (이 마을은 모스키티아 끝자락에 자리하고 있다). 첫 번째 장치는 우리 의 본부인 패럿 트리에 있는 인공 석호의 해변 끄트머리에 세웠다. 그리고 두 번째 장치는 트루히요의 크리스토퍼 콜럼버스 호텔 지 붕 위에 설치했다.

가장 중요한 세 번째 수신기를 둘세 놈브레 데 쿨미에 두는 일은 앞선 두 경우보다 큰 도전이었다. 쿨미는 모스키티아 내부로 상당 히 들어갈 수 있는 가장 근접한 지역이었다. 트루히요에서 차로 열 여섯 시간 걸리는 곳으로, 그곳까지 가는 길은 마약 밀매업자와 노 상강도가 득시글거리는 위험천만한 여정이었다. 원정대는 헬리콥 터로 GPS 장치를 수송한 다음, 쿨미 외곽에 있는 한 농장에 설치 하기로 결정했다. 마벨과 망고 남매의 사촌이 소유한 농장이었다.

그런데 미국 마약단속국이 마약 소탕작전을 벌이기 위해서 엘킨 스가 쿨미로 보내려고 예약해둔 헬리콥터를 출발 몇 시간 전에 징 발하는 일이 벌어졌다. 브루스는 예고도 없이 온두라스 정부로부 터 헬리콥터 한 대와 조종사를 빌려야 했는데, 놀랍게도 그는 그 일을 해냈다. 다만 그는 이렇게 말했다. "나 말고 어느 누가 온두라 스 같은 나라에서 15분 만에 헬리콥터를 구할 수 있겠어요? 그런 데 여기 있는 이 작자들은 내가 한 일에 고마워하질 않아요!" 헬기를 타고 가는 동안 망고는 상공에서 사촌의 농장을 알아볼 수가 없었다. 방향을 물어보기 위해서 부득불 마을 축구장에 착륙해야 했다. 사람들의 이목을 끌면서 말이다. 페르난데스는 농장의 목초지에 세 번째 GPS 장치를 세웠다. 아주 외진 지역이어서 안심할 수 있었다. 장치의 동력원은 태양전지판과 딥사이클 배터리였다. 그런데 그곳에는 인터넷 접속망이 없는 탓에 망고가 매일 데이터를 USB 스틱에 옮긴 다음, 차를 타고 카타카마스로 가져가야 했다. 카타카마스는 인터넷 연결이 되는 곳으로, 쿨미와 그나마 가까운 거리에 있는 도시였다. 몇 시간 동안 남쪽으로 흙길을 달린 다음 휴스턴에 있는 NCALM으로 그 데이터를 업로드하기로 했다. 결코 쉬운 일이 아니었다. 우선 운전하며 가는 일 자체가 위험했다. 카타카마스는 마약 카르텔이 장악한 상태였고 세계에서 살인율이 높기로 둘째가라면 서러운 도시였다. 하지만 망고가 설명했듯이, 마약 밀매업자들은 본인들을 귀찮게 하거나 방해하지 않는 한 자기 일을 하느라 바빴다. 따라서 망고가 조용히 데이터를 옮기면 마이클 사르토리가 로아탄 섬에서 자신의 노트북 컴퓨터에 그 자료를 내려받을 수 있었다.

우리는 세스나가 키웨스트에서 최종 목적지인 로아탄 섬으로 올 때까지 사흘을 기다렸다. 강제로 주어진 휴가를 보내면서 먹고 마시며 리조트를 어슬렁거렸다. 탐사가 시작되기를 속 태우며 기다리면서 말이다. 매일 정오 무렵이면 주위를 압도하는 풍채의 브루스 하이니케가 수영장의 원두막 그늘 아래에 모습을 드러내곤 했다. 그는 맥주와 담배를 손에 들고서 부채꼴 모양의 등받이가 있는 의자에 푹 퍼질러 앉아 있었다. 자신이 손을 써야 할 일이 생기지 않는 한 거의 오후 내내 그대로 앉아 있곤 했다. 무슨 일이 벌어졌을 경우에는 그의 휴대폰에서 스페인어나 영어로 욕하는 소리가 들려왔다. 달리 할 일이 없었던 나는 습관처럼 브루스에게 맥주 한 잔을 사고 그의 이야기를 들었다. 그는 모스키티아의 고고학 유적지를 약탈했던 일들을 솔직하게 털어놓았다. "1990년대 초였어요." 브루스가 입을 열었다. "디마스라는 친구가 있었지. 우린 무덤을 파헤치고 유물을 훔치곤 했어요. 그리고 그 유물들을 미국으로 빼돌렸고요."

한번은 도굴 원정길에 이런 일도 있었다. 브루스는 저 멀리 이름 모를 강 상류 즈음에서 저녁거리로 테이퍼 한 마리를 잡았다. 브루스와 디마스는 모래톱에 자리를 잡고 불을 피웠다. 브루스는 테이퍼 고기를 잘라서 뜨거운 돌 위에 올려놓았다. 그런데 그때 큰소리로 날카롭게 으르렁대는 소리가 들렸다. 그는 소총을 움켜쥐고 몸을 돌렸다. 어떤 짐승이 두 사람을 막 덮치기 직전이었다. 브루스는 전자동 무기를 갖고 있었다. 못해도 스무 발의 총알을 사정없이 퍼부었다. 그 동물은 그가 있는 곳에서 1.5m 떨어진 곳에 고꾸라졌다. 2m에 달하는 거대한 재규어였다. 두 사람은 재규어를 굴려서 강에 던져 넣었다. "그 재규어는 정말 죽이기 싫었다오." 브루스가 말했다. "아주 아름다운 짐승이었거든."

이튿날 두 사람은 강이 갈라지는 지점에 이르렀고, 작은 지류를 따라 위로 올라갔다. 그들은 얕지만 물살이 빠른 강물을 헤치며 걸어갔다. 이틀 뒤에 브루스와 디마스는 도굴 장소에 도착했다. 가파른 둑 위로 약 12m가량 되는 곳에 뭔가가 돌출되어 있었다. 돌을 깎아서 만든 거대한 탁자의 옆면이었다. 강에서 나와 둑을 기어 올라간 두 사람은 위쪽에 펼쳐진 언덕 사이의 평지에서 한때 석조물이었던 돌무더기들이 사방에 흩어져 있는 것을 발견했다. 브루스는 허둥지둥 둑 아래로 내려가 그 돌 탁자가 있는 곳으로 갔다. 흙을 좀 털어내자 이빨을 드러내며 포효하는 재규어 조각이 생생하게 드러났다. 탁자는 그 규모가 너무 커서 전체를 다 가져가는 것은 무리였다. 두 사람은 사흘 동안 그 재규어 조각을 끌로 쪼아서 파냈다. 그러고는 지하 구조물로 들어가는 입구의 돌무더기들을 헤집어 구멍을 하나 냈다. 브루스는 그 안으로 머리를 들이밀었다. 약 1.5m 아래쪽에 도기가 보였다. 그는 간신히 구멍을 통과하여 밑으로 내려갔다. 그런데 착지를 하다가 문제가 생기고 말았다. 한쪽 다리가 접질리면서 무릎 인대가 파열된 것이다. 무릎은 앞서 언급한 그 마약 거래에서 벌어진 총격전으로 여전히 약한 상태였다.

일어서 보려고 했지만 무리였다. 브루스는 디마스를 불러 목발로 쓸 만한 나무 막대기를 하나 갖다 달라고 했다. 디마스가 내려올 때까지 기다리는 동안 눈이 차츰 어둠에 적응했다. 바로 그때였다. 브루스는 바닥에 거미, 전갈, 거기에다 한술 더 떠서 뱀 몇 마리까지 득실득실한 것을 알게 되었다. 하지만 그와 동시에 벽면을 오목하게 파서 만든 공간인 벽감 안에 멋들어진 그림이 그려진 항아리와 대리석 그릇들이 놓여 있다는 사실도 알게 되었다. 브루스는 다리를 절뚝이며 발밑에 우글거리는 생명체들을 요령껏 피해, 그 보물들을 위에 있는 디마스에게 건네주었다. 지하 공간 안으로 더 깊숙이 들어간 브루스는 바닥에서 반짝이는 노란색 물체를 발견했다. 그 물건을 집어든 그는 정신이 아득해졌다. 그것은 다름 아닌 순금 조각상이었다. 폭 6cm, 높이 13cm가량의 그 조각상을 두고 브루스는 "그때껏 본 금으로 만든 예술품 가운데 가장 아름다웠다"라고 했다. 그는 덧붙여 말했다. "조각상은 왕 같아 보였어요. 깃털 머리장식을 쓰고 가슴께에는 방패를 들고 있었지요. 부피가 상당했어요." 브루스는 윤이 나는 옥구슬 수백 개 등 더 많은 유물을 찾아냈다.

그 지하 공간에서 나온 두 사람은 다시 강을 따라 내려와 도시로 나온 다음, 미국으로 향했다. 그들은 기념품 가게에서 쓸데없는 여행 기념품을 잔뜩 사서 유물들과 섞은 다음 모든 물건에 가짜 가격표를 붙이고 신문지로 쌌다. 그러고는 전부 휴대용 가방에 넣어서 세관을 통과했다. 이튿날 브루스는 뉴욕시의 메트로폴리탄 클럽에 앉아 얼음을 넣은 시버스 리갈을 홀짝이고 있었다. "거기서 X를 만나곤 했거든요." 그는 전에도 브루스가 도굴한 유물들을 팔 수 있도록 도와준 적이 있었다. "X에게는 구매자들이 있었어요." X가 도착하자 브루스는 그를 자신의 호텔방으로 데려가 유물들을 보여주었다. "그는 이렇게 말했어요. '세상에, 이거 끝내주는데! 이봐 브루스, 자넨 정말 최고야!'"

하지만 브루스는 자기가 갖고 있는 게 정확히 무엇인지 전혀 몰랐다. 모르기는 X도 마찬가지였다. X는 경매전문회사에서 일하는 지인인 어떤 여자에게 연락했다(나는 그 여자를 Y라고 부르겠다). "그여자가 물건을 보고 나서 우리가 갖고 있는 게 뭔지 말해주기로 했어요." Y는 브루스의 호텔방에서 두 사람을 만났다. 유물들은 침대 위에 좍 늘어놓은 상태였다. 그 여성은 유물들을 보자마자 입이 떡 벌어지더니 이렇게 외쳤다. "장난 아니네요!" 그러고는 그 작품들의 정체가 뭔지, 가치가 어느 정도인지 얘기해 주었다. 다만 그 유물들이 어떤 문화권에 속하는지는 확신을 가지고 분명하게 밝히지 못했다. 워낙 특이했기 때문이다. Y는 구매자들을 연결시켜 주기도 했다. 브루스와 X는 시장에 유물들이 넘쳐나는 일이 없도록 한번에 몇 점씩만 팔았다. "우린 돈을 무진장 벌었어요. 거짓말하는게 아니에요. 그 금 조각상 말이에요, 그때 당시에 그게 24만 달러에 팔렸으니까요. 1990년대 초에 말이에요." 약탈한 물건들은 중앙아메리카의 유물을 거래하는 방대한 암시장 속으로 사라져 버렸다. 아마 다시는 볼 수 없을지도 모른다.

나는 브루스에게 계속해서 맥주를 사줬고 그의 이야기도 끊임없이 술술 풀려 나왔다. 그는 입이 거칠고 무서운 외모의 소유자였지만 짙푸른 두 눈에서 전해지는 거친 매력과 카리스마가 있었다. 그가 이야기하면 할수록 나는 스티브가 중앙아메리카에서 가장 중요한 고적지일 수도 있는 곳의 위치를 알아내는 일을 이러한 이력이 있는 사람과 함께 한다는 게 놀라울 따름이었다. 예전에 스티브가 나에게 여담으로 한 말이 떠올랐다. 그는 일을 성공시키려면 가끔은 '악마와 함께 춤을 춰야' 한다고 했었다. 분명 그 수고로운 프로젝트가 성공하는 데 브루스의 도움이 결정적이었다는 것은 부인할 수 없는 사실이었다.

브루스는 내게 말했다. "모스키티아로 들어가는 데는 두 가지 길이 있어요. 하나는 플라타노 강, 또 하나는 파투카 강이죠. 다만 예전에 파투카 강을 따라 올라가다가 문제가 좀 있었어요. 나는 강 상류 지역에서 사금을 채취한 원주민 몇 사람에게서 금을 사들였어요. 모두 합해 약 227g 정도 됐을 거예요. 그런데 거기까지 나를 데려다줬던 놈들이 내 금을 뺏기로 마음먹었더라고요. 어느 날 잠에서 깨어보니 꽘푸 강과 파투카 강이 만나는 지점에 있더군요. 꽘푸 강은 플라타노 강을 향해서 서쪽으로 흐릅니다. 내가 배에 오르는 순간 놈들이 노로 나를 쳤어요. 물속으로 고꾸라졌지 뭐요. 나는 45구경 권총을 손에 쥔 채로 물 밖으로 나왔어요. 한 놈이 마체테를 들고 내 쪽으로 오더군요. 그래서 그 놈에게 총을 쐈어요. 다른 놈도요. 그러고는 두 놈을 한데 묶어서 악어 떼가 득실대는 곳까지 끌고 간 다음 악어 밥으로 풀어줬어요.

따라서 난 다시는 그 강을 따라 올라가지 않을 겁니다. 그 강은 정말이지, 지구상에서 최고로 위험한 곳이었어요. 그러고는 나는 브루스 라구나로 돌아가서 나를 태우고 갈 전용기 한 대를 구했어요. 비행기가 올 때까지 활주로 옆에 있는 덤불에 숨어 있어야 했습니다. 그 뒤로 파투카 강 상류 지역은 무조건 피했어요. 생명이 아무런 의미가 없는 곳이니까요."

# 09

## 신들의 손에 놓여

2012년 5월 1일, 마침내 키웨스트의 날씨가 화창하게 개었다. 라이다 기기를 싣고 이륙한 스카이매스터는 그랜드케이맨 섬에서 급유를 하고 오후 2시 로아탄 공항에 도착했다. 다들 비행기를 맞으러 공항으로 급히 뛰어나갔다. 비행기가 착륙하는 모습을 지켜보며 우리는 박수를 치고 환호성을 질렀다. 이제야 비로소 '잃어버린 도시'에 대한 탐색을 시작할 수 있을 터였다.

스카이매스터는 트윈 엔진 항공기로, 비행사들이 푸시풀 배열이라고 부르는 엔진에 의해 움직인다. 즉, 동체 앞쪽과 뒤쪽에 각각 하나씩 직렬로 장착된 두 개의 엔진이 동력원인 항공기다. 이 비행기의 가장 두드러진 특징은 양 날개 뒤로 이어지는 두 개의 버팀대이다. 한때는 빨간색과 흰색으로 페인트칠이 되어 있었겠지만 여기저기 땜질 자국투성이인 데다 칠이 떨어져 나가거나 벗겨진 상태였다. 앞쪽에 있는 엔진에서 동체로 흘러내린 기름 자국이 볼썽사납게 찍혀 있었다. 비행기 내부는 커다란 녹색 라이다 박스가 꽉 채우다시피 했다. 일급비밀인 탓에 군인들이 감시해야 하는 번지르르하고 값비싼 최신 기술품이 하늘을 나는 추레한 깡통에 힘들게 실려온 것이다(비전문가인 내 눈에는 그렇게 보였다는 얘기다).

스카이매스터가 착륙하자 M16 소총을 든 온두라스 군인 일곱 명이 그 비행기를 호위하면서 공항에서 제일 후미진 곳으로 안내했다. 공공장소에서 떨어진 곳으로 보안이 가능했다. 어쨌든 관심을 보이는 사람은 아무도 없는 듯했다. 작은 공항인 데다 온두라스에는 어딜 가나 군인이 있었으니 말이다. 10대를 갓 넘긴 군인 여섯 명과 지휘관인 중위 한 명은 사흘 동안 지루함을 참으면서 공항을 어슬렁거렸다. 그들 역시 비행기가 도착하자 흥분을 감추지 못했다. 엘킨스의 영화 제작진은 군인들이 무기를 들고 비행기 주변을 행군하는 모습을 카메라에 담았다.

조지아주 출신인 조종사 척 그로스Chuck Gross는 거구이지만 말투가 나긋나긋한 사람으로, 모든 사람을 '선생님'이라고 불렀다. 그는 이라크에서 막 돌아온 참이었다. 그곳에서 미국 육군 소속으로 기밀 라이다 임무비행을 했다. 그로스는 많은 것을 밝힐 수 있는 입장이 아니었다. 다만, 내가 들은 이야기를 종합하면 여러 임무 중에서도 특히 미세한 지형 변화를 탐지하기 위해 정찰로를 따라 이어진 지역들을 수차례 라이다로 측량하는 작업을 한 것으로 보인다.

그로스는 쿠바 영공 통과번호를 갖고 있다고 했다. 덕분에 그는 쿠바 하늘을 지날 수 있었다. 나는 비행기 엔진이나 기상에 문제가 생겨 부득불 쿠바에 착륙할 수밖에 없는 때에는 어떻게 할 것인지 그에게 물어보았다. 어찌되었든 그 군용기는 기밀 군사장비를 신고 있었고 당시 쿠바와의 관계는 꽁꽁 얼어붙은 상태였으니 말이다. "우선 활주로에 착륙 후, 비행기에 불을 지르겠죠." 그로스는 그렇게 하는 것이 공수 라이다에 관한 표준지침이라고 설명했다. "사막에서도 똑같이 했을 거예요. 즉시 장비를 파괴하는 거죠." 그러고는 이렇게 덧붙였다. "저 세스나를 미국에서 가져오느라 해야 했던 서류 작업을 선생님이 직접 봤어야 하는데 말이에요."

라이다 기술은 1960년대 초 레이저가 발견된 직후에 개발되었다. 간단히 말하자면, 라이다는 레이더와 비슷하다. 즉, 레이저 광선이 뭔가에 부딪쳐 반사되면 그 반사를 포착해 왕복시간을 측정하여 거리를 알아내는 것이다. 과학자들은 지도 제작도구로서 라이다의 잠재력을 금세 알아보았다. 아폴로 15호 및 17호 작전에서는 궤도선에 라이다 기기를 실어 보내 달 표면의 광폭영역에 관한 지도를 제작했다. 화성 궤도를 도는 위성인 화성전역조사선 역시 라이다 기기를 싣고 가서 화성 표면에 레이저 광선을 초당 10회씩 쏘아댔다. 1996~2006년까지 10년에 걸쳐 임무를 수행하는 동안 이 조사선은 굉장히 정밀한 화성 표면의 지형도를 만들어냈다. 인류 역사상 최고의 지도 제작 프로젝트 가운데 하나였다.

라이다 장비는 우주 라이다, 항공 라이다, 지상 라이다 이렇게 세 종류로 이뤄져 있다. 항공 라이다는 그동안 지구상에서 농업, 지질학, 채굴, 지구 온난화 실태를 파악하기 위한 빙하 및 빙원 추적, 도시 계획, 측량 작업에 이용되었다. 이라크 및 아프가니스탄 전쟁에서도 기밀 상태에서 사용된 적이 수도 없이 많았다. 지상 라이다는 현재 자율주행차, 지능형 순항제어에서 시험적으로 쓰이고 있는 단계다. 즉, 자동차가 도로를 달릴 때 끊임없이 변화하는 주변 환경을 지도로 만드는 데 라이다를 사용한다. 물론 라이다는 방, 무덤, 조각품, 건물의 상세한 3차원 지도를 제작하는 데도 쓰인다. 그 어떤 3차원 사물이라도 아주 정밀하고 세세하게 디지털 방식으로 재현할 수 있다.

라이다 기기를 실은 스카이매스터의 상공 비행을 통해서 타깃 장소인 T1, T2, T3의 지도를 만들 계획이었다. 카라콜 프로젝트에서 사용된 것과 같은 비행기였다. 밀림 상공을 비행하는 동안 라이다 기기가 숲 지붕 밑으로 적외선 레이저파를 초당 12만 5,000발씩 쏜 뒤 그 반사를 기록하는 방식이다(레이저파는 무해하고 눈에 보이지 않는다). 레이저파를 쏘고 나서 그것이 반사되어 되돌아 올 때까지 걸리는 소요시간을 계산하면 비행기에서 각 반사지점까지의 정확한 거리를 알 수 있다.

라이다 광선은 실제로 나뭇잎을 관통하지 못한다. 실은 그 어떤 것도 '꿰뚫어 보지' 못한다. 다만, 아주 작은 이파리나 잔가지 하나하나에 부딪쳐 반사된다. 제아무리 세계에서 가장 빽빽한 밀림 덮개라고 하더라도 숲 지붕에는 작은 구멍들이 있게 마련이다. 따라서 레이저파가 지면에 도달했다가 다시 반사될 수 있다. 밀림에 누워 위를 올려다보면 늘 여기저기에 하늘이 드문드문 보인다. 따라서 레이저파를 엄청나게 쏘면 라이다가 작은 구멍들을 찾아내 잘 활용할 수 있게 된다. 결과 데이터는 라이다 엔지니어들이 '점군點群'이라고 부르는 것으로, 3차원 공간에 배열된 수십억 개의 점들로 이뤄진 점군 데이터는 모든 반사지점의 위치를 보여준다. 맵핑

엔지니어는 소프트웨어를 사용하여 나뭇잎이나 나뭇가지에서 나온 점들은 제거하고 지표면에서 튕겨 나온 점들만 남긴다. 한걸음 더 들어가서 데이터를 고속처리하면 지면의 점들은 지형의 음영 기복도로 변환되고 여기에서 잠재적인 고고학적 특징들이 드러나게 된다.

라이다 영상의 해상도는 기껏해야 허공을 날아가는 비행기의 위치를 계속 추적하는 정도에 불과하다. 이번 프로젝트는 가장 위대한 기술적 도전이었다. 고해상도를 달성하려면 비행기의 3차원 위치를 비행 내내 초마다 1인치 이내까지 추적해야 한다. 위성 경로를 사용하는 표준 GPS 장치는 약 3m 이내에 있는 비행기의 위치를 알아낼 수 있을 뿐이다. 하지만 비행경로 아래에 있는 지면에 고정 GPS 장치를 설치할 경우 해상도는 약 30cm까지 개선될 수 있다. 그런데 비행 중인 기체는 난기류로 인해 이리저리 흔들리게 된다. 앞뒤 좌우로 흔들리고 내동댕이쳐져 한쪽으로 기울어지게 마련이다. 그러다 보니 가장 정밀한 GPS 장치라고 하더라도 추적이 불가능해진다.

이 문제를 해결하기 위해서 라이다 기기에는 커피깡통처럼 생긴 밀봉장치가 하나 들어 있다. 그 장치 안에는 관성측정장치라는 극비 군사기기가 담겨 있다. 미사일이 표적을 향해 날아가는 동안 언제라도 공중에서 그 위치를 파악할 수 있는 크루즈 미사일에 사용되는 것과 같은 기술이다. 라이다 기기가 기밀 군사장비로 지정된 것은 바로 이 관성측정장치 때문이다. 그 결과 특별 허가 없이는 국외로 나갈 수 없고 허가를 받은 경우에도 고도로 통제된 상황에서만 반출이 가능했다(이는 제3세계의 고고학 유적지에서 라이다를 사용하는 데 오랜 시간이 걸린 이유이기도 하다. 수년간 미국 정부는 관성측정장치를 민간용으로 국외에서 사용할 수 없도록 했다).

만약 숲 지붕이 전혀 없다면 항공 라이다는 약 1인치 해상도를 달성할 수 있다. 하지만 밀림에서는 이 지붕이 해상도를 급격하게 떨어뜨리는 원인이 된다. 지면에 도달하는 레이저파가 급감하기 때문이다(도달하는 레이저파가 적을수록 해상도는 낮아진다). 2010년 체이스 부부가 라이다를 사용했던 벨리즈의 카라콜 주변 우림도 울창하기는 하지만 모스키티아 우림의 밀도에 비하면 얼씬도 못하는 수준이다.

이튿날인 2012년 5월 2일 오전 7시 30분, T1 상공으로 향하는 첫 번째 라이다 비행기가 출격했다. 척 그로스가 조종을 맡았고 후안 카를로스가 항법사 역할을 하면서 라이다 기기를 조작했다. 다들 배웅을 하기 위해 공항으로 향했다. 우리는 온두라스 본토로 향하는 비행기가 카리브 해 상공으로 올라간 뒤 온두라스 만을 가로질러 파란 하늘 속으로 점멸하는 모습을 지켜보았다. 약 52km²에 이르는 T1의 지도를 그리는 데 사흘이 걸릴 터였다. 모든 일이 잘 풀린다면 나흘 뒤에 우리는 T1이 어떤 흥미로운 것을 품고 있는지 알게 될 것이다. 그 후 비행기는 T2와 T3로 이동할 예정이었다.

비행기는 오후 늦게 첫 번째 임무를 마치고 귀환했다. 밤 9시경 사르토리는 데이터의 상태가 깨끗하고 좋다는 사실을 확인해 주었다. 라이다 기기는 나무랄 데 없이 잘 작동했고 숲 지붕을 관통하여 그 아래에 있는 지형의 지도를 제작할 수 있을 정도로 충분히 지면의 점들을 수집했다. 우리가 상세한 지형도를 입수하지 못할 기술적인 결함은 없었다.

다음 날, 두 번째 비행을 마치고 돌아온 후안 카를로스는 매우 흥미진진한 소식을 들고 왔다. T1에서 인공적으로 만들어진 무언가를 본 그는 스카이매스터의 창문을 사이에 두고 사진촬영을 시도했다. 우리는 그의 노트북 컴퓨터에 저장되어 있는 그 사진을 살펴보기 위해 그가 묵고 있던 방갈로에 모였다.

나는 그때 처음으로 그 계곡을 언뜻 보게 되었다. 여기저기 긁힌 자국이 있는 플렉시 유리를 통해 보이는 광경을 흔들리는 망원렌즈로 찍은 터라 사진이 선명하지는 않았다. 하지만 네모난 흰색 물체 두 개가 있다는 것은 알 수 있었다. 석회암을 깎아 만든 기둥의 윗부분처럼 보이는 그 물체들은 정사각형의 하층식생영역과 이어져 있었다. 특징적으로 보이는 그 부분은 계곡 상단의 덤불이 무성한 범람원에 있었다. 다들 노트북 컴퓨터 주위로 모여들었다. 더 자세히 보려고 눈을 가늘게 뜨거나 손가락으로 가리키며 흥분해 얘기를 했다. 사람을 아주 감질나게 하는 흐릿한 픽셀 사진들을 이해하려고 안간힘을 썼다. 그 물체들은 인공적으로 만들어진 기둥일 수도 있으나 비행기에서 떨어진 쓰레기 혹은 죽은 나무의 그루터기 윗부분일 수도 있었다. 나는 무리인 것을 알면서도 세 번째이자 마지막인 T1 상공 비행에 동행할 수 있게 해달라고 부탁했다. 비행기 내부에는 탑승인원이 추가될 수 있는 공간이 전혀 없었다. 하지만 얼마간 논의를 한 끝에 척 그로스는 내가 쭈그려 앉을 수 있을 정도의 아주 협소한 공간을 만들어 주기로 했다. 그는 6~7시간에 걸친 비행시간 내내 굉장히 불편할 거라고 내게 경고했다.

5월 4일, 우리는 출렁이는 바다 위로 해가 막 떠오를 때 공항에 도착했다. 비행기는 활주로를 가로질러 자신의 그림자를 만들고 있었다. 에드워드 호퍼의 그림을 보는 듯했다. 비행기를 지키고 있던 군인들이 졸린 눈으로 우리를 맞았다. 직접 탑승한다고 생각하니 비행기를 더욱 유심히 살펴보게 되었다. 눈에 들어오는 모든 것이 (하나부터 열까지) 영 찜찜했다.

"저 기름 자국은 왜 그런 겁니까?" 나는 척에게 물었다.

"걱정 말아요. 매일 가득 채우니까요. 비행 한 번으로 무슨 일이 생길 정도로 새지는 않을 겁니다." 그가 대답했다.

거의 기어오르듯이 비행기에 올라타자 나의 실망감은 한층 더 깊어졌다. 한때 화려했을 세스나 내부를 둘러싼 벨벳 천은 해지고 기름에 절어 색이 바랬다. 내부는 대부분 강력접착테이프로 고정되어 있는 듯했다. 비행기에서 낡은 자동차의 냄새가 났다. 비행기 부품들은 아크릴 코크로 밀봉되어 있었는데 그것 역시 줄줄이 벗겨진 상태였다. 나는 거대한 라이다 박스 주변에 마련된 협소한 공간 안으로 요령껏 들어가려다가 팔꿈치를 찧었고 그 바람에 판 하나가 덜렁거렸다. "괜찮아요. 늘 있는 일이니까." 척은 이렇게 말하면서 주먹으로 판을 세게 한 번 치더니 원상복구 시켰다.

이토록 노후하고 불안해 보이는 비행기가 100만 달러짜리 과학 기기를 싣고 다닌다는 사실이 경이로울 지경이었다. 척은 단호하게 말했다. "선생님. 이 비행기는 그 일을 하는 데 있어서 완벽한 수단입니다." 그는 스카이매스터가 명작이자 위대한 소형기라면서 나를 안심시켰다. 연비 면에서 이상적이라며 정차 상태로 여섯 시간을 보낼 수 있을 정도라고 했다.

"추락하면 어쩌죠?"

"와, 정말 대단한 질문이네요! 우선 비행기를 착륙시킬 만한 빈터를 찾을 겁니다. 지도에도 없는 땅이지요. 그리고 저 멀리 인적이 끊긴 외딴 곳에 있게 되겠죠." 그러고 나서 그는 머리를 절레절레 흔들었다. 상상도 못할 일이었기 때문이다. 걱정이 되긴 했지만 나는 척을 무척 신뢰했다. 그의 비행 솜씨를 알고 있었기 때문이다(그는 열여덟 살 때 혼자 대서양 횡단 비행을 했다). 나는 비행기의 결함들이 대체로 표면적인 것이기를 바랐다. 그리고 척 같은 세계 정상급 조종사가 비행기를 위험하게 움직이는 일은 절대 없을 거라고 스스로를 달랬다.

나는 라이다 박스 뒤편에 몸을 구겨 넣었다. 양 무릎이 입에 닿았다. 바로 앞에는 후안 카를로스가 앉아 있었다. 그는 내가 어떻게 견딜지 걱정했다. 혹시라도 내가 멀미를 해서 자신의 목덜미에 토하지는 않을까 불안해하는 것이 보였다. 그는 내게 아침 식사로 뭐라도 좀 먹거나 마셨는지 물었다. 나는 아니라고 말했다. 그는 무심하게 툭 던지듯 말했다. 여섯 시간 내내 밀림 상공을 천천히 저공 비행하는 게 얼마나 고되고 사람을 녹초로 만드는 일인지에 대해 말이다. 하늘을 돌고 또 도는 동안 비행기는 급히 기울어지기도 하고 상승기류로 이리저리 흔들릴 터였다. 가끔은 콘도르(거대한 맹금류)를 급하게 피해야 하는 일이 벌어지기도 했다. 후안 카를로스는 비행기에 설치된 에어컨이 고장이라고 했다. 우리는 뜨거운 햇빛을 고스란히 받으면서 하늘을 나는 금속통에 밀폐된 것이나 다름 없었다. 기내에는 화장실도 없었다. 급한 경우 그냥 앉은 자리에서 해결해야 했다. 그러한 가운데 나는 모범적인 승객이 되겠노라고 그를 안심시키기 위해 애썼다.

엘킨스는 나에게 비디오카메라와 망원렌즈가 달린 스틸카메라를 주면서 미스터리한 그 흰색 기둥들은 물론이고 발밑에서 다른 흥미로운 것들을 발견하면 뭐든지 찍어 오라고 했다. 조종석에 올라탄 척 그로스는 각종 점검 사항들을 확인하기 시작했다. 후안 카를로스는 자신의 노트북 컴퓨터를 라이다 박스에 연결했다. 그는 나에게 자신이 설정한 비행 계획을 컴퓨터 화면에 띄워 보여주었다. 수십 개의 평행선이 계곡을 종횡으로 움직이고 있었다. 비행시간은 최소화하면서 측정범위는 극대화하도록 설계한 비행 계획이었다.

로아탄 섬을 출발한 우리는 얼마 지나지 않아 반짝이는 온두라스 만 상공을 날고 있었다. 전방에 온두라스 본토가 모습을 드러냈다. 끝내주는 날이었다. 하늘에는 보송보송한 흰색 적운들이 여기저기 점점이 흩어져 있었다. 저 멀리 앞쪽으로 모스키티아의 푸른 산맥이 솟아오른 곳 역시 운량이 적고 구름이 높았다. 내륙으로 들어가자 해안을 따라 죽 늘어선 정착촌들이 나오더니 이윽고 느릿느릿 흘러가는 황토빛 강을 끼고 여기저기 산재한 작은 마을들과 농경지가 나타났다. 풍경은 숲으로 뒤덮인 구릉지로 이어졌다. 개벌로 인해 누더기가 된 땅들이 수도 없이 많았다. 밀림 곳곳에서 연기 기둥이 피어올랐다.

어느새 벌목으로 인한 구멍들은 사라지고 우리는 가파른 삼림이 끝도 없이 이어진 지역의 1,219m 상공을 날고 있었다. 척이 조심조심 곡예비행을 하듯 산 사이를 통과한 끝에 우리는 T1에 접근했다. 로아탄 섬에서 출발한 지 한 시간 만이었다. 후안 카를로스는 저 멀리 계곡 끝자락을 가리켰다. 초록빛 산들이 깊고 좁은 V자형 협곡을 병풍처럼 에워싸고 있었다. 척은 서서히 고도를 낮췄다. 우리는 약 305m 상공에서 계곡의 가장자리를 지나면서 그 풍경을 제대로 볼 수 있었다. 장관이었다. 가장자리 너머로 펼쳐진 한 폭의 그림과도 같은 계곡의 지세에 나는 매혹되었다. 산으로 빙 둘러싸인 그 계곡은 경사가 완만하고 온화한 풍경을 품고 있었다. 그리고 두 개의 강이 계곡을 나누고 있었다. 그곳은 정말이지 '열대의 샹그릴라' 그 자체였다.

비행기는 지상 762m 정도의 고도에서 수평비행을 했다. 후안 카를로스는 라이다 기기를 부팅하면서 어제 작업을 중단했던 곳을 찾았다. 라이다가 숲 지붕에 레이저파를 퍼붓는 동안 척은 각각 약 6~9km 길이의 평행선을 그리듯 계곡을 가로지르며 세스나를 조종했다. 컴퓨터 화면으로 보면 잘 짜인 거대한 직물 같은 패턴으로 말이다. 비행기는 상승기류 때문에 이리저리 흔들리고 상하좌우로 부딪쳤다. 가끔씩 속이 뒤틀릴 만큼 심한 멀미가 올라왔다. 후안 카를로스의 말이 옳았다. 잔혹하고 공포스러운 비행이었다. 하지만 척은 한결같이 능수능란하게, 익숙한 솜씨로 조종 장치를 다뤘다.

"상당히 흔들리고 구르긴 했죠." 척은 나중에 이렇게 말했다. "그건 마치 커다란 거미줄 위를 나는 것과 같아요. 엄청난 기술이 필요하죠. 모든 방향타를 조작하면서 미끄러지듯 비행기를 몰아야 합니다. 센 바람을 이겨내며 줄 위에 버티고 있는 것, 그게 쉽지 않지요. 고도와 대기속도를 유지해야 하거든요."

이 모든 과정을 겪으면서 창밖을 내다본 나는 그대로 얼어붙고 말았다. 발밑에 펼쳐진 우림의 화려함을 어떻게 표현해야 할지 모르겠다. 먼지버섯처럼 꽉 들어찬 수관들이 온갖 녹색 빛깔과 색조, 음영을 내보이고 있었다. 인간의 언어로는 그 색채의 무한함을 표현하기에 역부족하다. 숲 지붕 가운데에 자주색 꽃들로 잔뜩 뒤덮인 우듬지가 유달리 튀었다. 중앙의 골짜기 바닥을 따라 이어지던 울울창창한 밀림은 이내 푸른 목초지에 자리를 내주었다. 햇빛에 반짝이며 구불구불 흘러가는 두 개의 물줄기는 그 목초지에서 만나 협곡 밖으로 흘러나갔다. 우리는 첨단기술을 사용해 사라진 도시를 찾으며 태고의 에덴동산 상공을 날고 있었다. 어쩌면 500년 동안 인간이 한 번도 발을 들인 적이 없었을 밀림에 레이저 광선 수십억 발을 쏘며 말이다. 고대의 수수께끼에 대한 21세기의 도전이었다.

"이제 곧 나올 거예요." 후안 카를로스가 말했다. "바로 저기예요. 흰색 물체 두 개가 있는 곳 말이에요." 탁 트인 공간에서 나는 후안 카를로스가 전날 촬영했던 두 개의 특이한 물체들을 볼 수 있었다. 그것들은 짙푸른 초목들이 자란 커다란 직사각형 영역 바로 옆에 약 9m 간격을 두고 서 있었다. 비행기가 여러 차례 그곳 상공을 지나는 동안 나는 사진을 찍었다. 다시 봐도 내 눈에 그 물체들은 덤불이 우거진 땅 위로 솟아오른 흰색의 기둥 같았다.

원숭이 신의 잃어버린 도시

우리는 사고 없이 비행을 계속했다. 딱 한 번, 다리가 쑤셔서 자세를 바꾸려다가 내 무릎으로 라이다 기기를 꺼버린 순간을 제외하고는 말이다. 라이다 기기와 조종석의 항법장치는 서로 연결되어 있었다. 따라서 라이다가 차단되면 비행기의 내비게이션도 꺼진다. 라이다가 꺼지자, 척은 즉시 급회전해 멀미를 유발하는 선회비행을 했고 그사이에 후안 카를로스가 기기를 재부팅했다. 나는 몇 번이고 거듭 사과했다. "괜찮아요." 척이 말했다. 내 예상과 달리 그는 크게 동요하지 않았다.

우리가 T1의 지도 제작을 완료했을 때 T2 상공의 루트 몇 군데를 비행할 수 있을 정도의 연료가 남아 있었다. 거리로 따지면 32km였다. 우리는 파투카 강 상공을 비행했다. 하이니케가 지구상에서 가장 위험한 곳이라고 했던 바로 그 강이 보였다. 파투카 강은 황토빛 뱀처럼 밀림을 관통하여 구불구불 굽이져 흘렀다. T2는 수직 높이가 약 305m에 이르는 아찔한 석회암 절벽에 갇힌, 산속에 숨어 있는 장대하고 인상적인 계곡이었다. 덩굴식물이 드리워진 그곳은 온통 동굴 천지였다. 그런데 최근 불과 몇 주 사이에 T2 계곡 어귀까지 벌채가 이뤄졌다. 저공비행을 하는 동안 나는 나무들이 땅 위에 쓰러진 광경을 볼 수 있었다. 불에 잘 타도록 건조시키는 과정이었다. 내가 보기에는 흉한 갈색 흉터 같았다.

날이 저물 무렵 우리는 급유를 하기 위해 라 세이바 공항으로 날아갔다. 척은 많이 지친 듯했다. 착륙 당시 항공 연료는 약 76ℓ도 채 남지 않은 상태였다. 40분가량 비행할 수 있는 양이었다. 그런데 라 세이바 공항도 연료가 바닥 난 상황이었다. 기름을 싣고 오기로 한 유조차가 정확히 어디쯤에 있는지 아무도 알지 못했다. 공항 관리자들은 유조차가 마약 밀매업자들에게 납치됐을까봐 좌불안석이었다. 후안 카를로스는 로아탄 섬에 있던 엘킨스에게 전화로 상황을 전했고, 엘킨스는 이 문제를 해결하기 위해 브루스 하이니케에게 연락했다. 브루스는 여기저기 전화를 돌려보더니 그 유조차가 공항으로 오고 있는 중이라는 사실을 알아냈다. 타이어에 펑크가 나는 바람에 시간이 지체된 것이었다.

연료를 기다리느라 밤새 공항에 머물러야 할 경우, 세스나를 무방비 상태로 둘 수는 없었다. 후안 카를로스와 척은 기내에서 자는 것을 두고 상의했다. 하지만 그건 괜찮은 방법이 아니었다. 두 사람 모두 이렇다 할 무기가 없는 맨몸이었기 때문이다. 결국 그날 안으로 연료가 도착하지 않을 경우, 라 세이바의 미국 공군 기지로 가서 군인들에게 그날 밤 보초를 서달라고 부탁하기로 결정했다. 이런 일이 벌어지는 동안 마이클 사르토리는 데이터를 받아 T1 지도 제작을 끝내기를 간절히 바라고 있었다. 그리하여 우선 나만 로아탄 섬으로 돌아가기로 했다. 후안 카를로스는 나에게 데이터가 든 하드드라이브 두 개를 건네주었다. 나는 로아탄 섬으로 가는 일반 항공기를 탈 수 있는지 알아보기 위해 공항 안내데스크로 향했다. 확인해보니 그날 오후 비행편이 있기는 했으나 이미 만석이었다. 나는 값을 더 치르고 부조종석에 앉아 가기로 했다. 다만 그 비행기는 세스나보다 훨씬 더 불안해 보였다. 내가 비행기에 탑승하려고 하자 후안 카를로스는 이런 농담을 던졌다. "고생고생해서 힘들게 자료를 모았는데 비행기 사고로 그 귀중한 데이터가 몽땅 날아가기라도 한다면 얼마나 애석한 일이겠어요"라고 말이다.

나는 해질녘에 로아탄 섬에 도착하여 사르토리에게 하드드라이 브를 전해 주었다. 그는 그것들을 덥석 낚아채듯 가져가서는 자신 이 묵고 있는 방갈로로 유유히 사라졌다. 사르토리는 딱 한 번, 저 녁 식사 시간에만 모습을 드러냈다. 그날 밤 늦게 후안 카를로스와 척 그로스도 로아탄 섬에 도착했다. 두 사람은 매우 지쳐보였지만 그래도 그곳에서 밤을 새지 않아 안도하는 듯했다.

사르토리는 지도를 제작하기 전, 몇 시간에 걸쳐 해야 할 일이 있었다. 라이다 기기, GPS 지상 관측기, 세스나의 GPS 데이터, 관 성측정장치 데이터 등 여러 기기에서 나온 자료들을 종합해야 했 다. 이 모든 자료를 합치면 우림과 그 밑에 있는 지형의 3차원 사 진을 만들어내는 점군 데이터가 나올 터였다. 우선은 망고가 쿨미 의 GPS 장치에서 USB 스틱을 회수한 다음 카타카마스로 가져가 서 휴스턴의 서버에 업로드할 때까지 기다려야 했다. 이 작업이 끝 나야 사르토리가 휴스턴 서버에서 데이터를 내려받을 수 있었다. 내가 잠자리에 들었던 자정에도 사르토리의 방갈로에는 불이 켜져 있었다. 휴스턴의 NCALM에서도 라메시 슈레스타가 뜬눈으로 사 르토리에게 업데이트를 재촉하고 있었다.

뭐가 되었든 라이다 영상들은 계곡에 무엇이 있는지 보여줄 터 였다. 사르토리가 T1의 미가공 이미지를 만드는 작업을 끝낸 시각 은 거의 새벽 1시가 다 되었을 때였다. 슈레스타도 마침내 잠자리 에 들었고 로아탄 섬의 인터넷 연결도 끊어졌다. 사르토리는 진이 빠진 채로 본인이 만든 영상들을 살펴보지도 않은 채 잠이 들었다.

이튿날인 5월 5일은 토요일이었다. 사르토리는 일찌감치 일어나서 그 미가공 이미지들을 휴스턴의 서버에 업로드했다. 여전히 영상들을 검토하지 않은 채로 말이다. 슈레스타는 그 영상들을 받자마자 곧바로 NCALM의 책임 과학자인 윌리엄 카터에게 전송했다. 카터는 웨스트버지니아주에 있는 사택에서 휴가를 보내는 중이었다. 슈레스타는 서둘러 영상을 검토할 작정이었다. 그런데 카터가 선수를 쳤다.

평온한 토요일 오전, T1의 지형 사진들이 카터의 메일함에 도착했다. 그는 막 집을 나서려던 참이었다. 잠시 망설인 그는 아내에게 메일을 빨리 살펴봐야겠다고 말했다. 카터는 데이터를 내려받은 뒤 컴퓨터 화면에 지도들을 띄웠다. 그는 순간 벼락을 맞은 듯했다고 했다. "피라미드처럼 생긴 뭔가가 있다는 사실을 알아차리는 데 5분도 안 걸린 것 같아요." 카터는 나중에 이렇게 말했다. "강을 가로질러 건물 같은 게 있는 광장 구역이 보였죠. 인간이 만든 물체임이 틀림없었습니다. 강이 흐르는 골짜기를 살펴보니 더 많은 게 나왔죠. 지형의 좌표들은 물론이고요. 정말 수월하게 그것들을 찾아낸 걸 보고 놀랐습니다." 카터는 사르토리와 슈레스타에게 메일로 좌표를 보냈다.

사르토리는 영상들을 정밀하게 검토했다. 카터가 흥분하는 바람에 좌표를 잘못 입력하는 실수를 저질렀지만 사르토리는 눈 깜짝할 사이에 특징적인 군집을 찾아냈다. "내 의심은 쉽게 지워지지 않아요"라고 사르토리는 말했다. 하지만 그 영상은 세상에서 가장 단호한 의심꾼을 확신시키고도 남을 정도로 명백했다. 사르토리는 분함을 감추지 못했다. "처음에 그것을 알아보지 못한 나 자신에게 미친 듯이 화가 났어요. 그 영상들을 만들어낸 장본인이 바로 나였으니까요!" 스티브 엘킨스에게 보고하기 위해 서둘러 밖으로 나가려던 그는 다시 한 번 생각해 보았다. 이것이 진짜인지 말이다. 사르토리는 덧붙여 말했다. "도저히 믿을 수가 없어서 여섯 번이나 문을 들락날락했다니까요."

그때 나와 스티브는 몇몇 사람들과 함께 아침을 먹고 숙소로 돌아오는 길이었다. 부두를 따라 달려오는 사르토리의 모습이 보였다. 그는 정신없이 뛰어오면서 양팔을 휘저으며 소리를 질렀다. "그 계곡에 뭔가 있어요!" 우리는 갑자기 딴 사람이 된 그를 보고 화들짝 놀랐다. 그게 뭐냐고 우리가 묻자 그는 이렇게 말했다. "말로 설명 못해요. 말로 설명 안 할 거예요. 그냥 직접 봐야 해요."

아수라장이 따로 없었다. 스티브가 뛰기 시작했다. 그러다가 자신이 영화 제작자라는 사실을 문득 떠올리고는 제작진들에게 장비를 준비해 이 순간을 기록하라고 고함을 쳤다. 다들 사르토리의 노트북 컴퓨터에 있는 영상을 보기 위해 그의 방으로 모여들었다. 회색조의 그 지도들은 충분히 선명하고 깨끗했다. 두 물줄기의 합류 지점에 있는 T1 계곡에 직사각형의 특징적인 물체들과 정사각형으로 배열된 피라미드처럼 생긴 기다란 둔덕이 있는 것을 볼 수 있었다. 면적은 수백 에이커에 달했다. 우리가 비행기에서 본 정사각형 기둥 모양의 두 물체 역시 그 정체를 해석하는 것은 불가능하나 육안으로 똑똑히 확인할 수 있었다. 우리가 영상을 살펴보는 내내 사르토리의 메일함은 카터와 슈레스타가 보낸 메일들로 수신 알림음이 쉴 새 없이 울려댔다. 카터와 슈레스타는 지도를 꼼꼼하게 살피면서 특징들을 발견할 때마다 메일로 좌표를 쏘아 보냈다.

나는 정신이 아득해졌다. 그것은 분명 아주 큰 일련의 유적지, 어쩌면 하나의 도시처럼 보였다. 그때까지만 해도 나는 원정대가 뭐가 되었든 유적지를 발견하기만 해도 다행이라고 생각했다. 그런데 예상 밖의 일이 벌어졌다. 사라진 도시 하나가 온전한 상태로 21세기에 발견될 수 있다는 게 과연 가능한 일인가?

노트북 컴퓨터 바로 옆에는 사르토리의 노트가 펼쳐져 있었다. 과학자답게 그는 작업 내용을 매일매일 꼼꼼하게 기록해 두었다. 그런데 당일 5월 5일에는 단 두 단어만이 적혀 있었다.

맙소사 세상에!

스티브는 나중에 이렇게 말했다. "그것들을 보자마자 처음 느낀 기분은 '설욕'이었어요." 정체를 드러낸 미스터리의 발견으로 열에 들떠서 정신없이 영상을 찍던 베넨슨은 기분 좋은 아찔함을 느꼈다. 백만 달러를 걸고 돌린 룰렛 휠이 자기가 건 숫자에서 멈춰선 것이었다. "내 눈으로 직접 목격했는데도 어쩔 줄을 모르겠어요. 몸이 덜덜 떨리네요."

다만 이 소식을 전하기 위해 감히 브루스 하이니케를 깨울 만한 담력을 가진 사람은 한 명도 없었다. 하이니케는 오후 1시가 되어서야 방갈로에서 나왔고 얼굴을 잔뜩 구긴 채 이야기를 들었다. 그는 다들 왜 그렇게 호들갑을 떠는지 도통 이해할 수 없다는 눈치였다. 백색 도시가 그곳에 있다는 건 당연한 얘기 아닌가 하는 것이 그의 생각이었다. 하이니케는 내무장관인 아프리코 마드리드에게 전화를 걸었다. 마드리드는 우리가 찾아낸 것을 검토하기 위해 최대한 빨리 로아탄 섬으로 오겠다고 했다. 물론 의심할 이유는 전혀 없었지만 진짜라는 확신이 더 확고히 들 때, 소식을 로보 대통령과 온두라스 의회 의장인 후안 오를란도 에르난데스Juan Orlando Hernández에게 전하기로 했다. 그사이에 온두라스인류학·역사연구소의 비르힐리오 파레데스 소장이 제일 먼저 우리의 결과물을 보기 위해 로아탄 섬으로 날아왔다. 나중에 비르힐리오는 그 순간을 이렇게 회상했다. "그걸 보고 '와!' 하는 소리가 절로 나왔습니다. 모스키티아가 고고학 유적지들로 가득하다는 건 주지의 사실이에요. 하지만 많은 인구가 살았던 진짜 도시들을 찾는 것, 그건 정말 끝내주는 일이지 않습니까!"

T1 계곡은 이미 과거에 지도로 제작된 적이 있었다. 하지만 그 프로젝트는 40%만 완성되는 데 그쳤다. T2와 T3는 여전히 탐사가 진행되지 않은 상태였다. 척과 후안 카를로스는 그날 토요일 아침 일찍 T2 지도 제작 작업을 이어서 하기 위해 그곳에 가 있었다. 당연히 두 사람은 숙소에서 벌어진 대소동을 알지 못했다. 그런데 T2 상공에서 후안 카를로스는 라이다 기기가 죽어 있는 것을 발견했다. 로아탄 섬으로 귀환한 뒤 지상에서 기계를 다시 작동시키려고 해봤지만 허사였다. 라이다 엔지니어 세 사람이 확인한 결과, 기계는 고장이었다.

휴스턴의 NCALM은 캐나다 토론토에 있는 라이다 박스 설계·

제작팀과 기술 유지 및 보수 계약을 체결한 상태였다. 그런데 그날은 주말이었던 탓에 캐나다에서 전화 응대를 하는 기술지원팀 직원이 딱 한 사람뿐이었다. 그 직원은 문제의 원인을 알아내기 위해 순서대로 플러그를 뽑았다가 꽂는 과정을 엔지니어 세 사람에게 설명했다. 기계를 되살리려고 애쓴 끝에 그들은 중요한 부품이 망가졌다는 사실을 알아냈다. '위치방향시스템POS 기판'이라고 하는 부품 안에는 GPS 수신기와 데이터를 교환하면서 관성측정장치에 정보를 전하는 부품들이 들어 있었다. POS 기판은 전 세계에 딱 두 개밖에 없었는데, 그 두 개 모두 캐나다에 있었다. 제조사 측은 월요일 아침 일찍 토론토에서 로아탄 섬으로 기술자를 보내겠다고 했다. 그 기술자가 10만 달러짜리 기판을 직접 가지고 오기로 했다. 그런데 그렇게 할 경우 총 두 차례, 즉 미국 세관과 온두라스 세관을 통과해야 했다.

부품을 갖고 오기로 한 엔지니어는 파키스탄 사람으로, 그는 POS 기판에 대한 미국 국무부의 수출 통관이 없다는 이유로 워싱턴 D.C.의 덜레스 공항에서 발이 묶이는 일이 생길까봐 노심초사했다. 그는 덜레스 공항에서 밤새 환승 비행기를 기다렸다. 부품은 토론토에서 비행기를 타기 전에 수하물 검사가 끝난 짐꾸러미에 급하게 집어넣은 터였다. 그렇게 하면 미국 공항 검색대에서 곤란한 일을 겪을 가능성이 낮으리라고 생각한 것이다.

(당연하게도) 항공사는 그의 가방을 분실했다. 사라진 가방 두 개에는 POS 기판은 물론이고 그 기판을 설치하는 데 필요한 도구 일체가 들어 있었다. 그 부품이 보험에 든 상태라는 사실은 원정대에

게 별 의미가 없었다. 원정대는 하루에 수천 달러를 쓰고 있는 상황이었고 세스나는 엄격하게 제한된 시간에만 사용할 수 있었다. 그 기술자는 혼이 나간 상태로 화요일 오전에 로아탄 섬에 도착했다. 고작 옷가지 몇 벌만 등에 짊어지고서 말이다.

유나이티드항공과 TACA항공에 필사적으로 (하지만 별 소득 없는) 전화 통화를 하는 데 화요일 하루를 꼬박 썼다. 항공사 측은 그 가방들이 덜레스 공항에는 도착했으나 산살바도르를 거쳐 로아탄 섬으로 가는 비행기에 실리지 않았다는 사실을 확인했다. 가방은 덜레스 공항에서 사라진 듯 보였다. 그런데 수요일 오후, 광분의 전화 통화를 계속하고 있던 와중에 느닷없이 그 가방들이 로아탄 공항에 도착했다. 온두라스 세관 통과를 서둘러 해치우기 위해 비르힐리오 파레데스가 스티브와 함께 공항으로 갔다. 비르힐리오는 대통령의 공식 문서를 흔들어대면서 으름장을 놓고 능수능란하게 일을 처리했다. 아무 탈 없이 세관을 통과한 가방 두 개는 서둘러 공항 활주로 끝에 있던 세스나로 실렸다. 토론토에서 온 기술자와 후안 카를로스는 두 시간 만에 부품을 설치하여 라이다 기기가 다시 작동하게끔 만들었다.

이튿날인 목요일 오전에 T2와 T3 상공 비행 작전이 재개되었다. 임무는 흠 잡을 데 없이 진행되었다. 우리는 이번에도 마이클 사르토리의 노트북 컴퓨터로 영상들을 살펴보기 위해 그의 방갈로에 모였다. 그리고 다시금 말을 잃고 말았다. T3에는 T1보다 훨씬 큰 일련의 유적지들이 있었다. T2에서도 불가사의한 인공의 특징들이 드러났다.

신화적인 존재인 백색 도시를 찾아서 돈키호테식으로 탐색을 진행한 엘킨스의 원정대는 하나가 아니라 두 개의 대형 유적지를 발견했다. 한때 모스키티아에 존재했던 문명의 사람들이 건설한 게 분명했다. 그런데 그 유적지들은 도시가 맞는 것일까? 도시가 맞다면 그중 하나는 실제로 그 원숭이 신의 잃어버린 도시일 가능성이 있을까? 하지만 이는 잘못된 질문이리라. 이미 백색 도시라는 것이 여러 이야기들이 융합된 존재로 어쩌면 전설의 모습 그대로 존재하지 않을 수도 있다는 점을 다들 분명히 인식하고 있었다. 다만 여느 전설과 마찬가지로 백색 도시에 관한 전설 역시 진실에 입각하고 있었다. 라이다의 발견물들은 모스키티아가 정말로 베일에 싸인 어느 위대한 문명이 융성했던 땅이라는 사실을 확인시켜 주었다. 그 문명은 소멸되기 전까지 수많은 정착촌을 건설했다. 500년 전에 코르테스가 서술한 딱 그대로였다. 그 땅은 '매우 광범위하고 부유한 지역들'의 모태가 된 곳이었다. 그런데 어쩌다가 그토록 갑작스럽게, 그것도 완전히 사라지게 된 것일까?

# 10

## 우연이란 없다

아프리코 마드리드 장관은 며칠 지나지 않아 온두라스 관료들과 함께 로아탄 섬에 도착했다. 그들은 사르토리의 방에 모여 그의 노트북 컴퓨터 화면으로 영상들을 검토했다. 그날 저녁 마드리드는 자택에 있던 로보 대통령에게 전화를 걸었다. 그는 시우다드 블랑카가 발견된 것 같다고 보고했다. 훗날 로보 대통령은 그 소식을 들었을 때 완전히 말문이 막혔다고 이야기했다. 그는 그 발견이 온두라스뿐만 아니라 앞으로 인류 전체에 기여할 것이라고 했다. 실제로 얼마나 중요한지는 지상탐사를 해봐야 알겠지만 새로운 세기의 중대한 고고학적 발견 가운데 하나인 것만큼은 분명했다.

로보 대통령과 마드리드 장관은 신의 조화를 믿었다. 어찌 됐든 새 정부가 교회에서 정식으로 신의 은총을 받고 있던 그 순간에 마벨과 하이니케가 그들에게 접근했으니 말이다. "이는 우연의 일치가 아닙니다." 마드리드가 내게 말했다. "나는 신께서 우리나라를 위한 비범한 계획을 가지고 계신다고 생각합니다. 시우다드 블랑카는 그런 계획 중에 하나일 겁니다." 그는 이 발견이 온두라스를 바꿀 변화의 시작이라고 믿었다. 그는 덧붙여 말했다. "장차 온두라스는 관광, 과학연구, 역사, 인류학에 있어서 아주 중요한 명소가 될 겁니다."

T3의 지도 제작이 완료되면서 2주에 걸쳐 진행되었던 라이다 탐사도 끝이 났다. 척 그로스는 기밀 기술로 꽉 찬, 작지만 튼튼한 스카이매스터를 몰고 휴스턴으로 돌아갔다. 스티브와 후안 카를로스는 테구시갈파에 있는 대통령궁으로 불려갔다. 각료 회의에서 발견 성과를 발표하기 위해서였다. 회의 장면은 전국으로 생중계되었다. 회의가 끝난 뒤에는 대통령궁의 계단에서 기자회견이 진행되었다. 엘킨스의 원정대와 온두라스 정부는 오랫동안 전설 속의 잃어버린 도시 시우다드 블랑카가 있다는 소문이 자자했던 지역에서 고고학 유적의 증거로 보이는 것을 발견했다는 사실을 발표하는 공동 보도자료를 내놓았다. 하지만 신중하고 세심하게 고르고 골라서 넣은 보도자료 속 문장들은 대중매체의 손을 거치면서 모조리 사라져 버렸다. 언론은 요란하게 팡파르를 울리면서 실제 시우다드 블랑카가 발견되었다고 오보했다.

온두라스가 한창 축제 분위기일 때, 소수의 미국 고고학자들은 비판과 분노의 반응을 보였다. 로즈메리 조이스Rosemary Joyce 교수는 버클리 블로그Berkeley Blog에 올린 두 편의 게시글에서 그 프로젝트는 "사기성 짙은 대대적인 과장광고"라고 맹비난했다. 조이스 교수는 캘리포니아대학교 버클리캠퍼스에서 온두라스 선사시대를 연구하는 대단히 존경받는 권위자로, 다음과 같이 썼다.

온두라스 언론은 다시 한 번 '시우다드 블랑카'의 발견을 떠들썩하게 알리기 시작했다. 온두라스 동부 지역 어딘가에 있는 것으로 추정되는 그 신화적인 백색 도시 말이다.

이 발견에 사용된 라이다는 인간이 걷는 속도보다 빨리 영상을 만들어낼 수 있다. 그것도 더 상세하게 말이다. 하지만 이는 올바른 고고학이 아니다. 라이다가 내놓는 그 모든 것은 지식이 아니라 발견일 뿐이기 때문이다. 심지어 그 가격은 매우 비싼데, 비용 대비 가치가 얼마나 될지 의문이다. 이는 훌륭한 과학은 될 수 있지만 훌륭한 고고학은 될 수 없다.

나는 미국으로 돌아와 조이스 박사의 입장을 더욱 자세히 듣고 싶어 그에게 전화를 걸었다. 조이스 교수는 발견 소식을 들었을 때 몹시 화가 났다고 했다. "최소한 다섯 번째예요. 누군가가 백색 도시를 찾아냈다고 발표한 게 말이죠." 가만히 들어보니 조이스 교수는 온두라스 언론의 선정적인 보도들을 종합하여 그렇게 말하는 듯했다. 온두라스 언론은 원정대가 세심하게 신경 써서 작성한 보도자료의 내용을 우리가 백색 도시를 발견한 것처럼 썼기 때문이다. "백색 도시는 없습니다. 그건 신화예요. 모험가들이 만들어낸 현대적인 신화죠. 나는 그런 부류의 사람들을 안 좋게 보는 편입니다. 그들은 모험가이지 고고학자는 아니니까요. 그런 사람들은 구경거리를 좇습니다. 문화라는 건 비행기로 수천 피트 상공에서 볼 수 있는 게 아니에요."

나는 원정대가 모든 부분에 대해서 지상 검증을 실제로 진행할 계획을 가지고 있으며 그 결과물들을 해석하는 데 도움을 줄 고고학자를 물색 중이라는 사실을 전했다. 그래도 조이스 교수는 감정이 누그러지지 않은 듯했다. 나는 T1의 영상을 하나 보내줄 테니 그것을 보고 해석해줄 용의가 있는지 물었다. 처음에 그는 거절했다. 하지만 내가 계속 졸라내자 마지못해 제안을 받아들였다. "보기는 하겠지만 다시 전화할 일은 없을 거예요."

나는 T1의 일부를 찍은 라이다 영상 하나를 메일로 보냈다. (나는 T1의 극히 일부분만 보내줬다.) 그러자 곧바로 조이스 교수로부터 전화가 왔다. 그는 이렇게 말했다. "맞아요, 고고학 유적지네요! 게다가 작지도 않고요." 조이스 교수는 영상에서 광장, 장대한 공공장소, 구기장으로 보이는 것과 수많은 집터는 물론이고 더 큰 구조물들이 모여 있는 세 개의 주요 군집을 확인했다. 그는 그 유적지가 고전기 말기 혹은 후기인 500~1000년 사이에 형성된 것으로 추정했다(그럼에도 불구하고 조이스 교수는 다시 한 번 원정대의 행보에 우려를 보이며 통화를 마무리했다).

조이스 교수와 달리 엘킨스와 베넨슨은 발견 성과의 고고학적 타당성을 확립하겠다고 단단히 별렀다. 두 사람은 라이다 영상을 분석하고 그 영상에 나온 것들의 정체를 더욱 명확하게 밝혀낼 수 있을 만한 고고학자를 물색했다. 그들은 메소아메리카 전문가인 동시에 라이다 해석 전문가인 사람이 필요했다. 그리고 정확히 이 두 가지 조건에 부합하는 인물인 콜로라도주립대학교의 인류학 교수 크리스 피셔Chris Fisher를 찾아냈다. 피셔는 체이스 부부와 함께 카라콜 라이다 프로젝트를 진행했던 인물로 그들 논문의 공저자이자 멕시코에서 라이다를 사용한 최초의 고고학자였다.

피셔는 먼 길을 돌고 돌아 고고학으로 들어선 사람이었다. 고등학교를 졸업한 그는 재즈 드러머가 되겠다는 열망으로 대학에 가지 않았다. 생계를 위해 여러 일을 했던 그는 한 편의점의 매니저 자리를 제안받았을 때 정신이 번쩍 들었다고 한다. "속으로 말했죠. '이럴 수가. 난 대학에 가야 해. 남은 평생을 이런 일만 하며 지낼 순 없어!'라고요." 피셔는 자신이 성공적인 재즈 드러머가 되는 데 관심이 없다는 것을 깨닫고 인류학으로 전향했다. 그는 고고학 현장수업에서 옥수수 밭 한복판에 있는 고대 유적지의 발굴 작업을 도우면서 고고학에 심취하게 되었다고 했다. 이후 그는 멕시코 미초아칸주의 유적지를 다룬 논문으로 박사 학위를 땄다. 그는 그 지역을 조사하는 과정에서 콜럼버스가 아메리카 대륙을 발견하기 전에 존재했던 작은 마을 유적처럼 보이는 곳을 발견했다. '앙가무코Angamuco'라고 하는 그 유적지는 1000년경부터 스페인 사람들이 도착한 1500년대 초까지 멕시코 중심부의 아스텍족에 필적했던 사나운 푸레페차족의 정착촌이었다.

"일주일이면 그곳을 파악하리라고 생각했습니다. 그저 계속 해나갔지요. 발굴을 하고 또 했습니다." 피셔는 그때를 회상하며 말했다. 마침내 그곳은 거대한 유적지로 드러났다. 2010년 피셔는 라이다를 이용해 앙가무코의 지도를 만들었다. 그렇게 해서 나온 결과물은 어쩌면 카라콜보다 훨씬 경천동지할 만한 내용을 담고 있었다. 고작 45분 동안 앙가무코 상공을 비행해서 모은 영상들로 그때껏 알려지지 않았던 고고학적 특징들이 2만 개나 드러났다.

엘킨스는 그런 피셔와 함께 작업할 수 있는 것에 기뻐하며 그에게 라이다 지도를 보냈다. 피셔가 지도를 검토하는 데는 반년이 걸렸다. 2012년 12월, 샌프란시스코에서 열린 회의에서 그는 원정대 앞에서 본인이 찾아낸 결과물들을 발표했다. 피셔는 T1도 물론 눈길을 끌기는 하지만 T3가 훨씬 인상적이라고 이야기했다. 이 두 유적지는 마야인의 것이 아니었다. 수세기 전에 모스키티아를 장악했던, 그 자체로 고유한 어떤 고대 문화에 속한 것이었다. 피셔는 영상에 나타난 의식용 건축물, 거대한 토루, 다수의 광장이 T1과 T3 모두 고고학적 정의에 따른 고대 도시들이라는 점을 보여주는 것이라고 결론 내렸다. 그는 여기에서 말하는 '도시'가 보통 사람들이 정의하는 일반적인 방식과 반드시 일치하지는 않는다는 점을 유념해야 한다고 했다. "도시는 복잡한 사회조직입니다. 다기능적이에요. 도시에는 공간 구분이 확실한 사회적으로 계층화된 인구들이 있습니다. 배후지와 유기적으로 연결되어 있고요. 또한 집약 농업과 연관되어 있습니다. 더 나아가 기념비적인 주요 환경 개조가 수반됩니다."

피셔는 이러한 기준으로 볼 때, T3에는 대도시가 분명 존재했다고 이야기했다. 덧붙여 온두라스 서부에 있었던 마야 도시인 코판의 중심부와 맞먹을 정도의 지리적 영역이라고 했다. 그는 코판의 중심부 지도를 꺼내더니 미지의 T3 도시가 나와 있는 라이다 지도 위에 포갰다. 두 곳 모두 약 5km²를 아우르는 면적이었다. 그는 다음과 같이 말했다. "이 유적지의 규모는 굉장합니다. 이 데이터들을 전통적인 고고학 연구 방식으로 모았다면 아마도 수십 년이 걸렸을 겁니다." T1의 라이다 영상들을 좀 더 면밀하게 검토한 결과, 피셔는 강을 따라 정착촌 열아홉 개가 죽 이어져 있었다는 사실을 알아냈다.

피셔는 두 도시가 그때껏 모스키티아에서 발견된 그 어떤 유적지보다 규모가 큰 것 같다고 했다. 그는 작은 농촌마을부터 시작해 기념비적인 건축물, 수로, 도로 그리고 규모가 작은 유적지 수백 곳과 계단식 구릉의 흔적을 찾아냈다. "하나같이 모두 그 옛날 인간의 손으로 변형된 환경이었습니다." 피셔가 말했다.

물론 이 유적지들이 매우 독특한 것은 아니었다. 모스키티아의 최대 유적지인 라스 크루시타스 데 아네르Las Crucitas de Aner 등 모스키티아에서 발견된 다른 주요 유적지들과 유사했다. 다만 공개된 지도들을 근거로 볼 때, T1은 라스 크루시타스보다 적어도 네 배는 컸고 T3 역시 몇 배는 더 컸다. 하지만 피셔의 설명에 따르면 이는 별 실익이 없는 비교였다. 모스키티아의 유적지 가운데 전체를 아우르는 지도가 만들어진 경우는 없었기 때문이다. 라이다는 다른 방법으로는 알아내기 어려운 계단식 경작이나 고대 운하와 같은 세부적인 특징들을 잡아냈다. 그러다 보니 T1과 T3가 라스 크루시타스보다 커 보이는 결과가 나올 수밖에 없다. 라스 크루시타스를 라이다로 측량한다면 그 도시가 기존에 알려진 것보다 훨씬 넓은 지역에 걸쳐 있다는 것을 보여주는 영상이 나올 수도 있다. T1과 T3의 라이다 지도들이 암시하는 것은 (그동안 개략적으로 지도가 제작되기는 했으나) 대부분의 모스키티아 유적들이 그 규모가 작다고 여겨졌지만 실은 매우 클 수도 있다는 사실이었다. 라이다 지도는 T1과 T3를 건설한 어느 이름 모를 문명이 광범위하고 강력했으며 그 수준이 높았다는 것을 보여주는 증거였다. 피셔는 정말 중요한 부분이라면서 덧붙이기를, "T1과 T3는 그 누구도 건드린 흔적 없이 도굴되지 않은 상태로 완벽한 모습을 보여주는 극히 드문 사례"라고 했다.

피셔는 코판이나 카라콜 같은 고대 도시들과 달리 모스키티아의 도시들은 넓게 퍼져 있다는 사실에 주목했다. "그 지형이 뉴욕보다는 로스앤젤레스에 더 가깝습니다." 그는 이렇게 덧붙였다. "내가 생각하기에도 이런 이야기를 하면 비난과 비판이 들끓을 것이란 걸 압니다. 하지만 나는 이런 데이터들을 분석하는 방법을 스스로 알아냈습니다. 고고학자 중에는 라이다를 가지고 작업한 경험이 있는 사람이 아직 많지 않습니다."

나는 피셔에게 백색 도시를 찾아낸 것인지 물어보았다. 그는 웃으며 말했다. "나는 단 하나의 백색 도시가 있다고 생각하지 않아요. 수많은 백색 도시가 있다고 봅니다." 그는 그 신화가 온두라스 사람들에게는 강렬한 의미를 내포하는 진실이겠지만 고고학자들이 보기에는 가벼운 오락거리에 더 가깝다고 조심스럽게 이야기했다. 조이스 교수의 이야기 중에 한 가지는 옳았다. 유적은 지상 검증이 이뤄지지 않는 한 정말로 '발견된' 게 아닌 것이다. 엘킨스와 베넨슨은 즉시 T1 혹은 T3 중 한 곳을 탐사할 계획을 세우기 시작했다. 피셔는 T3를 추천했지만 엘킨스는 T1이 더욱 알맹이가 꽉 찬, 복합적이고 흥미로운 유적을 내놓으리라고 봤다(사실 엘킨스는 20년 동안 T1에 들어가기 위해 안간힘을 써왔다).

엘킨스와 베넨슨은 그 후 2년 동안 T1 원정대를 꾸리고, 탐사 및 촬영 허가를 어렵게 얻어냈다. 2014년 포르피리오 로보 소사 대통령의 임기가 끝나고 온두라스 의회 의장이었던 후안 오를란도 에르난데스가 공정한 선거를 통해 대통령으로 선출되었다. 다행히 에르난데스 대통령 또한 전임자와 마찬가지로 엘킨스의 프로젝트를 중요하게 생각했다. 오히려 로보 전 대통령보다 큰 열의를 보이면서 유적지 탐사를 새 정권의 최우선 과제로 삼았다. 허가를 받는 과정은 말도 안 될 정도로 힘들었지만 성공적으로 일을 성사시킬 수 있었다.

베넨슨은 이번에도 자기 주머니에서 돈을 댔다. 50만 달러를 추가로 쏟아 부었는데 대부분 헬리콥터를 이용하는 비용으로 들어갔다. 헬리콥터는 T1 계곡으로 안전하게 이동할 수 있는 유일한 수단이었다. 원정대는 지구상에서 가장 위험한 오지에 속하는 곳으로 떠나는 원정 계획을 철두철미하게 세우기 시작했다. 나는 운 좋게도 이 원정대에 합류할 수 있었다. 〈내셔널 지오그래픽〉 특파원 자격으로 말이다.

# 11

## 몸값을 치르다

2015년 2월 14일, T1 계곡으로 탐사를 떠날 우리 원정대는 온두라스의 수도 테구시갈파에 모였다. 테구시갈파는 온두라스 남부의 고원지대에 위치한 곳으로, 인상적인 풍경을 자아내는 화산으로 둘러싸인 밀집 도시이다. 작은 동네들과 빈민가들이 가파른 산에 들쭉날쭉 매달려 있다. 그 가운데 양철 지붕들이 햇빛을 받아 반짝이고 공기 중에는 음식을 조리하기 위해 피운 불 냄새가 감돌다가 이내 매연, 먼지와 뒤섞였다.

나와 함께 〈내셔널 지오그래픽〉에 실을 원정대 기사를 취재할 파트너는 유명 사진작가인 데이브 요더Dave Yoder였다. 완벽주의자인 그는 바티칸에서 프란치스코 교황의 사진을 찍는 임무를 마치자마자 곧장 온두라스로 날아온 참이었다. 요더는 밀림에 도착하자마자 살면서 이 정도로 정신없는 경우는 처음이라며 혀를 내둘렀다. 바티칸에서 그가 완수한 임무는 시스티나 성당에 홀로 서 있는 프란치스코 교황의 자연스러운 스냅사진을 찍는 것이었다. 그는 자신의 아이패드에 저장된 그 사진을 우리에게 보여주었다(이 사진은 2015년 8월호 〈내셔널 지오그래픽〉 표지를 장식했다). 그는 캐논 카메라 세 대, 노트북 컴퓨터 두 대, 하드드라이브 여러 개가 든 여행 가방 하나를 들고 왔다. 그는 내가 함께 일한 여느 사진작가들과는 달리 사진 속 배경을 설정하거나 모델에게 포즈를 취해 달라고 요구하거나 사진을 추가 편집하는 것을 거부하는 순수주의자였다. 아무 말 없이 서성거리며 연신 카메라 셔터를 누르는 사진작가였다(탐사 기간 동안 요더가 찍은 사진은 수만 장에 달했다).

원정대는 테구시갈파의 메리어트호텔에서 모였다. 우리는 오후 늦게 세부적인 계획을 논의하기 위해 온두라스의 관료들 및 군 장교들과 회의를 했다. 다만 그동안 브루스 하이니케는 고인故人이 되어 있었다. 원정대는 하이니케가 우리 곁에 있을 때에 비해 문제 해결 방법이 덜 다채롭기는 하나 모든 일이 계획대로 진행되도록 확실히 보장해줄 수 있는 진행팀을 고용했다.

크리스 피셔는 T1과 T3의 거대한 라이다 지도를 각각 준비했다. 그 지도들은 제일 처음 우리가 사르토리의 컴퓨터에서 봤던 회색조 영상들과는 딴판이었다. 데이터를 신중하고 세심하게 조정했고 실제에 가까운 색조를 더했다. 영상들은 전례 없이 상세하게 종이 도면에 출력된 상태였다. 전자식 형태의 지도도 있었는데 온라인 데이터 사전과 연결되게끔 설정되어 있어서 크리스는 밀림에서 찾아낸 특징적인 사항들을 곧바로 전자 지도에 표시하고 기록할 수 있었다. 스티브 엘킨스는 회의실 탁자 위에 T1과 T3의 지도를 펼쳤다. 주목표는 T1이었지만 엘킨스는 T3 역시 신속하게 지상 검증을 할 수 있었으면 했다.

첫 단계는 에이스타 헬리콥터를 타고 T1으로 진입하는 것이었다. 역시 간단한 일이 아니었다. 온두라스 공군에서도 벨 412 헬리콥터와 동행할 군인들을 파견하기로 했다. 우리는 T1에서 헬리콥터가 착륙할 수 있을 만한 장소를 찾은 다음, 초목들을 제거하여 그곳을 정리할 방법을 모색해야 했다.

온두라스 파견부대는 윌리 조 오세게라 로다스Willy Joe Oseguera Rodas 중령이 지휘를 맡았다. 그는 조용하고 절제된 목소리를 가진 사람으로 온두라스 현대사에서 유명한 인물이었다. 2009년 쿠데타 당시 축출된 셀라야 대통령에게 직접 수갑을 채웠던 군 장교가 바로 그였다. 오세게라가 토론의 문을 열었다. 그는 지형을 자세히 살펴보니 헬리콥터가 안전하게 착륙할 수 있는 장소는 계곡 바깥쪽으로 20km 떨어진 지점밖에 없어 보인다고 설명했다. 엘킨스는 썩 내켜하지 않았다. 모스키티아의 산악지대에서 20km는 체감하기에는 약 1,600km나 마찬가지였다. 그 정도의 거리를 육로로 이동하려면 제아무리 노련한 밀림부대라고 할지라도 일주일 혹은 그 이상 걸릴 터였다.

엘킨스는 거대한 지도를 가리키며 말했다. "여기가 T1 계곡입니다. 안으로 들어가는 길은 딱 하나, 두 강이 갈라지는 지점에 나무가 전혀 없는 땅이 있습니다. 그곳이라면 착륙하기가 수월할 거예요. 다만 2~3m에 달하는 덤불을 제거해야 합니다." 엘킨스는 북쪽으로 몇 마일 떨어진, 한 지역을 가리켰다. "그리고 유적지 바로 옆에 착륙 장소로 쓸 만한 데가 한 곳 더 있습니다. 그런데 나무들이 너무 촘촘하게 한데 모여 있을 가능성이 있어요."

군인들은 두 착륙지대가 어떤 상태인지 정확히 알고 싶어 했다. 엘킨스는 자신이 쓰는 노트북 컴퓨터를 꺼내더니 화면에 착륙지대의 3차원 점군 데이터를 띄웠다. 놀랍게도 그 데이터는 어떤 방향으로든 회전과 분할이 가능했다. 크리스와 후안 카를로스는 이미 그전에 엘킨스를 위해서 착륙지대 후보지 몇 군데의 디지털 단면도를 준비해둔 상태였다. 마치 칼로 그 풍경을 수직으로 자른 것처럼 나무들, 덤불의 높이, 지반면이 정확하게 나와 있었다. 더불어 엘킨스는 2014년 늦가을에 비행기 한 대를 빌려 후안 카를로스가 착륙지대 후보지들의 상공을 비행하도록 했다. 염두에 두어야 할 만한 뚜렷한 지형 변화가 있는지 알아보고 상태가 좋은 가시광선 사진 및 영상을 촬영하기 위해서였다. 이 모든 준비 작업은 제값을 톡톡히 했다. 강 합류점의 착륙지대는 벨 412가 오가기에 딱 적당해 보였고, 그보다 크기가 작은 착륙지대인 유적지 아래쪽의 강둑은 말끔하게 정리만 한다면 에이스타가 들어가기에 충분할 듯했다. 그러나 계곡의 상공 비행을 통해 육안 정찰로 그 여부를 확인하지 않는 이상 이 모든 계획은 이론상으로만 가능한 것이었다. 상공 비행은 이틀 뒤인 2월 16일로 예정되어 있었다.

오세게라 중령은 일단 우리가 정찰작업을 완료하면 온두라스 군에서 그 계곡에 군인 열여섯 명을 배치할 것이라고 설명했다. 군인들은 우리의 베이스캠프 바로 옆에서 야영을 하며 안전 유지 역할을 담당하기로 했다. 파견될 군인들은 특수부대인 테손TESON 대원들로 온두라스 동부 출신의 토착민인 페크족, 타와카족, 가리푸나

족, 미스키토족이 다수를 차지했다. 오세게라 중령이 말했다. "그 군인들은 자급자족이 가능합니다. 먼 옛날 아메리카 원주민들이 그랬던 것처럼 말이죠." 그의 말에 따르면, 그 군인들은 혹시 있을지도 모르는 마약 밀매업자, 범죄자, 그 외 숲속에 숨어 있을 존재들에 맞서 우리 원정대의 안전을 지켜줄 터였다. 그 계곡의 고립 정도를 감안한다면 그럴 가능성은 낮아 보이지만 말이다. 더 중요하게는 '숲 작전'이라고 하는 군사 훈련에 참여할 군인들이었다. 숲 작전은 우림 및 그 안에 숨겨진 고고학적 보물들을 보호하는 기술을 익히고 그 기량을 연마하는 작전이었다.

바로 이 지점에서 새로 선출된 대통령의 목표와 T1 계곡에 대한 탐사 목표가 맞물리게 되었다. 에르난데스 대통령은 삼림 파괴 및 온두라스의 고고학적 보물들의 약탈에 대한 우려 그리고 온두라스의 범죄율을 낮추며 무엇보다도 경기 부양수단으로서 관광 산업을 키워야 할 절실한 필요성을 내비쳤다. 그는 범죄와 싸우기 위해 군대를 거리로 소환했다. 군대가 민간영역에 배치되는 것을 두고 격분하는 온두라스 국민들도 있었지만 대통령의 이러한 계획은 폭력 조직과 범죄에 시달리던 지역에서 많은 지지를 받았다. 숲 작전은 거리에서 실행되고 있던 에르난데스 대통령의 정책을 우림에 적용한 것으로, 우림에서 자급자족 생활을 하게끔 훈련받은 군인들은 밀림의 고립성을 이용해 사업활동을 하는 범죄자들이 활개를 치지 못하도록 하는 반영구적인 억지력이 될 터였다.

원정대의 세부 실행 계획을 검토하던 오세게라 중령은 진지하게 한 가지 이의를 제기했다. 그는 우리가 항사독소를 고작 7회 투여분만 가지고 출발한다는 사실을 언급했다. 두 개는 산호뱀에 물렸을 때 사용하는 것이고 나머지 다섯 개는 살모사에 물렸을 때 쓰는 면역 혈청이었다. 오세게라 중령은 그 정도로는 어림없다고 보았다. 적어도 20회 투여분이 필요하다는 것이었다. 그의 이야기에 따르면 군에서 경험한 바로는 독사는 사방 천지에 널려 있다는 것이다. 나뭇잎이 워낙 빽빽한지라 피하기도 어렵다고 했다. 특히 문제가 되는 것은 나뭇가지 아래쪽에 웅크리고 있는 작은 독사들이었다. 자칫 멋모르고 나뭇가지를 건드리기라도 했다가는 무방비 상태로 뱀에게 물릴 것이었다.

엘킨스는 멈칫거렸다. 애초에 7회분을 손에 넣는 것도 거의 불가능에 가까운 일이었다. 항사독소 자체가 부족했기 때문이다. 또한 그 비용이 수천 달러에 달하는 데다 충분히 여유를 두고 여분을 준비할 시간도 없었다. 어쩔 수 없이 논의는 그쯤에서 끝났다. 흘낏 주위를 둘러보니 불안해하는 사람들이 한둘이 아니었다. 물론 나도 그중 하나였다.

그날 저녁 원정대의 핵심 구성원인 스티브 엘킨스, 데이브 요더, 크리스 피셔 그리고 나는 주 온두라스 미국 대사인 제임스 닐런 James Nealon과 그의 아내 크리스틴을 만났다. 보안이 철저한 요새와도 같은 미국 대사관은 반짝이는 도시의 불빛들이 내려다보이는 야트막한 산 위에 있었다. 닐런 대사는 잃어버린 도시 이야기에 사로잡혔고 우리가 찾을지도 모르는 그곳에 관한 이야기에 폭 빠져들었다. 그는 우리에게 온두라스에 관한 여러 이야기를 상세하게 해주었다(다만 '오프 더 레코드'라고 콕 집어 분명하게 말했다). 많은 이야기를 주고받으며 우리는 2주 뒤에 밀림에서 나왔을 때 우리가 발견한 사실들을 다시 보고하기로 약속하며 다음을 기약했다.

이튿날 아침, 수송대가 탄 승합차는 테구시갈파를 떠나 카타카마스로 향했다. 차로 약 다섯 시간이 걸리는 여정이었다. 원정대가 들여온 에이스타는 상공에서 수송대를 따라갔다. 수송대의 앞뒤로는 온두라스 군인들이 탄 군용차가 엄호했다. 노상강도나 납치를 방지하기 위한 일상적인 수준의 경계였다. 특히나 우리는 마약 밀수꾼들이 군침을 흘리는 항공 연료를 실은 급유차 한 대를 어렵사리 끌고 가는 상황이었기 때문에 꼭 필요한 조치였다. 수송대는 무전기로 우리는 물론이고 군인들과도 끊임없이 연락을 주고받았다.

흙먼지를 날리며 산길을 한참 내달렸다. 가난한 마을들을 잇달아 지나쳐 갔다. 다 허물어져가는 집들, 산처럼 쌓인 쓰레기 더미, 개방 하수관들 그리고 귀가 축 늘어진 개들의 슬픈 얼굴이 마음을 무겁게 했다. 그러다가 어느 순간 눈에 띄게 예쁜 마을을 지나게 되었다. 생기발랄한 색들로 칠해진 깨끗한 집들의 흙벽돌에는 자주색 부겐빌레아가 늘어져 있었고, 창가에는 다양한 꽃 화분들이 놓여 있었다. 또한 거리는 깨끗하게 청소되어 있었다. 그런데 우리가 그 마을로 진입하자마자 군인들이 무전기를 통해 경고하기를, 어떤 경우에도 절대 차를 세우지 말라는 것이었다. 알고 보니 그곳은 마약 카르텔이 장악한 마을이었다. 우리는 멈추지 않고 내처 달렸다.

우리는 원정대의 작전 기지인 카타카마스에 무사히 도착했다. 그 도시는 매우 매력적인 곳이었다. 집들은 빨간 기와지붕을 이고 흰색으로 칠이 되어 있었다. 인구 4만 5,000명이 거주하는 그 도시는 비옥하고 드넓은 평야를 내려다보는 산의 품속을 파고 든 형세였다. 건강해보이는 소와 잘생긴 말들이 점점이 박힌 평원으로 과야페 강이 흘렀다.

목장 운영은 카타카마스의 유서 깊은 전통이다. 하지만 최근 몇년 사이에 마약 밀매 사업으로 인해 빛을 잃고 말았다. 도시는 '카타카마스 카르텔'이라고 알려진 마약 왕들이 관리하고 있는 상태였다. 그들은 인근 도시인 후티칼파에 있는 또 다른 카르텔과 경쟁 관계였다. 그러다 보니 우리가 차를 타고 지났던 두 도시 사이의 도로는 강도, 살인, 차량 탈취가 창궐하는 전투지대가 되었다. 범죄자들은 대개 온두라스 경찰로 위장해 위법 행위를 저질렀다. 2011년에는 온두라스에서 최악의 마약 학살극이 벌어지기도 했다. 어느 총잡이가 민간인이 탄 소형버스를 향해 총을 난사했고 이로 인해 여성과 아동 여럿이 숨졌다. 2015년 우리가 그곳을 지날 즈음에는 마약 밀매가 다소 수그러든 상태였지만 여전히 위험한 도시였다. 그곳에 머무는 동안 나는 현지 사업가로부터 카타카마스에서는 25달러만 주면 청부살인이 가능하다는 이야기를 듣기도 했다. 다만 우리는 온두라스 군인들로 구성된 정예 경비대가 있으니 위험하지 않을 것이라고 믿었다.

파파 베토는 카타카마스에서 제일 좋은 호텔이었다. 구도심에 위치한 그 요새에는 고급스러운 수영장, 그늘이 드리워진 아치형 정문이 있는 뜰이 있었다. 건물은 6m 높이의 콘크리트 담벽으로 에워싸여 있었는데, 담장 위에는 깨진 유리와 가시철조망이 있었다. 우리가 체크인을 하고 방 열쇠를 받는 동안 M16 소총 및 이스라엘 갈릴 자동화기로 무장한 호위 군인들이 로비에서 보초를 섰다. 원정대는 호텔 전체를 썼다. 우리는 당장이라도 짐을 꾸려서 밀림으로 출발할 수 있도록 수영장 근처에 장비들을 차곡차곡 정리한 상태로 늘어놓았다.

우리는 호텔에서 이틀 밤을 보낸 뒤에 그 미지의 땅으로 뛰어든 다음, 계곡으로 날아가 베이스캠프를 구축할 예정이었다. 엘킨스의 원정대는 항사독소가 부족한 것을 빼고는 사소한 것 하나까지 세세하게 계획했다. 놀라울 정도로 빈틈없는 작업이었다. 다만 뱀, 곤충, 질병, 날씨 등 T1 계곡에서 예고 없이 맞딱뜨리게 될 상황에 대해서는 막연하게 생각만 하고 있을 뿐이었다. T1 계곡을 실제로 바로 가까이에서 본 사람은 원정대에서 단 두 명, 후안 카를로스와 나뿐이었다. 톰 와인버그는 1998년에 아주 짧게 T1 상공을 비행한 적이 있었다. 허리케인 미치가 온두라스를 휩쓸고 간 뒤에 미군과 함께 대민 지원 임무 차, 발이 묶인 마을 주민들에게 보급품을 전달하러 가는 길이었다. 톰은 이동 중에 재빨리 살펴볼 수 있도록 조종사를 설득하여 비행 계획을 변경했다. 하지만 막상 가본 그곳에는 빽빽한 나무 덮개 외에는 아무것도 없었다.

어쩌면 수백 년 동안 그곳에 발붙인 이는 한 명도 없었을 것이다. 물어볼 사람도, 찾아볼 안내책자도, 라이다 영상을 능가하는 지도도, 폐허가 된 그 도시에서 우리가 찾게 될 것을 시각화할 방법도 전혀 없었다. 우리가 최초일 것이라고 생각하면 불안한 동시에 매우 설렜다.

엘킨스와 베넌슨은 캠프를 만들고 밀림을 탐색하는 계획을 위해 전직 SAS 장교 세 사람을 고용했다. 대표는 앤드루 우드(일명 우디)였다. 그는 SAS에서 복무하면서 다양한 역할을 맡았다. 그는 밀림전 선임교관, 폭발물 및 폭파 전문가, 전문외상 의무병이었다. 아랍어, 세르보크로아티아어, 독일어가 가능했고 숙련된 추적자이자 저격수였으며 자유낙하를 하는 낙하산병이었다. 군을 떠난 뒤에는 TAFFS라는 회사를 설립했다. 영화·방송 제작진을 세상에서 가장 위험한 환경 속으로 데리고 들어가는 일을 전문으로 하는 회사였다. 제작진이 목숨을 잃지 않고 계획대로 촬영을 진행할 수 있게 한 다음, 무사히 빠져나올 수 있도록 지원해주는 것이었다(TAFFS는 베어 그릴스의 극한 생존 프로그램들의 실행 계획을 담당했고, 그 외 수많은 프로그램의 크레디트에 이름을 올렸다).

우디는 TAFFS에서 같이 일하는 파트너 두 사람, 이언 맥도널드 매시선Iain MacDonald Matheson(일명 스퍼드)과 스티븐 제임스 설리번Steven James Sullivan(일명 설리)을 데리고 왔다. 그 두 사람 역시 SAS 출신으로 매우 건장했다. 성격이 매우 다른 세 사람은 저마다 맡고 있는 역할이 있었다. 우디는 책임자였고 스퍼드는 친절하고 느긋한 행동가였으며 설리는 모두가 무서워서 오줌을 지리게 만드는 일을 맡는 훈련교관이었다.

우디는 매우 진지한 표정으로 (이 책의 첫 장을 장식했던) 뱀과 질병에 관한, 머리카락이 쭈뼛 서게 하는 강의를 진행하기 시작했다. 다음 차례는 설리였다. SAS에서 33년을 보낸 그는 가느다란 두 눈에 의심과 못마땅함을 가득 담아 우리를 한 명 한 명 뚫어져라 쳐다봤다. 그러다가 꾸벅꾸벅 졸고 있는 한 사람을 발견하고는 뚫어져라 쏘아봤다. 설리는 그런 태도가 안일하고 태만하다는 증거라고 판단했다. "지금 당장 정신을 똑바로 차려야 합니다." 설리는 단호하게 말했다. 그 가여운 남성은 헤드라이트 불빛에 깜짝 놀라 어쩔 줄 모르는 한 마리 사슴처럼 보였다. "어쩌면 지금 이 자리가 단순히 건강 얘기나 하는 시간이라고 생각할 수도 있습니다. 이미 다 알고 있다고 생각할지도 모르죠. 그랬다가는 거기 가서 곤경에 빠지고 맙니다. 어떻게 되는 줄 알아요? 다치거나 죽을 겁니다. 바로 그거예요. 그러면 그때 가서 그 엄청난 책임은 과연 누가 지게 될까요? 안타깝게도 우리가 지게 됩니다. 그러니 우리가 책임지는 위치에 있는 한 그런 일은 일어나지 않을 겁니다." 설리는 눈을 가늘게 뜬 채로 원정 대원 한 사람 한 사람을 쳐다보며 다시금 말했다. "우리가 지켜보는 한 절대로요."

회의실 전체가 무거운 침묵 속으로 빠져들었다. 다들 최대한 주의를 집중해 관심을 기울이는 것처럼 보이려고 분투했다. 불편한 순간이 한참 이어지고 나서야 설리는 다음 날 계획으로 넘어갔다. 원정대가 들여온 에이스타와 온두라스 군에서 내어준 벨 412는 착륙지대 후보지를 정찰하기 위해서 그 계곡의 상공을 비행할 예정이었다. 착륙지점이 정해지면 에이스타가 우디, 스퍼드, 설리를 그곳에 내려줄 테고, 그러면 이 세 사람이 마체테와 체인톱을 가지고 착륙지대를 정리하기로 했다. 설리의 말에 따르면, 만약 덤불이 빽빽하고 키가 너무 크다면 제일 먼저 들어가는 몇몇 대원들은 공중에 떠 있는 헬기에서 자일(등산용 밧줄)을 타고 내려와야 할 수도 있다고 했다. 스티브는 그 숲에 착륙할 선발대로 나를 포함한 다섯 사람을 뽑았다. 설리는 이제 우리 다섯 명에게 안전하게 하강하는 법을 훈련시켜야 했다.

우리는 설리의 뒤를 따라 호텔의 옥외 베란다로 나갔다. 그는 장비가 든 더플백을 미리 그곳에 준비해둔 상태였다. 설리는 암벽등반용 안전띠를 착용하는 법, 헬기가 공중에 떠있는 상태에서 갑판 역할을 하는 폰툰 끄트머리로 조금씩 이동한 뒤에 디센더(감속장치)를 이용해 밧줄을 타고 하강한 다음, 클립을 풀고 신호를 보낸 뒤에 착륙지대 밖으로 나가는 과정을 시범 삼아 보여주었다. 나는 그전에 절벽이나 꽝꽝 언 폭포에서 현수하강을 해 본 경험이 있었다. 하지만 그때는 어디까지나 내려갈 때 발을 디딜 수 있는 수직 면이라는 안전장치가 있는 상태였다. 아무것도 없는 허공에 떠 있는 헬기에서 밧줄을 타고 내려가는 일은 꽤 위험해 보였다. 혹시라도 지면에 닿자마자 제대로 줄을 풀지 못한다면 헬기가 사람을 매단 채로 출발하는 일이 벌어질 수도 있었다. 우리는 각자 설리의 까다로운 기준을 통과할 때까지 하강하는 법을 수차례 연습했다.

제일 먼저 들어가게 되는 에이스타의 탑승 가능 인원은 세 명, 장비를 지참한다면 두 명까지만 탈 수 있었다. 다들 첫 비행의 주인공이 되고 싶어 했다. 행운의 5인 가운데 정확히 누가 그 자리를 선점할 것인지가 마지막 남은 결정 사안이었다. 원정 대원들 사이에서 불꽃 튀는 논쟁이 벌어졌으나 엘킨스는 이미 결정을 내린 상태였다. 크리스는 착륙지대가 헬리콥터 착륙으로 훼손될 가능성이 있는 유적지가 아니라는 사실을 확인해야 하기 때문에 자신이 첫 비행의 주인공이 되어야 한다고 주장했고 그의 논리는 받아들여졌다. 다만 데이브 요더 역시 제일 처음 그 땅에 발이 닿는 순간을 사진으로 기록하려면 자신이 첫 번째가 되어야 한다고 주장했다. 그는 자신이 사진작가로서 지키고 있는 기본 원칙들 가운데 하나는 재연 촬영을 절대로 하지 않는다는 것이었다. 엘킨스는 마지막 남은 세 번째 자리를 영화 제작진 가운데 촬영감독인 루션 리드Lucian Read에게 주었다. 그 순간을 영상으로 기록하기 위해서였다.

나는 후안 카를로스와 함께 필수 장비를 바리바리 싣고서 두 번째로 출발하기로 했다. 예정대로 잘 착륙한다면 우디팀과 우리 다섯 명은 그날 밤 '그곳'에 아주 기본적인 야영지를 만들 예정이었다. 엘킨스를 비롯한 나머지 원정 대원들은 그다음 날 오기로 했다. 엘킨스는 평생의 꿈이 실현될 순간을 앞두고 마음이 벅차올랐을 텐데 우리에게 첫 비행의 자리를 양보했다. 영화 제작자, 사진작가 그리고 과학자들이 그 계곡에 제일 먼저 들어가는 것이 중요하다고 여겼기 때문이다. 벨 412는 에이스타보다 몸집이 큰 탓에 더 멀리 있는 강 하류에서 착륙지대를 찾아야 했다. 군인들은 그곳에서 강 상류로 걸어올라온 다음, 우리 캠프 뒤편에 야영지를 만들기로 했다.

고로 첫날은 온종일 우리끼리 알아서 해야 한다는 얘기였다.

# 12

## 꽃은 꺾지 마세요

2월 16일 새벽, 선발대는 승합차에 끼어 타고서 아과카테 공항으로 향했다. 콘트라 전쟁이 한창일 때 CIA가 건설한 허름한 이착륙장이었던 공항은 카타카마스에서 동쪽으로 약 16km 정도 떨어진 산기슭 근처에 있었다. 도착하니 헬리콥터 두 대가 대기 중이었다. 알부케르케에서 날아온 에이스타는 쨍한 레드와 흰색으로 칠해져 있었고 온두라스 군에서 보낸 벨 412는 회색이었다. 첫 비행은 오로지 육안 정찰이 목적이었다. 착륙지대 후보지 두 곳을 정찰하는 것이다. 한 군데는 유적지 아래쪽, 다른 한 군데는 두 강의 합류점이었다. T1에는 착륙하지 않을 예정이었다. 엘킨스는 에이스타에 탑승했고, 나는 데이브 요더와 함께 벨 412에 올라탔다. 우리는 오전 9시 45분에 이륙했다. 항시 서로 가시거리 안에 있기로 합의한 상태에서 두 헬기는 북동쪽으로 향했다.

그런데 내가 탄 헬리콥터가 이륙하느라 애를 먹더니 곧바로 기우뚱한 상태로 이상하게 날기 시작했다. 계기판에는 각종 빨간불이 들어오고 경고음이 울려댔다. 우리는 방향을 돌려 도로 아과카테 공항으로 향했다. 헬리콥터는 비뚤어진 상태로 미끄러지면서 착륙했다. 알고 보니 컴퓨터 제어기가 고장난 것이었다. 나는 일전에 허술하게 만든 비행기를 타본 경험이 있었지만 고장난 헬리콥터는 또 다른 차원의 불안감을 유발했다. 만에 하나 엔진이 망가진다면 활공이 아예 불가능하기 때문이다. 그런 때에 조종사는 무동력 하강을 시도해야 한다. 말은 그럴싸하지만 쉽게 말해, 돌멩이처럼 하늘에서 뚝 떨어지는 것이다. 헬리콥터는 비행하는 데 꽤 많은 돈이 드는 데다 유지보수에도 많은 공을 들여야 하는 탓에 온두라스 군은 헬기 조종사들에게 미국 공군 조종사들과 같은 수준의 비행시간을 내줄 형편이 안 되었다. 더욱 걱정스러운 점은 온두라스 군이 보유한 헬리콥터 자체가 여러 국가에서 돌고 돌다가 들어온 노후한 헬기라는 사실이었다.

활주로에서 기다리고 있는데 마침내 에이스타가 귀환했다. 함께 움직이기로 했으나 어찌 됐건 간에 에이스타는 앞서 먼저 다녀와야 했다. 엘킨스가 헬리콥터에서 나왔다. "빙고!" 그는 활짝 웃으며 엄지를 치켜세우며 말했다. "얘기했던 바로 그 장소에 착륙할 수 있겠어요! 그런데 유적지는 전혀 안 보이더라고요. 너무 울창해요."

온두라스 공군이 교체용 헬리콥터를 가져왔다. 새로 온 벨과 에이스타는 그날 늦게 T1 계곡으로 한 번 더 정찰을 나갔다. 에이스타 조종사는 착륙지대 후보지 상공을 선회하면서 더욱 철저하게 정찰을 하겠다고 했다. 군용 헬기 벨은 그보다 면적이 넓은 강 하류 쪽 착륙지대를 조사하기로 했다. 에이스타보다 몸집이 큰 벨을 수용할 수 있는지 알아보기 위해서였다. 착륙지대 두 곳 사이의 거리가 그리 멀지 않았기에 두 헬기는 정찰하는 내내 서로 가시거리를 유지하며 비행하기로 했다.

나는 다시 한 번 군 헬기에 탑승했다. 30분 동안 우리는 가파른 지형의 상공을 날았다. 그런데 산허리의 광대한 지역이 말끔하게 잘려져 있었다. 심지어 경사면이 40~50도인 산비탈도 그러했다. 그곳은 내가 처음 가본 지역이었다. 2012년에는 북서쪽에서 진입했고 이번에는 남서쪽에서 들어갔기 때문이다. 나는 그 빈터가 벌채로 인해 생긴 것이 아니라는 사실을 알 수 있었다. 그도 그럴 것이 베어낸 다음 건조과정의 일환으로 땅바닥에 눕혀 둔 나무들이 거의 보이지 않았기 때문이다. 사방에서 솟아오르는 연기 기둥도 그 증거였다. 그 개간지의 궁극적인 용도는 소 방목지였다. 가파른 산비탈에도 그런 개간지들이 점점이 박혀 있었다. 마침내 우리는 그 개간지들을 뒤로하고 밀림에 가려진 산봉우리들로 이뤄진 '태초의 녹색 카펫' 위를 날았다.

그 계곡으로 향할 때 나는 다시 한 번 21세기에서 온전히 벗어나고 있다는 강렬한 느낌을 받았다. T1의 남쪽 경계를 이루는 깎아지른 듯한 산등성이가 전방에 어렴풋이 나타났다. 조종사는 안쪽에 있는 V자형 협곡으로 향했다. 그 틈 사이를 아슬아슬하게 지나가자 에메랄드빛과 금빛을 발하는 완만하게 경사진 풍경이 펼쳐졌다. 구름의 그림자가 어룽거리고 구불구불 선회하는 두 강이 계곡을 관통하여 흘러갔다. 맑고 밝았다. 헬기가 선회하면서 생긴 잔물결이 햇빛에 비쳐 반짝였다. 3년 전에 라이다 비행을 하면서 그 풍경을 봤던 기억이 떠올랐다. 지금이 훨씬 눈부시게 보였다. 덩굴식물들과 꽃들이 드리워진 우뚝 솟은 우림의 나무들이 산을 융단처럼 뒤덮고 있다가 강둑을 따라 자리한 양지바른 숲속 빈터에 자리를 내주었다. 발밑으로 왜가리 떼가 지나갔다. 녹색과 대비를 이루는 흰 점들이 서서히 부유했다. 우듬지는 눈에는 보이지 않는 원숭이들의 움직임으로 요동쳤다. 2012년과 마찬가지로 그곳에는 인간의 흔적이 전혀 없었다. 길, 자취 그리고 그 어떤 한 줄기 연기조차 보이지 않았다.

두 대의 헬리콥터 중 덩치가 더 큰 벨을 타고서 우리는 구불구불한 물길을 따라갔다. 에이스타는 아래쪽 전방에 있었다. 우리가 유적지 근처에 있는 강 상류의 착륙지대로 다가가자 에이스타는 무성한 초목으로 뒤덮인 강둑을 따라 이어지는 지역의 상공에 머물렀다. 우리는 20분 간 그 착륙지대를 돌고 나서 강 하류에 있는 두 번째 착륙지대를 돌아보았다. 강 하류의 착륙지대는 상류 쪽보다 더 크고 전면이 개방되어 있었다. 우리는 벨과 에이스타가 각각 이용할 착륙지대를 모두 확인한 후에야 다시 아과카테 공항으로 향했다.

이튿날인 2월 17일 오전, 우리는 베이스캠프를 만들기로 한 계곡으로 가기 위해 이른 새벽 아과카테 공항으로 향했다. 터미널 내부는 원정대가 가져온 장비들로 발 디딜 틈이 없었다. 휴대용 발전기, 물통, 휴지, 마운틴하우스 동결건조식품을 꽉꽉 채운 플라스틱통, 방수포, 콜맨 랜턴, 접이식 탁자, 텐트, 의자, 간이침대, 낙하산 줄, 그 밖의 생필품 등이었다.

에이스타는 우디, 스퍼드, 설리를 태우고 이륙했다. 세 사람은 유적지 근처에 있는 착륙지대를 정리하기 위해 마체테와 체인톱을 챙겨 헬기에 올랐다. 헬기는 강줄기 옆에 그들을 안전하게 내려주고 두 시간 뒤에 돌아왔다. 다행히도 그곳은 작은 나무 몇 그루만 잘라내면 되었다. 모든 것이 계획대로 착착 진행되었다. 세 사람이 그곳을 정리하는 데 걸릴 예상시간은 네 시간 정도였다. 어찌 됐건 간에 결과적으로 우리는 허공에 떠 있는 헬기에서 밧줄을 타고 내려갈 필요가 없게 되었다. 헬기가 지면에 제대로 착륙할 수 있었기 때문이다.

다음 차례는 크리스 피셔, 데이브 요더, 루션 리드였다. 두 시간 뒤에 귀환한 헬기는 연료를 다시 채웠다. 후안 카를로스와 나는 헬기를 타기 위해 뜨거운 활주로로 걸어 나갔다. 우리 두 사람은 각자 배낭을 메고 있었다. 최소 48시간 동안은 야영지가 제대로 구축되지 않을 테니, 배낭에 이틀 치 식량과 물을 비롯해 모든 필수 장비를 챙겨 넣었다. 처음 며칠은 자급자족해야 했다. 유적지 부근에 있는 착륙지대 자체가 워낙 작은 데다 에이스타 역시 최소한도의 장비만을 수송할 수 있기 때문이다. 대부분의 장비는 벨이 싣고 가서 하류의 착륙지대에 부려 놓으면 에이스타가 수차례 오가면서 실어 나르기로 했다.

후안 카를로스와 나는 가져온 배낭 두 개를 헬리콥터 바깥 좌측에 붙어 있는 바구니 안에 집어넣었다. 헬리콥터 안쪽에는 공간이 없었기 때문이다. 스티브는 자신의 아이폰을 꺼내 내가 아내 크리스틴에게 보내는 10초짜리 영상편지를 찍었다. 앞으로 9~10일 동안 연락이 닿지 않을 터였다. 다시 연락하기까지 무슨 일이 벌어질지 생각하니 기분이 이상했다. 스티브는 카타카마스로 돌아가면 크리스틴에게 그 영상을 메일로 보내주겠다고 약속했다.

이륙하기 직전에 나는 부조종사인 롤란도 수니가 보데Rolando Zuniga Bode와 담소를 나누었다. 그는 온두라스 공군 대위였다. "저희 할머니께선 늘 시우다드 블랑카 얘기를 하셨어요." 그가 말했다. "이야기가 끝도 없었지요." 어떤 이야기였는지 물었다. 롤란도는 별 것 아니라는 듯이 휘휘 손사래를 쳤다. "아시잖아요. 흔하디흔한 오랜 미신들이었죠 뭐. 정복자들이 그 백색 도시를 찾아내 그곳으로 가게 되는데 그만 실수를 저지르고 말죠. 꽃을 꺾는다든지 하는 실수 말이에요. 그러고는 모조리 죽는다는⋯." 그는 웃으면서 손가락을 흔들며 이렇게 말했다. "꽃은 꺾지 마세요!"

후안 카를로스와 나는 헬멧을 쓰고 버클을 채웠다. 후안 카를로스는 들떠 있었다. "그 건축물들이 담긴 영상들⋯ 그것들의 규모를 처음 봤을 때, 만 가지 질문이 떠올랐어요. 이제 곧 그 답을 찾아내겠죠."

헬리콥터가 이륙한 뒤에는 다들 침묵했다. 발밑에 펼쳐진 험준한 녹색 장관을 사진에 담았다. "라스 크루시타스예요." 후안 카를로스가 말했다. "내가 조종사에게 이 길로 가 달라고 부탁했어요." 나는 그 외딴 고고학 유적지를 내려다보았다. 그곳은 T1과 T3의 존재가 확인되기 전까지는 모스키티아에서 발견된 유적지 가운데 최대 규모였다. 풀이 우거지고 탁 트인 지역이었다. 아네르 강 양편으로 가파른 둔덕과 토루, 광장이 잇달아 자리하고 있었다. 그곳이 바로 시어도어 A. 모드가 말한 원숭이 신의 잃어버린 도시라고 추측한 이들이 많았다. 물론 이제는 그가 그런 것을 발견한 일 자체가 없다는 사실을 잘 알고 있다. 그는 모스키티아의 그 지역에 발을 들여놓은 적조차 없었다.

"T1과 많이 닮았죠. 그런 생각 안 들어요?" 후안 카를로스가 물었다. 그랬다. 상공에서 내려다본 그곳은 T1의 라이다 영상과 상당히 비슷해 보였다. 버스처럼 생긴 둔덕이며 광장과 평행으로 늘어선 제방들이 똑 닮아 있었다. 라스 크루시타스를 넘어가자 그야말로 엄청난 산맥이 불쑥 나타났다. 어떤 산은 높이가 거의 1,600m에 달했다. 곡예를 하듯이 그 산들을 통과하여 지나가자 개벌지들이 사라지고 끝도 없이 이어진 숲 덮개가 나타났다. 어느 순간 조종간을 잡고 있던 롤란도가 냅다 방향을 틀었다.

"죄송합니다! 콘도르를 급하게 피하느라고요." 그가 말했다.

마침내 T1으로 들어가는 협곡이 전방에 모습을 드러냈다. 우리는 삽시간에 그 협곡을 통과하여 계곡 안으로 들어갔다. 강줄기를 따라갈 때였다. 금강앵무 두 마리가 발밑에서 미끄러지듯 날아갔다. 나는 창문에 바짝 붙어서 챙겨 갔던 니콘 카메라로 사진을 찍었다. 몇 분 뒤에 착륙지대가 시야에 들어왔다. 잘려나간 초목들이 어지럽게 흩어져 있는 녹색 조각땅이었다. 헬기는 속도를 줄여 서서히 하강했다. 우디는 착륙지대 가장자리에 무릎을 꿇고 앉아서 조종사에게 신호를 보냈다. 하강하는 과정에서 발생한 프로펠러 후류 때문에 주변에 있는 나무와 덤불이 요동쳤고 강의 수면 역시 하얗게 물보라를 일으키며 마구 휘몰아쳤다.

그러고는 지상에 닿았다. 우리는 머리를 숙인 채로 장비를 단단히 움켜쥐고 가급적 신속하게 착륙지대에서 벗어나라는 지시를 받은 상태였다. 우리는 짐을 꽉 틀어쥔 채 헬기 밖으로 뛰어나갔다. 그사이에 우디와 설리가 헬기로 달려와 장비와 보급품들을 내린 뒤 그것들을 착륙지대 가장자리로 던져서 쌓았다. 3분 뒤 헬기는 다시 상공으로 올라갔다.

나는 헬기가 나무들 위로 올라 회전한 다음 점점 사라지는 모습을 지켜봤다. 곧 침묵이 내려앉았다. 그런데 이내 크게 포효하는 기이한 울음소리가 숲속에서 들려왔다. 마치 거대한 기계나 발전기가 움직이기 시작하다가 전속력으로 돌아가는 소리 같았다.

"짖는원숭이들이에요." 우디가 말했다. "헬리콥터가 들락거릴 때마다 매번 울부짖기 시작해요. 헬기소리에 답을 하는 것 같아요." 착륙지대는 가짜 극락조라고도 알려진 헬리코니아가 빽빽하게 자란 곳을 마체테로 정리해놓은 곳이었다. 헬리코니아의 두껍고 부드러운 그루터기에서 하얀 수액이 새어 나왔다. 착륙지대의 대부분을 융단처럼 뒤덮고 있는 붉고 노란 꽃들과 짙은 녹색 잎들이 사방에 흩어져 있었다. 부조종사 롤란도의 말이 떠올랐다. 우리는 꽃을 꺾은 정도가 아니었다. 대학살 수준이었다. 마음 한편으로 나는 착륙할 때 롤란도가 이 광경을 못 봤기를 바랐다.

우디는 우리를 돌아보며 말했다. "장비들을 챙기세요. 마체테 준비하고요. 우리가 머물 야영지를 직접 고르고 만드는 겁니다." 그는 도저히 뚫고 들어갈 수 없을 듯한 밀림을 향해 고개를 끄덕였다. 동굴처럼 생긴 작고 어두운 구멍 하나가 뚫려 있었다. 밀림으로 들어가는 길이었다. 나와 후안 카를로스는 서둘러 짐을 챙겼다. 우리는 그의 뒤를 따라 녹색 동굴 속으로 들어갔다. 통나무 세 개가 진흙탕을 가로질러 누워 있었고 그 너머로 1.5m 정도 되는 둑 위에 갓 만든 길이 나 있었다. 우리는 어둑어둑한 깊은 숲속으로 나아갔다. 나무들은 눈에 보이지 않는 지붕을 떠받치고 있는 거대한 대성당의 기둥처럼 솟아 있었다. 지름이 3~4.5m에 달하는 나무 몸통은 엄청나게 큰 지지대와 까치발에 기대어 버티고 있었다. 나무 살인자라고도 하는 덩굴식물인 스트랭글러 피그에 둘러싸인 경우가 많았다. 내 눈이 어둠에 적응하는 동안 짖는원숭이들은 계속해서 포효했다. 숲속의 공기는 흙과 꽃, 나무의 짙은 향을 실어 날랐다.

고고학자인 크리스 피셔가 흰색 카우보이 모자를 쓰고서 나타났다. 어둠 속에서 그의 흰 모자는 횃불처럼 빛났다. "어이, 여러분, 환영합니다!"

나는 주변을 둘러보며 말했다. "자, 이제 무얼 하면 되죠?" 우디와 다른 SAS 출신 두 사람은 보급품을 정리하느라 바빴다. "해먹을 설치할 장소를 찾아야 해요. 적절히 서로 거리가 떨어져 있는 나무 두 그루를요. 보여줄게요." 나는 크리스를 따라 그의 야영지로 갔다. 그는 비덮개 겸 모기장 역할을 하는 녹색 해먹을 설치해 두었다. 대나무를 토막 내서 만든 작은 탁자도 있었다. 비가 올 경우를 대비해 그 아래에 앉을 수 있도록 나무에 방수포를 줄로 매달아 놓았다. 효율적으로 잘 조직된 매우 훌륭한 야영지였다.

나는 숲속으로 약 45m 정도 걸어 들어갔다. 그 정도 거리면 원정 대원들이 모두 도착한 뒤에도 프라이버시를 지킬 수 있으리라고 생각했다. 나는 딱 적절한 간격으로 떨어진 아담한 나무 두 그루가 있는 쾌적한 장소를 찾아냈다. 크리스는 마체테를 빌려주며 해먹을 다는 방법을 알려주었다. 작업하는 동안 우듬지에서 소란스러운 소리가 들려왔다. 거미원숭이 떼가 모여든 것이었다. 그들은 몹시 언짢아 보였다. 아래쪽 나뭇가지로 내려오면서 끽끽 우우 소리를 내질렀다. 화가 난 그들은 꼬리로 매달린 상태에서 우리를 향해 나뭇가지를 흔들어댔다. 족히 30분은 그런 식으로 항의 표시를 했다. 그러다가 커다란 나뭇가지 위에 자리를 잡고 앉더니 자기네끼리 재잘대면서 나를 빤히 내려다보았다. 조물주의 장난으로 태어난 돌연변이를 보는 것처럼 말이다.

한 시간 뒤, 우디가 야영지를 점검하기 위해 잠깐 들렀다. 그는 우리가 만든 해먹에서 엉성해 보이는 부분을 찾아내 손을 봐줬다. 그러고는 잠시 멈춰 서서 나무 위에 앉아 있는 짖는원숭이들을 쳐다봤다. "이건 쟤들 나무예요." 우디는 코를 몇 번 쿵쿵거리더니 이렇게 말했다. "냄새 나죠? 원숭이 오줌이에요." 하지만 이미 시간이 늦었고 나는 일부러 수고스럽게 야영지를 옮길 생각이 없었다. 다만 사람들이 모여 있는 곳에서 조금 떨어져 있다는 게 살짝 걱정이기는 했다. 날이 저문 뒤에 길을 잃는 일이 없도록 해둬야겠다는 생각이 들었다. 나는 마체테를 가지고 제대로 길을 내면서 착륙지대로 걸어갔다. 여러 번 길을 잃는 바람에 잘라낸 초목들을 따라서 되짚어가야 했다.

크리스와 함께 강둑으로 내려가 강 건너편에 있는 나무 벽을 바라봤다. 꽃들이 점점이 박힌 겹겹의 그 나무 벽은 날카로운 새소리가 들려오는 녹색과 갈색의 바리케이드였다. 그 너머로 불과 183m 가량 떨어진 곳이 바로 잃어버린 도시, 우리가 라이다 영상에서 본 흙으로 된 피라미드 같은 것이 시작되는 지점이었다. 그곳은 우림에 가려져 완벽하게 차단되어 있었다. 오후 다섯 시 무렵이었다. 부드러운 노란 빛깔의 태양이 숲속으로 쏟아지자 금빛 조각들이 산산이 부서지면서 숲 바닥에 금화를 흩뿌렸다. 뭉게뭉게 피어오른 구름 몇 점이 천천히 흘러갔다. 강은 깊이가 약 90cm, 폭은 4.5m 정도 되었다. 수정처럼 맑고 투명한 강물이 자갈이 깔린 강바닥 위로 졸졸 흘러갔다. 사방을 둘러싼 우림에서는 새, 개구리, 그 밖의 동물 울음소리가 들려왔다. 그 소리들은 간간이 끼어드는 마코앵무 두 마리의 기분 좋은 속삭임과 한데 어우러졌다. 한 마리는 근처에 있는 나무에서, 다른 한 마리는 눈에 보이지 않는 멀리 떨어진 곳에서 서로 부름과 응답을 주고받았다. 기온은 섭씨 21도로 습하지 않은 맑고 깨끗한 공기에서 달콤한 꽃향기와 풀내음이 났다.

"알아차렸어요?" 크리스가 양손을 들어 올리고는 미소를 지으며 물었다. "벌레가 한 마리도 없어요." 진짜였다. 누차 들었던 무시무시한 흡혈 곤충들은 어디에도 보이지 않았다. 주위를 둘러보면서 내 예상이 맞았다고 혼자 조용히 생각했다. 이곳에 오기 전, 주변에서 들었던 것만큼 무서운 곳이 아니었다. 오히려 에덴동산 같았다. 우디의 강연을 듣고 나서 무의식적으로 마음의 짐처럼 품게 되었던 위기감과 불안감이 가라앉았다. 물론 SAS팀은 최악의 상황에 대비하도록 애쓰는 것은 당연했다. 다만 과장한 측면이 있었다.

땅거미가 내려앉자 우디는 자신의 소박한 숙영지로 우리를 초대했다. 아주 작은 스토브 위에 물이 끓고 있었다. 차를 끓이고 저녁밥으로 먹을 동결건조식품에 넣을 물이었다. 우리는 식사를 마친 뒤에 따뜻한 차 한 잔으로 속을 달랬다. 우리는 우두커니 서서 우디, 스퍼드, 설리가 밀림에서 경험한 모험담을 귀 기울여 들었다.

어느새 하늘의 문이 닫히듯 금세 밤이 찾아왔다. 완전한 암흑이 우리를 덮쳤다. 낮에 들리던 소리들은 뭔가 더 깊고 신비롭게 변했다. 떨리는 소리, 긁는 소리, 쿵쿵 울리는 소리 그리고 지옥에 떨어진 자들의 울음소리 같은 외침…. 게다가 모기를 필두로 각종 벌레들이 얼굴을 내밀기 시작했다. 불씨라고는 없었다. 우디가 콜맨 랜턴을 밝히자 겨우겨우 어둠이 약간 뒤로 물러났다. 눈에 보이지는 않지만 사방을 둘러싼 밀림에서 커다란 짐승들이 저벅저벅 돌아다니는 소리가 들려왔다. 우리는 거대한 숲속에서 랜턴 하나가 만들어내는 빛 웅덩이에 옹송그리며 모여 있었다.

우디는 아시아·아프리카에서 남아메리카·중앙아메리카에 이르기까지 전 세계의 밀림에서 거의 평생을 보냈다. 그런 그도 이 정도로 훼손되지 않은 밀림은 처음이라고 했다. 우리가 도착하기 전에 야영지를 설치하고 있을 때였다. 메추라기 한 마리가 흙을 쪼면서 가까이 다가오는가 하면, 멧돼지가 인간들이 있으나마나 개의치 않고 어슬렁거렸다. 우디의 말에 따르면, 거미원숭이는 이곳에 인간이 살지 않는다는 또 하나의 증거라고 했다. 보통 보호구역에 있지 않는 한 거미원숭이는 인간을 보자마자 달아나기 때문이다. 우디는 이렇게 결론 내렸다. "여기 사는 동물들은 인간을 본 적이 한 번도 없는 것 같아요."

SAS 출신 세 사람은 하나같이 벌레에 물리지 않기 위해 말도 안될 정도로 온몸을 꽁꽁 싸매고 있었다. 모자와 헤드네트가 달린 방충 의류로 머리부터 발끝까지 가린 상태였다. 정말 그 정도로 해야하는지 내가 진지하게 물었다.

"나는 두 번이나 뎅기열에 걸렸어요." 우디는 이렇게 말하면서 그 질병에 대해 충격적일 만큼 생생하게 묘사하기 시작했다. 두 번이나 죽을 고비를 넘겼던 그는 뎅기열을 일컬어 '뼈가 으스러지는 열병'이라고 했다. 말 그대로 뼈가 으스러지는 것처럼 너무나도 고통스러웠다고 했다.

우디의 이야기가 끝나자 다들 말없이 방충제인 디트를 마구 몸에 발랐다. 나도 마찬가지였다. 밤이 깊어지자 샌드플라이가 우리를 찾아왔다. 그것도 무지하게 많이! 샌드플라이는 모기보다 훨씬 작아서 랜턴 불빛 속에 부유하는 아주 작은 흰 티끌처럼 보였다. 너무 작아서 아무런 소리도 나지 않았고 모기와 달리 물려도 느낌이 없었다. 밤이 깊어질수록 점점 더 많은 샌드플라이가 우리 주위로 몰려들었다.

들은 이야기 가운데 일부를 기록하고 싶어서 나는 노트를 가지러 야영지 반대편에 있는 나의 해먹으로 서둘러 갔다. 새로 샀던 헤드램프가 불량품이었던 탓에 후안 카를로스가 자가발전 손전등을 빌려줬다. 덕분에 나는 별 어려움 없이 나의 야영지에 도착했다. 그런데 사람들이 모여 있는 곳으로 다시 돌아가려니 모든 게 달리보였다. 나는 울창한 초목에 포위된 채 멈춰 섰다. 어찌된 일인지 내가 만들어 둔 길에서 나는 이탈하고 말았다. 야간의 우림은 깜깜했지만 소리는 생생하게 살아 있었으며 공기는 농밀하고 달콤했다. 나뭇잎들이 벽처럼 나를 에워싸고 있었다. 아주 약한 손전등의 빛줄기가 점점 더 희미해졌다. 나는 1분 동안 미친 듯이 손전등을 돌려서 밝기를 키웠다. 그러고는 지면을 비춰보며 숲속에 어지러이 흩어진 낙엽과 나뭇가지 사이에 내가 낸 길의 흔적이 있는지 찾아보았다.

돌아가는 길을 본 것 같은 생각이 들어서 나는 그 방향으로 움직였다. 점차 안도감을 느끼면서 재빨리 걸어가 덤불을 밀어젖혔다. 하지만 눈앞에 나타난 것은 앞을 가로막고 있는 매머드급의 거대한 나무둥치뿐이었다. 방향 감각을 완전히 상실한 나는 비척비척 밀림 속으로 더 깊숙이 걸어 들어갔다. 나는 잠시 숨을 고르며 날뛰는 심장을 진정시켰다. 동료들의 목소리가 더는 들리지 않았고 불빛도 완전히 사라졌다. 큰소리로 우디를 불러 와달라고 할까 생각도 해보았지만 원정이 시작되자마자 내가 멍청이라는 사실을 스스로 증명하지는 말자고 결정했다. 몸을 굽힌 채 숲 바닥을 뚫어져라 보면서 길을 되짚어갔다. 긁힌 자국이나 움푹하게 팬 곳을 찾고 나서야 전진했다. 그렇게 몇 분이 흘렀다. 줄기에서 수액이 배어나온 것으로 보아 잘린 지 얼마 안 된 것으로 보이는 이파리 한 장이 땅에 떨어져 있는 게 보였다.

마치 빵 부스러기처럼 떨어져 있는 나뭇잎과 덩굴식물을 따라 길을 되짚어갔다. 드디어 야영지 한복판에 당도한 나는 후안 카를로스의 해먹을 알아보고 감사한 마음이 들었다. 무사히 돌아왔다는 짜릿한 감동이 느껴졌다. 원정 대원들이 담소를 나누고 있는 곳으로 나를 이끌어줄 길을 찾아야 했다. 나는 해먹 주위를 돌면서 숲 벽에 불빛을 비추었다. 식은 죽 먹기라고 생각했다. 속삭이는 듯한 목소리도 들리고 초목 사이로 새어 나오는 콜맨 랜턴의 불빛도 보였으니 말이다.

해먹을 두 바퀴째 돌 때였다. 손전등 빛줄기가 거대한 뱀 한 마리를 훑고 지나갔다. 나는 그대로 얼어붙었다. 그것은 내가 서 있는 곳에서 약 90cm 정도 떨어진, 후안 카를로스의 해먹 바로 옆 땅바닥에 똬리를 틀고 있었다. 그 뱀은 희미한 손전등 불빛 아래에서 환하게 빛나고 있었다. 비늘로 뒤덮인 등에 있는 무늬들이 어둑어둑한 밤을 배경으로 찬란하게 반짝이며 뚜렷한 윤곽을 드러냈다. 두 눈 역시 밝게 빛나는 두 개의 점과 같았다. 그것은 당장이라도 공격할 듯한 자세로 나를 응시했다. 머리를 앞뒤로 흔들면서 혓바닥을 날름거렸다. 나는 무신경하게도 그 뱀의 바로 옆으로 지나갔던 것이다. 그것도 두 번씩이나! 뱀은 손전등 불빛 때문에 정신이 없는 듯했다. 불빛이 희미해지려고 하기에 나는 허겁지겁 손전등을 돌려서 조도를 올렸다.

나는 뱀의 사정거리에서 벗어날 때까지 천천히 뒷걸음질 쳤다. 뱀들은 자신의 몸길이만큼 공격할 수 있을 테니, 약 183cm 이상이면 안전거리일 것이라고 판단했다. 나는 독사들을 많이 만났다. 여러 번 우연히 마주쳤고 실제로 공격 당한 적도 있었다. 하지만 결코 내 평생 이런 종류의 뱀과 맞닥뜨린 적은 없었다. 만약 그 뱀이 내게 달려들겠다고 마음만 먹는다면 나는 도망칠 수 없을 터였다.

"저기요, 여러분?" 나는 목소리가 떨리지 않도록 신경 쓰며 외쳤다. "여기 거대한 뱀이 한 마리 있어요."

우디가 응답했다. "뒤로 물러서요. 불빛은 계속 비추면서요."

뱀은 여전히 꼼짝도 하지 않았다. 형형한 두 눈은 나에게 붙박여 있었다. 숲은 침묵에 빠졌다. 잠시 후 우디가 나머지 사람들을 데리고 도착했다. 그들의 헤드램프 빛줄기가 어둠 속에서 이리저리 어지럽게 흔들렸다.

"하느님 맙소사." 누군가가 큰소리로 말했다.

우디는 목소리를 낮춰서 이렇게 말했다. "다들 물러서요. 저 녀석에게 계속 불빛을 비추는 상태에서요. 드디어 만났네요. 페르드랑스입니다!" 우디는 칼집에서 마체테를 꺼내더니 가까이 있던 어린 나무를 몇 번 내리쳐서 약 2m짜리 막대기를 만들었다. 잘린 나무는 끝으로 갈수록 점점 좁아지다가 두 쪽으로 갈라지는 형태였다.

"저 녀석을 옮길 겁니다."

우디는 그 나무를 들고 뱀을 향해 전진하다가 돌연 찌르는 동작을 취하면서 막대기의 갈라진 끝으로 뱀의 몸통을 내리찍었다. 뱀은 몹시 화가 난 듯한 행동을 보였다. 똬리를 풀더니 몸을 비틀고 몸부림치며 사방에 독을 내뿜었다. 그제야 우리는 그것이 대체 얼마나 큰 놈인지 제대로 보게 되었다. 뱀이 채찍처럼 쉼 없이 이리저리 격렬하게 움직이는 동안 우디는 갈라진 막대기를 몸통에서 목으로 끌어올렸다. 꼬리가 맹렬하게 떨리면서 낮게 윙윙거리는 소리가 났다. 우디는 왼손으로 막대기를 써서 뱀의 목을 찍어 누른 상태에서 오른손으로 뱀의 머리 뒤편을 움켜잡았다. 그의 팔뚝만 한 뱀의 몸통이 그의 두 다리를 세게 가격했다. 뱀이 눈처럼 새하얀 입을 쩍 벌리자 약 3cm 정도 되는 송곳니가 드러났다. 송곳니에서는 연노란색 액체가 줄줄 쏟아져 나왔다. 머리를 앞뒤로 획획 움직이면서 송곳니를 우디의 손에 박아 넣으려고 안간힘을 썼다. 우디의 손등은 온통 독 범벅이었다. 피부에서 부글부글 거품이 일었다. 우디는 몸싸움 끝에 뱀을 땅바닥에 쓰러뜨렸고 꿈틀대며 몸부림치는 뱀의 몸통을 양 무릎으로 내리눌렀다. 그는 오른손으로 뱀을 꽉 틀어쥔 상태에서 왼손으로 허리춤에서 칼을 꺼내 깔끔하게 머리를 절단했다. 단호하게 박아 넣은 칼끝이 뱀의 머리를 관통했다. 그제야 우디는 뱀을 놔주었다. 목 부분이 약 7cm가량 붙어 있는 뱀의 머리가 씰룩대면서 몸부림쳤다. 머리가 없는 뱀의 몸통이 슬금슬금 기어가기 시작했다. 우디는 그것이 덤불로 도망치지 못하도록 빛 웅덩이 속으로 끌어다 놓았다. 싸움이 벌어지는 내내 그는 한마디도 하지 않았다. 나머지 사람들도 너무 놀라 할 말을 잃은 상태였다. 우디는 일어나서 손을 깨끗이 씻고 난 뒤에야 입을 열었다. "미안합니다. 저걸 옮길 수가 없었어요. 독을 곧바로 씻어 내야 해서요." 나중에 그는 손등에 있던 상처로 독이 흘러 들어갔을까 '약간 걱정'했다고 털어놓았다.

우디가 꼬리를 잡고서 머리 없는 뱀의 몸통을 들어 올리자 목에서 피가 뚝뚝 떨어졌다. 다들 한마디도 하지 않았다. 뱀의 근육 역시 힘이 채 다 빠지지 않아서 천천히 울뚝불뚝 거렸다. 만져보고 싶다는 호기심에 나는 손을 뻗어 뱀의 몸통을 감싸 쥐어 보았다. 차가운 살갗 아래로 리드미컬한 근육의 뒤틀림이 느껴졌다. 정말

기묘했다. 뱀의 몸길이는 1.8m 정도였다. 등에는 초콜릿색, 마호가니색, 크림커피색 등으로 다이아몬드 문양들이 또렷하게 찍혀 있었다. 다들 그 뱀을 응시했다.

"정신 집중에 이만한 게 없죠. 안 그래요?" 우디가 말했다. "암컷이에요. 암컷은 수컷보다 몸집이 더 크죠. 이 녀석은 내가 이때껏 본 페르드랑스 중에서도 가장 큰 축에 속해요." 그러면서 우디는 자신의 팔에 뱀 몸뚱어리를 가볍게 척 걸쳤다. "먹을 수도 있어요. 꽤 맛있답니다. 하지만 달리 쓸 데가 있어요. 다른 사람들이 내일 도착하면 이걸 볼 필요가 있어요. 이곳에서 익숙해져야 하는 게 무엇인지 다들 충분히 자각해야 하니까요."

그날 밤 나는 잠을 이룰 수가 없었다. 밀림은 낮보다는 밤에 훨씬 시끄러운 듯했다. 나는 짙은 어둠 속에서 커다란 짐승들이 내 옆으로 지나가는 소리를 여러 번 들었다. 덤불을 천천히 비틀거리며 지나갈 때 타닥타닥 잔가지를 밟는 소리를 냈다. 나는 생명의 불협화음에 귀를 기울이며 어둠 속에 누워 있었다. 페르드랑스의 치명적인 완벽함과 타고난 위엄에 대해 생각했다. 우리가 그 녀석에게 한 행동을 미안하게 여기면서도 구사일생으로 살아난 것에 가슴을 쓸어내렸다. 그런 뱀에 물려 다행히 목숨은 건진다고 하더라도 그건 인생 자체를 바꿀 것이었다. 기이한 방식이기는 하나 그 뱀과의 조우로 내가 밀림에 발을 디디고 있다는 감각이 더욱 선명하게 다가왔다. 이토록 훼손되지 않은 태초의 상태로 남아 있는 골짜기가 21세기에도 존재할 수 있다는 것이 나로서는 대단히 놀라운 일이었다. 진정 '잃어버린 세계'였다. 우리를 원하지도 않고 우리가 속할 수도 없는 세계였다. 우리는 이튿날 그 유적지로 들어갈 예정이다. 무엇을 찾게 될까? 나는 상상조차 할 수 없었다.

# 13

## 인간의 흔적

나는 밀림에서의 첫날밤을 거의 뜬 눈으로 지새웠다. 해먹은 신기한 최첨단 장치였다. 아래쪽은 방충망이 덮인 얇은 나일론 소재였고 위쪽에는 비덮개가 있었다. 옆쪽에 지퍼가 달려 있어서 그쪽으로 몸을 넣어 들어가면 되는데 왠지 지퍼를 채워도 노출된 기분이 들었다. 나는 매주 먹던 항말라리아 약 클로로퀴논의 복용을 중단한 상태였다. 흔히 나타나는 부작용인 불면증이 좀체 나아지지 않았기 때문이다. 나는 세상과 단절된 이런 외진 곳에는 말라리아 같은 게 있을 리 없다고 판단했다.

밤의 밀림이 내지르는 아우성이 너무나 시끄러워서 나는 귀마개를 낄 수밖에 없었다. 반면 크리스는 휴대폰으로 밤의 밀림 소리를 녹음해 두었다가 콜로라도로 돌아간 뒤에 스트레스를 받거나 속상한 일이 생길 때면 마음을 진정시키기 위해 홀로 그 소리를 듣곤 했다고 한다.

나는 한밤중에 가끔 소변을 보기 위해 일어났다. 해먹의 지퍼를 열고 손전등으로 땅바닥을 두루 살피면서 뱀이 있는지 없는지 확인했다. 새벽에는 차갑고 축축한 박무가 내려 앉아 있었다. 숲은 수증기가 응결된 물방울들을 주렁주렁 매달고 있었다. 뱀은 한 마리도 없었다. 대신에 번들거리는 바퀴벌레들이 숲 바닥 전체를 융단처럼 뒤덮고 있었다. 바퀴벌레 수천 마리가 바스락거리면서 정신없이 움직였다. 그 모습은 마치 초조하게 흘러가는 미끌미끌한 물결처럼 보였다. 더불어 꼼짝 않고 있는 흑거미 수십 마리의 수많은 눈들이 녹색 핀포인트처럼 반짝였다. 나는 약 60cm 거리 안에서 볼일을 본 다음 허겁지겁 다시 해먹으로 기어 올라갔다. 그런데 그 찰나의 순간에 샌드플라이들이 걷잡을 수 없이 해먹 내부로 쏟아져 들어갔다. 족히 15분 동안 나는 등을 대고 반듯이 누운 채로 손전등을 비추면서 이리저리 떠다니거나 모기장에 내려앉은 샌드플라이들을 손으로 짓이겼다. 또다시 오줌을 누러 일어나야 했을 때 나는 자기 전에 차를 마시는 습관을 저주하며 다시는 그러지 않겠노라고 맹세했다.

잠깐 동안 까무룩 든 잠은 새벽 5시경에 동이 트자마자 영영 깨버렸다. 나는 짖는원숭이들의 포효에 잠에서 깼다. 마치 고질라가 행진하는 듯한 그 소리는 숲 전체가 떠나가라 울려 퍼졌다. 해먹에서 나와 보니 숲은 안개에 덮여 있었다. 우듬지는 박무 속에서 흐릿하게 보였고 곳곳에서 물방울이 뚝뚝 떨어졌다. 아열대 밀림은 깜짝 놀랄 만큼 쌀쌀했다. 우리는 동결건조된 스크램블드에그와 연한 홍차(커피는 아직 도착하지 않았다)로 아침 식사를 했다. 모든 것이 준비된 사람처럼 보이는 크리스는 이런 만일의 사태를 예상하고 카페인 알약을 챙겨왔다. 그는 몇 알을 불쑥 내놓았다. 나는 불면증 때문에 나눠주겠다는 그의 제안을 사양했다. 에이스타는 안개가 걷혀야 날 수 있었기에 아침나절이 되어서야 올 수 있을 듯했다. 첫 번째로 스티브 엘킨스와 영화 제작진 두 사람, 마크 애덤스와 조시 피저가 도착했다.

나는 스티브를 반갑게 맞았다. 그는 등산지팡이를 짚으면서 걸어왔다. 발에 만성신경손상을 입어서 그는 다리를 절뚝거렸다. "멋지네요." 스티브는 주위를 둘러보며 말했다. 내가 두 팔을 벌려 말했다. "모스키티아 포시즌스에 오신 것을 환영합니다."

인류학자인 알리시아 곤살레스는 애나 코언과 함께 두 번째로 도착했다. 애나는 워싱턴대학교에서 고고학을 전공하는 대학원생으로, 크리스 피셔의 현장 조교였다. 나는 알리시아와 금세 친해졌다. 그는 지식이 샘솟는 굉장한 사람이었다. 텍사스대학교 오스틴 캠퍼스에서 박사 학위를 받은 알리시아는 아담한 체구에 쾌활한 여성이었다. 스미스소니언 아메리칸인디언박물관의 전직 수석 큐레이터이기도 했던 그녀는 메소아메리카의 교역로 및 온두라스 토착민 연구 분야의 권위자였다.

온두라스인류학·역사연구소에서 고고학 연구 분야를 책임지고 있는 오스카르 네일도 도착했다. 그는 모스키티아 고대 문화 연구의 전문가였다. 그 역시 우리가 하던 대로 서둘러 헬기에서 짐을 부렸다. 일단 모든 물건을 한쪽에 던져 쌓아 놓았다가 나중에 분류해 야영지로 옮겼다. 그날 아침 시간은 물품과 장비를 나르고 야영지를 정비하는 데 보냈다. 나는 텐트 하나를 골라 해먹 바로 옆에 설치했다. 단단한 땅바닥 위에 몸을 누일 수 있다는 게 감사할 따름이었다. 텐트의 깔개인 방수시트는 뱀, 거미, 바퀴벌레 따위가 들어가지 않도록 막아줄 터였다. 나는 마체테로 야영지 영역을 넓히고 빨랫줄을 쳤다. 그리고 접이식 의자를 하나 가져와 해먹 밑에 두었다. 해먹의 비덮개를 지붕 삼아 (안전하게) 그 의자에 앉아서 글을 쓸 생각이었다. 해먹 안에는 옷, 책, 카메라, 일지를 보관했다. 이처럼 해먹은 손쉽게 쓸 수 있는 유용한 방수 짐칸이 되어 주었다.

낮 시간이 더디게 흘러갔다. 크리스 피셔는 잃어버린 도시로 들어가는 특별 과업을 얼른 시작하고 싶어서 몸이 근질근질했다. 나는 카우보이 모자를 쓴 그를 강둑에서 발견했다. 그는 트림블의 GPS를 손에 들고서 서성거리고 있었다. 우디는 누구든지 수행원 없이 야영지를 이탈하는 것을 금지한 상태였다. 뱀을 만나거나 길을 잃을 위험이 있기 때문이었다. "이건 말도 안 돼요." 크리스가 말했다. "유적지가 바로 코앞에, 약 180m 앞에 있다고요!" 그러면서 나에게 GPS의 LED 화면을 보여주었다. 라이다 지도 위에 현재 우리의 위치가 나와 있었다. 나무 장막 때문에 가로막혀 있어서 그렇지, 실제로 그 도시는 강 바로 건너편에 있었다. "만약에 우디가 저기로 데려가줄 사람을 내주지 않는다면 나 혼자서라도 갈 겁니다. 뱀 따위 알 게 뭐예요!"

후안 카를로스가 강둑에서 우리와 합류했다. 그는 두 손을 허리춤에 올린 채 건너편의 나무 벽을 응시했다. 그 역시 위험을 무릅쓰고라도 그 유적지에 가고 싶은 마음이 간절해 보였다. "시간이 별로 없어요"라고 그는 말했다. 그것은 사실이었다. 우리가 그 계곡을 탐사할 수 있는 잠재적인 시간은 열흘에 불과했다. 원정대의 시간은 샌디에이고의 코퍼레이트 헬리콥터에서 에이스타를 대여한 기간에 꽉 묶여 있었다.

"누군가가 우디에게 얘기해야 합니다." 크리스가 말했다. "저것 때문에 온 거잖아요." 그는 강 건너편의 숨겨진 도시를 가리켰다. "쓸데없이 찻물만 끓이면 안 되죠."

마침내 오후 3시 30분경, 우디는 그 고대 도시로 정찰대를 이끌고 가기로 했다. 그는 각자 하룻밤을 보낼 수 있는 비상용 키트를 챙겨 30분 뒤에 착륙지대로 모이라고 했다. 유적지에 머무는 시간은 한 시간으로 그 이상은 안 되었다. 우리는 디트 냄새를 풀풀 풍기면서 약속한 시간에 강가로 집합했다. 그 자리에 모인 원정 대원은 여덟 명이었다. 나, 우디, 한 손에는 마체테를 다른 한 손에는 GPS를 든 크리스 피셔, 오스카르 네일, 역시 무시무시한 마체테를 지참한 후안 카를로스, 비디오카메라를 든 루션 리드, 18kg에 달하는 녹음장비를 챙긴 마크 애덤스 그리고 무거운 카메라 장비를 짊어진 데이브 요더까지 말이다. 다만 아쉽게도 스티브는 갈 수 없었다. 척추 디스크 악화로 인한 신경 손상으로 까치발로 걷고 있었기 때문이다. 그는 걸을 때 자기 발의 위치를 자유자재로 제어하는 게 불가능했다. 스티브는 밀림이 너무 울창한 데다 산세가 험해 원정 초반에 부상을 입을 가능성이 있다고 봤다. 그는 몸져눕거나 몸의 상태가 나빠져 철수해야 하는 일이 생기지 않기를 바랐다. 그는 무전기를 흔들면서 말했다. "여러분, 뭐든 찾으면 연락해요!"

우디는 다들 비상 물품을 제대로 챙겼는지 점검한 다음 출발했다. 물길을 헤치고 강을 건넌 우리는 단단한 벽이나 매한가지인 헬리코니아 덤불과 조우했다. 보기와 달리 줄기가 부드러워 마체테로 치면 쉽게 잘려나갔다. 우디는 덤불을 베면서 한 번에 한 걸음씩 길을 내며 앞으로 나아갔다. 잎과 꽃이 좌우로 후두둑 비처럼 떨어졌다. 잘린 초목들이 땅바닥에 수북이 쌓이는 바람에 발을 어디에 딛고 있는지 알 수 없을 지경이었다. 페르드랑스와의 만남만 생각하면 여전히 덜덜 떨렸던 탓에 나는 그 덤불에 숨어 있을 게 뻔한 갖가지 뱀들을 떠올리지 않을 수 없었다. 우리는 허벅지까지 빠지는 진구렁도 두 번이나 건너야 했다. 푹푹 빠지는 소리를 내면서 수렁을 빠져나오느라 분투했다.

범람원 너머에는 가파른 둑이 있었다. 경사가 40도에 가까웠다. 우리는 손발을 열심히 써서 기어 올라갔다. 덩굴과 가지를 움켜잡으면서 자력으로 올라가는 동안 언제라도 페르드랑스와 얼굴을 마주할 순간이 올 수 있다는 데에 마음의 준비를 했다. 어느 방향이든 약 3m 이상의 거리는 거의 볼 수 없었다. 그러다가 돌연 둑이 차츰 편평해지더니 긴 도랑과 둔덕에 가 닿았다. 크리스와 오스카르가 인간이 만들었다고 결론 내렸던 바로 그 둔덕들이었다. 그것들은 도시의 경계를 표시한 것으로 보였다.

그러고는 흙으로 된 피라미드로 추정되는 것의 맨 아랫부분에 이르렀다. 그것이 인간의 손으로 만들어졌다는 사실을 알려주는 유일한 지표는 바로 자연스럽지 않은 각도로 지면이 급경사를 이루면서 솟아올라 있다는 점이었다. 하지만 크리스와 오스카르가 지적해주지 않았더라면 나는 결코 알아차리지 못했을 것이다. 보이는 것이라고는 온통 나뭇잎뿐이었기 때문이다. 우리가 있는 곳, 즉 잃어버린 도시의 끄트머리에서는 라이다 지도상에서는 그토록 잘 보이던 둔덕이나 광장의 분포 형태를 도통 감 잡을 수 없었다. 밀림이 모든 것을 가리고 있었다.

우리는 피라미드로 짐작되는 것의 측면을 따라 힘겹게 올라가 정상에 이르렀다. 뭔가 특이한 형태로 움푹 팬 흔적들과 직선 모양의 특징들이 보였다. 크리스는 어떤 구조물, 어쩌면 작은 신전이었을지 모르는 것의 흔적일 가능성이 있다고 봤다. 오스카르는 무릎을 꿇고 앉아서 수공구를 가지고 시굴갱해보더니 분명 어떤 구조물을 지은 증거라고 했다. 나는 오스카르가 지표면 바로 아래쪽을 파서 나타난 지층을 찬찬히 살펴보았다. 하지만 미숙한 내 눈으로는 뭐가 뭔지 도무지 알 수 없었다.

유적지에서 가장 높은 지점이라고 할 수 있는 그 피라미드의 꼭대기에서조차 우리는 무질서하게 모여 있는 잎과 덩굴, 꽃, 나무들 속에 잠겨 있었다. 크리스가 GPS를 머리 위로 들어 올려 보았으나 나무들 때문에 위성신호를 잡는 것이 어려웠다. 그러한 가운데 데이브 역시 끝도 없이 펼쳐진 녹색 바다 외에 다른 것을 담아내려고 고군분투했다.

피라미드의 측면을 따라 내려간 우리는 그 도시의 첫 번째 광장으로 향했다. 라이다 영상에 나타난 바에 따르면, 그 광장은 기하학적인 둔덕과 단구로 삼면이 에워싸여 있었다. 크리스가 탐색을 시작하기 위해서 다시 한 번 GPS 신호를 잡아내려고 애쓰던 그때 오스카르가 함성을 질렀다. 그는 무릎을 꿇고 앉더니 어느 큰 돌의 모서리에서 흙과 덩굴식물들을 털어냈다. 그 돌은 식물들이 어지러이 둘러싸고 있어서 거의 보이지 않는 상태였으나 인간의 손으로 만들어진 형상을 하고 있었다. 초목을 어느 정도 제거하자 그런 돌들이 더 나오기 시작했다. 판판한 그 돌들은 삼각대 형태의 둥글고 흰 석영 바위 위에 죽 얹혀 있었다. 제단처럼 보였다. 크리스가 말했다. "이 돌들을 깨끗이 닦으면 조각이 새겨져 있는지 알 수 있을 겁니다. GPS로 정확한 위치를 알아내야 해요." 그는 워키토키를 꺼내 야영지에 있는 스티브에게 소식을 전했다. 흥분한 두 사람이 나누는 대화 내용이 워키토키 스피커를 통해 흘러나왔다. 스티브는 무아지경 상태에서 말했다. "그들이 실제로 건축에 마름돌을 사용했다는 게 입증된 거예요. 그곳이 중요한 유적지라는 뜻이죠!"

마침내 GPS가 위성신호를 잡아내자 크리스는 중간지점들을 설정하고 그 도시를 맵핑하기 시작했다. 그는 밀림을 뚫고 진격했다. 관목을 베어 길을 내면서 중간지점들을 표시했다. 그는 매우 초조하고 예민한 상태였다. 야영지로 돌아가야 할 시간이 정해져 있었기 때문이다. 제한시간에 맞추려면 서둘러야 했다. 크리스는 우리가 따라잡을 수 없는 속도로 걸어갔다. 제단석 너머에는 중앙 광장이 있었다. 한때는 대규모 공공장소였을 게 분명했다. 축구장만큼이나 평평했고 다른 곳보다 주변이 개방되어 있었다. "그 옛날에는 공공 건축물들이었을 겁니다." 크리스는 광장을 에워싼 긴 둔덕들을 가리키며 말했다. "지배층이나 왕족의 전용 공간이었을 거예요. 아주 장엄했을 겁니다. 나는 이곳이 당시의 주요 의식들이 거행되었던 장소라고 봅니다."

광장에 서보니 그제야 도시의 규모가 감지되기 시작했다(그래봤자 간신히 짐작만 할 뿐이었지만). 크리스는 광장이 세 곳 더 있고 구기장으로 보이는 곳도 있다면서 중앙 광장을 가로질러 갔다. 라이다 영상에서는 버스처럼 보여서 우리가 '버스'라고 부르는 특이한 둔덕도 그곳에 있었다. 버스 모양의 둔덕들은 T1과 T3에서 모두 두드러지게 나타났다. 윤곽이 분명해서 알아보기 쉬운 그 둔덕들은 각각 길이가 약 30m, 너비는 9m, 높이는 4m였다. 그전에 나는 라스 크루시타스 유적지에서도 그와 같은 것을 본 적이 있다. 그 둔덕들은 이 문화권에만 있는 특징적인 구조물이었다.

나머지 원정 대원들은 남아서 제단석을 덮은 초목을 정리하는 동안 우디와 나는 크리스를 따라 북쪽으로 갔다. 그를 시야에서 놓치지 않기 위해 무던히 애를 써야 했다. 우리는 더 많은 둔덕들을 지나 그사이로 나 있는 좁고 가파른 골짜기에 이르렀다. 그사이를 언뜻 들여다보니 고대의 표층을 이루고 있는 돌처럼 보이는 것이 침식으로 인해 노출되어 있었다. 크리스는 서둘러 그 협곡을 빠져나갔다. 그런데 거기서부터는 믿을 수 없을 정도로 울창한 밀림이 펼쳐졌다. 나는 두려움을 자아내는 그 뒤엉킴 속으로 들어가고 싶지 않았다. 우디도 나와 같은 마음이었다. 우디는 더는 가지 말라고, 이제 돌아가야 할 시간이라고 외쳤지만 크리스는 듣지 못한 것 같았다. 잠시 후 그의 흰색 카우보이 모자가 숲속으로 사라지는 게 보였다. 리드미컬하게 마체테를 내리치던 소리도 서서히 침묵 속으로 잦아들었다. "젠장!" 우디는 이 한마디를 나직이 내뱉더니 크

인승이 신의 잃어버린 도시

리스를 향해 돌아오라고 재차 외쳤다. 그러나 조용했다.

우디는 다시 외쳤다. 몇 분이 흘렀을까? 좀처럼 감정을 내비치지 않던 우디의 얼굴에는 짜증과 걱정이 뒤섞여 있었다. 크리스가 사라졌다고 생각한 바로 그때였다. 희미한 목소리가 나무들 사이로 부유하듯 들려오더니 이내 본인이 쳐낸 초목들의 구멍 밖으로 그가 나왔다.

"놓친 줄 알고 걱정했잖습니까!" 우디가 딱 부러지는 어조로 말했다. "이게 있는 한 그럴 일은 없어요." 크리스는 GPS를 흔들면서 말했다.

우디는 돌아가자고 했다. 우리가 크리스를 기다리는 동안 다른 사람들도 그 협곡까지 올라와 있었다. 우디는 GPS를 이용해 야영지로 돌아가는 직선경로를 알아냈다. 골짜기에서 범람원까지 걸어 내려가자 아까와는 다른 헬리코니아 장벽이 나타났다. 우디는 능숙하게 마체테를 휘두르면서 길을 냈다. 좌우로 꽃들이 흩뿌려졌다. 우리는 발이 푹푹 빠지는 진구렁 세 곳을 건너야 했다. 이번에도 허벅지까지 빠졌다. 진흙을 뒤집어 쓴 채로 강가에 다다른 우리는 물에 뛰어들어 진흙을 씻어내며 강을 건넜다. 다른 사람들은 야영지로 돌아가고, 나는 옷을 벗어 비틀어 짠 다음 자갈 강변 위에 올려두고서 시원한 물속에 몸을 띄웠다. 하류로 흘러내려가는 강물에 몸을 내맡긴 채 우듬지가 느릿느릿 지나가는 것을 감상하면서 하늘을 향해 누워 있었다.

야영지로 돌아가니 스티브가 텐트 바깥에 놓아둔 간이침대에 누워 있는 게 보였다. 그는 거미원숭이 나무 반대편에 있는 내 야영지 바로 옆에 침대를 두고 있었다. 그는 땅콩을 먹으면서 쌍안경으로 바로 위에 있는 거미원숭이 군단을 보고 있었다. 거미원숭이들도 차례차례 15m 위에 있는 커다란 나뭇가지에 정렬하더니 나뭇잎을 먹으면서 스티브를 빤히 내려다봤다. 재미난 광경이었다. 호기심 많은 두 영장류가 서로를 흥미진진하게 관찰하는 중이었다.

스티브는 제단석의 발견으로 누가 봐도 희색이 만면한 상태였으나 한편으로는 직접 가지 못한 것을 두고 매우 자책했다. 그는 그곳까지 가는 데 얼마나 힘들었는지 이런저런 질문을 던졌다. 나는 가파르고 미끄러운 데다 진흙 구덩이들이 끔찍하기는 했으나 고작 몇백 야드일 뿐이니 조심히 가기만 한다면 스티브도 충분히 갈 수 있을 정도라고 장담했다. "망할 놈의 다리는 될 대로 되라지." 그가 말했다. "내일은 나도 어떻게든 거기 올라가겠어요!"

그날 밤은 모두 모여 콜맨 랜턴 불빛 아래 둘러앉아 동결건조된 콩과 쌀로 저녁을 먹었다. 나는 한밤중에 자다가 일어나는 일이 없도록 차는 마시지 않았지만 우디가 병뚜껑에 따라 나눠준 위스키 한 모금은 사양하지 않았다.

크리스는 마냥 신이 나서 말했다. "딱 내가 생각했던 대로예요. 거기 있던 모든 지형, 우리가 그곳에서 본 것들은 전부 오롯이 인간의 손으로 한 거예요." 단 한 차례의 짧은 정찰만으로도 그는 라이다 측량의 정확성을 확인했다. 라이다 영상에서 본 모든 특징을 현장에서 확인하고 입증했다. '지상 검증'은 이미 시작된 것이었다.

우듬지 사이로 바람이 거세게 일었다. "비가 온다는 뜻이에요. 10분 뒤에요." 우디가 말했다. 그리고 정확히 10분 뒤, 우듬지에 천둥이 치고 장대비가 내렸다. 빗물이 숲 지붕을 뚫고 내려와 지상에 있는 우리에게 도달하기까지는 2~3분이면 족했다. 거센 물줄기가 사방에서 폭포처럼 쏟아져 내렸다.

인간의 흔적

# 14

# 상자 속의 비밀

어둠이 내려앉은 뒤에 나는 텐트로 기어 들어갔다. 불안한 해먹에서 내려와 안정적인 땅바닥에 눕게 되니 매우 기뻤다. 요란하게 비가 내리는 동안 나는 손전등을 이용해 존 로이드 스티븐스의 책을 읽었다. 비, 뱀, 진흙, 벌레에도 불구하고 나는 무척 신이 났다. 그 잃어버린 도시 때문만은 아니었다. 계곡의 완벽한 야생성 때문이었다. 여기에 오기 전에도 황무지나 자연보호구역에 가 본 적은 많았다. 하지만 이곳만큼 속박 받지 않고 오롯이 자유로운 곳은 처음이었다. 몇 가지의 불편함은 미지의 장소를 최초로 탐험하고 발견하게 될 존재가 된다는 흥분을 고조시키기만 할 뿐이었다.

새벽 5시, 빗방울이 텐트를 두드리는 소리를 뚫고 들려온 짖는 원숭이들의 포효에 눈을 떴다. 아침인데도 너무 컴컴한 나머지 낮이 오지 않을 것처럼 느껴졌다. 엷은 안개에 가려진 숲은 어스름한 어둠 속에 잠겨 있었다. 크리스는 일어나 있었다. 늘 그렇듯이 일에 대한 열정을 숨기지 못한 채 조바심을 냈다. 야영지의 공간은 이제 어느 정도 정리가 된 상태였다. 파란색 방수포를 줄로 매달아 놓은 다음 그 밑에 플라스틱 접이식 탁자 여러 개를 놓고 다들 모여 앉았다. 한쪽 스토브에서는 물을 끓이고 있었고 다른 쪽 스토브에서는 커피 주전자를 데우고 있었다. 마침내 보급물자로 커피가 온 것이다. 비 때문에 밀림 바닥은 미끌미끌한 진창으로 변해 있었다. 시간이 갈수록 진흙탕은 더 깊어지는 듯했다. 방수포의 움푹 꺼진 부분에 빗물이 고이는 바람에 주기적으로 막대기를 이용하여 방수포를 들어 올린 후, 물웅덩이를 가장자리로 밀어내야 했다.

모두가 잠든 깊은 밤에 재규어 한 마리가 야영지 끄트머리를 이리저리 배회하는 소리를 들었다고 여러 사람이 말했다. 재규어는 웅웅거리거나 가르랑대는 소리를 냈다고 했다. 우디는 분명한 어조로 재규어가 인간을 공격하는 일은 거의 없다고 했다. 야영지 주변을 멈칫거리며 지나가는 소리를 들었다면서 몸집이 큰 짐승들이 행여 앞이 잘 안 보여 비틀거리다가 텐트와 부딪치지는 않을까 걱정하는 사람들도 있었다. 그러나 우디는 그럴 가능성은 없다고 일축했다. 야행성 동물들은 어둠 속에서도 상당히 잘 볼 수 있다는 게 그의 설명이었다.

"살펴보고 싶은 광장이 네 군데 더 있어요." 크리스가 마시던 커피를 꿀꺽 삼키고는 말했다. "상류 지역에 기묘한 L자형 둔덕이 있어요. 그걸 보고 싶습니다. 그리고 거기서 1km 정도 내려가면 광장들이 모여 있고요. 할 일이 많으니 이제 슬슬 출발하시죠."

나는 비옷을 입고 있기는 했지만 워낙 비가 심하게 내리다 보니 빗물이 서서히 옷을 적셨다. 끈적끈적하고 더웠다. 그런데 SAS팀은 아무도 우의를 입고 있지 않은 게 눈에 들어왔다. 세 사람은 홀딱 젖는 것을 마다하지 않으며 자기 할 일을 하고 있었다. "그거 벗어요." 우디가 내게 말했다. "한방에 끝내는 게 최선이에요. 내 말 믿어요. 일단 완전히 젖고 나면 더 편해질 겁니다." 우디가 시키는 대로 비옷을 벗자마자 순식간에 물에 빠진 생쥐 꼴이 되었다. 그리고 우디의 말대로 나는 금세 편해졌다.

아침을 먹은 뒤 원정 대원 전원은 여전히 비가 내리는 가운데 강둑에 집합했다. 우리는 두 번째 현장 탐사에 나섰다. 성치 않은 다리에도 불구하고 스티브 역시 파란 등산지팡이를 지참하고 합류했다. 이번에는 알리시아 곤살레스와 애나 코언도 함께 했다. 걸어서 강을 건넌 우리는 전날에 냈던 길을 따라갔다. 두 번째 진구렁에 이르렀을 때였다. 지나가려고 고군분투하던 알리시아가 그만 진창에 빠지고 말았다. 다들 겁에 질린 채로 그 모습을 지켜보는 가운데 알리시아의 몸이 점점 가라앉기 시작했다.

"움직일 수가 없어요…." 알리시아는 가라앉고 있는 와중에도 눈에 띄게 침착한 태도로 말했다. "다리를 전혀 움직일 수가 없어요. 내려가고 있어요. 정말이에요, 여러분. 내려가고 있다고요!" 진흙은 이미 알리시아의 허리까지 와 있었다. 몸부림을 칠수록 진흙이 꾸르륵거리면서 솟아올랐다. B급 공포영화에서 튀어나올 듯한 장면이었다. 우디와 설리가 알리시아의 두 팔을 움켜잡고 천천히 밖으로 끌어냈다. 알리시아가 단단한 지면 위로 무사히 올라오고 나서야 진흙탕 속에서 무슨 일이 벌어졌는지 분명히 알 수 있었다. 그가 차고 있던 뱀물림 방지용 각반 속으로 진흙이 들어가면서 알리시아를 아래쪽으로 가차 없이 끌고 내려갔던 것이다. 알리시아는 나중에 이렇게 말했다. "잠깐이지만 거기 있으면서 곧 뱀들이랑 티타임을 갖겠구나 싶은 생각이 들더라고요."

스티브는 등산지팡이를 지렛대 삼아 진구렁을 통과했고 식물 뿌리와 작은 나무등치를 손잡이 삼아 미끄러운 둑을 겨우겨우 오를 수 있었다. "내일 여기에다가 밧줄을 매어 두겠습니다." 설리가 말했다.

피라미드의 맨 아랫부분을 도는데 강 건너편에서 행복한 외침과 노랫소리가 울려 퍼졌다. 설리는 야영지에 남아 있던 스퍼드에게 무전기로 연락을 해 보았다. 원정대를 경호하기 위해 파견된 온두라스 특수부대원들이 강 합류점에서 상류로 이제 막 도착해 기분이 좋은 상태라고 스퍼드는 상황을 전했다. 무기와 옷가지를 등에 짊어지고서 그곳까지 걸어온 군인들은 우리 야영지 뒤편에 캠프를 꾸리고 온전히 숲에 의지해 생활할 계획이었다. 나무기둥과 나뭇잎으로 쉼터를 만들고 사냥으로 먹을거리를 마련하며 강물을 식수처럼 마시면서 말이다. "군인들에게 방수포 한 장 갖다 줘." 설리가 무전기에 대고 말했다. "정수용 정제도 좀 주고. 설사하는 군인들 무리가 우리 가까이에서 야영하는 건 싫으니까."

제단석에 이르자 스티브는 무릎을 꿇고 앉아서 돌을 뒤덮은 이파리들과 잔해를 치우기 시작했다. 그는 조각된 돌 표면 위로 손을 뻗었다. 돌에는 독특한 석영맥이 퍼져 있었다. 마치 기운을 끌어올리기 위해 여기저기 새겨진 듯한 그 석영맥은 북쪽으로 흘렀다. 그는 이것이 대단히 유의미하다고 했다. 다른 누군가는 인신공양으로 나온 피를 흘려보내는 데 사용되었을지도 모른다는 의견을 내놓았다. 크리스는 눈알을 굴리면서 말했다. "추측도 정도껏 합시다, 여러분. 우리는 이것의 정체를 짐작조차 못하고 있으니까요. 주춧돌일 수도 있고 제단석일 수도 있고 완전히 다른 어떤 것일 수도 있어요." 크리스는 본인이 북쪽으로 가서 광장 네 곳을 탐사하는 동안 애나에게 그 현장을 정리하고 제단석을 조사해 달라고 부탁했다. 알리시아 곤살레스와 톰 와인버그가 남아서 애나와 함께 작업하기로 했다. 데이브 요더 역시 영화 제작진과 함께 촬영을 위해 그곳에 머물렀다. 데이브와 영화 제작팀은 장비가 비에 젖지 않도록 하기 위해 분투하고 있었다. 촬영팀은 스티브에게 소형 마이크를 채운 뒤 제단석 바로 옆에서 자세를 취하게 한 다음 인터뷰를 진행했다.

크리스는 선두에서 빠르게 전진했다. 또다시 (망나니처럼) 마체테를 마구 휘두르며 숲을 뚫고 진격했다. 우리가 가지고 다니는 마체테 날에는 전부 네온 컬러의 분홍색 테이프를 감아 두었다. 보고 피할 수 있도록 말이다. 하지만 초목이 워낙 빽빽하다 보니 자칫하다가는 바로 옆 사람이 휘두른 마체테에 잘려나가기 십상이었다. 아무리 눈에 띄는 테이프를 붙여놔도 위기일발의 순간이 한두 차례 찾아왔다. 우디, 후안 카를로스 그리고 나는 크리스를 놓치지 않으려고 안간힘을 썼다. 우리는 그 협곡 너머에 있는 또 다른 광장을 탐사했다. 크기가 첫 번째 광장의 두 배인 그곳 역시 둔덕, 모래턱, 흙으로 만든 높은 단이 특징적이었다. 저편에 있는 광장 역시 평평한 부분을 사이에 둔 야트막한 둔덕 두 개가 평행으로 솟아 있었다. 크리스는 GPS로 지형을 파악했다. 그는 그곳이 메소아메리카의 구기장일 가능성이 있다고 봤다. 기하학적 구조와 크기가 유사했다. 이는 특히 흥미로운 부분이었다. 이곳의 문화와 서쪽 및 북쪽에 위치한 강력한 마야 이웃들 사이에 연결고리가 있을 수도 있다는 사실을 보여주는 것이기 때문이다. 기술을 요하는 경기이기는 하나, 메소아메리카 문화에서 구기는 우리가 생각하는 가벼운 오락 수준을 뛰어넘은, 선善의 세력과 악惡의 세력 간에 벌어지는 싸움을 재현하는 성스러운 의식이었다. 게다가 전투 대신 운동 시합을 통해 갈등을 해결함으로써 집단 간의 전쟁을 피하는 수단이 되기도 했을 것이다(종종 경기에서 진 팀의 주장을 참수하는 등 인신공양으로 끝나는 때도 있었다).

크리스와 후안 카를로스가 이리저리 칼을 휘두르며 밀림을 헤치고 나아가서 그 광장을 측량하고 맵핑하는 동안 나는 내내 두 사람을 따라다녔다. 그중에서 나는 특히 버스 둔덕에 꽤 흥미를 갖고 있었다. 그 둔덕은 라이다 영상에서 단연 눈에 띄었다. 실제로 보니 흙으로 된 구조물이었다. 맨 아랫부분은 윤곽이 뚜렷하게 드러나 있고 벽은 가팔랐다. "대체 이게 뭐죠?" 나는 GPS로 중간지점들을 표시하면서 광장을 여기저기 살펴보던 크리스에게 물었다.

"내 생각에는 주변보다 높이 지어올린 공공 건축물이나 신전의 토대 같아요." 크리스는 그 둔덕이 위치한 곳이 한때 큰 광장이었던 장소의 맨 끄트머리로, 우뚝 솟은 그 구조물은 쉽게 눈에 띄었을 것이라고 설명하면서 이렇게 말했다. "지금은 사라졌지만 꼭대기에 뭔가 있었어요. 썩기 쉬운 물질로 만들어진 것으로요."

비는 그쳤지만 나무들에서는 물방울이 계속 떨어졌다. 나는 생명의 농밀한 냄새를 들이마시며 그곳에 서 있었다. 고요한 둔덕, 스트랭글러 피그에 목 졸린 거목, 서로 뒤엉킨 채 매달려 있는 덩굴식물, 무수히 많은 새와 짐승의 울음소리, 나무에서 떨어지는 물방울을 맞으며 연신 꽃잎을 움직이는 형형색색의 꽃들로 둘러싸여 있었다. 현세와의 연결고리는 녹아 없어지고 어쩐지 시공간을 뛰어넘어 어느 왕국에 와 있는 듯한 느낌을 자아냈다.

하지만 평온함도 잠시, 또다시 폭우가 내리기 시작했다. 그럼에도 우리는 탐사를 이어갔다. 비에 홀딱 젖은 채로 하게 되는 진 빠지는 작업이었다. 지면은 빙판만큼이나 미끄러웠다. 진흙 때문에 위험한 상태인 가파른 골짜기와 산비탈을 오르내렸다. 그 와중에 나는 한 가지 비싼 교훈을 얻었다. 바로 대나무 가지를 갑자기 움켜잡으면 안 된다는 것이다. 대나무 가지가 날카로운 조각들로 쪼개지면서 속이 빈 줄기 안에 고여 있던 악취 나는 물이 왈칵 쏟아지기 때문이다(그 외 손잡이가 될 만한 다른 가지들은 악랄한 가시나 독이 있는 붉은 개미 떼를 뿜냈다).

마치 누군가가 수도꼭지를 잠갔다가 트는 것처럼 폭우가 오락가락 이어졌다. 오후 한 시 무렵, 우디는 야영지로 돌아갈 수 없을 정도로 강물이 불어났을까봐 걱정하기 시작했다. 그리하여 우리는 애나와 알리시아, 톰이 있는 현장으로 되돌아갔다. 세 사람은 한창 작업하던 중에 광장의 모퉁이에서 지면으로 내려가는 돌계단 하나를 발견했다. 계단 일부는 주저앉은 둔덕들에 묻힌 상태였다. 우디가 보온병에 든 따뜻하고 달콤한 밀크티를 나눠주는 동안 우리는 빗속에서 잠시 휴식을 취했다. 다들 둘러서 이야기를 나눴다. 정리작업이 최소 규모로 이뤄졌지만, 나는 거석 위에 얹힌 돌들이 한 줄로 죽 늘어서 있었던, 그 도시의 아주 작은 모퉁이가 어떤 모습이었을지 조금은 상상할 수 있었다. 그 돌들은 누가 봐도 제단처럼 보였다. 그런데 과연 제물을 올려놓는 장소였을까? 아니면 중요한 사람들이 앉는 자리였을까? 아니면 다른 어떤 것이었을까? 어디로 이어지는지 알 수 없는 돌계단 역시 또 하나의 수수께끼였다. 그 계단은 어디로 이어지는 것일까? 지하 무덤? 지하실? 아니면 이미 유실되어 버린 어떤 곳으로 향하는 것이었을까?

우리는 곧바로 떠나야 했다. 야영지로 돌아가기 위해 일렬종대로 출발했다. 이번에도 역시 피라미드 맨 아랫부분의 가장자리를 둘러갔다. 전에도 여러 번 지나다닌 경로였고 그때까지 특별한 것을 전혀 알아차리지 못했다. 그런데 뒷줄에 있던 루션 리드가 별안간 소리를 질렀다. "저기요! 이쪽에 뭔가 이상한 돌들이 있어요!" 우리는 그가 말한 것을 살펴보기 위해 가던 길을 멈추었고, 이윽고 대혼란극이 펼쳐졌다.

폭이 넓은 움푹한 지면 밖으로 비죽 나와 있는 것은 심상치 않은 돌조각 수십 개의 맨 윗부분이었다. 나뭇잎들과 덩굴 틈으로 언뜻 보이는 그 물체들은 이끼가 융단처럼 뒤덮인 상태로 숲의 어스름한 빛 속에서 그 형체를 드러냈다. 맨 처음에 우리가 본 것은 삐져나온 재규어 머리 조각이었다. 그 조각은 이빨을 드러내며 으르렁대고 있었다. 그다음으로는 콘도르의 머리로 장식된 그릇의 가장자리가 보였고 뱀들이 새겨진 그보다 큰 돌 항아리들도 나왔다. 그 옆에는 왕좌(혹은 탁자)로 보이는 물체들이 무리 지어 있었다. 일부는 테두리와 다리를 따라 무늬가 새겨져 있었는데 처음에 언뜻 봤을 때는 상형문자처럼 보였다. 다들 하나같이 돌로 된 빙산처럼 꼭대기만 보이는 상태로 묻혀 있었다. 나는 매우 놀랐다. 아름다운 그 조각들은 아마도 수백 년 전에 그곳에 남겨진 뒤로 누구 하나 건드리지 않은 채 그렇게 있었을 것이다. 굳이 말하자면, 이는 현대에 그 계곡에 대한 탐사가 이뤄진 적이 전혀 없었다는 증거였다.

영화 제작진은 서로 거칠게 떠밀고 소리를 지르면서 현장으로 몰려갔다. 촬영팀은 카메라를 돌리기 시작했고 데이브 요더도 미친 듯이 사진을 찍어댔다. 나 역시 니콘 카메라를 꺼내 비를 맞으면서 사진을 찍었다. 고고학자인 크리스는 모든 사람을 향해 소리를 지르기 시작했다. "물러서요! 젠장, 아무것도 건드리지 말아요! 쿵쿵대면서 돌아다니지 말아요! 제발 부탁인데, 발 조심해요!" 욕을 하면서 사람들을 몰아낸 뒤에 크리스는 마침내 스페인어로 된 범죄현장용 테이프를 그곳에 둘러쳤다. 테이프에는 '쿠이다도 CUIDADO', 즉 경고라는 단어가 적혀 있었다. 굉장한 선견지명을 지닌 크리스가 자신의 배낭에 챙겨온 것이었다. "아무도 이 테이프를 넘어가지 말아요." 그가 말했다. "나, 오스카르, 애나 말고는!"

극도로 힘겹게 유적지까지 걸어 올라간 탓에 지칠 대로 지친 상태에서 지팡이에 몸을 기대고 있던 스티브도 놀라기는 마찬가지였다. "굉장해요!" 그가 말했다. "여기에 이런 곳이 있다니. 보석과도 같은 귀중한 장소예요. 수세기 동안 훼손되지 않은 더없이 순수한 상태잖아요!" 여전히 거센 비가 쏟아졌지만 아무도 신경 쓰지 않았다. 그는 말을 이어갔다. "여기에 와서 이곳이 얼마나 울창한 곳인지 확인하니… 이런 유적지를 우연히 발견할 개연성이 얼마나 낮은지 알잖아요? 분명 형이상학적인 감각이 우리를 이곳으로 이끈 거예요."

크리스도 정신이 멍한 상태였다. 그는 나중에 이렇게 말했다 "어떤 도시를 발견하게 될 거라고는 예상하고 있었어요. 그런데 그건 예상 밖이었습니다. 전체적으로 그 누구도 손대지 않은 환경은 흔치 않아요. 그곳은 공물을 바치거나 은닉처였을 가능성이 있습니다. 귀한 물건들이 함부로 돌아다니지 못하도록 하겠다는 강력한 종교적 표현인 거죠." 그가 보기에 특히 인상적이었던 것은 '재규어 인간'의 초상일 수도 있는 머리 조각이었다. 정령 혹은 변신한 주술사를 표현한 것이었다. 헬멧을 쓰고 있는 것처럼 보이기도 했기에 크리스는 구기와는 관련이 없는지 궁금해 했다. "하지만 이런 이야기는 모두 추측일 뿐이에요. 우리는 아는 게 전혀 없으니까요." 그는 지표면 밑에 훨씬 많은 것이 있으리라고 추정했다.

그리고 이후 발굴을 통해 드러난 바에 따르면, 실제로 그러했다. 그 은닉처는 규모가 방대했다. 500점이 넘는 유물들이 그 안에 있었다. 하지만 어찌 됐든 규모보다 더 흥미로운 것은 그 유물들의 존재 자체였다. 이 특별한 유형의 의식용 유물들은 고대 모스키티아의 사라진 도시들만이 지닌 고유한 특징으로 보인다. 마야 문화에서는 보이지 않는 유물들이었기 때문이다. 다시 말해 그 유물들은 역사 속에서 주변 이웃들과 구별되는 모스키티아 사람들의 위치를 규정하는 열쇠를 쥐고 있을 수도 있다는 뜻이다. 그 은닉처를 만든 목적은 무엇이었을까? 왜 그곳에 그 유물들을 두었던 걸까? 그전에도 모스키티아 내에서 유사한 은닉처들이 발견된 적이 있었으나 이토록 온전한 상태인 경우는 없었다. 현장을 체계적으로 연구하고 발굴할 수 있는 흔치 않은 기회였다. 공물의 의의 및 중요성이 규명된다면 원정대가 가장 위대한 발견을 해냈다는 것이 입증될 터였다(하지만 우리가 이 발견의 파급력이 어느 정도인지를 이해하는 데는 1년이라는 시간이 걸렸다).

　강렬한 흥분으로 의기충천한 상태였지만 야영지로 돌아가는 길은 무척이나 고되었다. 가파른 산비탈은 낙하 슬라이드 같은 게 있어야 내려갈 수 있었다. 우디의 걱정과는 달리 강물은 그다지 불어나지 않았다. 다행히도 걸어서 건널 수 있는 상태였다. 빗줄기가 약해지면서 하늘이 개기 시작했다. 우리는 헬리콥터가 야영지에 필요한 물품들을 더 많이 싣고 들어올 수 있기를 바랐다. 야영지는 아직도 부분적으로만 설치된 상태였다. 음식과 식수, 노트북 컴퓨터와 촬영 기기의 배터리를 충전할 발전기가 부족했다. 그리고 의료용 막사와 앞으로 며칠에 걸쳐 도착하기로 되어 있는 과학자들이 머물 막사도 설치해야 했다.

　야영지로 복귀한 크리스는 캠프 뒤편에 있는 토루로 보이는 것을 탐사할 예정이라고 이야기했다. 대단한 에너지였다. 그곳으로 걸어가던 우리는 군인들의 야영지를 지나게 되었다. 군인들은 우리가 준 방수포를 가지고 공동 막사를 짓고 진흙투성이 바닥에는 두꺼운 잎을 깔고 있었다. 불도 피워둔 상태였다. 빗속에서 어떻게 그걸 해냈는지 나로서는 전혀 알 수 없었다. 한 군인은 사냥을 갔다가 돌아오는 길인지 어깨에 사슴 뒷다리를 들쳐 메고 있었다. 나중에 알고 보니 그 사슴은 멸종 위기에 있던 중앙아메리카 마자마 사슴이었다. 일주일 뒤에 온두라스 군은 사냥 중지 명령을 내렸고 대신 전투식량을 배급하기 시작했다. 군인들은 강 하류에 있는 착륙지대에서 우리 야영지까지 5km가량을 도보로 이동하는 데 다섯 시간 가까이 걸렸다고 했다. 강물을 헤치며 상류로 걸어서 이동했는데, 그렇게 하는 편이 밀림을 헤치고 나아가는 것보다 수월하고 안전한 방법이었다.

군인들의 야영지 뒤편으로는 가파른 비탈 하나가 있었다. 크리스가 답사를 바라던 이례적인 장소였다. 꼭대기까지 올라간 뒤에 산비탈을 넘어 건너편으로 내려가자 타원형 지대가 나왔다. 인간이 흙을 쌓아 만든 둑으로 보이는 것들이 평평한 바닥을 에워싸고 있었다. 하층식생이 약간 있는 탁 트인 공간이었다. 마치 평평한 바닥과 가파른 벽으로 되어 있는 커다란 수영장 같았다. 한쪽 끝에 있는 작은 출구는 우리가 야영을 하고 있는 평지로 이어졌다. 다른 한쪽 끝에는 고대의 도로처럼 생긴, 풀이 무성한 저습지가 산비탈 아래로 지나갔다. 크리스는 그 토루들이 아마 저수지였을 것이라고 했다. 우기에 물을 모아뒀다가 건기에 우리 야영지가 있는 곳에서 키운 작물로 물을 댔을 것이다. "지금 우리가 있는 저 단구 전체가 농경지였을 거예요." 크리스가 말했다. 인위적으로 땅을 가지런하게 골랐을 것이라고 했다. 농경지 중 일부는 카카오나무 과수원이었을 가능성이 있었다(이전에 알리시아 곤살레스는 카카오나무로 보이는 것이 자신의 야영지 부근에서 몇 그루 자라고 있는 것을 확인하기도 했다).

먹구름이 서서히 물러가고 마침내 그날 처음으로 군데군데 파란 하늘이 모습을 드러냈다. 희부연 태양이 얼굴을 내밀더니 안개 자욱한 숲 지붕 사이로 햇빛 줄기들을 내보냈다. 한 시간 뒤, 엄청난 소리와 함께 헬기가 들어오자 또다시 짖는원숭이들의 맹렬한 합창이 시작되었다. 방문객은 두 명이었다. 부대 상황을 점검하러 온 오세게라 중령과 IHAH 소장 비르힐리오 파레데스였다. 오세게라 중령은 도착하자마자 부대원들을 살펴보러 갔고, 그사이에 비르힐리오 소장은 주방으로 가서 스티브와 크리스로부터 은닉처를 발견한 이야기를 흥미롭게 들었다. 이미 늦은 시각이라 다시 가보는 것은 무리였다. 비르힐리오 소장과 오세게라 중령은 일단 야영지에서 밤을 보내고 다음 날 현장에 가보기로 했다.

나는 2012년 라이다 측량을 할 때, 비르힐리오를 처음 만났다. 사려 깊은 성품인 그는 고고학자는 아니었으나 이곳 유적지의 비밀을 파헤치기 위해 많은 질문을 던졌고 그 프로젝트에 정통할 수 있도록 공을 들였다. 그는 어릴 때부터 백색 도시 이야기를 알고 있었다. 스티브의 원정대가 그 도시를 찾고 있다는 얘기를 맨 처음 들었을 때만 해도 그것을 미신적 숭배라고 여겼다. IHAH 소장 직을 맡은 뒤로 아틀란티스 혹은 금괴가 가득한 전설 속 난파선에 관한 이야기로 사무실을 찾아오거나 메일을 보내는 정신 나간 사람들의 물결이 끊임없이 이어졌기 때문이다. 비르힐리오는 스티브 역시 그런 미친 사람들과 같은 범주에 속하는 인물이라고 생각했다. "나는 그에게 '말이 되는 소리를 해야지!'라고 했어요." 하지만 모스키티아의 비밀을 벗겨낼 수 있는 라이다의 잠재력에 관한 설명을 듣고서 흥미를 갖게 되었다고 했다. 라이다는 제대로 된 기술이었고 스티브가 꾸린 원정 대원들 역시 모두 유능한 사람들이었기 때문이다.

비가 다시 내리기 시작했다. 나는 저녁을 먹고 술을 한 모금 마신 뒤에 야영지로 갔다. 진흙 범벅인 옷을 벗어서 빗물에 깨끗이 씻기도록 빨랫줄에 널어둔 뒤 텐트로 기어 들어갔다. 야영지 또한 다른 곳과 마찬가지로 진흙 바다였다. 나는 군인들에게서 힌트를 얻어 텐트 앞쪽 진흙바다 위에 부드럽고 연한 잎을 깔아보려고 했지만 진흙이 텐트 밑으로 서서히 흘러들면서 방수바닥이 물침대처럼 물컹거릴 뿐이었다.

침낭 안에 자리를 잡고 누웠을 때였다. 벌레들이 몸 위를 기어 다니는 듯한 느낌이 들었다. 내가 깨닫지 못하는 동안에도 내내 몸 위에 있었던 게 틀림없었다. 움직임을 멈추자 그제야 느껴졌던 것이다. 나는 비명을 내지르며 침낭 지퍼를 열고 손전등을 켰다. 온몸이 붉게 부어오른 흉측한 자국들로 뒤덮여 있었다. 그런데 벌레들은 보이지 않았다. 다만 뭔가가 무는 느낌이 들기에 손가락으로 집어냈다. 모래알 크기의 양충이었다. 너무 작아서 거의 보이지도 않았다. 짓이기려고 해봤으나 껍질이 너무 딱딱했다. 그래서 읽고 있던 존 로이드 스티븐스의 책 위에 조심조심 올려놓은 다음, 칼 끝으로 찔렀다. 만족스럽게 으드득 소리가 났다. 얼마 지나지 않아 내 피부뿐만 아니라 가방 안에도 양충들이 떨어져 있는 것을 발견하고서 경악을 금치 못했다. 나는 30분 동안 양충들을 모아 책에 올려놓은 뒤 칼로 찌르는 작업을 했다. 침낭 안에 있는 그 미세한 생명체들은 거의 눈에 보이지 않았다. 나는 온몸을 디트로 칠갑한 채 모든 것을 운명에 맡기고 양충들과 동침하는 길을 택했다. 원정이 끝나갈 무렵 존 로이드 스티븐스의 책 표지는 칼자국이 너무 많아버릴 수밖에 없었다.

아침 식사 시간에 알리시아는 또 다른 재규어 소식을 전했다. 그리고 텐트 옆으로 스르륵 기어가는, 희미하게 속삭이는 듯한 소리를 들었다는 이야기와 함께. 알리시아는 그 소리의 주인공이 아주 큰 뱀이라고 확신했다.

# 15

# 마력이 깃든 장소

밀림에서 맞은 세 번째 날 아침, 우리는 비르힐리오 소장, 오세게라 중령 그리고 군인 네 명과 함께 은닉처 현장까지 갔다. 설리와 우디가 고정로프를 매어 놓았지만 오르기가 힘든 것은 매한가지였다. 크리스는 애나 코언에게 초목이 뒤덮인 은닉처 현장의 정리작업을 책임지고 맡아달라고 부탁했다. 모든 유물을 일일이 확인하고 목록을 만들어 기록하며 있는 그대로 전부 스케치하는 일이었다. 워낙 규모가 방대해 군인들이 애나를 돕기로 했다. 크리스, 우디, 스티브 그리고 나는 도시를 탐사하기 위해 북쪽으로 향했다. 크리스가 앞장선 가운데 우리는 '광장 1'을 가로지른 다음 협곡을 지나 '광장 2'로 들어갔다. 서로 뒤얽힌 대나무, 덩굴식물, 각종 초목들을 패어 길을 내면서 나아갔다. 크리스는 라이다로 본 특징들 가운데 현장 방문을 하고 싶은 곳들을 따로 뽑은 긴 목록을 갖고 있었다. 그의 GPS를 따라 우리는 지독하게 울창한 어느 밀림 속으로 들어갔다. 군데군데 녹색 터널을 뚫어놓은 듯한 곳이었다. 우리는 보다 많은 둔덕, 주요 가옥들의 흔적, 의식용 구조물, 버스처럼 생긴 둔덕 두 개, 여러 개의 단구를 찾아가 보았다. 그러다가 숲 지붕 밑에서 잠시 휴식을 취하게 되었다. 큰 나무 한 그루가 쓰러질 때 연달아 다른 나무 십여 그루도 동시에 쓰러지면서 하늘로 열린 구멍 하나가 생긴 곳이었다. 그 구멍을 통해 갑작스럽게 많은 양의 햇빛이 쏟아지자 하층식생이 급속도로 퍼져 나갔고 대나무와 고양이발톱덩굴이 복잡하게 뒤얽히면서 헤치고 들어갈 수 없을 정도로 빽빽이 운집하게 되었다. 그 덤불의 가시거리는 상당히 제한적이어서 우디, 크리스 그리고 나는 계속해서 소리를 내며 서로의 위치를 파악해야 했다. 우리 사이의 거리가 불과 3m 이내였음에도 말이다.

그 도시를 한참 둘러본 다음 우리는 은닉처로 행했다. 그쪽에서는 또 한 번의 가벼운 소동이 있었다. 군인들은 현장을 정리하고 애나는 스케치를 시작했을 때였다. 현장의 한가운데 있던 통나무 밑에서 잔뜩 짜증이 난 페르드랑스 한 마리가 불쑥 튀어나왔다. 페르드랑스는 그 모습을 온전히 사진으로 담을 수 있을 정도의 거리에서 얼쩡댔다. 촬영팀은 뜻밖의 엑스트라가 등장하자 신이 나서 어쩔 줄을 몰랐다. 다만 설리가 잡아서 옮기려고 하자 그 페르드랑스는 완전히 열 받은 상태로 통나무 밑으로 자취를 감춰버렸다. 그리하여 확인해야 할 유물들이 가득 있다는 사실을 알면서도 다들 그 통나무 주변으로는 가려고 하지 않았다.

비르힐리오, 스티브, 우디 그리고 나는 내처 걸어 야영지로 향했다. 비르힐리오는 대통령에게 은닉처에 관한 소식을 어서 보고하고 싶은 마음을 안고 헬기에 올랐다. 그사이에 보급품을 실어 나르던 에이스타가 그날 오후 독수리 한 마리 때문에 추락할 뻔한 소식을 듣게 되었다. 조종사가 독수리를 피하려고 방향을 틀기는 했으나 회전날개깃에 독수리가 부딪치는 바람에 축의 맨 아랫부분에 있는 변속장치 공간으로 그 새가 빨려 들어간 것이다. 그로 인해 기내에는 끔찍한 악취가 진동했다고 했다. 아슬아슬했던 이 사고로 우리가 헬리콥터 두 대에 얼마나 절실히 의지하고 있는지를 다시금 깨닫게 되었다. 만약 헬리콥터가 들어오지 못해 발이 묶인다면 우리는 한정된 물자를 가지고 수주일 동안 육로로 이동해야 했을 것이다.

우리가 유적지에 올라가 있는 동안 알리시아는 야영장 뒤편에 머물고 있던 특수부대원들과 이야기를 나누면서 그날 하루를 보냈다. 나는 알리시아가 어떤 인류학적인 통찰을 얻었는지 듣고 싶었다. 숲 작전에 참여한 특수부대원들은 대부분 온두라스 토착 원주민 부족 출신이었다. 그중에는 우리 야영지에서 가장 가까운 곳에 있는 토착민 마을인 괌푸시르피Wampusiripi 출신도 있었다. 약 4만 6,000m 떨어진 파투카 강에 위치한 외딴 마을로, 일반적으로는 물길로만 갈 수 있는 곳이었다. 그렇다면 군인들은 이 모든 상황을 어떻게 생각했을까?

"상당히 멋지다고요." 알리시아가 나에게 말했다. "이런 곳은 처음 본다고 하더라고요. 아주 기쁜 듯이 말했어요. 마치 낙원의 한복판에 있는 것 같다고요. 물론 그중에는 여자친구의 품으로 돌아가고 싶어 하는 사람들도 있었지만요. 하지만 대부분은 짜릿한 기분을 느끼고 있어요." 요새 같은 계곡의 자연 환경이 일종의 성스러운 장소를 만들었다고 보는 군인들도 있었다. 알리시아는 페크족 군인 한 명을 설득해 카카오나무들을 표시해 달라고 부탁했다. 카카오나무 지도를 만들어 그곳이 실제로 경작되었던 고대 과수원의 흔적인지 알아낼 수 있도록 말이다. 마야인들은 초콜릿을 신성시했다. 카카오를 보물처럼 귀하게 여기고 신들의 음식이라고 생각했다. 따라서 카카오 콩은 전사들과 지배층의 전유물이었고 화폐로 사용되기도 했다. 또한 인신공양 의식에도 포함되었다. 카카오나무와 초콜릿 무역은 고대 모스키티아에서 중요한 역할을 했을 가능성이 컸다. 마야인들과 거래한 귀중한 상품이었을 것이다. "그 군인이 말하기를, 그 카카오나무들은 알이 작은, 아주 오래된 품종이라고 하더군요." 알리시아가 덧붙여 말했다. "모스키티아는 카카오 천지예요!"

며칠 뒤 군인 몇 사람이 자신들의 가족과 만나게 해주겠다면서 알리시아를 군용 헬기에 태워 괌푸시르피로 데려갔다. 알리시아는 본인의 휴대폰으로 찍은 카타카마스 북동쪽의 삼림 파괴 현장의 모습을 그들에게 보여주었다. "경악하더라고요." 알리시아는 몹시 걱정스러워했다. "군인들은 이렇게 말했어요. '강은 말라붙고 동물들은 떠나가고 물고기들은 죽어갈 게 뻔해요!'라고요."

괌푸시르피에는 유기농 카카오 협동조합이 있다고 했다. 순수한 초콜릿 덩어리를 생산해 강 하류에 있는 시장으로 보내는 곳이다. 초콜릿 마니아들은 이곳에서 만든 초콜릿이 세계 최고 품질인 단일원산지 초콜릿에 속한다고 입을 모은다. 카카오 콩의 일부는 마을을 둘러싼 생물권 보전지역 숲에서 자생하는 야생 카카오나무에서 수확한다. 남자들이 카카오 콩을 수확하면 여자들이 그 콩을 발효하고 굽는 작업을 맡는다. 알리시아는 협동조합을 둘러본 뒤 그곳 사람들에게 약 2kg에 달하는 초콜릿 덩어리를 받아왔다. 쓴맛이 나는 100% 순수 초콜릿이었다.

알리시아가 그들에게 시우다드 블랑카(페크족은 '카사 블랑카'라고 부른다)에 관해 묻자 마을 사람들은 어느 80대 남성을 소개해 주었다. 그는 그곳에 관한 이야기를 들려주기 시작했다. "오래 전에 그링고(미국인)들이 와서 금을 몽땅 가져가고 신성한 카사 블랑카를 욕보였다고 했어요. 카사 블랑카는 산속 드높은 곳에 있다고 하더라고요. 주술사들이 갔던 곳으로 그들이 지배하는 곳이라고 했어요. 그 사람들의 말에 따르면 그곳은 아주 오래된 장소, 마력이 깃든 장소라고 해요."

다음 날 아침이 밝았다. 짙은 안개가 자욱하고 물이 뚝뚝 떨어지는 축축한 아침이었다. 밀림 생활 나흘째였다. 시간이 너무 순식간에 지나가는 것 같았다. 오전 여덟 시에 우리는 라이다 영상에서 유독 눈에 띄었던 L자형 특징물을 살펴보기 위해 상류 쪽으로 약 402m를 올라갔다. 강물을 헤치며 걸었는데 둑 양편에 있는 밀림을 뚫고 가려고 안간힘을 쓰는 것보다 훨씬 수월하고 안전했다.

그 L자 모양 지형은 누가 봐도 인공적이었다. 범람원 위로 3m가량 솟아오른 흙으로 된 기하학적 구조의 대형 기단이었다. 그 주변과 꼭대기에는 거대한 나무들이 자랐다. 정말이지 무시무시할 정도로 큰 나무도 있었다. 몸통 지름이 최소 6m에 달했다. 크리스는 범람원 아래쪽으로는 경작지가, 위쪽으로는 밀집된 가옥들이 있던 한 지역을 아마도 그 단層이 떠받치고 있었을 것이라고 봤다. 그런 데 그곳에서 나오는 길에 나는 가파른 둑을 내려가려고 고군분투 하다가 그만 강으로 굴러 떨어지고 말았다. 다행히 다친 곳은 없었 지만 나의 니콘 카메라는 살아남지 못했다(다행히 문명사회로 복귀 한 뒤 메모리카드에 저장되어 있던 사진들은 전부 건질 수 있었다). 그리 고 이튿날 나는 휴대폰도 잃었다.

우리는 하류 쪽으로 약 800m가량 내려가 라이다 영상에서 두 드러지게 보였던 일련의 큰 광장들이 있는 곳으로 갔다. 도중에 만 난 이름 없는 강은 그동안 내가 본 것 중에 가장 아름다운 강이었 다. 수정처럼 맑은 물이 자갈 깔린 강바닥 위로 흘렀다. 자갈 사주 가 펼쳐져 있고 양지바른 땅에는 꽃이 만발했다. 곳곳에 급류와 물 웅덩이가 있었고 간헐적으로 작은 폭포도 나왔다. 군데군데 거대 한 나무와 초목이 강 위로 몸을 굽혀 은밀한 분위기의 녹색 터널 을 만들었다. 그 터널을 지나는 동안 내내 물소리가 우리를 따라왔 다. 물굽이마다 새로운 것이 모습을 드러냈다. 햇빛에 일렁이는 여 울, 양치식물을 늘어뜨린 나무 몸통, 은빛 물고기로 반짝이는 깊은 웅덩이, 우듬지에서 솟아오르는 금강앵무와 쇠백로 등이 그것이었 다. 나는 그 장면들을 기록할 카메라가 없다는 게 한스러울 따름이 었다.

라이다 지도에 따르면, 그 강과 목적지 사이의 중간지점에 꽤 깊 은 급커브가 있었다. 우디는 곧장 가로질러 지름길을 이용하면 시 간을 절약할 수 있다고 했다. 울울창창한 밀림 속으로 처박히게 되는 경로였다. 오직 마체테가 있어야 1인치 전진이 가능했다. 산등성이를 넘어 협곡으로 내려간 다음 다시 그 강을 따라갔다. 한 시간 뒤, 우리는 유적지로 추정되는 곳의 맞은편에 있는 자갈 사주에서 잠시 휴식을 취하며 점심을 먹었다.

우리는 GPS와 라이다가 나오기 전에 그 계곡과 유적지를 탐사했더라면 (그것이 불가능하지는 않았을 테지만) 얼마나 힘들었을지에 관해 이야기했다. 라이다 지도가 없었다면 T1 유적지 한복판을 걸어서 통과할 수 없었을 테고, 심지어 그런 게 존재하는지조차 깨닫지 못했을 것이다. 라이다 지도와 GPS 덕분에 여러 특징들을 어디에서 찾아낼 수 있는지 알 수 있는 것이다. 만약 이 두 가지가 없었다면 초목에 가려져 있어 발견할 수 없었을 것이다. 강 저편의 초원을 가로지르며 서 있는 나무 벽은 둔덕과 광장들에 관한 그 어떤 힌트도 주지 않았다.

점심을 먹고 나서 우리는 강을 건너 울창한 들판으로 진입했다. 풀이 가슴 높이까지 자라 있는 그곳에 들어서자 뱀 생각이 머릿속에서 떠나질 않았다. 내가 어디에 발을 딛고 있는지 전혀 알 수 없었다. 가슴을 쓸어내리면서 들판을 지나 숲으로 들어간 우리는 또 다른 '버스'인 가파른 둔덕과 조우했다. 둔덕은 양쪽으로 나란히 뻗어 있었다. 크리스는 그 유적지가 위쪽에 있는 도시가 확장된 것이라고 본 데 반해, 오스카르는 그곳이 완전히 별개의 정착촌이라고 생각했다. 이는 사소한 의견충돌이 아니었다. 라이다 영상을 보면, 그 계곡을 따라서 주요 유적지 열아홉 곳이 다붓다붓하게 죽늘어서 있다. 그렇다면 같은 정치조직, 즉 같은 경제적·정치적 단

위체인 단일한 도시의 일부였던 것일까? 아니면 저마다 고유의 통치체제를 지닌 별개의 마을들이었을까? 지금까지 나온 증거들을 종합하면, 전부는 아니지만 그 유적들의 대부분이 확대된 하나의 도시에 속한다는 점을 알 수 있다. 하지만 우리가 가졌던 이러한 의문은 여전히 풀리지 않은 채로 남아 있다.

우리는 몇 시간 동안 현장을 탐사했다. 크기만 더 작을 뿐 처음에 본 광장들과 매우 유사했다. 흙으로 된 피라미드일지도 모른다고 기대하면서 우리는 근처에 있는 언덕을 올랐다. 하지만 정상에 오른 크리스와 오스카르는 그것이 자연적으로 생성된 원뿔 모양의 언덕이라고 결론 내렸다. 우리는 제단 같은 평평한 돌들이 줄줄이 늘어서 있는 것, 지면을 판판하게 고른 광장, 버스처럼 생긴 둔덕들을 발견했다. 그렇게 탐사를 마치고 나서 우리는 어느 둔덕의 맨 끄트머리를 지나 그곳을 빠져나왔다. 바로 옆에 거대한 페르드랑스가 있는 줄도 모른 채…. 루션이 그것을 발견했다. 우리와 페르드랑스 사이의 거리는 60cm도 채 안 되었다. 까딱하다가는 누구 한 명이라도 그것을 밟거나 스칠 수 있을 정도로 매우 가까웠다. 뱀은 초콜릿 빛깔 똬리 속에 머리를 처박고 평온하게 잠든 상태였다. 우리가 이곳에 처음 온 날에 죽인 녀석과 거의 비슷한 크기로, 몸길이가 1.5~1.8m 정도 되어 보였다.

페르드랑스의 단잠을 깨우지 않고 조심히 지나쳐 야영지로 돌아와 보니 방문객들이 더 와 있었다. 작가이자 문학평론가로 〈로스앤젤레스 리뷰 오브 북스 *Los Angeles Review of Books*〉의 창간인이기도 한 톰 루츠Tom Lutz는 〈뉴욕 타임스〉 프리랜서 필진으로 우리의 원정을 취재하고 있었다. 원정대의 공동대표이자 재정적 후원자인 빌 베넨슨도 톰과 함께 도착했다.

비가 다시 시작되었다. 엄청난 폭우였다. 나는 해먹 아래로 들어가 옹송그린 채 일지를 쓴 다음, 사람들이 모여 있는 주방 천막으로 갔다. 다들 자기 일을 하느라 정신없는 분위기였다. 데이브 요더는 엄청난 분량의 사진들을 하드드라이브에 옮기고 있었고 루션 리드와 영화 제작진은 장비를 닦고 말리며 새로 도착한 발전기로 배터리를 충전하느라 매우 분주해보였다. 전직 SAS팀 역시 대나무를 잘라 점점 깊어지는 진창 위에 길을 놓느라 분주했다. 야영지 전체가 물에 잠긴 상태였기 때문이다. 비는 오후 내내 계속되었다. 그날 저녁, 여느 때와 마찬가지로 식사를 마친 뒤에 우리는 막사에 머물며 하루 일과를 마무리했다. 우디는 불을 피우려고 안간힘을 썼다. 땅에 구멍을 하나 파고, 페이퍼타월 뭉치를 휘발유에 적신 다음 그 위에 젖은 나무를 쌓아올려 불을 붙였다. 하지만 이내 구멍에 물이 고이더니 금세 흘러넘치면서 가여운 불씨를 꺼트렸다.

그날 오전, 은닉처를 어떻게 할 것인지를 두고 의견이 갈렸기에 스티브는 저녁 시간에 맞춰 회의를 열었다. 원정 대원들은 반원 형태로 배치된 의자에 앉았다. 천막을 쉴 새 없이 두드리는 빗소리가 들리는 가운데 다들 랜턴 불빛 아래로 모였다. 우리는 디트와 흰곰팡이 냄새를 풀풀 풍기며 커피를 마시면서 벌레를 때려잡고 있었다. 스티브는 현장의 심각한 도굴 위험성에 관해 설명하며 이야기를 시작했다. 그는 우리가 유적지를 발견하지 않았더라도 계곡 입구에서 16km 채 떨어지지 않은 곳에서 삼림벌채가 이뤄졌으며 그 계곡을 향해 급속도로 접근해 들어가고 있다는 점을 지적했다. 이러한 상황을 감안한다면, 우리가 그 유적지를 구하기는 했으나 그것은 어디까지나 일시적일 뿐이라는 것이었다. 비르힐리오는 앞으로 8년 뒤 혹은 그전에라도 불법 벌목이 그 계곡에까지 이르게 될 테고 그렇게 되면 은닉처에 대한 수백만 달러에 이르는 약탈이 발생하리라고 추정했다.

훨씬 불길한 징조도 있었다. 온두라스 군인들은 계곡 입구 너머에 밀림을 깎아서 만든 마약 밀매 이착륙장이 있다는 사실을 보고한 바 있었다. 이제 T1의 위치는 알 만한 사람들은 다 아는지라 더는 비밀이 아니라고 스티브는 말했다. 마약 밀매업자들은 돈도 있고 비행기도 있으니 우리가 떠나자마자 그 유적지를 파헤칠 터였다. 스티브는 원정대가 유물 한 점은 가지고 가야 한다고 생각했다. 우리가 무엇을 찾아냈는지 보여주는 증거로서 그리고 신속한 현장 발굴을 위한 재원 마련 수단으로서 말이다. "우리는 판도라의 상자를 연 겁니다." 스티브는 이렇게 말하면서 이제 우리에게는 그 유물들을 보호해야 할 책임이 있다고 했다.

빌 베넨슨도 스티브의 의견에 동의했다. 베넨슨은 유물 몇 점을 들고 나온다고 해서 전체적인 구조가 손상되는 일은 없을 테고 그것은 일종의 매장물 파괴 방지를 위한 긴급 발굴인 동시에 기부자들이 그 계곡이나 유적을 지키는 데 관심을 갖도록 만들어서 효과적으로 자금을 조달할 수 있는 수단이 될 것이라고 주장했다. 게다가 만에 하나 현장이 약탈되더라도 최소한 유물 몇 점은 살릴 수 있었다.

뒤이어 크리스 피셔가 입을 열었다. 그는 단호했다. "우리가 여기서 무얼 하는지 전 세계가 지켜볼 겁니다." 그는 그 수가 몇 개든 성급한 발굴에 대해서는 완강히 반대했다. 그는 우선 우리가 발굴 허가를 받지 않았다는 점을 지적했다. 그리고 이 부분이 가장 중요한데, 그 유물들의 가치는 개별적인 매장물 하나하나에 있는 게 아니라 전체적인 구조 속에 있다는 것이었다. 그러한 조각상 각각은 이미 박물관에 모두 있는 것들이었다. 하지만 원상태 그대로 발굴 작업이 진행된 은닉처는 한 곳도 없었다. 전문성을 갖춘 고고학자들이 합법적으로 신중하게 발굴을 진행한다면 이 문화에 대한 엄청난 사실들이 밝혀질지도 몰랐다. 이를 테면 화학분석을 통해 유물 그릇들에 어떤 음식 공물이 담겼었는지 알아낼 수 있었다. 마지막으로 은닉처 밑에 왕릉이 있을 가능성도 있으므로 예우를 갖춰 조심히 다뤄야 한다는 것이었다. 크리스는 누가 됐건 간에 지금 당장 뭐든 파내기만 하면 곧바로 프로젝트에서 빠지겠다고 했다. 본인의 직업윤리에 완전히 반한다는 게 그 이유였다.

"그러다가 3주 뒤에 은닉처가 약탈되기라도 하면요?" 베넨슨이 물었다.

"할 수 없죠 뭐." 크리스는 이렇게 말했다. 그는 타인의 불법 행위를 예상하고 비윤리적인 행동을 해서는 안 된다고 했다. 게다가 이 문제는 우리가 결정할 사안도 아니라고 덧붙였다. 이곳은 타국이었다. 그 유적지는 온두라스의 국가적 유산이었다. 그들의 유적이었고 발굴을 할지 안 할지는 그들이 결정할 일이었다. 다만 온두라스 사람들이 잘못된 결정을 내리지 않기만을 바랄 뿐이었다. 지금 당장 허둥지둥 급하게 발굴 작업을 진행했다가는 고고학계가 이 프로젝트에 등을 돌리는 것은 물론이고 발견의 중요한 가치 역시 훼손될 터였다.

크리스는 오스카르 네일 쪽으로 몸을 돌리고는 스페인어로 물었다. "당신 의견은 어때요?" 그때까지 오스카르는 묵묵히 듣고만 있었다. 온두라스의 고고학 책임자로서 그는 비르힐리오 파레데스와 협의하여 발굴 여부를 결정할 권한을 갖고 있었다. 오스카르는 크리스의 의견에 강하게 동조했다. 그는 앞서 스티브가 위험 요소라고 언급했던 마약 밀매업자들이 실제로는 도굴꾼의 접근을 막는 역할을 할 것이라고 지적했다. 왜냐하면 자신들의 근거지에 도굴꾼들이 발붙이는 꼴을 보지 않을 것이기 때문이다. "마약 밀매업자들은 이곳 격외영토의 주인들입니다." 오스카르가 말했다.

또한 통행이 불가능한 숲 자체가 보호막이었다. 유물들은 지난 세월 그곳에 안전하게 있었다. 그러니 숲이 온전한 상태로 남아 있는 한 그 유물들은 자연적으로 보호될 터였다. 약탈자들은 접근이 쉬운 유적지에 관심을 갖는다. 그리고 우리가 지금 걱정하고 있는 이곳보다 훨씬 수월하게 갈 수 있는 다른 유적들이 얼마든지 있었다. 게다가 마약 밀매업자들은 유물을 거들떠보지도 않을 터였다. 훨씬 수익성이 높은 마약사업을 하고 있기 때문이다. 게다가 오스카르는 이미 온두라스 군에서 그 계곡으로 들어가 순찰을 하고 근본적으로 주권 너머에 있던 그 지역에 온두라스의 공권력을 확립하는 계획을 논의 중이라고 덧붙였다.

결국 오스카르와 크리스의 주장에 모두가 동의했다. 그리하여 신중하고 제대로 된 발굴을 기다리면서 당분간은 그 유물들을 건드리지 않고 제자리에 그대로 두기로 결정했다. 회의가 끝난 뒤였다. 설리가 내 팔을 툭 건드리더니 목소리를 낮춰 이렇게 말했다. "나는 군인들을 잘 알아요. 나도 군인이었으니까. 두고 봐요. 위험은 마약 밀수꾼이나 외부의 도굴꾼이 아니라 바로 저기에서 나올 테니." 설리는 우리 뒤편으로 어둠 속에 있는 군인들의 야영지를 향해 까딱 고갯짓을 하며 말했다. "저들은 이미 계획을 다 세워놓은 상태예요. 유적들을 일일이 GPS로 표시해 뒀죠. 강 하류에서는 착륙지대를 확장하고 있고요. 군인들은 도굴꾼들을 들여보내지 않을 거예요. 본인들이 바로 도굴꾼이니까. 당신들이 떠나고 난 뒤에 일주일이 지나면 사라질 겁니다. 나는 세계 곳곳에서 이런 식의 부패를 봐 왔어요. 장담합니다. 이게 바로 앞으로 벌어질 일이에요." 설리는 작은 목소리로 이런 이야기를 해주었다. 그의 말이 맞을지도 모른다는 생각에 걱정이 되기는 했지만, 은닉처를 건드리지 않기로 이미 결정한 상태였다. 설리는 자신의 생각을 비밀로 해두고 크리스나 오스카르에게는 알리지 않았다.

회의를 마치고 나니 야영지의 길들은 발목까지 찰랑거릴 정도로 깊어진 걸쭉한 진흙탕이 되어 있었다. 나는 옷을 벗어 널어둔 뒤에 텐트 안으로 기어 들어갔다. 역시 양충들을 잡아내 책 위에 올려놓고 칼로 찌르거나 텐트 안으로 잠입한 샌드플라이들을 짓이겼다. 늘 그렇듯이 텐트 주변을 저벅저벅 돌아다니는 밤 짐승들의 발소리를 들으면서 어쩌면 결과적으로는 SAS팀이 이곳에서 마주하게 될 시련들을 우리에게 과장한 게 아니었을 수도 있다는 생각을 했다.

# 16

## 엘도라도는 어디에

여느 때와 다름없이 밤새 비가 쏟아졌다. 가끔은 귀가 멍멍해질 정도로 맹렬하게. 역시나 짖는원숭이의 울음소리에 잠을 깼을 때도 여전히 비가 내리고 있었다. 내가 텐트 밖으로 기어나와 흠뻑 젖은 옷을 걸치고 있을 때 이웃집 스티브는 거미원숭이들을 올려다보고 있었다. 거미원숭이들도 우리만큼이나 딱해 보였다. 스티브는 거미원숭이들이 허구한 날 내리는 비를 어떻게 견딜 수 있는지 궁금해 했다. 시기상으로는 건기였으나 이 오지에서는 비정상적인 미기후가 승리한 듯했다.

아침 식사 시간의 논의 주제는 T3로 바뀌었다. 악천후로 그날 예정되어 있던 T3의 항공 정찰이 불가능해졌기 때문이다. 그 도시는 북쪽으로 32km가량 떨어진 곳에 있었다. 크리스는 기상 상태가 바뀌기만 한다면 잠깐이라도 상공에서 볼 수 있기를 간절히 바랐다.

우리는 잠시라도 비가 멈추기를 기다렸다. 그리고 그런 순간이 오자 에이스타가 원정 대원 두 명을 데리고 나타났다. 마크 플로트킨Mark Plotkin과 그의 동료 교수 루이스 포베다Luis Poveda였다. 플로트 킨은 저명한 민족식물학자로, '아마존 보호팀'의 팀장이자 베스트 셀러인《샤먼 견습생 이야기Tales of a Shaman's Apprentice》의 저자였다. 두 사람은 T1 계곡의 식물학, 특히 고대 거주민들과 관련성이 있는 식 물들을 기록하고 연구하고 싶다는 바람을 품고 있었다. 즉, 생물학 적으로 유용한 나무 및 약초를 확인하는 것은 물론이고 콜럼버스 이전 시대부터 조상 대대로 이어져온 식물들의 목록을 만들겠다 는 계획을 세웠다. 헬리콥터가 떠나자마자 비가 다시 내렸다. 우리 는 유적지로 가기 위해 짐을 챙겼다. 후안 카를로스는 큼지막한 플 라스틱 여행가방을 끈으로 등에 묶었다. 그 여행가방 안에는 12만 달러짜리 지상 라이다 장치가 들어 있었다. 삼각대 위에 그 기계를 올려놓고 은닉처를 단층 촬영할 작정이었다.

고정로프를 잡고 미끄러운 산길을 올라가던 중이었다. 70대 초 반인 포베다 교수가 넘어지면서 굴러 떨어지는 바람에 다리근육을 접지르는 사고가 발생했다. 그는 일단 야영지로 돌아가서 기다리 고 있다가 헬리콥터로 후송되어야 했다. 비가 너무 심하게 퍼부은 탓에 후안 카를로스는 은닉처에서 한 시간을 기다린 끝에 용단을 내려 라이다 기기를 상자에서 꺼냈다. 그는 유물들이 모여 있는 곳 의 바로 위쪽에 자리한 피라미드의 경사면 아랫부분에 라이다 장 치를 설치했다. 방수포 한 장을 머리 위에 둘러쓴 채로 진흙 바닥 에 무릎을 꿇고 앉아 자신의 노트북 컴퓨터를 조작하여 라이다를 제어장치와 연결했다. 라이다 기기가 고난을 이겨낼지는 미지수였 다. 마침내 몇 시간이 흐른 뒤에야 빗줄기가 가늘어졌다. 후안 카를로스는 덮개를 벗겨내고 11분 동안 현장의 단층 촬영을 할 수 있었다. 애초에 의도한 바는 3차원 사진을 완성하기 위해 여러 각도에서 여섯 차례 촬영하는 것이었으나 다시 폭우가 시작되면서 시간이 지연되었고 결국 그날은 작업을 그만 접을 수밖에 없었다. 후안 카를로스는 다음 날 단층 촬영을 마무리 짓기로 하고 라이다 장비는 방수포를 잘 덮어서 그대로 두고 왔다. 밤새 비가 다시 퍼부었다. 텐트 전체가 진흙탕에 빠졌고, 새어든 물이 웅덩이처럼 고이기 시작했다.

이튿날 아침 식사 시간에 오스카르는 그날 아침 해먹에서 휴대폰으로 찍은 사진을 모두 돌려보게 했다. 그는 일어나기 위해 해먹 바깥으로 발을 내미는 순간 이상야릇한 느낌이 들었다고 했다. 그래서 맨발을 거둬들이고 해먹 밖으로 머리만 쑥 내밀어 땅바닥을 찬찬히 살펴보니 바로 아래쪽으로 해먹만 한 길이의 페르드랑스 한 마리가 유유히 기어가고 있는 게 아닌가! 그 뱀이 완전히 지나가고 나서야 오스카르는 해먹에서 나와 옷을 챙겨 입을 수 있었다. 설리는 힐끗 보고는 이렇게 말하면서 휴대폰을 건네주었다. "끝내주는 하루의 시작이네요."

그렇게 식사를 마치고 나는 주방 천막에서 일지를 쓰며 하루하루가 얼마나 빨리 지나갔는지 생각했다. 불과 며칠 뒤면 야영지를 정리하고 짐을 전부 헬기에 실어 내보내야 했다. 수박 겉핥기식은 아니었는지 생각이 들자 불안감이 엄습했다. 그 도시에 대한 탐사는 수년이 걸릴 프로젝트가 분명했다. 그사이에 야영지는 늪으로 변했다. 물웅덩이가 고인 곳 외에는 진흙 깊이가 15cm 혹은 그 이상이었다. 상태가 최악인 곳에 고랑처럼 놓은 대나무 막대기들은 발을 딛자마자 가라앉아서 진창 속으로 자취를 감추었다. 스퍼드가 대나무를 더 잘라 그 위에 올려놓았으나 허사였다.

오후가 되자 아주 잠깐 동안 날씨가 개어 급하게나마 T3를 정찰할 수 있었다. 스티브는 데이브, 크리스와 함께 비행에 합류했다. 나도 가고 싶었지만 공간이 없었다. 에이스타는 이른 오후에 이륙해 몇 시간 뒤에 귀환했다.

"뭐 좀 봤어요?" 나는 야영지로 돌아온 스티브에게 물었다.

"아름다웠어요! 믿기지 않을 정도로 아름답더라고요. 마치 천국 같았어요." 조종사는 거의 지면에 닿을 정도로 하강했다. 데이브가 사진을 찍는 동안 헬리콥터는 사주에서 약 30cm 높이에서 선회했다. 스티브의 묘사에 따르면, T3 계곡은 T1보다 훨씬 온화하고 개방되어 있다고 했다. 둑을 따라 모래사장이 펼쳐져 있고 맑은 강으로 양분된 광대한 공간으로 넓은 공원처럼 탁 트인 지역이었다. 강을 에워싼 들판에는 키가 183cm가 넘는 짙은 색 풀들이 거대한 나무들로 이뤄진 숲가의 여기저기에 솟아 있었다. 강 위쪽의 언덕 사이에 자리한 실제 유적들은 숲속에 숨어 있었다. 계곡의 동쪽으로는 우뚝한 산마루가 경계를 이루고 있고, 이름 모를 강 하나가 골짜기 사이로 흘러 저 멀리 파투카 강으로 향했다. T3는 삼면이 산봉우리로 둘러싸여 있었다. 스티브는 인간 거주지의 흔적은 전혀 없었다고 했다. "눈에 보이는 것이라고는 온통 숲과 풀밭뿐이었어요." 헬기는 T3에서 고작 몇 분 동안 맴돌다가 다시 T1으로 향했다.

이듬해에 크리스와 후안 카를로스는 보다 제대로 된 T3 정찰을 시도했다. 2016년 1월 중순에 두 사람은 온두라스 군에서 제공한 헬리콥터를 타고 T3로 날아가 사주에 내려앉았다. 크리스가 그때를 회상하며 말했다. "조종사는 주어진 시간이 두 시간이라고 했어요." 하지만 키가 큰 풀들이 워낙에 빽빽한 곳인지라, 한 시간 반 동안 쉬지 않고 마체테로 억센 풀들을 베어봤자 겨우 300m를 가는 데 그쳤다고 했다. 앞이 거의 보이지 않는 상태였기에 두 사람은 뱀 때문에 걱정이 이만저만 아니었다. 하지만 마침내 범람원을 벗어나 언덕 사이의 평지로 올라가자 놀라운 광경이 눈앞에 펼쳐졌다. "광장들이 끝도 없이 이어져 있었어요." 크리스가 말했다. "광장 주변으로는 작은 둔덕들이 둘러싸고 있었고요. 우리가 탐사할 수 있는 범위의 공간에 더 많은 광장과 작은 둔덕들이 이어졌지요. T1보다 훨씬 컸어요. 거대했지요. 분명 그곳에는 많은 사람들이 살았어요!" T1과 마찬가지로 T3 계곡 역시 최근까지 인간이 들어갔다거나 토착민이 사용한 흔적이 전혀 없는, 훼손되지 않은 황무지임을 보여주는 뚜렷한 징후가 있었다. 이 글을 쓰고 있는 지금, 앞서 언급한 두 차례의 정찰 임무를 제외하면 T3는 여전히 전인미답의 공간으로 남아 있다.

정오 무렵에 마크 플로트킨이 야영지로 복귀했다. 나는 식물학자인 그가 계곡에서 무엇을 보았는지 궁금했다. "우리는 강 상류로 갔어요." 플로트킨이 말했다. "최근에 사람이 거주한 흔적이 있는지 찾아봤지만 전혀 보이지 않더군요. 대신에 유용한 식물들을 많이 봤어요." 그는 그 식물들을 줄줄 읊어대기 시작했다. 암을 치료하는 데 쓰는 생강, 주술사들이 사용했던 무화과류 식물, 그때껏 본

중에 제일 큰 라몬나무ramón tree, 진균감염 치료 및 신성한 의식에 사용되는 비롤라나무Virola tree 등이었다. "칠리가 있는지 찾아봤지만 코빼기도 안 보이더군요. 파나마고무나무도 없었고요." 그의 설명에 따르면 이 식물은 고대 마야인에게 중요한 나무였다고 한다. 신성한 경기에 사용되는 공을 만드는 데 들어가는 라텍스의 원료였기 때문이다. 플로트킨은 마호가니도 보지 못했다고 했다. 그리고 덧붙여 말했다. "이 부근의 삼림 파괴를 부추기고 있는 건 소를 키우기 위한 토지 개간이에요."

그는 강 상류에서 거미원숭이의 거대군단과 우연히 마주쳤다. 내가 머물고 있는 야영지의 거미원숭이 집단보다 훨씬 규모가 컸다. "제일 먼저 쫓겨나는 동물이 바로 거미원숭이에요." 플로트킨이 말했다. "거미원숭이들이 달아나지 않고 와서 쳐다보는 건 극히 이례적이지요." 나중에 강 하류 쪽으로 갔던 크리스 피셔도 원숭이 대부대와 마주쳤다. 강 위의 나무에 앉아서 꽃을 먹고 있던 원숭이들은 끽끽대며 크리스를 향해 가지를 흔들어댔다. 크리스가 소리를 내며 덤불을 흔들어대자 원숭이들은 그에게 꽃을 마구 퍼부었다.

그 계곡은 플로트킨에게 깊은 인상을 남겼다. 오랫동안 밀림을 돌아다녔지만 그런 곳은 처음이라고 했다. "중앙아메리카에서 가장 훼손되지 않은 우림 가운데 하나가 분명합니다. 이곳의 중요성은 아무리 강조해도 지나치지 않아요. 장관을 이루는 유적지와 원시 상태 그대로인 황무지, 이 모든 것을 다 갖추고 있지요. 30년 동안 여러 열대우림을 다녀봤지만 이처럼 유물들이 모여 있는 곳에 가까이 간 건 처음이었어요. 두 번 다시 없을 일일 겁니다."

나는 우림 보호에 앞장서고 있는 그에게 그 계곡과 유적지를 보존하기 위해서 어떤 대책을 세울 수 있을지 물어보았다. 그는 매우 어려운 문제라고 했다. "보호는 영적인 실천이에요. 이곳은 지구상에서 가장 중요한, 훼손되지 않은 장소 중 하나입니다. 그동안은 잊힌 장소였지만 이제는 절대 잊힐 수 없죠! 우리는 자원에 열광하는 세상에 살고 있습니다. 누구든지 구글 어스로 이곳을 볼 수 있죠. 이곳을 보호하지 않는다면 결국 사라지고 말 겁니다. 그동안 약탈되지 않았다는 게 놀라울 따름입니다."

"그러면 어떻게 해야 할까요?" 나는 다시 질문을 던졌다. "국립공원을 만들어야 하나요?"

"이곳은 이미 생물권 보전지역으로 지정되어 있어요. 그런데 수비대는 어디 있죠? 문제는 사람들이 국립공원 하나 만들어놓고는 다했다고 생각한다는 거예요. 근데 설마요! 그건 그저 첫 번째 단계일 뿐이에요. 지난한 과정에 있는 한 번의 전투에 불과하죠. 이 원정대의 긍정적인 측면은 최소한 이곳에 대한 관심을 불러 모아서 당분간은 살아남도록 할 수 있게 했다는 점이에요. 안 그랬다면 오래 가지 못했을 겁니다. 계곡 외곽의 개간지 봤잖아요. 틀림없이 몇 년 뒤에는 완전히 사라질 거예요."

그날 밤에도 비가 끊임없이 내렸다. 나는 데이브 요더가 촬영 장비를 챙겨 등에 짊어지는 모습을 보고 경악했다. 그는 그때껏 찍은 은닉처 사진들이 만족스럽지 않다고 했다. 숲 지붕 사이로 새어 들어오는 일광이 너무 밋밋하다는 것이다. 그는 설리와 함께 깜깜한 어둠 속을 걸어 그곳까지 올라가기로 했다. 유물들을 라이트페인트기법으로 찍기 위해서였다. 이 기법은 상당히 까다로운 것으로 셔터를 눌러놓은 카메라를 삼각대 위에 올려둔 상태에서 사진작가가 여러 각도에서 사물 위로 빛줄기를 훑는 것이다. 이렇게 하면 특정 부분이 강조되면서 극적이고 신비로운 느낌이 더해진다.

"미쳤군요." 내가 말했다. "뱀이 득실득실한데 칠흑 같은 어둠을 뚫고 비를 맞으면서 거기까지 올라간다고요? 장비가 든 그 무거운 가방을 등에 짊어지고서 불알까지 차오른 진흙탕을 건너 저 산을 오르겠다고요? 그러다가 죽을 수도 있어요!" 데이브는 앓는 소리를 한 번 내고는 어둠 속을 향해 출발했다. 그의 헤드램프 불빛이 위아래로 이리저리 깐닥거리다가 이내 완전히 사라졌다. 나는 텐트 안에 쪼그리고 앉아 빗소리를 들으면서 내가 그냥 '작가'라는 게 환장할 정도로 기뻤다.

밤사이 비가 그쳤다. 그리고 마침내 2월 24일 아침이 아름답게 밝아왔다. 신선한 햇빛이 우듬지를 스치듯 지나갔다. 군인 몇 명이 강 하류에서 암면조각을 봤다고 했다. 강이 그 계곡의 출구 쪽 협곡으로 들어가는 지점이었다. 조사를 위한 원정대가 꾸려졌다. 크리스 피셔의 고고학자팀은 좋은 기상 상황을 틈타 유적지의 지도 제작을 계속하기로 했다. 후안 카를로스는 은닉처의 라이다 단층 촬영을 마무리 지었으면 했다. 스티브와 빌 베넨슨은 알리시아, 오스카르와 함께 강 하류로 향하는 우리 일행에 합류했다. 눈부시게 아름다운 날이었다. 나는 진흙투성이에 흰곰팡이가 핀 옷들을 강물에 빤 다음 다시 입고서 따스한 햇볕을 쬐며 강둑 위에 서 있었다. 조금이나마 옷을 말려보려고 양팔을 뻗은 채 빙글빙글 돌았지만 부질없는 짓이었다. 밤이고 낮이고 허구한 날 비가 오니 빨래를 해도 옷에서는 쉰내가 났다.

우리 일행은 에이스타를 타고 강 하류 쪽 합류점에 위치한 온두라스 군의 착륙지대까지 갔다. 또 다른 온두라스 군부대가 그곳에 야영지를 설치한 상태였다. 방수포와 야자나무 잎으로 막사를 세우고 대나무를 잘라 땅에 깔아놓았다. 그곳은 벨 헬리콥터의 유일한 이착륙장이었다. 강 합류점에 머물고 있는 군인들은 보급품을 실은 헬리콥터가 드나드는 것을 돕고, 상류 쪽에 주둔한 부대를 지원하는 역할을 했다. 사슴의 옆구리 살과 뒷다리 두 개가 불 위에서 훈제되고 있었다(그때만 해도 아직 사냥 금지 규정이 실행되지 않고 있었다).

우리는 강 하류로 걸어서 이동하기 시작했다. 스티브는 모자를 쓰고서 지팡이를 짚은 채 절뚝거리며 강을 건넜다. 그 강을 따라 내려간, 마법과도 같았던 길은 내가 살면서 잊지 못할 가장 아름다운 여정 가운데 하나였다. 우리는 울창한 둑으로 가는 일은 가급적 피하면서 주로 강을 헤치며 이동했다. 초목이 빽빽하게 자란 곳은 뱀이 매우 좋아하는 서식지라는 것을 잘 알기 때문이다. 게다가 물 속에 있으면 독사가 더 쉽게 눈에 띌 뿐만 아니라 별로 없기도 했다. 눈처럼 새하얀 적운이 맑고 푸른 하늘을 가로지르며 유유히 떠갔다. 두 강이 모이는 지점은 너른 풀밭으로 통했다. 그제야 우리는 처음으로 주변을 둘러보며 그곳의 지형을 제대로 파악할 수 있었다. 앞에는 나무로 뒤덮인 산등성이가 둥근 활 모양으로 빙 둘러싸고 있었다. 하나로 합쳐진 강은 오른쪽으로 급하게 꺾이면서 산등성이의 발치를 따라 흐르다가 돌연 왼쪽으로 휘돌아 산속으로 들어가더니 협곡 사이를 일사천리로 빠져나갔다. 우림의 나무들도 구석구석 살펴볼 수 있었다(우림 안에 있으면 우듬지를 보기 어려워 나무들이 어떻게 생겼는지, 얼마나 큰지 가늠하기 힘들다).

우리는 들판을 가로지른 뒤 강물을 헤치면서 하류 쪽으로 걸어갔다. 나무 한 그루가 강 한복판에 쓰러져 있었다. 수면 위아래로 나뭇가지들이 뒤엉켜 있고, 나무 몸통에서는 독이 있는 붉은 개미들이 줄줄이 기어나오고 있었다. 개미들은 나무를 강을 건너는 다리로 사용하고 있었다. 우리는 개미들을 건드리지 않으려고 극도로 조심했다. 이리저리 망처럼 뒤얽힌 나뭇가지를 꾸물꾸물 천천히 빠져나갔다. 다행스럽게도 원정대는 그때껏 붉은 개미들의 세례를 받은 적이 없었다(만약 그런 일이 있었다면 바로 병원으로 후송되어야 했을 것이다!). 강은 병풍처럼 에워싼 산등성이를 등지고 폭이 너른 물굽이가 되어 바위투성이인 가파른 산비탈을 따라 흘러갔다. 산비탈의 울창한 나무들은 강 위로 몸을 숙이고 있었다. 커튼처럼 쳐진 덩굴식물들과 기근은 물속에 몸을 담근 채 강물이 흐르는 대로 이리저리 흔들렸다. 물은 수정처럼 맑았다. 우리가 지나가면서 바닥을 휘젓자 적갈색의 퇴적토가 구름처럼 피어오르면서 일순간 강물이 뿌옇게 흐려졌다. 강폭이 좁아지면서 물살이 세고 깊어지는 바람에 걸어갈 수 없는 곳도 있었다. 그럴 때면 어쩔 수 없이 둑 위로 올라가서는 온두라스 군인들을 뒤따라갔다. 군인들은 우리를 위해 마체테로 길을 내주었다. 그들은 능수능란하게 마체테를 휘둘렀다. 재미있게도 마체테 날에 잘려나간 식물들은 종種마다 서로 다른 소리를 냈다.

여느 때와 다름없이 우리는 발을 어디에 두고 있는지 알 수 없었다. 그리고 뱀에 대한 두려움도 여전했다. 실제로 목격도 했다. 빨강, 노랑, 검정의 화려한 줄무늬가 있는 아름다운 산호뱀 한 마리가 풀밭 사이를 스르륵 미끄러지듯 기어갔다. 강력한 신경독을 품고 있는 것이었으나 페르드랑스와는 달리 겁이 많고 소심해서 공격하기를 주저하는 뱀이었다.

우리는 몇 차례 급류를 건너야 했다. 그럴 때는 군인들이 물속에서 서로 팔짱을 껴 인간 다리를 만들어 주었다. 우리는 그들에게 필사적으로 매달려 강을 건넜다. 골짜기에 다다른 우리는 그 계곡에서 처음으로 인간 점유의 흔적을 발견했다. 황무지가 된 야생 바나나 나무 군락이었다. 바나나 나무는 토착종이 아닌 아시아가 원산지로, 스페인 사람들이 중앙아메리카로 가지고 들어왔다. 바나나 나무는 우리가 그 계곡에서 유일하게 발견한 스페인 정복기 이후의 인간 거주 흔적이었다.

점점 그 골짜기에 가까워졌다. 숲으로 뒤덮인 두 개의 산비탈이 V자형 협곡에서 만났다. 강은 꽃이 만발한, 가슴이 터질 정도로 아름다운 곳에서 90도로 꺾였다. 그곳을 지나자 풀이 우거진 초원과 강변이 나왔다. 강은 둥근 돌들 위로 곡선을 이루며 노래하듯 흐르다가 현무암 산등성이 위에서 폭포가 되어 쏟아져 내렸다. 냇가를 따라 이어진 얕은 여울에는 선홍색 수생 꽃들이 자라 있었다.

물굽이를 지나자 강은 고속도로만큼이나 곧게 쭉 뻗은 채로 골짜기 사이를 흘러갔다. 물살이 더 빨라지고 깊어진 강물은 바위와 쓰러진 나무 위로 굴러 떨어진 뒤 사주를 휩쓸고 지나갔다. 수면에 햇빛이 어롱거렸다. 양쪽에서 우림의 거대한 식물들이 강물 위로 몸을 숙이면서 커다란 동굴이 만들어졌다. 동굴 안에서는 마코앵무, 개구리, 곤충의 울음소리가 울려 퍼졌다. 질릴 대로 질린 밀림의 냄새 대신 깨끗하고 상쾌한 물내음이 진동했다.

　일행들은 대부분 협곡 입구에서 멈춰 섰다. 스티브는 강 끄트머리에 있는 평평한 바위 위에 몸을 뻗고 누웠다. 그는 귀한 햇볕을 맞으며 몸을 말렸다. 성치 않은 다리로 계속 가는 무리수를 두고 싶지 않았던 것이다. 오스카르는 큰 나뭇잎 몇 장을 잘라서 침대처럼 땅바닥에 깔고 낮잠을 잤다. 나는 빌 베넌슨, 군인 세 명, 영화 촬영팀과 함께 암각화를 찾아 하류로 계속 내려가기로 결정했다.

　골짜기 너머 하류로 갈수록 발밑이 더욱 위험해졌다. 물 깊이가 허리까지 오는 데다 수면 아래에는 바위들이 숨어 있고 커다란 나뭇가지들이 가라앉아 있었으며 돌개구멍도 있었다. 군데군데 이끼가 뒤덮인 거대한 나무 몸통들이 골짜기를 따라 흘러가는 강을 가로질러 쓰러져 있었다. 유속이 매우 빠른 지점에 이르렀을 때 우리는 가파른 둑 위로 기어 올라갔다. 동물이 지나다닌 길이 흐릿하게 강을 따라 이어져 있었다(군인들은 테이퍼와 재규어의 배설물을 발견했다). 절벽과 나무 사이를 걷잡을 새 없이 흐르던 물빛은 더 짙고 신비로워졌다. 불안감을 자아내는 풍경이었다. 거대한 알돌과 납작돌이 물 밖으로 수도 없이 툭 비어져 나와 있었다. 하지만 암면 조각은 어디에도 없었다. 군인들은 수위가 올라가면서 물속에 잠겼을 것이라고 추정했다. 마침내 더는 나아갈 수 없을 정도로 강물이 깊어지고 골짜기 벽이 가팔라지자 우리는 발길을 돌렸다. 나는 한 사람이라도 물에 휩쓸려 갈까봐 여러 번 가슴을 졸였다.

다른 일행들이 기다리고 있던 골짜기로 돌아가자마자 그런 일이 발생하기도 했다. 빌 베넨슨이 쭉 뻗어 있는 깊은 강을 건너다가 흐르는 강물에 휩쓸려갈 뻔한 것이다. 다행히 스티브가 빌을 구조했다. 스티브는 자신의 발을 내밀었고 빌은 그의 발을 손잡이처럼 붙잡았다. 스티브는 슬픈 표정으로 나에게 자신의 아이폰을 건넸다. 불덩이처럼 몹시 뜨거웠다. 충전 단자에 방수 덮개를 완전히 끼우지 않은 상태에서 강물에 빠트린 것이다. 과열로 아이폰이 타면서 그가 결실을 보는 데 20년이나 걸린 원정에서 찍은 사진들이 몽땅 날아가고 말았다(스티브는 1년 넘게 애플사와 사진 복구 작업을 시도했지만 모두 헛수고였다. 사진들은 영영 사라졌다).

우리는 다시 온두라스 군의 착륙지대로 이동해 에이스타를 타고 야영지로 복귀했다. 우리가 도착하자 우디는 기상 상태가 더 악화될 것 같다고 했다. 그는 한 명이라도 이곳에 발이 묶이게 되는 위험을 감수하고 싶지 않았다. 그래서 하루 일찍 밀림에서 나갈 팀을 뽑기로 정한 상태였다. 우디는 한 시간 뒤에 내가 헬리콥터를 타고 나가도록 일정을 잡았다고 말했다. 나는 그 시간 안에 야영지를 정리하고 짐을 싸서 착륙지대에 대기하고 있어야 했다. 내가 서운한 내색을 보이니, 우디는 이론상 그러한 철수 계획이 도출되었고 반드시 계획대로 해야 한다고 말했다. 스티브도 그날 나와 함께 나가야 했다. 그는 내 어깨를 치며 이렇게 말했다. "아쉽군, 친구."

헬리콥터가 들어오던 그 시각, 우듬지는 금빛으로 가득 찼다. 떠날 때가 되니 날이 갰다는 게 속상했다. 하지만 운 좋게 남은 사람들을 괴롭히려고 곧 억수 같은 비가 다시 찾아올지도 모른다고 생각하니 뭔가 샤덴프로이데(타인의 불행을 보며 기쁨을 느끼는 감정 — 옮긴이) 같은 기분도 들었다. 나는 짐을 헬기의 바구니에 던져 넣은 뒤 헬기에 올라 버클을 채우고 헤드폰을 착용했다. 60초 뒤에 우리는 하늘로 올라갔다. 헬기가 착륙지대에서 비스듬히 날아오르자 잔물결이 이는 강물에 햇빛이 비치면서 일순간 빛나는 언월도로 변했다. 속도를 높여 위로 올라간 우리는 우듬지를 떠나 그 V자형 협곡으로 향했다.

골짜기 사이를 빠져나갈 때였다. 정말로 그 계곡을 떠난다는 생각이 들자 나는 우울한 감정에 휩싸였다. 그곳은 더는 미지의 땅이 아니었다. 마침내 T1은 세상에 속하게 되었다. 우리가 발견하고 탐사하며 지도로 만들고 발을 디디며 사진을 찍은 곳이 되었다. 그곳은 더는 잊힌 장소가 아니었다. 나는 최초로 그곳을 탐사하는 행운을 누릴 수 있었다는 것을 다시금 되새기며 짜릿하고 황홀한 기분을 느꼈다. 하지만 그와 동시에 이 원정으로 그곳의 비밀을 한 꺼풀 벗겨냄으로써 그곳을 손상시켰다는 점 역시 자각해야 했다. 이륙한 지 얼마 지나지 않아 곳곳에서 피어오르는 연기 기둥, 햇빛에 반짝이는 양철지붕을 인 농장 건물, 오솔길과 도로, 소들이 점점이 박힌 목초지 그리고 벌거숭이가 된 산비탈이 시야에 들어왔다.

우리는 '문명'으로 다시 돌아왔다.

# 17

## 논쟁 속으로

헬리콥터에서 내린 우리는 활주로 표면에서 일렁이는 건조한 열기 속으로 발을 내디뎠다. 그 열기는 끈적끈적한 밀림에서 우리를 구원한 축복과도 같았다. 활주로를 지키고 있던 군인들은 홀딱 젖은 채 진흙을 뒤집어쓰고 있는 우리를 보고 깜짝 놀랐다. 군인들 말로는 카타카마스에는 비 한 방울 내리지 않았다고 했다. 그들은 우리에게 승합차에 타려면 몸에 묻은 진흙을 모두 씻어내야 한다고 정중하게 말했다. 나는 막대기로 부츠에 묻은 진흙을 긁어냈다. 물로 씻어내기에는 족히 5분 넘게 걸릴 듯했다. 호텔로 돌아온 나는 아내에게 전화를 한 뒤, 목욕을 하고 새 옷으로 갈아입었다. 냄새 나는 옷가지들은 큰 주머니에 되는대로 쑤셔 넣어서 호텔 세탁실로 내려 보냈다(누가 될지 모르지만 내 옷의 세탁을 맡게 될 이에게 미안한 마음도 담아!). 나는 침대에 벌렁 드러누웠다. T1을 떠나면서 느낀 침울함은 8일 만에 느끼는 보송보송함 덕분에 꽤 누그러졌다. 비록 온몸은 벌레 물린 자국투성이였지만 말이다.

이윽고 나는 숙소 수영장에서 스티브와 조우했다. 우리는 플라스틱 의자에 털썩 몸을 묻고서 차디 찬 맥주를 여러 병 주문했다. 스티브는 피곤에 찌든 모습이었다. "무사히 그곳에서 나온 건 기적이에요." 그는 냅킨으로 이마를 가볍게 몇 번 눌러 닦으며 말했다. "뱀에 물린 사람도 없었고요. 하지만 세상에, 고생 또 고생, 그런 고생이 없었죠! 나는 하나의 단순한 목표에서 시작했어요. 시우다드 블랑카 전설이 사실이란 걸 입증하거나 아니라는 걸 증명하거나 말이에요. 시작은 그랬죠. 하지만 훨씬 많은 것으로 이어졌어요. 어쩌면 그게 바로 원숭이 신이 바란 건지도 모르죠. 우리를 그곳에 끌어들이는 것 말이에요."

"어떤 것 같아요? 그 전설이 사실이라는 걸 증명했나요?"

"글쎄요. 우리가 입증한 건 중앙아메리카의 어떤 문화와도 비견할 만한 수준 높은 문화를 가진 많은 인구가 모스키티아에 있었다는 사실이에요. 우리가 그 장소를 보존하기 위해서 온두라스와 함께 일할 수 있다면 정말로 뭔가를 성취했다는 기분이 들 것 같아요. 그것은 현재진행형인 일이에요. 아마 내 남은 평생 동안 계속되겠지요!"

그날 저녁에는 비르힐리오가 저녁 식사 자리에 합류했다. 나는 우리가 지나왔던, 체스판처럼 흑백으로 나뉜 밀림의 개벌지에 관해 그에게 물어보았다. 자신이 본 광경에 충격을 받은 비르힐리오는 걱정을 감추지 못했다. 그는 우리가 그곳에 대한 삼림 파괴나 약탈이 시작되기 전에 아슬아슬하게 때를 맞춰 그 유적지를 발견했다고 말했다. 비르힐리오는 이미 대통령과 그 문제를 논의한 바 있었다. 대통령은 불법 벌채를 중단시키고 금지하는 조치를 취하기로 결정했다. 그는 덧붙여 말했다. "온두라스 정부는 그 지역을 보호하는 데 온힘을 쏟고 있어요. 하지만 돈이 없죠. 그렇기 때문에 국제 사회의 지원이 시급합니다."

그러고 나서 얼마 지나지 않아 온두라스는 지원을 받게 되었다. 1년이라는 시간이 흐른 뒤에 국제보호협회에서 보존 프로젝트의 후보지로 그 계곡에 대한 조사 작업을 진행한 것이다. 국제보호협회는 신속평가계획의 책임자인 생물학자 트론드 라르센Trond Larsen을 T1으로 파견하여 그 계곡이 생물학적으로 얼마나 중요한지, 특별 보호의 가치가 있는지 조사하게 했다. 국제보호협회는 각국 정부와의 협업으로 생태학적 중요성이 큰 지역들을 살리는 데 필수적인 보호 노력들을 진두지휘하고 있는 기구이다. 오늘날 세계에서 가장 실질적인 효과를 거두고 있는 보호 기구 중 하나로, 지금까지 725만 km²에 달하는 78개국의 지역을 지켜왔다.

라르센은 온두라스 군의 도움을 받아 헬기를 이용해 그 계곡으로 들어갔다. 그는 8km를 횡단하고 산등성이를 탐사하면서 이름 없는 강을 따라 이동했다. 그의 관심은 고고학에 있지 않았다. 오로지 생물학에 관한 것이었다. 그는 그 방문에서 깊은 감동을 받았다. 중앙아메리카에서 유례가 없는 지역으로 아주 오래된 나무들이 있는 '누구도 건드리지 않은 자연 상태 그대로의 숲'이라고 했다. 오랜 세월, 어쩌면 500년에 이르는 긴 시간 동안 인간이라는 존재를 들인 적이 없는 숲이라고 할 수 있다. 라르센은 그곳이 재규어의 완벽한 서식지라고 했다. 도처에 널린 재규어의 발자국과 배설물이 그 증거였다. 또한 우림의 수많은 동물들에게도 이상적인 서식지라고 언급했다. 특히 거미원숭이들에게 안성맞춤인 곳이었다. "거미원숭이들이 아주 많다는 건 숲의 건강 상태가 기가 막히게 좋다는 것을 나타내는 지표예요." 라르센은 나에게 말했다. "거미원숭이는 가장 예민한 종에 속하거든요. 그러니 한참동안 그곳에 인간이 존재하지 않았다는 것을 보여주는 정말로 훌륭한 증거이지요!" 그는 거미원숭이들을 찍은 사진을 보여주었다. 사진 속에는 유명한 영장류학자인 러셀 미터마이어Russell Mittermeier도 함께 있었다. 미터마이어는 그곳에 큰 관심을 보였다. 그 원숭이들의 반점이 유난히 하얀 것은 그때껏 알려지지 않은 아종亞種임을 나타내는 특징일지도 모른다고 봤기 때문이다.

이 짧은 탐사는 국제보호협회에 대단히 깊은 인상을 남겼다. 영화배우이자 협회의 부회장인 해리슨 포드Harrison Ford는 온두라스의 에르난데스 대통령에게 그의 보존 노력에 찬사를 보내는 서한을 보냈다. 포드는 국제보호협회에서 그곳이 아메리카 대륙에서 가장 건강한 열대 숲 가운데 하나라는 사실을 알아냈으며 T1 계곡 및 그 주변 지역은 대단히 보기 드문, 전 지구적으로 중대한 의미를 갖는 '생태학적·문화적 보물'이라고 결론 내렸다고 전했다.

밀림에서 나온 그날 밤, 비르힐리오가 나에게 말하기를 에르난데스 대통령은 T1에서 발견한 성과물에 대한 소식이 최대한 빨리 세상에 알려지기를 바라고 있다고 했다. 소문이나 부정확한 이야기가 새어 나가기 전에 말이다. 비르힐리오는 〈내셔널 지오그래픽〉 홈페이지에 뭐라도 올릴 수 없겠느냐고 부탁했다. 이튿날 나는

800자 분량의 짧은 기사를 〈내셔널 지오그래픽〉에 송고했다. 기사는 2015년 3월 2일에 게재되었다. 다음은 그 기사의 일부분이다.

"전설 속 '원숭이 신의 도시'를 찾아 나섰던 원정대가
훼손되지 않은 상태로 남아 있는 사라진 문화 유적을 발견하다"

한 온두라스 원정대가 베일에 싸인 신비로운 문화의 잃어버린 도시, 그 전인미답의 도시를 발견했다는 극적인 소식을 듣고 밀림에서 나왔다. 사람이 살지 않는 오지로 원정대를 이끈 것은 다름 아닌 오래된 소문들이었다. 그곳은 옛 이야기에 등장하는 그 유명한 '백색 도시', 전설에서는 '원숭이 신의 도시'라고 언급되기도 한 장소였다. 고고학자들은 1,000년 전에 번영을 누리다가 사라진 한 문화에 속했던 대규모 광장, 토루와 둔덕, 흙으로 된 피라미드를 조사하고 측량해 지도를 제작했다. 며칠 전 돌아온 원정대는 놀랄 만한 은닉처도 발견했다. 은닉처에는 그 도시가 버려진 뒤로 사람의 손을 전혀 타지 않은 상태의 돌조각들이 묻혀 있었다.

기사는 대박을 터뜨렸다. 급속도로 퍼지면서 800만 뷰를 달성했고, 소셜 미디어를 통해서는 수십 만 건의 '공유하기'가 이뤄졌다. 〈내셔널 지오그래픽〉이 온라인에 기사를 게재한 이래 역대 두 번째 인기 기사로 등극했다. 이어 온두라스를 비롯한 중앙아메리카 전역에서 1면 기사로 뽑아 썼다. 아니나 다를까, 많은 언론사들은 백색 도시가 발견되었다고 보도했다.

원숭이 신의 잃어버린 도시

에르난데스 대통령은 유적지의 위치를 알아냈을지도 모르는 도굴꾼들을 경계하기 위해 그곳에 배치된 상설부대에 별도로 지시를 내렸다. 몇 주 뒤, 직접 헬리콥터를 타고 현장을 방문하고 온 대통령은 정부가 '무슨 수를 써서라도' 그 계곡과 주변 지역을 보호하겠다고 약속했다. 그는 그 계곡을 향해 슬금슬금 진행되고 있는 불법 벌목을 중단시키겠다고 단언했다. 에르난데스 대통령은 연설에서 이렇게 말했다. "우리 온두라스인들은 우리의 문화와 조상 대대로 내려온 가치를 보존할 의무가 있습니다. 우리는 반드시 그 문화들을 알아가고 배워야 합니다. 우리 민족을 풍요롭게 만든 선조들의 것이기 때문입니다. 그러므로 정부는 무슨 일이 있더라도 이 새로운 고고학적 발견을 조사하고 탐사하는 데 필요한 모든 조치를 취할 것입니다." 온두라스에 특별한 관심을 갖고 있던 버몬트주의 상원의원 패트릭 레이히Patrick Leahy는 T1 유적지를 안전하게 지키고 보존하려는 온두라스의 노력에 미국이 지원해줄 것을 요구하는 연설을 하기도 했다.

이러한 일들이 진행되는 와중에 논란이 터졌다. 트란실바니아대학교의 크리스토퍼 베글리와 버클리대학교의 로즈메리 조이스는 원정대를 비판하는 회문을 돌리면서 동료들과 학생들에게 서명을 요청하기 시작했다. 이들이 작성한 편지에는 다음과 같은 혐의들이 제기되어 있었다. 즉, 원정대는 그 유적지의 중요성을 과장함으로써 발견에 대한 허위 주장을 했고, 그전에 이뤄졌던 모스키티아에 대한 고고학 연구조사를 인정하지 않았으며 토착민들은 이미 그 현장을 알고 있었다는 사실을 인식하지 못함으로써 그들을 경시하는 무례를 범했다는 것이었다. 〈내셔널 지오그래픽〉과 〈뉴요커〉에 실린 기사들도 비판했다. 그 기사들은 그동안 인류학계에서 바친 실질적이고 상당한 노력에 배치되는 고루하고 모욕적인 자민족 중심적인 태도를 보이는 수사적인 요소들을 내보였다고 했다. 그들은 과거의 나쁜 식민주의, 다시 말해 인디아나 존스 시절의 고고학으로 역행한 듯한 분위기를 풍기는 언어 사용에 대해서 우려를 표했다.

일면 타당한 지적들이었다. 지금은 관련 종사자들에 의해 추방된, 과거의 고고학과 연결되는 특정 표현들이 있다. 하지만 슬픈 진실은, 최근까지도 많은 고고학자들이 현장 답사를 진행한 방식이 충격적일 정도로 몰지각하고 지독하게 오만했다는 것이다. 그들은 토착민들의 감정, 신앙, 전통을 업신여기고 함부로 대했다. 허락 없이 매장지를 파헤쳤고 가끔은 막 장례를 치른 무덤들을 약탈하기도 했다. 그들은 고인의 유해와 민감한 부장품들을 대중이 보게끔 여러 박물관에 전시했다. 본인에게는 법적 소유권이 전혀 없는 신성한 물건들을 마음대로 끌어내 옮겼다. 선사시대 원주민들에 대해서 이야기할 때면, 마치 유럽인들이 도래하기 전까지는 그들에게 아무런 역사가 없는 것처럼 말했다. 그러면서 원주민들에게 그들의 과거가 어떠했는지, 그들이 어디에서 왔는지 설교를 늘어놓았다. 원주민들이 품고 있는 고유한 믿음을 신화로 일축하며 말이다. 고고학자들은 원주민들이 이미 알고 있던 유적지를 '발견'했다고 주장했다. 그중에서도 가장 심한 모욕은 유럽인들이 처음으로 신세계를 발견했다는 생각이었다. 마치 그곳에 살고 있던 사람들은 유럽인들의 눈에 띄기 전까지는 존재하지 않았다는 듯 말이다. 잃어버린 도시 혹은 잃어버린 문명 같은 표현들은 거북했던 지난날의 고고학과 관련 있었다.

나 역시 이러한 주장에 대체로 동의한다. 그리고 현대 고고학의 어휘가 갈수록 미묘한 뉘앙스에 신경을 쓰고 그 차이를 예민하게 헤아린다는 점을 기쁘게 생각한다. 하지만 동시에 이러한 경향은 전문지식이 없는 일반 독자를 대상으로 고고학 관련 글을 쓰는 우리 같은 사람들에게는 하나의 도전이 되고 있다. 읽는 이로 하여금 혼란에 빠뜨리지 않으면서 '잃어버린lost'이나 '문명civilization', '발견discovery'처럼 흔히 쓰는 단어 대신 쓸 만한 차선책의 어휘를 찾기란 거의 불가능하기 때문이다.

그런데 베글리와 조이스의 편지는 단어 사용에 대한 비판을 훨씬 넘어서는 것이었다. 원정대가 이전에 있었던 모스키티아에 관한 고고학적 연구조사에 무지하다는, 더 심하게는 고의로 무시했다고 제기하는 혐의는 일부 학자들을 진심으로 분노케 했다. 이것 역시 사실이 아니었다. 스티브 엘킨스와 그의 연구원들은 온두라스와 미국 양국의 기록보관소를 철저히 조사했다. 그들은 모스키티아와 관련하여 거의 한 세기를 거슬러 올라가는 자료들 가운데 공개 여부를 불문하고 찾을 수 있는 모든 논문, 보고서, 사진, 지도, 일지, 공식 승인 기록의 사본을 일일이 모았다. 게다가 2013년 〈뉴요커〉에 실린 라이다 발견에 관한 내 기사에서는 베글리와 그의 연구를 다루었고, 조이스를 비롯한 여러 고고학자들의 말을 두루 인용했으며 모스키티아 고고학의 개괄적인 내용을 담고 있었다.

〈내셔널 지오그래픽〉에 실린 기사들 역시 〈뉴요커〉 기사와 동일 선상에 있었다. 어느 누구도 간과하거나 무시한 적이 없었다.

또 베글리는 원정대에 속한 사람 가운데 그 누구도 자신에게 연락하지 않았다고 주장했다. 하지만 이 역시 사실이 아니었다. 일련의 메일과 보고서가 증명하듯이 실제로 1990년대 말에 톰 와인버그가 베글리에게 협조를 요청했으나 스티브가 나중에 프로젝트에서 그를 제외시킨 것이었다. 2012년에 라이다 임무가 성공하자 베글리는 스티브에게 여러 차례 메일을 보내 전문적인 견해를 제공했다. 베글리는 "지상 검증 등 제 능력이 닿는 한 어떤 방식으로든지 기꺼이 돕고 싶습니다"라고 썼다. 하지만 스티브는 그를 포함시키지 말라고 요청한 프로젝트 관련자들의 조언에 따라 베글리의 제안을 거절했던 것이다.

〈미국 고고학American Archaeology〉의 찰스 폴링Charles Poling이라는 기자가 이 논쟁에 관해 취재했다. 그는 베글리와 다수의 서명자들을 인터뷰했다. 베글리는 회문에서 제기한 비난들을 더 상세하게 확장시켰다. 그는 발견에 대한 언론의 관심과 그에 따른 유명세가 문제를 정당화하지는 않는다고 말했다. 베글리는 폴링에게 이렇게 말했다. "사실 그 유적지는 고고학자들이 수년간 그곳에서 찾아낸 것과 별반 다를 게 없습니다. 규모 면에서나 표면상 드러난 석조 유물들 말입니다. 유명세가 뭐 그리 대단한가요?" 그는 영화 제작자들이 참여한 것을 두고도 쓴소리를 했다. 그 발견을 일컬어 빅 히어로 탐험가를 부활시킨 'B급 판타지 영화'라고 칭했다. 베글리는 그 유적지의 정확한 위치는 모르겠으나 현지인들은 그 유적과 그 지역에 대해 이미 알고 있었다고 확신한다고 했다. 또 본인이 그 유적지들을 탐사했을 가능성도 있다고 시사했다.

조이스는 〈미국 고고학〉과의 인터뷰에서 말하기를, 자신이 보기에 그 원정은 '모험 판타지 여행'이라고 했다. 펜실베이니아주립대학교에 소속된 민족식물학자이자 문화지리학자인 마크 본타Mark Bonta는 온두라스 전문가로서 그 원정에 대해 이렇게 말했다. "어느 날은 그곳이고 다음 날은 아틀란티스죠. 거의 리얼리티 쇼나 마찬가지예요." 또 다른 서명자 존 후프스John Hoopes는 캔자스대학교 인류학과의 학과장이자 고대 온두라스 문화 연구의 권위자였다. 그는 자신의 페이스북에 T1 일부의 라이다 영상을 올리고는 크기가 작다고 조롱했다. "온두라스의 잃어버린 도시들이 알고 보니 릴리퍼트(조너선 스위프트의《걸리버 여행기》에 나오는 소인국 - 옮긴이)?" 라고 빈정댔다. 베글리와 다른 서명자들도 유적지의 작은 규모를 비웃는 글을 올리는 데 가담했다. 후안 카를로스가 후프스에게 라이다 영상의 축척 막대를 열 배만큼 잘못 읽었다는 점을 지적할 때까지 말이다. 후프스가 100m라고 생각했던 것이 실제로는 1km였던 셈이다.

폴링 기자는 베글리 본인이 수년간 영화 제작자들과 유명인사들을 모스키티아의 여러 유적지로 데리고 다녔다는 점, 과거에 시우다드 블랑카를 탐색하고 있다고 공공연하게 밝혔다는 점, 그의 홈페이지에 올라와 있는 기사를 보면 그 자신이 '고고학계의 인디아나 존스'로 표현되어 있다는 점을 지적했다. 도대체 뭐가 다르단 말인가? 이에 베글리는 이렇게 답했다. "나는 대중매체에 반대하지 않습니다. 나도 이용하니까요. 다만 다르게 이용할 뿐이죠." 그는 우리의 원정에 대해 이렇게 말했다. "그런 종류의 보물 사냥, 잃어버린 도시 찾기의 사고방식은 고고학적 자원을 위험에 빠트립니다." 베글리는 이어서 본인의 블로그에 원정대에 대한 불만 사항을 제기하기 시작했다. 그는 우리 원정대를 판타지 영화에 출연한 아역 배우들에 비유하며 그 식민주의적 담론에 대부분의 학자들이 혐오감을 느끼면서 몸서리친다고 말했다.

원정에 참여했던 열 명의 과학자들은 기가 찼다. 소리 높여 외쳐대는 비판의 수준은 일반적인 학문적 논쟁이나 언어에 대한 논란이라고 보기에는 정도가 지나쳤다. 현장에 가 본 적도 없고 그 위치를 짐작조차 하지 못하는 학자들이 그토록 확신에 차서 그와 같은 주장을 한다는 것이 놀라울 따름이었다. 다만, 조이스나 후프스처럼 저명한 학자들을 비롯하여 다수의 교수들과 학생들이 서명했다는 사실 자체는 심각하게 보아야 한다고 여겼다. 그 회문에 잘못된 사실과 오류들이 포함된 것을 보고 후안 카를로스와 크리스 피셔, 알리시아 곤살레스는 원정에 대한 'FAQ'를 뽑아 비판에 대한 답을 제공하고자 했다. "우리 활동의 궁극적인 목적은 위험에 처한 그 지역의 풍부한 문화적·생태학적 유산을 강조함으로써 국제 사회의 협조를 구하고 효과적인 보호 활동에 착수할 수 있는 방향으로 자원이 투입되게끔 하는 것입니다. 원정대는 온두라스 및 온두라스의 고유한 문화적 유산을 걱정하는 고고학자 등에게 부디 이 중대한 노력에 동참해줄 것을 촉구합니다. 모든 관련자들 사이의 공조 및 선의가 시너지 효과를 창출할 것입니다." 세 사람은 T1이나 T3에서 발견된 유적지 가운데 온두라스 정부의 문화유산 데이터베이스에 등록된 것은 하나도 없다는 사실도 언급했다.

〈워싱턴포스트Washington Post〉, 〈가디언Guardian〉 등 다수의 언론매체에서 이런 식으로 되풀이되는 논쟁에 관한 기사를 실었다. 또한 원정대의 발견 성과의 중요성 및 의의, 심지어 그것의 존재 자체에 의문을 제기하는 베글리 등의 말을 인용했다. 크리스는 나에게 이런 메일을 보냈다. "재미있는 건 내가 아무리 FAQ를 알려줘도 대다수 기자들은 무관심하다는 거예요. 기자들은 논쟁을 '부채질'하는 데 동참한 이들의 입에서 나온 음험한 인용문만 원했어요." 알리시아 곤살레스는 이런 메일을 보내왔다. "우리를 심판대에 세우다니. 어떻게 감히!"

크리스는 〈미국 고고학〉과의 인터뷰에서 그런 비난들이 웃긴다고 말했다. "우리의 활동으로 그 지역은 보호될 수 있었어요. 우리는 그에 관한 여러 건의 학술 발표를 준비 중이기도 하고요. 우리가 본 고고학적 특징들은 지도로 디지털화되어 있습니다. 라이다로 본 것이 사실이라는 것을 확인하는 것이 주목적이었어요. 나는 그게 모험이라고 생각하지 않습니다." 크리스는 특히 베글리가 자신을 두고 '보물 사냥꾼'이라고 말한 것에 큰 충격을 받았다. 그러한 표현은 고고학계에서 가장 치욕스러운 모욕이었다. 크리스는 나에게 이렇게 말했다. "베글리가 쓴 상호심사 논문들은 어디 있죠? 학술 발표요? 나는 그 사람이 내놓은 상호심사 논문을 단 한 편도 못 봤어요. 게다가 그 유적지들을 방문한 적이 있다고 주장하는데, 그렇다면 지도는 어디 있나요? 현장 보고서는요?" 크리스는 말을 이었다. "고고학 연구란 조사하고 측량해 지도를 만들고 사진과 메모를 남기는 등의 일을 하는 겁니다. 만약 베글리가 유적지의 위치 정보를 갖고 있었다면 IHAH에 넘겨줬어야 해요. 그건 그쪽의 문화유산이니까요. 그렇게 하지 않은 것은 식민주의적이고 비윤리적인 행위입니다." 그런데 IHAH에 따르면, 지난 20년 동안 베글리는 본인의 활동과 관련해 그 어떤 보고서도 제출한 적이 없었다. 이는 규정 위반이었다.

미국 국립지리학회는 원정대의 회신을 공고했다. "우리는 그 지역을 연구하는 학계는 물론 온두라스 국민들과 정부에 이 프로젝트가 가져다 준 엄청난 공헌과 관심을 동료들이 깨닫기를 바란다. 더불어 다 같이 그 지역에 대한 더 나은 학술연구를 발전시키고 고무할 수 있게 되기를 바란다."

비르힐리오 파레데스는 IHAH 소장으로서 지지하는 서한을 작성했고 원정대는 이를 FAQ와 함께 게재했다. 비르힐리오는 개인적으로 학계의 공격에 마음이 상했다. 그가 IHAH의 기록들을 찾아 확인한 결과, 베글리는 1996년 이후로 온두라스에서 고고학 연구활동 허가를 받아내지 못한 상태였다는 것이 드러났다. 그런데도 그는 돈을 받고 여러 분야의 사람들을 오지의 고고학 유적지로 데리고 들어갔을 뿐만 아니라 계속해서 '불법으로' 연구조사 및 탐사를 진행했다. 나는 베글리에게 이러한 심각한 혐의에 대해서 논박할 기회를 주었으나 그는 그렇게 할 생각이 없거나 그럴 능력이 없는 듯했다. 베글리는 그저 내가 '오해하고 있다'는 얘기만 했다. 그는 이렇게 변명했다. "나의 모든 온두라스 여행은 필요한 허가를 받은 상태였거나 IHAH의 규정에 따라 허가가 요구되는 활동이 전혀 수반되지 않았거나, 둘 중 하나였습니다." 베글리는 구체적인 사항은 제공하기를 거부했으며 1996년 이후 온두라스에서 이뤄진 활동의 성격, 즉 고고학적 활동이었는지 상업적 활동이었는지에 관해 명확하게 밝히지도 않았다. 그는 이 문장을 끝으로 연락을 끊어버렸다. "나는 이걸로 추궁이 이어지는 취조를 끝낼 수 있었으면 합니다. 이 사안에 대해서 제가 할 말은 정말이지 이게 다입니다."

비르힐리오는 나에게 이렇게 말했다. "그들은 프로젝트에 참여하지 못했다는 이유로 우리를 비난했어요. 참나! 비난하는 대신에 이렇게 물어봤어야죠. '우리가 어떤 식으로 참여해서 도울 수 있을까요?'라고요. 이건 내 나라, 온두라스를 위한 프로젝트예요. 내 아이들의 아이들을 위한 거라고요!" 후안 카를로스는 사색에 잠긴 채 혼잣말처럼 은근슬쩍 한마디를 던졌다. "그 사람들은 심사가 꼬인 거예요. 우리가 자기네 모래놀이통에 침범해서 말이죠."

당초에 그 논쟁은 학문적 순수성에 대한 우려 그리고 고의든 아니든 간에 그 유적지의 정확한 위치에 관한 부정확한 추측에서 비롯된 사소한 논란거리로 보였다. 하지만 결국 나는 그 학술적 격론에 그보다 심오한 이유가 있다는 사실을 알게 되었다. 익명을 요구한 회문 서명자 덕분에 의도치 않게 알아낼 수 있었다. 서명자 가운데 대다수는 셀라야 정권의 지지자들이었던 것이다. 2009년 군사 쿠데타로 셀라야 대통령이 축출된 뒤에 들어선 새 정부는 IHAH 소장인 다리오 에우라케Dario Euraque를 물러나게 하고 그 자리에 비르힐리오 파레데스를 앉혔다. 그 익명의 서명자는 쿠데타로 수립된 현 온두라스 정부는 적법성이 없으며 비르힐리오 파레데스는 불법적으로 그 자리를 맡고 있으므로 그와 함께 일하지 않을 것이라고 나에게 불만을 털어놓았다. 코네티컷주의 트리니티대학교에서 학생들을 가르치고 있는 에우라케는 원정대의 비판에 앞장선 이들 중 한 명으로, 〈가디언〉에 그 원정이 부적절했다고, 요란한 선전에 불과하다고 불만을 쏟아냈다.

이 모든 것을 고려할 때 그 회문은 부분적으로 현 온두라스 정부에 대한 대리공격이 분명했다. 2009년의 쿠데타 및 그로 인한 여파가 온두라스 고고학계를 어떤 식으로 분노케 하고 분열시켰는지 보여주는 단적인 사례였다. 이듬해에 발굴이 시작되자 재점화된 논란 속에서 우리는 이에 대한 증거를 더욱 많이 목격하게 되었다. 회문 서명자 가운데 다수는 논쟁을 지속해야 우리의 프로젝트를 계속 폄하하기 쉽다는 것을 알고 있었다.

# 18

# 빛나는 해골들의 동굴

너무나도 짧았던 우리의 탐사는 유적지 현장과 그곳의 유물들이 지니는 의의를 이해하는 데 있어서 시작에 불과했다. 그 비밀을 드러낼 수 있는 기회는 오직 단 한 번, 원정대가 밀림으로 다시 들어갈 수 있는 이듬해 건기에만 가능했다. 그런데 그 도시의 중요성을 밝히기에 앞서 보다 중요한 질문에 답을 해야 했다. 그 도시를 건설한 사람들은 누구인가? 힌트는 카타카마스 북쪽 아갈타 산에 있는 거대한 '탈과Talgua 동굴'에 있었다.

1994년 4월, 카타카마스에 머물던 평화봉사단 봉사자 티머시 버그Timothy Berg와 그레그 케이브Greg Cabe는 시 외곽으로 6km가량 떨어진 산속에 탈과 강을 따라 동굴들이 죽 이어져 있다는 이야기를 들었다. 그곳은 현지인들에게 인기 있는 소풍 장소였다. 호기심이 발동한 두 사람은 그 동굴들을 답사해야겠다고 생각했다. 온두라스인 친구 데시데리오 레예스Desiderio Reyes와 호르헤 야녜스Jorge Yáñez도 동참해 버그와 케이브는 히치하이킹으로 동굴에서 가장 가까운 도로의 끄트머리까지 간 다음, 도보로 탈과 강을 따라 올라갔다. 네 사람은 가장 큰 동굴 앞에서 걸음을 멈추었다. 그 동굴은 약 30m 높이의 석회암 절벽들 사이에 생성된 거대한 틈이었다. 구르듯이 그 구멍 밖으로 빠르게 흘러나간 지하천은 폭포에 섞여 아래쪽 탈과 강으로 떨어져 내렸다.

네 사람은 동굴로 기어 올라갔다. 위험을 무릅쓰고 손전등을 든 채 얕은 개울을 따라 내부로 들어갔다. 바닥이 평평하고 널찍해서 깊숙한 곳까지 도보로 수월하게 이동할 수 있었다. 그렇게 안으로 800m쯤 들어갔을 때였다. 한 친구가 동굴 바닥에서 약 3m가량 위에 선반처럼 툭 튀어나와 있는 바위 하나를 발견했다. 그것은 어딘가로 연결되어 있는 듯 보였다. 그들은 확인 차 한 사람을 위로 밀어올렸고, 올라간 친구가 다른 친구 하나를 끌어올렸다. 놀랍게도 두 청년이 발견한 것은 콜럼버스 이전 시대의 유물들이 어지러이 흩어져 있는 바위선반이었다. 그때까지 그곳에 올라간 사람은 아무도 없었던 것 같았다. 도기 조각이 더 있는지 이리저리 찾아보던 그들은 6m 위쪽에서 또 다른 바위선반을 발견했다. 그 너머에는 수수께끼 같은 틈이 하나 있는 듯했다.

3주 뒤에 네 사람은 사다리와 밧줄을 챙겨 다시 그 동굴로 갔다. 그들은 더 높은 곳에 있었던 바위선반으로 올라갔다. 그 틈은 새로운 동굴로 들어가는 입구가 맞았다. 문턱에 선 그들 앞에 충격적인 광경이 펼쳐졌다. 버그는 훗날 이렇게 기술했다. "통로 바닥을 따라 희미한 빛을 내뿜는 수많은 뼈들이 죽 흩어져 있었습니다. 대부분 그 자리에 단단하게 굳은 상태였어요. 도기와 대리석 그릇들도 많았습니다. 극적인 장관은 거기서 끝이 아니었어요. 숨겨진 바위 틈마다 고운 먼지를 잔뜩 뒤집어쓴 뼈와 도기 파편들이 가득했습니다." 해골들은 기이할 정도로 길쭉했다. 그리고 반짝이는 석회석 결정들로 뒤덮여 있어서 얼음사탕처럼 반투명한 우윳빛을 띠었다.

그들이 발견한 것은 엄청난 규모의 고대 납골동굴이었다. 나중에 드러난 바에 따르면, 코판 유적 이후 온두라스에서 나온 가장 중요한 고고학적 발견 가운데 하나였다. 순전히 우연의 일치였지만, 마침 스티브 엘킨스가 스티브 모건과 함께 백색 도시의 촬영을 위한 탐색 차 온두라스에 있을 당시에 이 동굴이 발견되었다. 그때 두 사람은 로아탄 섬에 인접한 산타엘레나 섬의 고적지 발굴 현장을 촬영하는 중이었다. 엘킨스는 브루스 하이니케의 무선 호출을 받았다. 하이니케는 자신의 비밀 정보망을 통해 동굴의 발견 소식을 들은 상태였다. 흥분한 엘킨스의 촬영팀은 배를 타고 산타엘레나 섬에서 나오는 길에 결정체가 뒤덮인 해골들이 의미하는 바가 무엇인지 열띤 토론을 벌였다. 스티브 모건은 그 유적지에 '빛나는 해골들의 동굴'이라는 이름을 붙였다. 딱 맞아떨어지는 이름은 아니었으나(실제로 그 해골들은 빛나지 않는다) 일단 지어지자마자 그대로 굳어져 오늘날까지 그 이름으로 불리게 되었다.

처음 이를 발견한 젊은 네 사람은 이 성과를 당시 IHAH 소장이었던 조지 아세만에게 보고했다. 아세만은 그전에 엘킨스와 함께 백색 도시 프로젝트를 진행한 인물이기도 했다. 아세만과 엘킨스는 어떻게 할지 상의했다. 로스앤젤레스로 돌아가는 길이었던 엘킨스는 IHAH로 돈을 보내 그 연구소가 도굴 방지를 위해 보안업체를 고용하고 예비 탐사를 실시할 수 있도록 했다. 동굴 내부로 들어간 아세만은 눈앞에 펼쳐진 광경에 정신이 아뜩해졌다. 그와 엘킨스는 제임스 브래디James Brady라는 저명한 마야 동굴 고고학자에게 연락했다. 아세만과 브래디는 그 동굴 공동묘지를 조사할 온두라스-미국 합동 탐사팀을 꾸렸다. 이 팀은 브래디를 책임 고고학자로 하여 이듬해인 1995년 9월에 출범했다.

브래디가 이끈 팀은 그 납골동굴에 대한 답사를 진행했다. 그 동굴에는 여러 개의 구멍, 벽감, 뼈들이 꽉 들어찬 부속 동굴들이 미로처럼 있었다. 탐사팀은 복잡한 동굴 안쪽 깊숙한 곳에서 천장에 구멍이 나 있는 공간을 발견했다. 그 구멍을 통해 위로 올라가자 중앙 묘실로 보이는 것이 나왔다. 길이 약 30m, 너비 3m, 높이 7m의 큰 동굴이었다. 전등 불빛을 묘실 이곳저곳에 비춰보던 탐사팀은 숨이 멎는 듯했다. 복잡하게 뒤얽힌 종유석, 점적석, 반투명한 석회석 판이 휘장처럼 천장에 매달려 있었다. 모든 틈, 바위선반, 지층마다 사람 뼈와 입을 크게 벌린 해골들이 쌓여 있었다. 해골은 눈부시게 반짝이는 흰색 결정들이 하얀 서리처럼 뒤덮인 상태였다. 열대에서는 뼈가 오래 남아 있는 경우가 거의 없는데 석회석이 막처럼 겉에 입혀진 덕분에 그대로 보존될 수 있었다. "지금까지 그토록 엄청난 규모로 보존된 뼈를 본 적도, 그런 게 있다는 얘기를 들어본 적도 없었다." 브래디는 이렇게 서술했다. "고고학적 기록이 마치 우리더러 읽으라고 펴놓은 책처럼 펼쳐져 있었다."

뼈들 사이사이에는 아주 근사한 유물들이 있었다. 깨지기 쉬운 대리석 그릇, 색이 칠해진 도기와 항아리, 비취 목걸이, 흑요석 칼

원숭이 신의 잃어버린 도시

등이었다. 어떤 도기들은 바닥에 구멍이 여러 개 뚫려 있었다. 이는 특이하기는 하나 콜럼버스 이전 시대의 아메리카 대륙에서는 널리 퍼진 일반적인 관습이었다. 무덤에서 하는 하나의 의식으로 영혼을 풀어줌으로써 주인을 따라 지하세계로 갈 수 있게 하는 것이었다. 브래디의 합동 탐사팀은 무더기로 발견된 뼈들이 '2차 매장'이라는 사실을 알아냈다. 맨 처음에 고인의 시신을 다른 곳에 매장했다가 살이 썩으면 뼈들을 추려 깨끗이 긁어내고 석간주를 칠해 그 동굴로 가져간 다음 부장품과 함께 쌓아올린 것이었다. 유물들 가운데 대다수는 나중에 추가된 것으로, 수년 뒤에 고인에게 바치는 공물로 둔 것이었다.

버그 일행이 동굴을 처음 발견하고 브래디가 조사를 진행한 그 몇 달 사이, 발견 사실이 외부로 알려져 도굴꾼들이 매장물 가운데 상당수를 심각하게 훼손시켰다. 브래디는 이렇게 말했다. "심지어 우리가 작업을 하려고 하는 순간에도 안으로 들어와 유물을 약탈해 갔어요. 갈 때마다 내부가 달라져 있었지요. 상당히 급격하게 훼손되었어요. 보물을 찾아내려고 뼈를 마구 헤집고 조각조각 부숴 놨지 뭡니까!"

물론 발견 자체도 굉장히 흥미진진했지만 특히 충격적인 것은 방사성탄소로 그 뼈들의 연대를 측정한 결과였다. 가장 오래된 것은 3,000년으로 모두의 예상을 훌쩍 뛰어넘었다. 매장은 1,000년에 걸쳐 이뤄졌다. 그 납골동굴은 온두라스에 인간이 살았다는 최초의 증거이자 중앙아메리카에서 가장 오래된 고고학 유적지에 속했다. 브래디는 그때를 회상하며 말하기를, 탐사를 시작한 지 며칠 만에 그 납골동굴이 마야의 매장양식이 아니라는 사실을 알았다고 했다. 마야의 변두리에 있었으나 마야와는 완전히 다른, 사실상 거의 알려지지 않은 문화에 속한 것으로 보였다. 마야인들도 시신을 동굴에 매장하기는 했으나 뼈들이 배열된 방식이나 함께 남겨둔 유물의 종류가 마야의 동굴에서 본 것과는 달랐다. 그 납골동굴은 수준 높고 사회적으로 계층화되어 있었으며 예술적으로 진보한 어떤 문화의 작품이었다. 심지어 마야인들이 출현하기도 전, 놀라울 정도로 이른 시기에 발달했던 문화였다. 브래디는 이렇게 말했다. "그 사람들이 누군지 알 수만 있다면 얼마나 좋겠습니까!"

그런데 그의 말에 따르면, 마야인들과 이 미지의 사람들이 실제로는 유사한 우주관을 공유한 듯 보인다. 모두 살아 있는 신성한 땅에 초점을 맞추고 있으며 생명이 깃든 땅이야말로 우주에서 가장 큰 힘이라고 봤다. 죽은 사람은 천국으로 간다고 믿는 구세계의 사고방식과는 대조적으로 메소아메리카에서는 죽은 자는 땅과 산 속에 살아 있다고 믿었다. 따라서 동굴은 신성한 장소였다. 지하의 영계靈界로 곧장 이어지는 곳이기 때문이다. 지하에 살고 있는 선조들은 변함없이 산 자들을 굽어 살피고 보살핀다. 산 자들은 동굴 깊숙이 들어가 공물을 두고 의식을 행하면서 기도함으로써 죽은 자들에게 가 닿을 수 있다. 본질적으로 동굴은 교회였다. 살아 있는 자들이 조상들에게 조력과 보호를 빌러 가는 장소였던 셈이다.

정리하면 이 동굴과 거의 같은 시기에 발견된 다른 동굴 납골당들은 온두라스에서 인간이 살았다는 최초의 증거이다. 그렇다면 이 사람들이 1,000년 뒤에 우리가 T1과 T3에서 발견한 모스키티아의 도시들을 건설한 이들의 실제 조상이었을까? "세상에, 난들 알겠어요?" 브래디가 말했다. "우리는 이 무지의 바다에서 아는 게 거의 없어요. 게다가 모스키티아는 변두리에서도 훨씬 안쪽으로 들어가 있고 훨씬 덜 알려져 있고요."

매장이 이뤄진 그 시기에도 온두라스 동부에는 사람들이 살았으나 그들의 흔적은 아직 발견되지 않았다. 우리가 알고 있는 온두라스의 선사시대에서 이 1,000년의 공백이 있은 뒤 400~500년경부터 모스키티아에는 소규모 정착촌들이 출현하기 시작한다. 고고학자들은 모스키티아 사람들이 치브차 어족의 방언을 사용했다고 본다. 치브차 어족은 콜롬비아로 내려가는 남아메리카를 아우른다. 즉, 모스키티아가 마야인보다는 남쪽의 이웃들과 더 연관성이 있다는 점을 시사한다(마야인은 치브차 어족과는 전혀 무관한 어군에 속하는 말을 썼다).

치브차어를 사용하는 집단 중 가장 큰 문명이었던 무이스카족은 콜롬비아에 살았다. 정교한 금세공으로 유명했던 족장사회였다. 무이스카 연맹왕국은 엘도라도 전설이 탄생한 곳이기도 했다. 이 전설은 실재했던 전통에 기초한 것이었다. 무이스카 왕국에서는 새로 왕위에 오른 자가 몸에 진흙을 바른 다음 그 위에 온통 금가루를 뿌린 상태에서 콜롬비아의 과타비타 호로 뛰어들게끔 되어 있었다. 신들에게 바치는 공물로서 그 호수에 금을 씻어내는 것이었다(현재 콜롬비아 정부는 이 호수에서의 보물 사냥을 금지한 상태이다).

모스키티아 원주민들은 남쪽에서 온 사람들이거나 그쪽으로부터 영향을 받았을 가능성이 있다. 그런데 이 같은 성향은 모스키티아에서 서쪽으로 약 322km 떨어진 곳에 있던 코판이라는 마야 도시가 강성해지면서 바뀌게 된다. 400~500년경 모스키티아에 그리 크지 않은 규모의 정착촌들이 출현한 시기는 대략 코판의 지배 왕조가 세워진 시기와 일치한다(서로 연계되어 있는지는 알 수 없다). 사실 코판에 관해 알려진 바는 많다. 코판은 마야 왕국 가운데 연구가 가장 많이 이뤄진 도시에 속한다. 코판 사람들은 예술, 건축, 수학, 천문학, 상형문자에 있어서 놀랄 만한 수준의 성과를 이뤄냈다. 또 코판의 장대한 공공 기념물들에는 도시의 건립과 역사에 관한 이야기를 전하는 수많은 명문들이 새겨져 있다. 이로 추측한다면 코판의 영향력은 결국 모스키티아까지 뻗어나갔을 것이다.

426년 과테말라의 마야 도시 티칼에서 온 케트살마코Quetzal Macaw라는 통치자가 코판을 장악했다. 그는 코판의 초대 신성 군주가 되어 왕조의 문을 열었다. 그 뒤를 이은 열여섯 명의 군주들이 수백 년간 코판을 지배하면서 영광스럽고 눈부신 도시로 승격시켰다. 케트살마코와 마야의 전사들로 구성된 지배세력은 코판 계곡의 주민들이 자신들의 존재를 받아들이도록 만들었다. 원주민들은 모스키티아 주민들과 관련이 있는 치브차어 사용자들이었을 가능성이 있다. 고고학 연구 결과에 따르면, 케트살마코의 정복 이후 코판은 다민족 도시가 된 것으로 보인다. 일부 지역에서는 모스키티아에서 발견된 것과 유사한 동물 머리가 조각된 메타테들이 나왔다. 케트살마코는 코판 출신 여성과 혼인했는데 아마도 어느 지방 군주의 딸이었을 것이다. 과거 유럽의 왕들처럼 본인의 정통성을 확보하고 지방 귀족들과의 결속을 단단히 하려는 목적이었음이 틀림없다.

코판은 마야의 영향권이라고 할 수 있는 지역의 남단에 있다. 아마 마야인들은 험준한 산과 밀림에 무릎을 꿇었을지도 모른다. 혹은 어떤 저항에 부딪혔을 수도 있다. 그 결과 5세기에 마야가 코판을 침공한 뒤에도 모스키티아만은 홀로 자기만의 방식으로 발전해 갔다. 하지만 이 두 문명이 서로 격리되어 있지는 않았다. 오히려 두 도시 간에 활발한 교역이 이뤄졌을 수도 있고 반대로 전쟁이 일어났을 가능성도 있었다. 영광스러운 전투와 업적을 자랑하는 수많은 명문들을 통해 우리는 마야의 도시국가들이 호전적이며 서로 빈번하게 전투를 벌였다는 사실을 알 수 있다. 마야의 도시국가들은 부와 인구가 늘어나면서 자원에 대한 갈망을 키웠고 그에 따라 갈등과 충돌이 더욱 심해지고 격렬해졌던 것이다.

2000년에 고고학자들은 케트살마코의 무덤을 발견했다. 수백 년의 세월이 흐르는 동안 코판 강의 물굽이가 그 도시의 중앙 성채로 침투했다. 강물의 방향은 수년 전에 바뀌었으나 오래된 강가 절벽은 그대로 남아 있었다. 침식작용으로 그 도시가 성장하는 과정에서 건립된 건축물들의 단층이 노출되었다. 코판의 주 신전은 그보다 앞서 세워진 신전의 위 혹은 그 주변에 지어졌다. 그러다 보니 인형 안에서 또 인형이 줄줄이 나오는 러시아의 마트료시카처럼 한데 둥지를 튼 일련의 건축물들이 나오게 되었다.

고고학자들은 명민한 수사관처럼 뛰어난 탐색 능력을 발휘하여 케트살마코 왕묘의 정확한 위치를 알아냈다. 학자들은 내부가 드러난 둑을 조사하여 가장 오래된 건물 기단을 찾아냈다. 그 강가 절벽에 굴을 뚫어서 바닥을 따라가던 그들은 완전히 파묻힌 상태의 계단에 이르렀다. 제일 처음 만들어진 신전 위로 이어지는 그 계단은 후에 만들어진 여덟 개의 신전에 완전히 가려져 있었다. 고고학자들이 계단을 깨끗하게 정리하자 맨 꼭대기에서 호화로운 묘실이 나왔다. 그 안에는 남성의 해골이 안치되어 있었다. 키가 약 170cm가량인 55~70세 사이의 남성이었다. 비문, 무덤의 공물들 그리고 그 밖의 다른 증거들을 통해 그 방이 케트살마코의 무덤이라는 사실을 확인할 수 있었다.

그 신성 군주의 유골은 옥과 조개껍데기로 만든 굉장히 아름다운 장신구로 뒤덮여 있었다. 그리고 조개껍질을 잘라 만든 부리부리한 퉁방울눈의 특이한 머리장식물을 쓰고 있었다. 뼈를 보면 살아생전에 심한 타격을 입었다는 것을 알 수 있었다. 온통 골절 흔적이 남아 있었다. 부러진 두 팔, 으스러진 한쪽 어깨, 둔기에 의한 외상을 입은 흉부, 부러진 갈비뼈, 금이 간 두개골, 부러진 목 등이 그러했다. 그의 유골을 분석한 어느 자연인류학자는 이렇게 기술했다. "오늘날로 치자면 고인은 자동차에서 튕겨져 나가는 교통사고에서 살아남은 것과 같다." 아마도 고대 마야어로 '피츠'라고 불린 그 유명한 메소아메리카의 구기 시합 중에 입은 부상이었을 것이다(창과 같은 무기를 사용하여 찌르고 밀치고 쑤시는 등의 근접전을 펼치는 마야의 전투방식이 그와 같은 다양한 부상을 만들어냈을 가능성도 있다).

우리는 콜럼버스 이전 시대의 삽화를 통해 그 경기가 극도로 격렬하고 험악했다는 것을 알 수 있다. 보기 드문 목격자인 16세기의 한 수사修士는 고무나무 유액인 라텍스를 응고시켜 만든 딴딴한

2kg짜리 공에 맞자마자 그 자리에서 즉사한 선수들에 관한 이야기를 기록했다. 그는 '끔찍한 부상을 입고 고통스러워하다가' 경기장 밖으로 실려나간 뒤 사망한 수많은 이들에 대해서도 서술했다. 메소아메리카에서 구기는 필수적인 의식이었다. 우주의 질서를 유지하고 공동체가 지속적으로 건강과 번영을 누리기 위해서 꼭 필요한 경기였다. 케트살마코의 부상들은 대부분 코판에 오기 전인 젊은 시절에 생긴 것이었다. 따라서 구기를 통해 통치력을 장악했다고 볼 수 있다. 아니면 높은 신분이었기 때문에 의무적으로 그 경기에 참여해야 했을 수도 있다. 어느 쪽이든 그 왕묘는 케트살마코가 그 지역에서 대대손손 이어져 내려온 왕가의 일원으로서 왕좌에 오른 인물이 아니라는 사실을 확인시켜 주었다. 그는 틀림없이 외지인이었다. 방패에 새겨진 상징들, 그루초 막스Groucho Marx 같은 퉁방울눈의 머리장식물은 테오티우아칸Teotihuacan이라는 고대 도시와 관련 있었다. 멕시코시티 북쪽에 위치한 테오티우아칸은 당시 신세계에서 가장 큰 도시였다. 하지만 케트살마코의 뼈를 가지고 동위원소 분석을 해보니 그는 테오티우아칸이 아니라 코판에서 북쪽으로 약 322km 떨어진 과테말라 북부의 티칼이라는 마야 도시에서 성장했을 가능성이 있다는 결과가 나왔다(지역마다 특색이 있는 물을 마시게 되면 뼈에 독특한 화학적 흔적이 남기에 알 수 있다).

케트살마코의 통치 시대에서 400년이 지난 800년경에 코판은 정점에 이르렀다. 예상하기로는 수 제곱킬로미터에 이르는 넓은 지역에 2만 5,000명의 주민들이 거주한 강력한 대도시가 되었다. 하지만 만사가 좋게 흘러가지는 않았다. 한참동안 서서히 진행된 부패가 코판 사회의 기반을 약화시켰고 종국에는 파멸로 이어졌다. 학자들은 코판과 장대한 마야 도시들의 붕괴 및 유기를 둘러싼 수수께끼를 놓고 오랫동안 갑론을박했다.

이에 대해서는 해골들이 유창하게 웅변을 토해냈다. 코판에서 발굴된 많은 무덤들 역시 650년 이후로 주민들의 건강 및 영양 상태가 나빠진 듯하다는 사실을 알려준다. 반면에 동시대의 지배층은 누가 봐도 알 수 있을 정도로 대를 거듭할수록 덩치가 커졌다. 각 세대는 바로 전 세대보다 컸다. 고고학자들은 이런 현상을 '지배층의 점증하는 기생적 역할'이라고 부른다. 이러한 귀족 혈통의 증식이 잔인한 내전을 촉발해 지배층끼리 죽고 죽이는 일이 벌어졌을 가능성도 있다.

재레드 다이아몬드Jared Diamond는 저서 《문명의 붕괴Collapse》에서 코판의 파멸이 왕족의 방치 및 무능과 결합된 환경의 질적 악화에 기인한다고 주장했다. 650년 초 무렵 코판의 통치자들은 흥청망청 호화롭게 건물을 지어대는 건설사업을 벌였다. 스스로를 미화하고 본인의 행위를 찬미하는 화려한 신전과 기념물을 세웠다. 전형적인 마야의 명문들과 마찬가지로 코판의 명문 역시 평민에 대한 언급은 전혀 없었다. 하지만 그 모든 건축물을 지어야 했던 것은 인부들이었다. 그리고 농부들은 신성 군주와 귀족들은 물론, 인부들까지 먹여 살려야 했다. 이런 식의 계급 분화는 일반적으로 모든 사람이 저마다 체제의 일부라는 믿음을 갖고 있어야 제대로 작동한다. 다시 말해 각자 사회적으로 가치 있는 위치에 있으면서 우주의 질서를 유지하는 데 필수적인 의식에 기여하는 상태여야 한

원숭이 신의 잃어버린 도시

다는 것이다.

마야 문화에서 신성 군주들은 우주의 질서를 바로잡고 각종 행사와 의식을 통해 신들을 달래야 하는 책임을 졌다. 평민들은 특권층이 효과적인 의례를 통해 제 몫의 역할과 책무를 충실히 이행하는 한 그들을 기꺼이 지원했다. 그런데 650년 이후로 벌목과 침식, 지력 소진으로 곡물 수확량이 감소하기 시작했다. 지배자들이 지속적으로 자원을 독식하던 바로 그때 농부들과 인부들로 구성된 노동자 계층은 나날이 심해지는 굶주림과 질병으로 고통 받았을 것이다. 사회는 위기를 향해 달려가고 있었다.

다이아몬드는 이렇게 서술한다. "우리는 어째서 왕들과 귀족들은 사회를 갉아먹고 있는, 외견상 명백해 보이는 그런 문제들을 인식하고 해결하지 못했는지 의문을 가져야 한다. 그들의 관심은 분명 단기적인 사안에 집중되어 있었다. 즉 자기 배를 불리는 것, 전쟁을 벌이는 것, 기념물을 건립하는 것, 자기네끼리 서로 경쟁하는 것 그리고 이 모든 활동을 뒷받침하기 위해서 소작농들로부터 식량을 뽑아내는 것에 말이다."

그의 주장이 너무 단순하다면서, 실제로는 신성 군주들도 상황이 심상치 않다는 것을 알고 있었다고 얘기하는 고고학자들도 있다. 군주들은 과거 수백 년 동안 효과를 발휘했던 해법들, 즉 건설사업을 늘리고(일자리 확보), 전쟁을 더 많이 일으켜(자원 확보) 문제를 해결하려고 했다는 것이다. 두 가지 모두 노동자들을 외딴 농촌에서 도시로 이주시키는 결과를 낳는 방법들이었다. 그런데 이번에는 옛 해법들이 통하지 않았다. 경솔하고 무분별한 토목사업으로 그전부터 강우량 감소의 원인이었던 삼림 파괴가 가속화되었고 그 결과 토양 유실, 침식, 귀한 농경지 퇴적이 촉진되었다.

760~800년 사이에 잇달아 발생한 가뭄이 평민들만 강타한 기근의 도화선이 되었던 것으로 보인다. 불화와 갈등으로 치닫기 직전이었던 사회에 최후의 결정타가 되었다. 그 도시에서 발견된 마지막 명문은 822년으로 거슬러 올라간다. 850년경에는 왕궁이 불탔고 도시는 복구되지 못했다. 질병과 기아로 사망한 사람들도 있으나 대다수 소작농과 장인 계층은 그냥 그곳을 떠난 것으로 보인다. 수백 년에 걸쳐 꾸준히 인구가 감소했고 1250년 즈음에는 코판 계곡의 대부분이 밀림의 황무지로 변했다. 마야의 다른 도시국가들도 이와 같은 과정을 겪었다. 소멸은 갑자기 일시적으로 발생한 것이라기보다는 시차를 두고 천천히 진행되었다.

400~800년까지 코판이 발흥하는 동안 모스키티아에서는 소규모 정착촌들이 생기기 시작하면서 완만한 속도로 성장했다. 그런데 코판이 무너졌을 때 모스키티아 문명은 정반대의 상황이었다. 엄청난 전성기를 누리고 있었던 것이다. 1000년경 대부분의 마야 도시가 원숭이와 새들의 차지가 되었던 바로 그때, 고대 모스키티아 주민들은 자신들만의 도시를 건설하고 있었다. 설계 면에서 어렴풋이 마야의 모습이 보이기 시작했다. 광장, 높은 단, 토루, 기하학적인 둔덕, 흙으로 만든 피라미드 등이 그러했다. 메소아메리카의 구기를 받아들인 것도 이때부터인 듯하다.

모스키티아 우림의 이 고대인들은 어떻게 뱀과 질병이 들끓는 밀림, 마야인들이 정착했던 대부분의 땅보다 훨씬 험난한 지역에

터를 잡고 번영을 누릴 수 있었을까? 강력한 이웃들과는 어떤 관계였을까? 코판이 몰락하던 순간에도 융성할 수 있도록 이끌어 준 것은 무엇이었을까? 다시 말해 그들은 어떻게 해서 마야인들과 달리 살아남을 수 있었을까? 그리고 결국에는 무엇이 그들을 파멸로 이끌었을까?

마야인의 경우 아메리카 대륙의 고대 문화 중에서 가장 많은 연구가 이뤄진 반면, 모스키티아 사람들에 관한 연구는 불모지나 다름없다. 그들은 백색 도시 전설 속에 포함된 물음표였다. 워낙 알려진 바가 없다 보니 아직까지 이 문화를 지칭하는 공식적인 명칭조차 없는 실정이다. 이러한 가운데 T1과 T3의 발견과 지속적인 탐사는 대단히 중요한 의미를 지녔다. 세계가 그 지역에 관심을 가지게 되었고 사라진 사람들을 이해하는 데 하나의 전환점이 되었다. 메소아메리카와 치브차 어권 문명들 사이의 교역 및 이동의 교차로에 위치한 그 도시들은 온두라스 동부의 약 2만 6,000km²에 달하는 지역을 아우른 엄청난 문명이었다.

T1의 발굴은 이 문화에 해답의 빛을 비춘 동시에 미스터리를 증폭시켰다. "이 위대한 문화에 관해서는 모르는 게 많습니다." 오스카르 네일은 이렇게 말했다. "사실 거의 모든 것을 모르죠." 모스키티아에서는 고작 몇 안 되는 고고학 유적지만이 그 정체가 밝혀졌고, 그마저도 어느 것 하나 온전하게 발굴된 것이 없었다. 심지어 지금까지 진행된 고고학 연구는 그 문화에 대한 가장 기본적인 질문에 관해서조차 충분한 답을 제공하지 못하는 실정이다. 어느 고고학자의 말마따나 그곳에서 고통을 감내하면서 답을 알아내고자

265

빛나는 해골들의 동굴

하는 사람들이 별로 없는 것이다. T1과 T3의 라이다 영상이 나오기 전까지는 모스키티아의 대형 유적지 가운데 단 한 곳도 제대로 된 지도가 제작된 일이 없었다.

우리는 마야 저지대, 아마존 유역 같은 다른 우림 환경에서 이뤄진 최근의 고고학 연구 결과를 통해서 가장 험준한 우림 지역에서도 복합 농경 사회가 번성할 수 있다는 사실을 알게 되었다. 인간의 독창성과 기발한 재주는 한계가 없다. 우림의 농부들은 토지를 비옥하게 만드는 영리한 전략들을 개발해냈다. 이를 테면 아마존 농부들은 숯과 다른 영양분을 섞어 변변치 못한 우림의 토질을 극복했다. 흑토라 불리는 이 인공 토양을 돋음 모판에 써서 집약 농업을 했다. 아마존에는 이 흑토로 뒤덮인 땅이 12만 9,500km²에 달하는 것으로 추산된다. 믿기 어려울 정도로 대단한 이 성취를 통해 콜럼버스 이전 시대에 아마조니아(아마존 강 유역의 지대—옮긴이)에 사람들이 밀집해 정주했다는 사실을 알 수 있다. 아마존 유역에 대한 라이다 측량이 이뤄진다면 필시 이러한 사실이 온전하게 드러날 것이다. 모스키티아 사람들이 우림 환경에서 어떻게 농사를 짓고 살았는지에 관한 연구는 지금껏 거의 없던 상태이다. T1에서 우리는 1~4월의 건기에만 농경이 가능하도록 만들었을 관개 수로 혹은 저수지로 보이는 것들을 발견했다. 하지만 이것 말고도 밝혀야 할 것들이 훨씬, 더욱 훨씬 많다.

연구자들은 모스키티아의 고대인들을 홀대했다. (존 후프스도 인정했듯이) 마야인들과 매우 가까웠기 때문이다. "그 지역 사람들은 마야인들의 그늘에 가려져 있었습니다." 후프스는 이렇게 말했다.

"실제로 세간의 이목을 끄는 고고학적 문화들은 단 몇 개뿐입니다. 바로 이집트와 마야이지요. 이 때문에 주변 지역에서 인력과 자원이 떨어져 나가게 됐고요." 후프스는 그동안 이런 식의 도외시가 그 지역을 이해하는 데 걸림돌이 되었다고 믿고 있다.

　모스키티아를 홀대하게 된 또 다른 이유는 숨이 막힐 정도로 빽빽한 밀림에 뒤덮인 그곳의 둔덕들이 언뜻 봐서는 마름돌로 지어진 마야의 신전이나 무이스카의 정교한 금 예술품만큼 매력적이지 않았기 때문이다. 모스키티아 사람들은 인상적인 돌조각들을 남기기는 했으나 돌로 된 거대한 건축물이나 기념물, 장차 500년 뒤에 사람들이 열광할 만한 극적인 구조물을 만들어 세우진 않았다. 대신 강가의 자갈돌, 흙벽돌 그리고 목질이 단단한 열대 활엽수를 이용해 피라미드, 신전, 공공 건축물을 지었을 것이다. 또한 마호가니, 로즈우드, 삼나무 같은 훌륭한 목재를 마음껏 사용할 수 있었다. 실제로 재료를 엮어서 단단하게 만드는 기술이 눈부실 정도로 뛰어났다고 믿을 수밖에 없다. 반들반들 윤이 나는 열대 활엽수로 지어진 신전을 상상해보라. 흙벽돌은 솜씨 좋게 반죽을 발라 칠을 한 뒤에 조각을 새겨 넣어 장식했고, 그 내부에는 알록달록한 색으로 짠 천들이 풍성하고 화려하게 드리워져 있었을 것이다. 마야의 신전만큼이나 장엄했을 것이 분명하다. 그러나 버려진 뒤에는 빗물에 녹아내리고 썩어 없어지면서 별 감흥 없는 흙 둔덕과 돌무더기만 남게 되었다. 그마저도 초목들이 금세 집어삼키고 말았다. 우림의 산성 토양에서는 그 어떤 유기체도 살아남지 못하기 때문이다. 망자의 뼈조차도 말이다.

무엇보다 가장 흥미로운 것은 코판이 몰락하던 무렵에 모스키티아 사람들이 마야 문화의 요소들을 취하기 시작했다는 점이다. 마야의 영향력이 어떤 식으로 모스키티아로 흘러들었는지에 관한 가장 설득력 있는 이론은 코판이 기근과 불안에 시달릴 때 그곳에 살던 치브차 원주민들 가운데 일부가 언어적으로 유대관계가 있고 어쩌면 친척관계일 수도 있는 모스키티아로 피난을 떠났다는 설명이다. 우리는 코판 인구의 대부분이 그 도시를 떠났다는 사실에 대해 잘 알고 있다. 따라서 모스키티아가 코판 사람들이 향한 목적지 중 한 곳일 개연성이 있다. 여기서 더 나아간 고고학자들도 있다. 마야의 붕괴로 인한 혼란기에 한 무리의 전사 집단이 코판에서 진군하여 모스키티아를 장악했다고 보는 것이다. 이러한 주장을 펼치는 학자들은 그 증거로 스페인 사람들이 온두라스에 도착한 초반에 모스키티아 남서쪽에서 나우아어 혹은 아스텍어를 쓰는 원주민 부족들을 발견했다는 사실을 든다. 그 원주민들이 코판 출신의 침략 전사 집단의 잔당일 수도 있다고 보는 것이다.

왜 모스키티아가 마야 성향을 보이기 시작했는지와 관련하여 가장 흥미로운 이론 가운데 하나는 고고학자들이 '비전秘傳 지식' 모형이라고 부르는 것이다. 많은 사회에서 지배층은 평민들을 통치하고 자신들의 존귀함과 신성함을 내보임으로써 원하는 대로 평민들을 움직인다. 사제와 군주로 구성된 지배계층은 알기 어려운 지식을 사용하는 불가사의한 의식이나 행사를 통해 대중이 경외심을 품도록 만든다. 사제들은 자신들이 신들을 달래서 모두가 혜택을 입을 수 있도록 신의 은총을 얻는 데 필수적인 의례를 행하고 있다고 주장한다(스스로도 그렇다고 믿는다). 재앙, 질병, 패전을 피하고 비옥한 땅과 비 그리고 풍부한 작물을 가져다주는 기운을 불러들인다고 말이다. 메소아메리카 그리고 모스키티아에서도 이러한 의식들은 극적이었을 테고 인신공양이 포함되었을 것이다. 궁극의 진리에 접근할 수 있는 고귀한 군주들은 평범하고 속된 사람들을 통제하고 육체노동을 피하며 본인을 위해 부를 축적하는 데 그러한 지식을 지렛대로 사용했다. 부분적으로는 비전 지식의 매력과 위신은 멀리 떨어진 이국의 땅과 연계되어 있다는 이론이 있다. 모스키티아의 경우에는 바로 마야인들의 땅이 그러한 이국의 땅이었다. 따라서 모스키티아의 '마야화'에는 침략이 불필요했을 것이다. 오히려 지배층이 평민들에 대한 지배권을 거머쥐는 하나의 수단이었을 것이다.

T1의 도시는 세력의 절정기에 이르렀을 때 굉장히 인상적이었을 것이다. 크리스 피셔는 이렇게 말했다. "뭇사람들은 생각지도 못할 그런 오지 밀림에도 여러 도시에 조밀한 인구가 빽빽하게 모여 살았습니다. 수천 명의 사람들이요. 엄청나죠." T1 계곡 전역에 열아홉 개의 정착촌이 모여 있었다. 그것은 인간의 설계로 만들어낸 어마어마한 환경이었다. 고대 모스키티아인들은 우림을 용도에 맞추어 훌륭한 곳으로 탈바꿈시켰다. 단구를 평평하게 다지고 산을 개조했으며 도로와 저수지, 관개수로를 만들었다. 전성기 때의 T1은 아마 자유분방한 영국식 정원 같은 모습이었을 것이다. 식용 작물과 약초들이 카카오나무, 유실수 같은 귀한 나무들과 뒤섞여 자라는 텃밭 옆에는 공식행사, 운동경기, 단체활동이 이뤄지는

널찍한 개방 공간이 있었을 테고 그늘이 드리워진 별도의 공간도 있었을 것이다. 또한 꽃은 종교 의식에 사용되는 중요한 작물로 널따란 화단도 있었을 것이다. 모든 생산 지대는 주거지역에 섞여 있었다. 가옥들은 대부분 주기적 범람을 피하기 위해 높게 돋운 토단 위에 지어졌지만 길은 이어져 있었다. 도시 안에 정원이 있는 것은 신세계 도시들을 오랫동안 지속가능하고 살기 좋은 곳으로 만든 고유한 특징이라고 크리스가 말했다. 전망에도 신경을 썼다. 신성한 건축물 쪽으로 조망이 탁 트여 있었다. 피라미드와 신전은 멀리서도 보여야 했다. 사람들이 그런 건물들의 힘을 인식하고 중요한 의식들을 지켜볼 수 있도록 하기 위해서였다.

현재 그 계곡은 장관을 이루는 오지이지만 전성기 때는 상업과 무역의 중심지였던 것으로 보인다. 크리스는 이렇게 말했다. "지금 그곳에 가면 굉장히 단절된 기분이 들 거예요. 황무지이니까요. 21세기라는 것조차 잊게 만들죠. 하지만 과거에는 지금처럼 격리된 곳이 아니었어요. 인적 교류가 활발하게 이뤄진 아주 촘촘한 연결망의 한복판에 있었지요." T1의 도시는 요새 같은 계곡 덕분에 방어에 매우 유리한 퇴각 장소였을 것이다. 중세의 성과 유사하게 평소에는 사람들로 북적거리는 번화한 교역의 중심지이지만 위협을 받는 순간에는 도개교를 들어 올리고 흉벽을 무장시켜 공격으로부터 스스로를 방어할 수 있었을 것이다. 이 때문에 콜럼버스 이전 시대에 T1은 통제가 가능한 전략상의 요충지나 해안을 통해 쳐들어온 침략자들로부터 내륙 지방을 지켜내는 보루였을 가능성이 있다. 더불어 마야 왕국의 공격을 막아내는 방어벽이었을 수도 있다.

그러다가 1500년경에 이 문화는 무너지고 말았다. 그런데 여러 도시국가들이 제각각 시차를 두고 쇠퇴하면서 단계적인 붕괴를 경험한 것과 달리, 모스키티아 문명은 돌연 모든 곳이 일제히 사라져 버렸다. 갑작스럽게 문명 전체가 파국을 맞은 것이다.

# 19

# 죽음의 상징입니다

누구도 건드린 적 없는 조각들의 은닉처를 발견한 것은 역사적으로 매우 중요한 일이었다. 하지만 대체 얼마나 중요한지는 오직 발굴을 통해서만 드러날 터였다. 1920년대로 거슬러 올라가면 모스키티아의 대형 유적지들에서도 유사한 은닉처가 발견되기는 했다. 하지만 그 어떤 곳도 전문적으로 발굴 작업이 진행된 적은 없었다. 앞서 언급했듯이 모스키티아에서의 고고학 연구는 위험하고 비용이 많이 들며 고생스러운 활동이기 때문이다. 고고학자들이 은닉처를 찾아냈을 무렵에는 이미 대부분 파헤쳐지거나 부분적으로 도굴된 상태였다. 어느 정도 원상태로 남아 있던 네다섯 곳의 은닉처조차 구제할 수 없을 정도로 많은 사람들의 손을 탔다. 다시 말해 전문가들은 은닉처를 제대로 연구할 수 없었으며 모스키티아를 그토록 특별하게 만든 것의 정체를 알려줄 만한 실마리를 찾아낼 수 없었다. 오늘에 이르기까지 고고학자들은 은닉처의 용도가 무엇이었는지, 왜 만들어졌는지, 그 조각들이 무엇을 의미하는지 짐작조차 하지 못했다. 크리스는 T1의 은닉처에 대한 꼼꼼하고 과학적인 발굴로 상황이 달라질지도 모른다고 기대했다.

크리스가 이끄는 발굴팀은 그 밀림으로 다시 들어갔다. 그리고 2016년 1월, 건기가 시작되자마자 T1의 은닉처 발굴을 시작했고 한 달도 채 되지 않아 귀중한 보물의 베일을 벗겨냈다. 200점이 넘는 석재 및 도기 유물들이 나왔다. 대부분 파편 상태였는데 아직 묻혀 있는 유물이 수백 점은 더 있었다. 수 제곱킬로미터에 이르는 유적지 외곽에 위치한 불과 몇백 제곱피트의 공간에 믿기 어려울 정도로 많은 부가 집적되어 있었다. 고대 모스키티아인들에게 있어서 그 작은 공간은 의식적으로 지대한 중요성을 지닌 곳이 분명했다.

크리스는 그 은닉처가 공물을 보관하는 일종의 성지였다고 결론내렸다. 장인들이 단단한 유문암이나 현무암에 조각을 새긴 귀한 물건들이었다. 각기 다른 지역에서 나오는 최소한 다섯 종류 이상의 석재들이었다. 이는 다양한 지역 공동체와 양질의 석재를 거래한 무역망이 있었다는 것을 시사한다. 당시에는 돌을 깎고 새기는 데 사용하는 금속제가 없었으므로 고대의 조각가들은 힘들게 돌을 갈아서 모양을 만들었다. 석기와 사포로 돌덩어리를 갈아서 원하는 형태로 바꾸는 것이다. 고고학자들은 전통적으로 망치와 끌을 사용해 만든 조각과 구분하기 위해 이를 따로 '간석'이라고 부른다. 조각품을 만드는 데는 어마어마한 노동력과 기술, 예술적 기교가 들어갔다. 오직 전문화된 장인만이 할 수 있는 작업이었다.

공물은 피라미드 아랫부분에 있는 점토 같은 붉은 흙바닥 위에 한꺼번에 놓여 있었다. 점토 바닥은 물건들을 진열하기 위한 목적으로 특별히 매끈하게 다지고 매만져서 미리 준비해둔 것이었다. 분석해보니 그 계곡의 기저 토양 가운데 대부분을 차지하는 라테라이트라는 홍토의 일종으로 드러났다. 코르테스가 말한 '적토의 옛 땅'이 떠오르는 매우 흥미로운 결과였다. 그곳은 무질서한 더미와는 거리가 멀었다. 모든 것이 점토로 만든 단 위에 세심하게 배열되어 있었다. 한복판에 놓인 조각상을 중심으로 그 주변에 유물들이 조직적으로 정리되어 있었다. 가운데 있는 수수께끼 같은 조각상은 양 날개를 축 늘어뜨리고 서 있는 콘도르였다. 테두리가 콘도르와 뱀의 모양으로 장식된 돌로 만든 제기들이 그 조각상을 에워싸고 있었다. 일부 제기에는 인간과 비슷하게 생긴 기이한 존재가 새겨져 있었다. 자그마한 남성의 알몸 위에 눈이 쑥 들어가고 입을 벌리고 있는 삼각형 머리가 얹혀 있었다. 이 '재규어 인간'을 비롯한 중앙의 유물들 주변으로는 메타테 수십 개가 배열되어 있었다. 아름다운 메타테들은 대부분 인상적인 형상의 동물 머리와 꼬리로 장식되었는데 다리와 가장자리에는 상형문자 같은 표식과 모양이 새겨져 있었다.

방사성탄소 연대측정은 불가능했다. 앞서 이야기한 것처럼 산성도와 습도가 높은 밀림 환경에서는 유기적인 유물이나 뼈가 온전히 남아 있을 수 없기 때문이다. 다만, 그 모양이나 도상학에 기초하여 볼 때 은닉처의 유물들은 1000~1500년경 메소아메리카 후고전기까지 거슬러 올라갔다. 비메소아메리카 문화에 대해서는 메소아메리카의 시대 구분 체계를 적용하지 않는 것을 선호하는 고고학자들은 코칼기Cocal Period라고 부르는 시기이기도 하다.

은닉처 유물 가운데 대부분을 차지한 것은 메타테였다. 일반적으로 이 단어는 옥수수를 가는 데 쓰는 돌을 뜻한다. 그런데 모스키티아는 물론 하부 중앙아메리카 전역에서 발견된 메타테는 좀 다르다. 그것의 정확한 용도나 사용법은 아무도 모른다. 뭔가를 갈기 위한 용도의 탁자나 단처럼 생겼는데 돌공이와 함께 발견되었다. 그런데 지나치게 크고 불편하다는 점이 풀리지 않는 수수께끼였다. 대부분 효율성과는 거리가 먼 형태였다. 고고학자들은 그 메타테들이 왕좌 혹은 권좌였을 가능성이 있다고 본다. 커다란 메타테 위에 앉아 있는 사람들을 묘사한 작은 도기 조각상도 발견되었던 것이다. 아마 옥수수가 아메리카 대륙에서 신성시되었기 때문에 실제로 옥수수를 빻는 돌과 닮은꼴로 만들었을지도 모른다. 마야의 창조신화에서는 인간이 옥수수가루 반죽으로 빚어졌다고 이야기한다. 이따금 메타테들이 묘비처럼 무덤 꼭대기에서 발견되기도 하는 탓에 죽은 이를 마지막 안식처로 옮기는 데 썼던 의자일 가능성도 있다는 주장 또한 있다.

크리스의 발굴팀은 일부 항아리의 테두리에서 발견된 인간과 비슷한 삼각형 머리의 존재들을 애정을 듬뿍 담아 '에일리언 새끼들'이라고 불렀다. 그 존재들은 또 다른 난제를 던져주었다. 크리스는 죽음의 형상, 어쩌면 한데 묶인 조상의 시신을 묘사한 것일 수도 있다고 보았다. 이제 곧 제물이 될 포로일 수도 있었다. 대체로 포로들은 생식기가 노출된 굴욕적인 모습으로 그려지기 때문이다.

메타테와 항아리들은 훨씬 더 어둡고 비밀스러운 용도로 사용되었을 수도 있다. 나는 중앙아메리카 도기에 관한 주요 권위자인 존 후프스에게 일부 영상을 보냈다. 후프스는 우리의 프로젝트에 대한 비판자였으나 발견물 자체를 인상 깊게 보고 본인의 의견을 기꺼이 공유해 주었다. 그는 어디까지나 추측이라는 점을 강조했다. "내 생각에는 뼈를 갈기도 했던 것 같아요." 후프스는 그 메타테들을 언급하며 이렇게 말했다. 그의 설명에 따르면, 남쪽의 코스타리카와 파나마의 치브차 어권 사람들은 전승 기념물로 적들의 머리와 몸을 수집했다. 적들의 머리와 몸을 분쇄하여 가루로 만드는 데 아마 그 메타테들을 사용했을 거라는 것이 그의 추측이었다. 한 존재를 영구적으로 끝장내는 방법이었던 것이다.

마야 왕국에서는 왕이 싸움에서 지면 이따금 처형되기 전에 온 집안 식구들이 살해되는 모습과 가족묘가 훼손되는 모습을 두 눈으로 지켜보도록 강요되었다는 점 또한 후프스는 지적했다. 무덤을 훼손하는 때에는 의식적인 차원에서 사람들이 모두 보는 앞에서 시체를 꺼내 진행했다. "왕은 가족이 파멸되는 것뿐만 아니라 왕조 전체가 깡그리 지워지는 모습을 보게 되는 거죠." 후프스는 이렇게 말하고는, 코스타리카에서 나온 메타테 가운데 일부는 전승 기념물인 아주 작은 머리들로 장식되어 있다면서, 이를 통해 메타테와 뼈 갈기 및 소거 의식을 연결 지어 볼 수도 있다고 했다. 포로로 보이는 존재가 묘사된 항아리들이 이러한 생각을 뒷받침해 준다. (다만 크리스 피셔는 뼈를 갈았을지도 모른다는 이러한 주장에 대해 말도 안 된다고 대꾸했다.) 결국 그 항아리들과 메타테 표면에 대한 잔류분석이 진행될 테고, 그러면 그 안에 공물이 담겨 있었는지 혹은 어떤 물질들이 그 위에서 부수어져 가루가 됐는지 밝힐 수 있을 터였다.

나는 일부 유물들의 사진을 로즈메리 조이스에게도 보여주었다. 그 역시 우리 프로젝트에 대한 비판자였으나 본인의 의견을 공유해 주었다. 조이스는 콜럼버스 이전 시대의 온두라스 예술에 대한 도상학의 권위자로, 그는 앞서 나온 모든 가설에 동의하지 않았다. 인간과 비슷한 형상의 존재는 매장 직전의 묶인 몸은 아니라고 했다. 발기한 모습이 열쇠라고 그는 지적했다. 조이스의 말에 따르면 이는 고대 온두라스 도기에서 원숭이를 표현하는 전형적인 방식이다. 다시 말해 동그란 눈, 벌어진 입, 발기된 반인반수로 나타난다. 일부 온두라스 토착 부족들의 신화에서 원숭이는 인간 때문에 숲으로 쫓겨난 최초의 '인간'이었다. 원숭이는 온두라스의 각종 설화와 신화에서 세상을 창조하는 데 중심적인 역할을 한 존재였다. 원숭이 신의 도시라는 발상은 아마 여기에서 비롯된 것이리라. 초기 탐험가들의 보고서를 보면 원주민들이 원숭이 신, 즉 반은 원숭이, 반은 인간의 모습으로 숲에 사는 존재에 관한 이야기를 들려줬다는 내용이 나온다. 마을을 습격하고 잡종 혈통을 잇기 위해 여자들을 납치하는 그 존재들 때문에 선조들이 공포에 떨었다는 식의 이야기였다.

그 은닉처에는 콘도르, 뱀, 재규어, 원숭이 등 동물을 형상화한 것들이 넘쳐났다. 조이스는 아메리카 대륙 전역에서 전통적인 주술사와 사제들은 특정 동물과의 특별한 관계를 내세운다고 설명했다. '재규어 인간'의 머리는 고대 도기 및 조각에 표현된 반인반수

죽음의 상징입니다

의 대표 사례이다. 창조 설화 및 신화에서 재규어, 원숭이, 콘도르, 뱀은 모두 막강한 위력을 지닌 동물로 간주되었으므로 주술사들은 이런 동물들을 자신의 화신이나 영적 도플갱어로 삼았다. 모든 동물은 종마다 각기 자신들을 굽어 살피고 지켜주는 정령, 즉 주인이 있었다. 인간 사냥꾼이 특정 동물을 사냥하려면 반드시 그 동물의 주인을 달래야 하고, 동물을 죽인 뒤에는 그 주인에게 용서를 구하고 공물을 바쳐야 했다. 주인은 자신의 보호 아래에 있는 동물을 인간 사냥꾼이 무분별하고 무자비하게 죽이지 않도록 하면서도 공손하게 의례적 절차를 지키면서 딱 필요한 만큼만 취하는 사냥꾼들에게는 보상을 한다는 것이다.

특정 동물을 자신의 수호령으로 삼은 주술사는 (가끔은 환각제를 통해) 그 주인과 소통할 수 있다. 바로 이 지점에서 주술사의 힘이 나온다. 이를 테면, 재규어 인간으로 변신하여 재규어들의 주인과 의사소통할 수 있는 능력 말이다. 주술사는 그 주인을 통해 영역 내의 모든 재규어에게 영향을 미칠 수 있다. 각각의 주인은 저마다 특정 동물들에 가닿는 영적 채널의 역할을 한다. 이러한 점을 고려할 때 많은 인류학자들은 동물 머리가 새겨진 메타테가 주술사나 신성 군주가 세속의 차원과 영적 차원을 오가는 수단으로 사용한 권좌, 자신의 수호령인 특정 동물의 힘에 이르는 출입구였다고 본다.

조이스의 말에 따르면, T1 은닉처의 중앙 상석에서 발견된 (인간의 두 팔처럼 양 날개를 늘어뜨린) 콘도르는 반만 콘도르인 인간, 즉 수호령인 동물로 변신한 주술사라는 것이다. 중앙아메리카의 도기나 조각에서 콘도르는 주로 인간의 시체를 탐식하거나 전투에서

패한 적들의 동강 난 머리를 감시하는 모습으로 그려졌다. 콘도르는 지상의 왕국과 천상의 왕국을 오가는 능력을 지닌 존재로 여겨졌으므로 죽음, 변신, 영적 세계로의 이행과 관련 있을지도 몰랐다. 아무튼 이 모든 것을 종합해볼 때 그 은닉처에는 죽음과 변화의 의미가 내포되어 있다고 볼 수 있다. 그런데 누구의 죽음이자 변화였을까?

일부 메타테에 새겨진 모티프들이 또 다른 실마리를 제공했다. 조이스는 T1의 메타테에서 보이는 이중 나선 모티프는 산속 동굴에서 피어나오는 엷은 안개를 표현한 것이라고 해석했다. 동굴은 조상들이 있는 기원 장소를 상징한다. 조이스의 말에 따르면, 교차된 띠 모양은 신성한 땅으로 들어가는 입구, 즉 근원지로 가는 출입구를 나타내는 것으로 보인다. T1의 유물들에 흔히 보이는 '트매듭' 모티프는 기하학적으로 배열된 다섯 개의 눈(점) 모양인데, 이는 신성한 네 방위 및 세상의 중심점을 표현한 것으로 우주 자체를 상징한다(이 외에도 메타테에는 판독이 불가능한 글씨처럼 생긴 수수께끼 같은 모티프가 많이 보인다).

이런 식의 추론을 따라가다 보면 그 은닉처가 탄생, 죽음, 영적 세계로의 이행에 초점을 맞춘 장소였다는 결론에 이르게 된다. 그런데 어째서 그 도시의 사람들은 지배층, 즉 주술사와 신성 군주의 소유물로 보이는 신성하고 영험한 물건들을 그런 장소에 한꺼번에 둔 것일까?

크리스는 꽁꽁 잠겨 있던 미스터리를 여는 데 도움이 될 만한 열쇠가 되는 두 가지 사실을 알아냈다. 첫 번째는 공물들이 수 년 혹

죽음의 상징입니다

은 수 세기에 걸쳐 축적된 게 아니라는 점이었다. 유물들은 전부 동시에 남겨졌다. 훨씬 더 효과적으로 실상을 알려주는 것은 두 번째 실마리, 즉 물건들이 대부분 깨지고 부서진 상태라는 점이었다. 수백 년의 시간이 흐르는 사이에 숲의 거목들이 쓰러지면서 자연스럽게 깨진 것일까? 아니면 누군가가 고의로 깨뜨린 것일까?

크리스의 발굴팀은 은닉처에서 현무암을 깎아 만든 거대한 공이를 찾아냈다. 길이가 약 92cm가 넘는 그 공이는 실제로 뭔가를 가는 용도로 사용했다고 보기에는 불편하고 어색했으며 마무리가 지나치게 정교하고 아름다웠다. 즉, 제기였다는 뜻이다. 그런데 결코 부서지기 쉬운 재질이 아닌데도 그 공이는 발견 당시 여섯 조각으로 깨진 상태였다. 쓰러진 나무의 충격으로 박살날 개연성은 낮다. 수치로만 봐도 단단한 현무암으로 만든 유물 가운데 그렇게 많은 수가 시간이 흐르면서 자연적으로 부서지기는 어렵다. 크리스는 누군가가 일부러 산산조각 낸 게 틀림없다고 결론 내렸다. 의식에 따라 죽임을 당했던 '빛나는 해골들의 동굴' 속 항아리들과 같은 이유로 파괴된 것이다. 고대인들은 물건들이 고인과 함께 내세로 갈 수 있도록 묘지에서 파괴 의식을 행했다. 이는 항아리나 유물에만 국한되지 않았다. 신성한 건축물, 심지어 도로까지 포함했다. 가령, 미국 남서부에서 꽃피웠던 위대한 아나사지 문화는 13세기에 도로망과 중간 기착지 가운데 일부를 폐쇄했다. 푸에블로족은 조상 대대로 살아온 그곳을 버리고 떠나면서 덤불을 불태우고 도로를 따라 신성한 항아리들을 깨부수었다.

모든 단서를 종합해볼 때 그 은닉처는 마지막으로 도시를 버리고 떠나면서 폐쇄 의식을 행한 물건들의 집결지였다. 이 시나리오에 따르면, 그 도시에 가장 마지막까지 잔류했던 주민들이 신성한 물건들을 전부 걷어 모은 다음, 떠나는 길에 최후의 공물로 신들에게 바쳤는데 이때 물건들에 깃든 영혼을 자유롭게 풀어주기 위해서 그것들을 깨부순 것이었다. 모스키티아에서 발견된 다른 은닉처들 역시 정착촌을 버리고 떠나는 과정에서 이와 같은 목적에 따라 남겨진 것으로 보는 것이 타당하다. 이 도시들의 '죽음'을 포함한 문명 전체의 파국은 대략 같은 시기인 1500년경, 바로 스페인 침략기에 발생한 것으로 보인다. 하지만 스페인 사람들은 이 지역을 조사한 적이 없었다. 탐험은커녕 그 밀림 오지로 들어가지도 못했다.

이제 우리는 도저히 어찌할 수 없는 질문에 이르게 된다. 만약 스페인 사람들의 침공이나 정복 때문이 아니라면 그 도시를 비롯한 모스키티아 지역은 왜 사라진 것일까? 조직적으로 잘 정리된 그 은닉처는 최후의 주민들이 알 수 없는 이유로 밀림의 보금자리를 떠나 미지의 장소로 이동했다는 것을 시사한다. 이 수수께끼에 대한 답을 얻으려면 전설 속 시우다드 블랑카, 그 저주의 대상을 다시금 찾아가야 한다.

죽음의 상징입니다

# 20

## 그들은 꽃을 말려 죽이러 왔다

그 옛날 산속에 세워진 위대한 도시가 일련의 재앙으로 쓰러진다. 그 도시에 살던 사람들은 신들이 노했다고 판단하여 소유물을 그대로 둔 채 떠난다. 그 후로 도시는 감히 발을 들였다가는 죽음을 면치 못하는 저주가 내린 장소, 금단의 땅이 되어 외면 당하고 배척되었다. 이는 분명 하나의 전설이다. 흔히 전설은 사실에 기초한 경우가 많듯이, 오래도록 집요하게 이어져온 이 전설 역시 예외는 아니다.

신화에서 진실을 캐내기 위해서는 유럽인들이 신세계를 발견했던 그 시절로 거슬러 올라가야 한다. 1493년 10월, 콜럼버스는 신세계로 향하는 두 번째 항해에 나섰다. 2차 원정은 1차 때와는 그 성격이 매우 달랐다. 배 세 척으로 떠났던 1차 항해는 탐험 항해였던 반면, 2차 항해는 정복, 식민지화, 개종이 주된 목표였다. 2차 항해에 나선 콜럼버스의 거대한 소함대는 1,500명의 사람과 말, 소, 닭 등 가축 수천 마리를 실은 열일곱 척의 배로 구성되었다. 그런데 강철 무기와 갑옷으로 무장한 군인들, 십자가를 품은 사제들, 신세계의 생태계를 교란시킬 동물들보다 훨씬 위협적인 것이 배에 올라탔다. 콜럼버스와 그의 선원들은 자신도 모르는 사이에 현미경으로만 보이는 미세한 '병원균'을 실어 나른 것이다. 신세계 사람들은 한 번도 노출된 적이 없어서 그에 맞설 유전적 저항력이 아예 없는 병원균들이었다. 언제라도 불이 번질 수 있는 바싹 마른 광활한 숲이나 매한가지인 신세계에 콜럼버스가 불을 들고 간 셈이었다. 유럽의 질병들이 신세계에서 걷잡을 수 없이 퍼졌다는 것은 누구나 아는 이야기다. 그런데 최근 유전학, 역학, 고고학에서 발견한 사실들로 드러난 절멸의 과정은 그야말로 종말론 그 자체였다. 대학살극이 펼쳐졌던 토착 사회의 실상은 그 어떤 공포영화도 그려내지 못할 정도로 상상을 초월하는 최악의 상황이었다. 스페인 사람들이 세계 최초로 '해가 지지 않는 제국'을 세울 수 있었던 것은 다른 무엇보다도 질병 덕분이었다.

콜럼버스는 1차 항해에서 신장 결석이 있는 노인 한 명을 제외하고는 "아픈 사람, 심지어 두통을 호소한 사람조차 없었다"고 자랑스레 내세웠다. 하지만 스페인 각지에서 온 군인들과 바글거리는 가축 화물을 실은 2차 항해는 역병을 태운 노아의 방주였다. 콜럼버스의 소함대가 대서양을 횡단하는 동안에만 수백에 이르는 인간과 동물이 앓기 시작했다. 배는 숙성된 질병을 품은 승객과 화물을 싣고서 카리브 해의 외곽에 있는 섬들을 죽 돌아다녔다. 도미니카공화국, 몬세라트, 안티과, 소앤틸리스 제도의 섬들에 상륙했다가 푸에르토리코, 히스파니올라 섬으로 항해를 계속했다. 대부분의 사람들은 히스파니올라 섬에서 내렸다. 콜럼버스는 본인은 물론 다른 사람들도 병세가 진행되는 와중에 작은 소함대를 이끌고 쿠바와 자메이카를 답사하고 히스파니올라 섬으로 돌아왔다.

콜럼버스가 히스파니올라 섬에 대해서 처음 기술한 것을 보면, 경이롭고 비옥한 땅, "포르투갈보다 인구가 두 배나 많은 큰 섬"이라고 되어 있다(실제로는 약간 더 작다). 그는 이때껏 본 것 중에서 가장 아름다운 땅이라고 극찬했다. 히스파니올라 섬에는 타이노족이 대단히 많이 거주하고 있었다. 다만 구체적인 인구 규모에 대해서는 역사가들 사이에 논쟁이 있다. 초기 스페인의 기록자로 인도 제국의 식민지 건설 목격담을 주로 썼던 바르톨로메 데 라스 카사스Bartolomé de las Casas는 콜럼버스가 도착할 당시 그 섬의 원주민 인구는 약 100만 명이었다고 했다가 나중에 300만 명으로 정정했다. 현대 역사가들 가운데 대다수는 라스 카사스가 숫자를 부풀렸다고 보고, 실제 인구수는 50만 명 정도였을 것이라고 이야기한다. 어찌 됐든 그 섬을 비롯한 카리브 해 지역의 큰 섬들은 놀라울 정도로 번창한 곳이었다. 자메이카 부근에서 콜럼버스는 여러 도시와 훌륭한 항구들로 가득한 해안 및 육지와 조우했는데, 그곳에서 수없이 많은 인디언들이 카누를 타고 자신들을 뒤따라왔다고 했다. 그런데 이 모든 것이 곧 바뀌려 하고 있었다.

2차 항해 도중에 콜럼버스 역시 심하게 앓다가 죽을 고비를 넘겼다. 병석에 누워 있던 몇 주 동안에는 일지도 쓰지 못했다. 1493년 11월 22일, 히스파니올라 섬에 다다른 소함대는 기존에 있던 스페인 정착촌을 재건했다. 그전에 만들었던 정착촌은 그들이 없는 사이에 원주민들이 파괴한 터였다. 그 무렵 대다수 스페인 사람들이 선상의 비위생적인 환경과 감염으로 병에 걸려 사망했다. 몇 년 사이에 군인 1,500명 가운데 족히 절반이 질병으로 목숨을 잃었다. 하지만 원주민들에게 벌어진 일에 비하면 아무것도 아니었다.

병든 선원들을 태운 배들은 카리브 해 지역을 이리저리 돌아다니면서 방문한 대부분의 항구에 부지불식간에 전염병을 퍼뜨렸다. 1494년 즈음에는 여러 유행병이 일종의 흑사병처럼 합쳐져 히스파니올라 섬 등 카리브 해 전역으로 급속히 번져나갔다. 라스 카사스는 이렇게 기록했다. "인디언들 사이에 그와 같은 질병, 죽음, 참담한 고통이 찾아왔다. 아비와 어미, 어린 자식들까지…. 애석하게 죽은 이들의 숫자를 헤아릴 수 없을 정도였다." 그는 1494년부터 1496년까지 2년 사이에 인구의 3분의 1이 사망한 것으로 추산했다.

물론 원주민들이 질병으로만 죽었던 것은 아니다. 강제 노동, 기아, 학대 등 역시 히스파니올라 섬의 타이노족 등 카리브 해 지역의 원주민들이 절멸하는 데 대단히 크게 기여했다. 하지만 다른 무엇보다도 주요인은 신세계가 거의 아무런 저항력을 갖고 있지 않았던 유럽의 질병 때문이었다. 현대의 역학자들은 1차 유행병 확산 시기에 원주민들의 목숨을 앗아간 질병이 무엇이었는지 알아내기 위해 옛 이야기들을 연구했다. 가장 개연성 있는 추측은 인플루엔자, 발진티푸스, 이질이었다. 그 뒤로 많은 질병이 1차 유행병에 합세하면서 연이은 죽음의 물결을 촉발했다.

전염병은 섬에만 머물러 있지 않았다. 라스 카사스의 표현에 따르면, 중앙아메리카 본토까지 퍼져 그 권역 전체를 초토화한 죽음의 '쓰레그물'이었다. 1500년 이전에는 토착 상인들이 제일 먼저 전염병을 본토에 퍼뜨렸을 가능성이 있다. 즉, 유럽인들이 도착하기도 전에 그곳에 있는 사람들이 질병으로 죽기 시작했을 수도 있다는 얘기다. 하지만 우리는 콜럼버스가 1502년의 4차 항해에서 의도치 않게 아메리카 본토에 질병을 풀어놓았다는 사실을 분명히 알고 있다.

콜럼버스는 인도제국까지 가는 서쪽 항로를 찾다가 1502년 7월 30일 온두라스의 베이 제도에 다다랐다. 그는 그곳에서 몇 주를 보낸 뒤에 중앙아메리카 본토로 향했고 그 땅에 최초로 발을 디딘 유럽인이 되었다. 콜럼버스는 현재의 트루히요 부근에 있는 어느 항구에 정박했는데, 연안에서 수심이 아주 깊은 곳과 조우했다는 이유로 그 신대륙에 '온두라스'(스페인어로 Hondo는 깊다는 것을 뜻한다)라는 이름을 붙였다. 온두라스 본토에 상륙한 콜럼버스와 그 일행은 1502년 8월 14일에 기독교 미사를 올리면서 그 땅이 스페인의 이사벨라와 페르디난드의 것이라고 선언했다. 우호적인 원주민들을 만난 뒤에 콜럼버스는 또다시 아픈 상태로 수많은 병자들과 함께 계속해서 남쪽으로 탐험을 떠났다. 이들은 온두라스, 니카라과, 파나마의 해안선을 따라가면서 항해하는 동안 자주 정박했다. 질병은 이러한 접촉 지점들에서 들불처럼 번져나갔고 유럽인들을 훨씬 앞질러 내륙 깊숙한 곳까지 태워버렸다. 이 유행병으로 얼마나 많은 사람들이 죽었는지는 알 수 없다. 상황을 목격한 원주민들은 어떠한 설명도 남기지 않았고 유럽인들 역시 그 어떤 기록도 남기지 않았기 때문이다.

그런데 진짜 대재앙은 아직 도착하지 않은 상태였다. 그 재앙은 천연두라는 모습으로 당도했다. 라스 카사스는 이 병이 "카스티야 출신인 누군가에 의해 실려 왔다"라고 기록했다. 천연두는 1518년 12월에 히스파니올라 섬에 도착했다. 그의 기록에 의하면 "1519년 말이 되자 이 섬이 품고 있던, 우리가 직접 눈으로 목격했던 헤아릴 수 없을 정도로 많은 사람 중에서 불과 '1,000명'만이 살아남았다"라고 되어 있다. 발한, 냉수욕, 약초 등 원주민의 전통적인 치료법이 천연두에는 무용지물이었다. 실제로는 대부분의 치료법이 오히려 죽음을 재촉하는 듯 보였다. 유럽에서는 (상황이 최악이었을 때) 천연두에 감염된 사람 세 명 중 한 명이 사망했다. 그런데 아메리카 대륙에서는 사망률이 50%를 넘어섰고, 많은 경우 90~95%에 달했다.

역학자들은 일반적으로 천연두가 인류를 괴롭힌 질병 가운데 가장 잔인하고 무자비하다는 데 동의한다. 1970년대에 근절되기 전까지 이 병으로 5억 명이 넘는 사람들이 목숨을 잃었고 수백만 명의 사람들이 끔찍한 흉터를 지닌 채 실명했다. 천연두는 육체적으로나 정신적으로나 견디기 힘든 고통을 안긴다. 대개는 두통, 발열, 몸살을 동반한 독감처럼 시작되다가 인후염이 발생하면서 이내 전신에 발진이 퍼진다. 그 후 일주일에 걸쳐 병이 진행되는 동안 환자는 환각을 초래하는 무시무시하고 끔찍한 꿈을 자주 꾸게 되고 기이한 실존적 공포감으로 고통 받는다. 발진은 물집으로 변하고 고름이 찬 고름집이 온몸을 뒤덮는다. 이 고름집은 이따금 합쳐지기도 하다가 피부 바깥층이 몸에서 떨어져 나가게 된다.

원주민들은 천연두에 대해서 처참할 정도로 극심한 공포에 떨었다. 그때껏 경험했던 질병과는 완전히 달랐다. '정복의 역사'에는 그 전염병에 대한 공포를 증명하는 스페인 사람들의 수많은 목격담이 들어 있다. 한 수사는 다음과 같은 기록을 남겼다. "그것은 끔찍한 병이었다. 그 병 때문에 많은 사람이 죽었다. 누구도 걸을 수 없었다. 그저 침대에 뻗어 있는 것 외에는 달리 할 수 있는 게 없었다. 움직일 때면 고통으로 비명을 질러댔다. 많은 사람들이 그 병으로 죽었으나 그저 굶어 죽은 사람들도 많았다. 기아로 인한 죽음이었다. 돌볼 사람이 한 명도 남아 있지 않았기 때문이다."

이러한 질병의 유행은 원주민들의 군사적 저항력을 약화시켰고 많은 경우 스페인 사람들의 정복이 가능하게끔 도와주었다. 하지만 종합적으로 볼 때 스페인 사람들은 (그리고 콜럼버스 본인도) 매우 급격한 절멸에 크게 낙심했다. 너무나도 많은 원주민의 죽음은 그들의 노예사업에 걸림돌이 되었다. 하인들이 죽어 나갔고 강제노역으로 돌아가던 대농장과 광산이 텅텅 비게 되었다. 천연두가 도래했을 때 대부분의 원주민이 보인 반응은 극심한 공황 상태에 빠져 도피하는 것이었다. 그들은 병자들과 죽은 자들을 내버려 둔 채 마을과 도시를 떠났다. 스페인 사람들은 각종 유행병에 덜 민감했던 반면, 면역성이 없는 원주민들은 일반적인 전염병으로도 죽는 경우가 많았다. 전염병은 유럽인들이 도착하기도 전에 신세계를 싹 쓸어버렸다. 처음 간 어느 마을에서는 온 마을 사람들이 죽어 있는 데다 집집마다 고름집으로 뒤덮인 시신들이 썩어가고 있더라는 유럽인 탐험가들의 목격담이 수도 없이 많다.

한때 역사가들은 코르테스가 어떻게 500명의 군대로 100만 명이 넘는 아스텍 제국을 격파했는지 놀라워했다. 그동안 다양한 의견이 제기되었다. 스페인 사람들이 말, 검, 석궁, 대포, 갑옷에서 결정적인 기술적 우위에 있었다는 주장, 스페인 사람들이 무어인과의 싸움을 통해 연마한 우수한 전술을 갖고 있었다는 주장, 스페인 사람들이 신일지도 모른다는 생각에 원주민들이 두려워했다는 주장, 아스텍 제국에 대한 주변 족장사회의 반란이 무르익는 상황이 만들어졌다는 주장까지. 모두 사실이었다. 하지만 진정한 정복자는 천연두였다. 코르테스가 이끄는 부대는 1519년에 아스텍의 수도 테노치티틀란(현재의 멕시코시티)을 점령했다. 하지만 이는 정복으로 칠 수 없다. 불안하고 심란한 마음에 아스텍 황제 모크테수마Moctezuma는 코르테스가 신인지 인간인지 확신하지 못한 상태에서 그를 수도로 초대했기 때문이다. 8개월 뒤에 모크테수마가 혼탁한 상황에서 살해되자 원주민들이 봉기하여 손쉽게 스페인 사람들을 수도에서 몰아냈다. '비통한 밤Noche Triste'으로 불리는 이 사건에서 스페인 군인들은 참담할 정도로 완패했다. 많은 수가 살해되거나 주머니에 금을 너무 많이 챙겨 넣은 탓에 그 섬에서 달아나다가 익사했다. 탈출에 성공한 스페인 군인들은 테노치티틀란에서 동쪽으로 약 48km 떨어진 틀락스칼라Tlaxcala에 진을 치고 와신상담하며 다음 전략을 궁리했다. 그런데 바로 그때 천연두가 멕시코계곡으로 쳐들어갔다.

한 수사는 이렇게 기록했다. "기독교도들이 전쟁으로 모두 진이

그들은 꽃을 말려 죽이러 왔다

빠지자 하느님께서 인디언들에게 천연두를 보내는 게 좋겠다고 결정하시었다." 천연두는 60일 만에 테노치티틀란 주민들 중 최소 절반의 목숨을 앗아갔다. 접촉 전, 테노치티틀란의 인구는 30만 명 남짓이었다. 천연두는 모크테수마의 유능한 후계자 쿠이틀라우악 Cuitláhuac 황제도 죽음에 이르게 했다. 쿠이틀라우악은 40일이라는 짧은 통치 기간에 신속하게 군사동맹을 구축했던 인물로, 만약 살아남았더라면 코르테스를 격퇴했을 가능성이 높다. 하지만 천연두라는 전염병으로 수도 인구의 절반 이상이 사망하고, 주변 지역까지 대혼란에 빠지면서 코르테스는 1521년 테노치티틀란을 탈환할 수 있었다. 천연두가 미친 최악의 영향은 원주민들의 사기를 완벽하게 꺾어놓은 것이었다. 그 병이 스페인 사람들은 살려주고 자신들은 섬멸했다고 여긴 원주민들은 본인들이 신들로부터 저주를 받고 버림받았다고, 신들은 스페인 사람들에게로 향했다고 생각했다. 한 목격자가 기술한 바에 따르면, 스페인 사람들이 테노치티틀란으로 진군해 들어갔을 때 "거리는 온통 죽은 자와 병든 자 천지였고, 우리 쪽 사람들은 그 몸뚱이들을 아무렇지도 않게 함부로 밟으며 지나갔다"라고 전했다.

천연두는 스페인 사람들이 도착하기도 전에 멕시코를 유린한 동시에 남쪽으로는 마야 왕국까지 불태워버렸다. 마야 도시에는 더는 사람들이 거주하지 않았으나 마야인들은 그 지역의 도처에 퍼져 있었으며 여전히 맹렬함과 뛰어난 군사적 기량으로 명성이 자자했다. 천연두는 4년 뒤에 코르테스 밑에 있던 한 지휘관이 손쉽게 과테말라를 정복할 수 있게끔 먼저 길을 닦아놓은 셈이었다.

천연두는 신세계에서 처음 발생한 지 10년 만에 남아메리카 깊숙한 곳까지 뻗어나갔다. 이 전염병은 콜럼버스 이전 시대에 북아메리카에 있었던 위대한 왕국들도 여럿 쓰러뜨렸다. 1539~1541년 탐험가 에르난도 데 소토Hernando de Soto는 '쿠사'라는 강력하고 번성한 족장사회를 지나게 되었다. 인구가 5만 명 정도였을 것으로 추정되는 쿠사는 테네시주, 조지아주, 앨라배마주의 일부 지역들을 아우르는 국가였다. 하지만 데 소토 다음으로 20년 뒤에 유럽인들이 들어왔을 무렵에는 거의 버려진 상태였다. 빈집들이 어지러이 흩어져 있고, 한때 풍성했던 뜰에는 엉겅퀴와 잡초만이 무성했다. 데 소토는 미시시피 강 계곡에서 49개의 마을을 발견했으나 100년 뒤에 그곳을 찾은 프랑스 탐험가 라 살La Salle과 졸리에Joliet는 비참한 모양새의 정착촌 일곱 곳만을 볼 수 있었다.

수치를 놓고서 뜨거운 논란이 한창이기는 하나, 학자들은 콜럼버스가 도착하기 전의 북아메리카 인구는 약 440만 명, 멕시코는 약 2,100만 명, 카리브 해 지역은 600만 명, 중앙아메리카 역시 600만 명으로 추산한다. 그런데 1543년경이 되면 카리브 해의 주요 섬들의 원주민들이 절멸하게 된다. 다시 말해 거의 600만 명에 달하는 사람들이 사망했다. 이보다 작은 섬들의 경우에는 몇 안 되는 원주민들이 위태위태한 목숨줄을 부여잡은 채 뿔뿔이 흩어졌다. 테노치티틀란의 몰락, 도처에서 벌어진 원주민의 전면적인 붕괴, 잇달아 덮쳐 오는 전염병의 파도로 스페인 사람들은 대부분의 중앙아메리카 지역에서 원주민들의 저항을 순식간에 분쇄할 수 있었다.

같은 시기에 벌어졌던 스페인의 필리핀 정복과 비교해보자. 필리핀에서도 스페인 사람들이 무자비했던 것은 매한가지였으나 필리핀 정복에는 질병의 원조가 없었다. 필리핀 사람들은 구세계 질병에 저항력이 있어서 대규모 집단사나 인구 붕괴는 일절 겪지 않았다. 그 결과 스페인 사람들은 필리핀 토착민과의 공생을 받아들이고 적응할 수밖에 없었다. 필리핀 원주민들은 계속해서 강한 세력을 보유했고 자신들의 언어와 문화를 유지했다. 스페인 사람들이 떠나자마자 스페인어와 더불어 이베리아 반도의 영향력은 대개 사라져 버렸다.

그런데 이러한 대재앙이 모스키티아까지 이르렀을까? 만약 그렇다면, 스페인 사람들과의 접촉에서 그토록 멀리 떨어진 외딴 내륙 지방까지 어떻게 질병이 들어가게 된 걸까? 1519년 천연두의 급속한 확산이 온두라스에 구체적으로 어떠한 영향을 미쳤는지에 관해서는 원 자료가 별로 남아 있지 않다. 다만 이론적으로 본다면, 천연두가 북쪽과 남쪽에서 맹위를 떨쳤으므로 온두라스 역시 틀림없이 극심하게 시달리고 고통 받았을 것이다. 천연두 다음으로 10년이 지난 뒤에 또 다른 끔찍한 유행병이 신세계를 휩쓸었다. 바로 홍역이다. 다들 알다시피 홍역은 유독 온두라스를 잔인하게 유린했다. 유럽인들의 경우 홍역은 천연두에 비하면 가벼운 병이었다. 쉽게 확산되기는 하나 목숨을 앗아가는 일은 좀처럼 없다. 하지만 신세계에 당도한 홍역은 천연두만큼이나 치명적인 것으로 드러났다. 홍역에 걸린 환자 가운데 최소 25%가 사망했다. 1532년 정복자 페드로 데 알바라도Pedro de Alvarado는 과테말라에서 카를로스 1세에게 이런 보고서를 올렸다. "뉴스페인(옛 스페인령을 지칭 – 옮긴이) 전역에 걸쳐 홍역이라고 하는 병이 지나갔습니다. 이 병이 인디언들을 덮치고 그 땅을 휩쓸고 지나가면서 완전히 텅 빈 상태가 되고 말았습니다."

이 시기의 또 다른 스페인 기록자 안토니오 데 에레라Antonio de Herrera가 기록한 바에 따르면 "그때(1532년) 당시 온두라스 지방에서는 집집마다 마을마다 홍역이 확산되면서 엄청난 기세로 대유행하는 바람에 많은 사람이 죽었다. 2년 전에는 늑막염과 복통이 전반적으로 유행하면서 이 때문에도 많은 인디언이 목숨을 잃었다." 오비에도Oviedo는 1530~1532년 사이에 온두라스 인구 절반이 병으로 사망했다고 기록했다. 한 스페인 선교사는 그 해안 지방의 인구 가운데 고작 3%만이 살아남았으며 "나머지 인디언 역시 단기간에 쇠퇴할 확률이 크다"고 한탄했다.

영국인 지리학자 린다 뉴슨Linda Newson은 스페인 정복기에 벌어진 온두라스의 인구통계학적 참사를 다룬《정복의 대가: 스페인 치하의 온두라스 원주민 감소The Cost of Conquest: Indian Decline in Honduras Under Spanish Rule》라는 제목의 권위 있는 연구 결과물을 내놓았다. 온두라스에서 벌어진 일을 가장 상세하게 분석한 책이다. 원래 정확한 인구수는 구하기 어렵지만, 특히 식민지화되지 않았던 온두라스 동부 및 모스키티아 지역의 인구수는 더욱 알아내기 어렵다. 그러나 뉴슨은 제대로 된 고증작업이 부족한 것이 걸림돌이라고 언급하면서도 막대한 양의 증거를 평가하고 검토해 가급적 완전한 추정 결과를 제시했다.

초기의 기록들, 인구 추계, 문화 연구, 생태학적 자료를 토대로 뉴슨은 스페인 사람들에 의해 제일 먼저 식민지화되었던 온두라스 지역들이 정복 이전에 60만 명의 인구로 출발했다고 결론 내렸다. 그러던 것이 1550년 무렵에는 불과 3만 2,000명의 원주민들만 남게 되었다. 이는 95% 인구 붕괴로, 믿기 어려울 정도로 충격적인 통계 결과이다. 뉴슨은 이 수치를 다음과 같이 분류했다. 즉 3만~5만 명은 정복 전쟁으로 사망했고, 10만~15만 명은 노예사냥으로 생포되어 국외로 실려 나갔다. 이 두 부류를 제외한 나머지, 즉 40만 명이 넘는 원주민들은 거의 모두 병으로 사망했다.

뉴슨은 모스키티아 등 온두라스 동부의 경우 정복 이전의 인구 밀도를 제곱마일당 30명 정도(1제곱마일=2.58km$^2$)로 추산했으며 이에 따라 모스키티아의 내륙 산간 지방의 인구수를 약 15만 명 정도로 설정했다. 하지만 1986년 뉴슨이 책을 쓸 당시에는 그 존재를 알지 못했던 T1, T3 같은 대도시들이 발견되면서 이러한 계산법은 상당히 수정되어야 할 것 같다. 실제 수치가 어떻든지 간에 이제 우리는 그곳이 광범위한 통상로에 의해 인접 지역들과 연결된 번화하고 부유한 지역이었다는 사실을 알고 있다. 우리가 발견한 그곳은 인구밀도가 희박한, 사람이 살지 않는 밀림 오지와는 거리가 멀었다. 광대하고 부유한 지역들에 대한 코르테스와 페드라사의 증언이 있고, T1과 T3, 라스 크루시타스, 왕키빌라 등 모스키티아의 고대 도시들에서 나온 증거들도 있었다.

T1 같은 산골짜기는 너무 깊은 밀림에 있어서 정복자나 노예 상인들에게는 관심 밖의 지역이었다. 따라서 그곳에 살던 사람들은

유럽인이 도래하고 나서도 한참 동안 번영을 누렸어야 했다. 그 지역 대다수는 20세기 혹은 그 이후까지도 개방되지 않은 상태였다. 알다시피 일부 지역은 현재까지도 여전히 전인미답의 상태이다. 그런데 질병의 확산과정을 살펴보면, T1 계곡이 일반적인 전염을 피하기는 사실상 불가능했다. 유럽의 유행병들이 1520~1550년 사이의 어느 시기엔가 T1, T3 등 모스키티아를 휩쓴 게 거의 확실하다.

병원균은 두 가지 경로로 모스키티아를 침입했다. 첫 번째 경로는 무역을 통해서였다. 콜럼버스가 온두라스의 베이 제도에 상륙했을 때 그는 기억에 남을 만한 인상적인 광경을 묘사했다. 너비 2m가량, 길이 18m가량의 거대한 무역선 카누를 사공 스물다섯 명이 노를 저어 움직였다. 선체 중앙부에는 오두막 한 채가 지어져 있고 구리, 무기, 직물 등 귀한 교역 상품들이 수북하게 쌓여 있었다. 카리브 해 지역 및 중앙아메리카 전역에 걸쳐 광범위하게 해상 무역이 이루어졌다. 콜럼버스가 봤던 그 카누는 마야 상인들이 운용했던 것이 분명하다고 주장하는 역사가들도 있다. 하지만 베이 제도에 정착한 이들은 마야인들이 아니라 모스키티아와 연결고리가 있는 치브차 어권 사람들이라는 점을 감안할 때 치브차 상인들의 것일 확률이 높다. 누가 되었든 이 무역상들은 쿠바, 히스파니올라, 푸에르토리코는 물론, 분명히 본토와도 무역활동을 했을 것이다.

고고학자 중에는 멀리 북쪽으로는 미시시피 강 삼각주까지 이르렀을 가능성이 있다고 보는 이들도 있다. 모스키티아로 들어가는

그들은 꽃을 말려 죽이러 왔다

두 개의 주요 교통로인 플라타노 강과 파투카 강은 베이 제도의 동쪽으로 멀지 않은 곳에 있는 바다로 흘러 들어간다. 카리브 해 지역에서 전염병이 돌던 시기, 그곳의 여러 섬과 해안 지방에서 온 물품들을 여기저기 팔러 다녔던 상인들이 이 두 강을 거슬러 올라가서 모스키티아까지 유럽의 병원균들을 실어 날랐다는 것은 거의 의심할 여지가 없다고 할 수 있다. 모스키티아에 도착한 미생물들이 지역민들의 몸속으로 달아나 내륙 지역 깊숙한 곳까지 불을 지른 것이다.

또 하나의 있음직한 감염 경로는 노예무역이다. 1542년 스페인 정부가 노예제도를 금하기 전까지 노예 상인들은 온두라스를 이 잡듯 샅샅이 뒤져 대농장, 광산, 일반 가정집에서 일할 원주민들을 납치했다. 처음에 노예로 삼은 원주민들은 섬과 해안 지방 출신이었다. 그런데 질병으로 초기의 포로들이 전멸하자 스페인 침입자들은 대체물을 찾기 위해서 시골 지역 더 깊숙이 들어갔다. 1530년대에 이르자 노예 상인들은 오늘날의 카타카마스가 위치한 올란초 계곡과 모스키토 해안을 유린했다. 그들은 마을을 파괴하고 소를 몰듯 사람들을 끌어모았다. 모스키티아는 북쪽, 서쪽, 남쪽 삼면이 잔혹한 노예사냥꾼들에게 에워싸인 형국이었다. 마을에서 달아난 원주민 수천 명은 우림에 몸을 숨겼다. 대다수는 모스키티아 산골로 사라져 종적을 감췄다. 그런데 불행하게도 이 피난민 가운데 일부가 본인들이 없었다면 제대로 보호되었을 내륙의 산골짜기로 유럽의 질병을 갖고 들어간 셈이었다.

만약 이런 식의 결론에 이르는 가상 시나리오를 따른다면, 1500

년대 초의 어느 시기엔가 여러 유행병이 T1을 잇달아 휩쓸었다는 얘기가 된다. 여타 온두라스 지역이나 중앙아메리카와 사망률이 비슷하다고 한다면, 주민 가운데 90%가량이 병으로 목숨을 잃었다고 할 것이다. 정신적으로 큰 충격을 받은 채 뿔뿔이 흩어졌던 생존자들은 신들에게 바치는 마지막 공물로서 신성한 물건들의 은닉처를 남겨둔 채 그 도시를 버리고 떠났다. 혼을 풀어주기 위한 의식에 따라 많은 물건을 조각조각 깨부순 채 말이다. 그것은 어느 한 개인에게 바치는 공물이 아니었다. 한 도시 전체에 바치는 공물이었다. 그리고 한 문명을 기리는 기념비였다.

"생각해봐요." 크리스 피셔가 말했다. "질병에 유린되고 고통 받으면서도 그곳에 가서 그런 공물을 만들었다는 건 정말이지 그게 얼마나 중요한지를 보여주는 거예요." 그 은닉처가 발견된 장소의 중요성 그리고 다른 무엇보다도 은닉처 자체의 중요한 의미를 보여주는 것이었다. "그 장소들은 제식의 용도로 쓰이게끔 되어 있었고 영원히 그런 식으로 남아 있었어요." 실제로도 그러했다. 500년이 지난 뒤에 얼마 안 되는 우리 원정대가 더듬거리면서 그곳을 터벅터벅 걸어가기 전까지는 말이다. 그 은닉처는 한 시절을 호령했던 어느 위대한 문화를 기린 비극적인 기념비였다.

나중에 알고 보니 원숭이 신의 도시에 관한 미스터리의 해답 가운데 하나가 시종일관 우리 앞에 놓여 있었다. 관련된 다양한 신화와 버림받고 저주받은 땅이라고 했던 그 도시의 특징은 아마도 이러한 암울한 역사에서 비롯된 것이리라. 전염병이 유행했다는 사실에 비추어 본다면 이 도시의 전설은 역병이 휩쓸고 지나간 뒤에 사람들에게 버림받은 하나의 (혹은 여러) 도시, 더불어 그 후로도 한참 동안 위험지대로 남아 있었을 어느 지역에 관한 상당히 솔직하고 신빙성 있는 서술이었다.

원주민의 시각에서 쓴 전염병에 대한 기록은 거의 없다. 다만 흔치 않은 당대의 목격담 가운데 가장 가슴 아픈 이야기 중 하나는 《추마옐의 칠람 발람의 서*Book of Chilam Balam of Chumayel*》이다. 접촉 전과 후의 두 세계를 회상하는 내용이 담긴 이 기록물은 어느 원주민이 '유카텍 마야어'로 쓴 것이다.

> 그때는 아무런 병도 없었다. 사람들은 뼈가 쑤시고 아리는 일이 없었다. 또한 고열이 나는 일도 없었다. 그때는 천연두라는 게 존재하지 않았다. 복통, 폐결핵도 없었다. 그때는 사람들이 두 발로 바르게 서 있었다. 허나 이방인들이 오면서 모든 게 무너져 내렸다.
> 그들은 공포를 들고 왔다.
> 그들은 꽃을 말려 죽이러 왔다.

# 21

# 백색 나병

2015년 2월, 밀림에서 돌아오고 나서 몇 주 지나지 않아 나를 비롯한 원정 대원들은 일상으로 복귀했다. 그러나 밀림의 기억은 여전히 우리 곁에 머물러 있었다. 나는 그곳에 잠시나마 머물렀다는 것에 겸허한 마음이 들면서 경외감을 느꼈다. 더불어 다들 아무 탈 없이 몸 성히 나왔다는 데 안도했다. 온두라스에서 돌아오고 나서 며칠 뒤에 우디는 원정 대원들에게 단체 메일을 보냈다. 그가 이끈 밀림 원정대에 대한 일반적인 후속 조치였다. 다음은 그 가운데 일부를 발췌한 것이다.

몸이 약간 불편한 느낌이 들거나 없었던 미열이 나거나 무수히 물린 자국 가운데 어떤 부위가 낫고 있지 않은 것 같은 증상 중에서 뭐든 발견하면 가급적 빨리 의사의 진찰을 받아볼 것을 권합니다. 어디에 있다가 왔는지 등을 의사에게 자세히 설명하세요. 뒤늦게 후회하느니 미리 조심하는 편이 낫습니다!

당시에 나는 다른 대원들과 마찬가지로 굉장한 가려움을 유발하는 물린 자국들이 온몸을 뒤덮은 상태였다. 하지만 서서히 가라앉기 시작했다. 한 달 뒤인 3월에 나는 아내와 함께 프랑스로 휴가를 떠났다. 우리 부부는 프랑스 알프스에 스키를 타러 가고 파리에 있는 친구들을 만났다. 그런데 파리를 돌아다니던 중에 두 다리가 뻣뻣해지는 느낌이 들기 시작했다. 과한 운동 뒤에 오는 뻐근함 같았다. 처음에는 스키 탓이라고 생각했다. 그런데 여러 날이 지나는 동안 다리 결림은 갈수록 심해졌고 걸으려고 하면 기진맥진해지기 일쑤였다. 열이 39도 넘게 올랐을 때 나는 미국질병통제센터CDC 홈페이지에 들어가 내가 노출되었을지도 모르는 다양한 열대병의 잠복기를 찾아보았다. 다행히 치쿤구니아열, 샤가스병, 뎅기열의 일반적인 잠복기에서는 벗어나 있었다. 그런데 정확히 말라리아 잠복기의 한복판에 있었다. 나의 증상들은 CDC 사이트에 올라와 있는 설명과 일치했다. 말라리아 약을 너무 성급하게 끊어버린 나 자신에게 몹시 화가 났다. 도대체 무슨 생각으로 그랬던 걸까? 바로 그때였다. T1 계곡은 사람이 살지 않는 곳인데 어째서 모기를 매개로 전염되는 질병인 말라리아에 걸릴 수 있는 것인지 의문이 들었다.

파리지앵 친구들이 몇 군데 전화를 돌려, 말라리아 검사가 가능한 근거리의 병원 한 군데를 알아봐 주었다. 그날 저녁에 나는 그 병원에서 검사를 받았고, 90분 뒤에 결과가 나왔다. 다행히도 말라리아는 아니었다. 의사는 온두라스 여행과는 무관한 일반적인 바이러스에 감염된 것이니 걱정하지 않아도 된다고 나를 안심시켰다. 그리고 이틀 뒤에 나는 완전히 회복했다.

그리고 한 달이 지났다. 두 다리에 있던 물린 자국과 가려움은 사라졌다. 그런데 딱 한 군데만은 없어지지 않고 그대로였다. 왼팔 위쪽, 팔꿈치와 어깨 사이의 중간지점에 생긴 자국이었다. 게다가 날이 갈수록 점점 더 붉어지고 커지는 것 같았다. 처음에는 걱정하지 않았다. 다른 자국들과는 달리 가렵지 않았으니 말이다. 얼마 지나지 않아 또 한 번 갑작스런 발열과 함께 입안과 혓바닥에 염증이 생겼다. 나는 동네 응급실로 갔다. 의사는 헤르페스라면서 항바이러스제를 처방해 주었다. 나는 그사이에 더욱 흉측해진 자국을 의사에게 보여주었다. 의사는 항생제 연고를 바르라고 권했다. 열은 금세 떨어졌고 입병도 곧 나았다. 하지만 왼팔의 그 자국만은 항생제 크림을 발라도 아무런 소용이 없었다.

그 뒤로 몇 주가 지나는 동안 팔에 있던 자국은 점점 더 커지더니 몹시 불쾌한 모양의 딱지로 변했다. 나는 스티브 엘킨스에게 이 문제를 털어놓았다. 스티브는 데이브 요더와 크리스 피셔 역시 나와 비슷하게 나을 기미가 안 보이는 물린 자국이 있다는 사실을 전해왔다고 했다. 그는 우리 세 사람의 상태를 비교하기 위해 그 자국을 사진으로 찍어 보내달라고 했다. 로마에 살고 있던 데이브는 다리 뒤쪽에 있는 자국을 찍은 사진을 나에게 보냈다. 내 것과 비슷했지만 상태가 더 나빠 보였다. 데이브는 좌절한 상태였다. 세 번이나 응급실에 다녀왔다고 했다. 그때마다 의사들은 감염으로 진단하고 항생제를 처방해주었지만 전혀 소용이 없었다. "이건 일반적인 감염처럼 보이지 않아요." 데이브는 이렇게 말했다. "화산 분화구의 축소판처럼 생겼다고요. 그냥 낫지는 않을 거예요."

데이브는 자신이 앓고 있을 가능성이 있는 병을 찾아보기 시작했다. "가급적 질병 관련 이미지는 구글로 검색하지 않으려고 해요. 두 번 해봤다가 공포에 떨었거든요. 그런데 이번만큼은 검색을 해 봤어요. 나를 진찰했던 의사들이 틀렸다는 걸 아니까요." 데이브는 화면에 뜬 사진들을 보다가 자신이 '리슈만편모충증'이라는 열대병에 걸렸을지도 모른다는 생각을 하게 되었다.

그는 자국의 사진들을 〈내셔널 지오그래픽〉에서 함께 활동하는 동료 사진작가 두 사람에게도 보냈다. 둘 다 리슈만편모충증에 걸린 적이 있었는데, 그중 한 사람인 조엘 사토리Joel Sartore는 볼리비아 우림에서 촬영을 하다가 그 병에 걸리는 바람에 결과적으로 한 쪽 다리를 잃을 뻔 했다. 두 사람 모두 데이브가 걸린 병이 리슈만편모충증 같다고 했다. 데이브는 내게 다음과 같은 메일을 보냈다.

리슈만편모충증일 수도 있다고 생각해본 적 있어요? 심각할 수도 있어요. 현 시점에서는 내가 걸린 게 바로 그 병이라고 어느 정도 확신하고 있어요. 지금 상황을 조사하고 있는 중이에요.

나는 득달같이 구글에서 그 병을 검색해 보았다. 호기심에 가득 찬 동시에 역겨움을 참아가며 검색 내용을 읽었다. 리슈만편모충증의 초기 단계의 증상들은 정말로 내 팔에 있는 물린 자국과 비슷했다. 그 자국이 어떻게 변해가는지 보여주는 사진들도 확인할 수 있었다. 공포 그 자체였다. 이 병은 말라리아에 이어 세계에서 두 번째로 치명적인 기생충 질환이다. 전 세계적으로 1,200만 명에게 영향을 끼치고 있으며 해마다 약 100만~200만 명의 환자들이 발생한다. 그리고 이 병으로 1년에 6만 명이 사망한다. 세계적으로 주요한 '열대 소외 질환NTD' 중에서 리슈만편모충증은 최고는 아니더라도 가장 두드러진 질병에 속한다. 하지만 거의 대부분 열대 시골 지역의 가난한 이들에게서 발생하는 탓에 제약회사들이 백신이나 치료제를 개발할 경제적 유인이 없는 상황이다.

그사이에 빌 베넨슨과 스티브 엘킨스는 여전히 없어지지 않는 물린 자국이 있는지 묻는 메일을 모든 원정 대원들에게 보내기 시작했다. 음향기사인 마크 애덤스는 무릎에 병변이 있다고 알려왔다. 톰 와인버그는 손마디에 께름칙한 궤양이 생겼다고 했다. 마크 플로트킨은 원인불명의 발진이 생겼고 설리와 우디 역시 물린 자국이 염증으로 변하고 있었다.

며칠 뒤(2015년 4월 말이었다) 동네 의사들과 이탈리아 응급실에 질릴 대로 질린 데이브가 로마에서 가장 큰 병원을 찾아가 열대병 전문가와의 면담을 요청했다. 진찰 초반에 데이브가 리슈만편모충증이라는 의견을 내놓자 의사는 아니라고 딱 잘라 말했다. 하지만 진찰이 끝날 무렵에는 그 의사도 데이브가 정말로 그 병에 걸린 것 같다는 데 동의했다. 의사는 데이브에게 미국으로 가서 보다 정밀한 진단을 받아보라고 권했다. 리슈만편모충증은 진단하기 어렵기로 악명이 높다. 단일한 질병이 아닌 수십 종의 샌드플라이가 옮기는 30종 이상의 다양한 기생충에 의해 발생하는 모둠 질병이기 때문이다. 데이브는 원정 대원들에게 보낸 메일에서 로마의 열대병 전문의를 찾아갔던 일을 전하면서 몇 가지 조언을 덧붙였다.

리슈만편모충증 형제들이여!

비록 원정 대원들에게 그 어떤 진단도 내려지지 않았고 어쩌면 경솔한 행동일 수도 있겠습니다만, 골치 아픈 큰 문제 한 가지를 곧바로 해결할 예정입니다. 내 경우에는 리슈만편모충증이라고 볼만한 상당한 근거가 있습니다. 그리고 내가 파악한 바에 따르면 다른 대원들 역시 그럴 가능성이 있습니다.

데이브는 미국으로 귀국해 확실한 진단과 치료를 받아보기로 했다고 전해왔다. 그의 메일은 경미한 공황 상태를 초래했다. 진짜든 아니든 원정 대원들 사이에서는 각종 증상을 상의하는 수십 건의 메시지가 돌아다녔다. 심지어 리슈만편모충증의 뚜렷한 징후가 전혀 없는 사람들조차 서둘러 주치의를 찾아가서 발진, 발열, 두통 및 여타 가벼운 질환 등 다양한 이상 증세에 대해 걱정을 늘어놓았다. 스티브 엘킨스는 약이 오를 만큼 건강한 상태를 유지했다. 반면 빌 베넨슨은 캘리포니아로 돌아갔을 때 몸에서 밀림 진드기 자국 두 개를 발견했다. 그로 인한 심각한 상황은 없었지만 빌은 동요했다. 다른 이들에게 벌어지고 있는 일을 굉장히 우려한 그는 이런 메일을 보냈다.

내 생각에는 다들 가능하다면, 본인의 의료 정보를 공유해야 한다고 봅니다. 스스로를 위해서도 그렇고, 미래의 탐험가들을 위해서도요. 잊지 맙시다. 지난 2월에 우리는 다 같이 역사를 만들었을 뿐만 아니라 대단히 위험한 환경에 처한 잃어버린 장소에 대해서 홍

미진진한 사실을 상당히 많이 발견했고, 지금도 하고 있는 중이라
는 것을요!

그제야 나는 심장이 덜컥 내려앉았다. 스티브 엘킨스는 나를 도
와줄 수 있을 만한 뉴멕시코주의 열대병 전문가를 찾아냈다. 앨버
커키의 재향군인의료센터에서 근무하는 라비 더바술라Ravi Durvasula
박사였다. 더바술라 박사는 '구세계형' 리슈만편모충증 전문가였
다. 나는 그와 통화할 수 있기를 기대하며 의료센터로 전화를 걸었
다. 다만 수차례 전화를 걸었지만 (도저히 이해할 수 없을 정도로 여러
번) 애먼 사무실로 연결되거나 그런 의사는 없다는 둥 혹은 그런
의사가 있기는 하지만 진료의뢰서 없이는 그의 사무실로 전화를
연결해줄 수 없다는 식의 대답만 할 뿐이었다. 결국 그 의사는 진
료의뢰서를 받지 않는다는 소리를 듣고서야 나는 포기했다. 이 소
식을 들은 스티브는 나에게 조언했다. "메일을 보내요. 반드시 원
정에 관한 전반적인 이야기와 그 잃어버린 도시, 〈내셔널 지오그래
픽〉 그리고 그밖에 혹할 만한 것들은 전부 강조하도록 해요." 나는
곧장 그의 말대로 메일을 써서 보냈다.

더바술라 박사님께.
저는 〈내셔널 지오그래픽〉과 〈뉴요커〉에서 활동하는 기자입니다.
저는 최근에 모스키티아 우림의 극오지로 원정을 다녀왔습니다.
알려지지 않은 콜럼버스 이전 시대의 대형 유적지를 탐사하는 원
정이었습니다. 우리 원정대는 지난 2월 17~26일에 밀림에 있었습

니다. 그런데 그때 이후로 원정 대원 넷이 같은 증상을 보이는 병에 걸리고 말았습니다.

저는 지금 뉴멕시코주에 살고 있습니다. 박사님께서 리슈만편모충증 전문가라는 얘기를 듣고 저를 봐주실 의향이 있으신지 여쭙고자 이렇게 연락을 드리게 되었습니다.

-더글러스 프레스턴 드림

더바술라 박사는 바로 전화를 걸어왔다. 그는 더할 나위 없이 적극적으로 나를 걱정하며 도와주겠다고 했다. 그러고는 몇 가지 질문을 던졌다.

"그 부위가 희끄무레한 진주 빛깔을 띠면서 주변이 붉은가요?"

"네."

"가려워요?"

"아뇨."

"아프거나 따가운 느낌은 전혀 없고요?"

"없어요."

"불편한 감도 없고요?"

"전혀요."

"아, 그렇군요. 유감스럽습니다만, 실제로 전형적인 리슈만편모충증 징후로 보이네요."

그는 나에게 메일로 그 부위의 사진을 보내달라고 요청했다. 사진을 받아본 그는 틀림없는 리슈만편모충증으로 보인다고 했다. 더바술라 박사는 리슈만편모충증 연구 및 치료에 있어서 세계 최고의 의료기관인 미국국립보건원NIH에 도움을 청하라고 권했다. 이런 일이 진행되는 동안 데이브 요더는 미국에서 할 수 있는 치료법을 찾아다녔다. 그도 NIH에 관심을 두고 연락을 취했고, 기생충병연구소의 부소장인 토머스 너트먼Thomas Nutman 박사에게 도움을 청했다. 너트먼 박사는 잃어버린 도시를 찾으러 떠난 원정대의 이야기와 집단 발병 사례에 매료되었다. 그는 데이브에게 다음과 같은 메일을 보내왔다.

데이브 씨께.
리슈만편모충일 가능성이 매우 높은 것 같습니다. 그런데 희박하기는 합니다만, 온두라스에 있는 종류인 탓에 경우에 따라서는 '피부점막'리슈만편모충증일 가능성도 있습니다. 당신의 몸에 있는 그 병이 어떤 종류인지 규명해서 그 특정 충주에 대한 맞춤 치료를 하는 게 중요합니다. 우리는 예전부터 수많은 〈내셔널 지오그래픽〉 사람들을 관리해오고 있으니 너무 염려마십시오.
　　　　　　　　　　　　　　　　　　　-토머스 너트먼 드림

국립보건원의 전반적인 임무는 생물체의 특질 및 습성에 관한 근본 지식을 알아내서 그 지식을 건강을 증진하고 수명을 늘리며 질병과 장애를 줄이는 지렛대로 사용하는 것이다. 즉 엄밀히 말해서 국립보건원은 연구기관이므로, 누구든지 치료 승인을 받은 사람은 반드시 연구조사의 일부분이 되어야 한다. 프로젝트마다 누가 치료를 받게 되는지, 왜 치료를 받는지, 그 치료가 어떤 식으로 의학적 지식에 기여할 것인지를 개괄하는 일련의 규칙들이 존재하는 것이다. 만약 이 프로그램의 후보가 되는 환자가 이러한 기준에 부합해 등록이 이뤄지면 치료비는 무료였다. 대신에 환자는 규정을 따르고 조직 표본, 세포, 혈액, 기생충 등을 의학 연구를 위해 기증하는 데 동의해야 한다(다만 참가자는 언제라도, 어떤 이유에서건 치료를 중단할 수 있다).

국립보건원 의사들은 우리가 처한 상황에 큰 관심을 보였다. 집단 발병 자체도 흔치 않은 일인 데다가 그곳에서도 T1 계곡은 뜨거운 관심사인 듯했다. 그 지역은 의학적으로 미지의 장소였으므로 그 원정에서 벌어진 모든 일이 솔깃하고 매혹적인 의학 연구 대상이었던 셈이다. 의사들은 우리를 무료로 치료해주겠다고 제안했다.

5월 말, 데이브는 확실한 진단을 받기 위해 로마에서 NIH가 있는 워싱턴 D.C로 날아갔다. 그는 이런 농담을 던졌다. "바라건대 우리 모두 음성 판정을 받기를, 우디의 정글 스튜 때문에 발생한 경미한 포도상구균 감염으로 나오면 좋겠어요. 그 병은 붉은 고춧가루 소스만 있으면 쉽게 낫잖아요." 데이브와 나 그리고 다른 잠재적인 '리슈만편모충증 형제들'을 치료하는 프로젝트를 맡은 의사는 시어도어 내시Theodore Nash였다. 그는 국립알레르기·감염병연구원 임상기생충학과의 연구 책임자였다. 미국 내에서 주요한 리슈만편모충증 치료 전문가 가운데 한 사람으로, 하버드대학교에 있다가 국립보건원으로 온 리슈만편모충증 치료의 선구자 프랭크 네바Frank Neva 박사 밑에서 연구활동을 해 온 인물이었다. 네바 박사가 은퇴한 뒤에 내시는 국립보건원에서 이 병을 담당하는 수석 임상연구원이 되어, 지난 수십 년에 걸쳐 각종 신약 및 체계적인 치료법으로 진전을 이뤄냈다.

국립보건원 의사들은 데이브의 병변에 대한 조직 검사를 실시했다. 현미경으로 들여다보니 둥근 모양의 미세한 리슈만편모충들이 바글거리고 있었다. 데이브의 치료는 그것들이 어떤 종류의 리슈만편모충인지에 따라 달라질 터였다. 이 기생충은 인간과 함께 한 길고도 끔찍한 역사가 있다. 이 병은 인간이 최초로 기록을 남긴 그 시절부터 수천 년간 고통과 죽음의 원인이 되었다. 몇 년 전, 미얀마에서 샌드플라이 한 마리가 갇힌 1억 년 된 호박琥珀 조각이 발견된 일이 있었다. 십중팔구 공룡이었을 어느 파충류의 피를 빨아먹은 샌드플라이였다. 이 샌드플라이의 몸속에서 과학자들은 리슈만편모충을 발견했고, 피를 빨아들이는 관인 샌드플라이의 주둥이에서도 똑같은 기생충들이 뒤섞인 파충류의 혈구를 찾아냈다. 심지어 공룡들도 이 병에 걸렸던 것이다.

아마도 이 기생충은 '판게아'라고 알려진 원시대륙이 최종적으로 분리된 때부터 돌아다녔을 것이다. 고대의 이 광대한 땅덩어리들이 서로 멀어지면서 결국 구세계와 신세계로 나뉘게 되자 샌드플라이의 선조들도 각 대륙에서 독립적으로 진화를 거듭했다. 그 결과 리슈만편모충증은 기본적으로 '구세계형'과 '신세계형' 두 종류로 나타나게 되었다. 어느 시점에 이 기생충은 파충류에서 포유류로 올라탔다. 현대의 파충류도 여전히 이 기생충을 갖고 있다. 다만 파충류의 리슈만편모충이 인간에게로 옮겨질 수 있는지를 두고는 의학계에서 논쟁이 있었다(그 답은 아마도 '아니다'일 것이다).

리슈만편모충증은 인간을 괴롭힌 여느 질병과는 달리 애초부터 전 지구적이었으며 공히 우리의 고대 선조들을 두려움에 떨게 했다. 고고학자들은 5,000년 전까지 거슬러 올라가는 이집트의 미라에서도 리슈만편모충을 찾아냈다. 이 기생충에 대한 이야기는 인류 최초의 문자 기록물에도 등장한다. 바로 2,700년 전에 아시리아 제국을 통치했던 아슈르바니팔Ashurbanipal 왕의 설형문자 점토판이다.

리슈만편모충증에는 세 가지 주된 종류가 있으며 저마다 뚜렷이 구별되는 증상들이 있다. 가장 일반적인 유형은 피부리슈만편모충증이다. 이 병은 구세계의 여러 지역들, 특히 아프리카, 인도, 중동에서 발견된다. 멕시코, 중앙아메리카, 남아메리카에도 널리 퍼져 있으며 최근에는 텍사스주와 오클라호마주에서도 출현했다. 이 유형은 제일 처음 물린 자리에 생긴 염증으로 시작해 진물이 흐르는 병변으로 발전한다. 보통은 그냥 두면 보기 흉한 흉터만 남긴 채 사라진다.

또 다른 유형인 내장리슈만편모충증 역시 구세계에서 발견되는데, 이 유형은 신체의 장기들, 특히 간, 비장, 골수로 침범해 들어간다. 흑열병이라고도 하는데 대체로 환자의 피부색을 검게 만들기 때문이다. 이 유형은 상당히 치명적이다. 치료를 받지 않을 경우 반드시 죽음으로 이어진다. 마지막 유형은 피부점막리슈만편모충증이다. 주된 신세계형 리슈만편모충증이다. 이 유형 또한 피부 염증에서 시작한다. 그러다가 몇 달 혹은 몇 년이 지난 뒤에 코와 입의 점막에 염증이 재발할 수 있다(내 입속에 생겼던 염증들은 아마 이 병과는 무관했을 것이다). 이 기생충이 얼굴로 옮겨가면 상황은 심각해진다. 궤양이 자라면서 코와 입술을 안쪽에서부터 손상시켜 결국에는 아예 없애고 말기 때문이다. 결국 얼굴은 끔찍하게 훼손된 상태로 남게 된다. 이 기생충은 쉬지 않고 얼굴 뼈, 위턱과 치아까지 걸신들린 듯이 집어삼킨다. 이 유형은 항상 치명적인 것은 아니지만 치료하기가 가장 까다롭다. 목숨을 앗아갈 수도 있는 유독한 부작용이 있는 약물이 치료법에 포함되어 있기 때문이다.

콜럼버스 이전 시대에 남아메리카 주민들은 이 질병에 시달렸다. 그들은 이 병을 '우타$_{uta}$'라고 불렀다. 괴기스러운 분위기를 자아내는 그로테스크한 얼굴 손상은 잉카 등 고대 문화를 공포에 떨게 만들었다. 그들은 이 병을 신이 내린 형벌 혹은 저주라고 여겼다. 고고학자들은 페루 등지에서 이 병을 앓았던 사람들이 묻힌 매장지를 발굴했다. 워낙 중증인 탓에 한때 얼굴이었던 자리에는 함몰된 구멍이 나 있었다. 그 병은 얼굴뼈를 비롯해 모든 것을 갉아먹었다. 고대 페루의 한 항아리에 그 과정이 꼼꼼하게 기록되어 있었던 덕분에 연구자들은 실제 그 병의 진행 단계를 알아낼 수 있었다. 초기에 코의 연조직 파괴에서 시작하여 코와 입술의 전반적인 파괴를 거쳐 최종적으로 경구개, 비중격, 상악, 치아가 분해되었다. 코와 입술을 훼손함으로써 사람들을 처벌하는 페루의 관습은 아마 이 병으로 인한 안면 기형을 모방하려는, 다시 말해 그들이 천벌이라고 믿은 것을 흉내 내려는 의도였을 수도 있다.

이 병에 대한 극심한 공포가 남아메리카의 정착 패턴까지 바꿔놓았을 가능성이 있다. 캘리포니아주립대학교 프레즈노캠퍼스에서 교수로 재직하다가 은퇴한 고고학자 제임스 쿠스$_{James Kus}$는 잉카의 마추픽추가 부분적으로는 피부점막리슈만편모충증의 성행 탓에 선택되었을 가능성이 있다고 본다. "잉카인들은 이 병이라면 학을 뗐어요." 쿠스가 말했다. 리슈만편모충을 옮기는 샌드플라이는 높은 고도에서는 살지 못하지만, 잉카인들이 신성하게 여기는 작물인 코카나무를 경작하는 저지대에는 널리 퍼져 있었다. 마추픽추는 딱 적당한 고도에 자리하고 있다. 따라서 마추픽추에서 왕과 조정 대신들은 가장 무시무시한 병에 걸릴 위험 없이 안전한 장소에서 통치를 하고, 코카 경작과 관련된 제식을 주재할 수 있었다.

16세기에 스페인의 정복자들이 남아메리카에 도착했을 때 그들은 안데스산맥 저지대의 원주민들, 특히 코카나무 경작자들의 안면 기형을 보고 섬뜩함에 몸서리를 쳤다. 스페인 사람들은 그 병을 나병의 일종이라고 생각해서 '백색 나병'이라고 불렀다. 구세계에는 피부점막리슈만편모충증이 존재하지 않았다. 대신에 장기에 침입하는 종류인, 훨씬 더 치명적인 내장리슈만편모충증이 오랫동안 인도 아대륙을 괴롭혔다. 영국인들이 인도까지 제국을 확장하게 되면서 이 병은 서구 의학계의 관심을 끌기 시작했다. 이 병은 샌드플라이에 물리는 것을 통해 사람에서 사람으로 확산된다. 즉 인간을 숙주로 이용한다. 19세기 인도의 특정 지역에 급속도로 퍼지면서 한 지역 전체를 초토화시키기도 했다. 사람들이 몰살되면서 인간의 흔적을 전혀 찾을 수 없는 텅 빈 마을 풍경만 남게 되었다.

영국인들은 인도 및 근동에서 발생하는 피부리슈만편모충증에도 주목하여 델리 종기, 동양종 등 여러 이름을 붙였다. 하지만 1901년까지만 해도 의사들은 두 충주 사이의 연관성을 인식하지 못했다. 글래스고 출신의 의사로 영국군 장군이었던 윌리엄 부그 리슈먼William Boog Leishman은 콜카타 인근의 덤덤이라는 도시에 배치되었다. 그런데 그의 휘하에 있던 병사 한 명이 열이 나고 비장이 부어오르는 증세를 보이는 병에 걸렸다. 이 군인이 사망하자 리슈먼은 그의 비장을 얇게 잘라낸 박편들을 현미경으로 살펴봤다. 그는 새로운 염색법을 사용하여 세포 속에서 아주 미세한 둥근 몸통들, 바로 리슈만편모충을 발견했다. 리슈먼은 그 병을 덤덤열이라고 불렀다. 리슈먼이 이러한 발견을 발표하고 나서 몇 주 지나지 않았을 때였다. 역시 인도에 있었던 찰스 도너번Charles Donovan이라는 또 다른 영국인 의사가 리슈먼과는 별개로 자신만의 연구 결과를 보고했다. 그도 문제의 그 기생충을 발견한 것이다. 1911년에 의사들은 이 병이 샌드플라이에 의해 옮겨진다는 사실을 알아냈고, 이후 개, 고양이, 쥐, 여우 그리고 인간까지 포함한 놀랄 만큼 많은 수의 포유류가 그 병의 보유 숙주일 수 있다는 사실을 깨달았다. 굉장히 다양하고 폭넓은 숙주 동물들 덕에 리슈만편모충증은 지구상에서 가장 파괴력이 높은 질병 가운데 하나가 되었다.

데이브의 검사 결과가 나올 때까지도 나는 여전히 국립보건원에 가야 하나 말아야 하나 저울질 중이었다. 검사에 따르면 데이브는 브라질리슈만편모충증에 감염된 상태였다. 데이브를 비롯한 우리에게는 나쁜 소식이었다. 이는 피부점막리슈만편모충증을 유발하는데, 앞서 언급한 세 가지 유형 중 가장 고치기 힘든 것으로 간주되기 때문이다. 내시 박사는 곧바로 데이브의 치료에 돌입했다. 그는 '암포테리신 B'라는 약물을 천천히 주입하는 치료법을 사용할 계획이었다. 최후의 수단으로 간주되는 이 약물은 대개 혈액진 균감염 환자에게 다른 약물이 듣지 않을 때 투여된다(대부분 극심한 HIV 환자들이다).

내시 박사는 리포솜 암포테리신이라는 공식에 따른 약물을 주입 하기로 했다. 캡슐처럼 지방질로 만든 미세한 소구체 안에 유독성 인 그 약물을 넣는 방식이다. 이렇게 하면 약물의 가장 위험한 부 작용들 가운데 일부가 줄어들면서 보다 안전해진다. 다만, 작은 지 질 방울들 자체가 걱정스러운 부작용을 초래할 수 있다.

치료 기간은 환자가 약물을 얼마나 잘 견뎌내는지에 따라 그리 고 궤양이 얼마나 빨리 나아지는지에 따라 좌우된다. 내시 박사가 다년간의 경험을 통해 알아낸 바에 의하면 이상적인 치료 기간은 일주일이었다. 병을 멈춰 세우기에 충분한 시간이면서 환자에게 해를 가할 정도는 아닌 기간이 바로 일주일이었다.

데이브가 진단을 받은 직후 톰 와인버그 역시 CDC를 통해 자신 도 그 병에 걸렸다는 사실을 알게 되었다. 크리스 피셔, 마크 애덤 스, 후안 카를로스도 같은 진단을 받았다. 후안 카를로스를 제외한 두 사람도 치료를 받았다. 내시 박사는 후안 카를로스의 면역 체계 가 그 병과 싸우고 있다는 사실을 알고서 치료를 연기하기로 했다. 후안 카를로스는 결국 암포테리신 B로 인한 고초를 겪지 않고도 이 병에서 해방되었다.

설리와 우디 역시 리슈만편모충증에 걸렸다는 소식을 전해왔다. 두 사람 모두 저녁마다 그토록 용의주도하게 온몸을 꽁꽁 싸맸는 데도 별 수 없었다. 두 사람은 신약인 밀테포신을 처방받았다. 그리고 얼마 지나지 않아 온두라스에서도 리슈만편모충증에 걸렸다는 소식이 전해왔다. 고고학자인 오스카르 네일, 파견부대 지휘관이었던 오세게라 중령 그리고 아홉 명의 군인들이 그들이었다.

진물이 흐르는 섬뜩한 궤양 사진과 함께 전염병 소식이 원정 대원들 사이에서 퍼지기 시작했다. 수백 년간 이어져 내려온 전설에서 자주 언급되었던 '원숭이 신의 저주'를 떠올리지 않을 수 없었다. 우리가 그 꽃들을 다 베어버렸으니…! 등골 서늘한 으스스한 농담이라 치더라도, 그토록 안일하고 분별없이 위험지대로 들어갔다가 아무 탈 없이 나왔다고 성급히 자축했던 지난 시간을 곱씹으며 남몰래 기겁했다. 객쩍은 농담들은 극적인 질병 앞에서 금세 사그라들었다. 인생의 행로를 바꿔놓을 만한 병이었다. 그만큼 극도로 심각한 병이었다.

암포테리신은 비싼 데다가 온두라스에서는 구할 수도 없었기에 온두라스에 있던 원정 대원들은 오래 전에 나온 약인 '5가 안티몬 화합물'로 치료를 받았다. 안티몬은 원소 주기율표에서 비소 바로 밑에 있는 중금속으로, 비소만큼이나 독성이 강한 물질이다. (바라건대) 환자는 살려두면서 리슈만편모충만 죽이는 약제이다. 암포테리신 B도 나쁘기는 하지만 이 약물은 그보다 더 해롭다. 최상의 치료 시나리오에서조차 끔찍한 부작용이 발생한다. 우리는 오스카르가 이 약물로 치료를 받다가 죽을 고비를 넘긴 뒤 멕시코에서 격리 상태로 회복 중이라는 소식을 비르힐리오로부터 전해 들었다. 평생 얼굴에 끔찍한 흉터를 안고 살아가게 된 오스카르는 턱수염을 길러 흉터를 가리고 지낸다(그는 상처와 관련해 본인의 경험에 대해서 이야기하거나 T1에서 다시 작업하기를 거부했다).

　데이브의 진단이 확실해졌을 때, 마침내 나는 미적거리는 '짓'을 멈추고 곧장 치료를 받아야 한다는 사실을 깨달았다. 그리하여 나는 5월 말이 되어서야 국립보건원에 연락을 했고, 조직 검사 및 진단을 받기 위해 바로 진료 날짜를 잡았다. 그 무렵 내 팔에 있던 자국은 걸쭉한 액체가 흘러나오는 분화구로 변해 있었다. 25센트짜리 동전 크기만 한 빨간 분화구는 보기만 해도 절로 속이 울렁거렸다. 다만 더는 열이 나지 않았고 몸 상태는 좋았다. 내시 박사는 예전에 내가 열이 났던 것이 리슈만편모충증 때문이라고 확신할 수는 없다고 했다. 그는 공교롭게 동시에 발생한 바이러스 감염으로 봤다. 백혈구를 장악한 리슈만편모충으로 인해 나의 면역 체계가 완전히 흔들린 탓에 발생한 2차 감염일 수 있다는 것이다.

　진료 날짜가 다가오던 그때 리포솜 암포테리신 치료를 받고 있던 데이브의 상태가 몹시 나빠졌다는 소식을 들었다. 그는 심각한 신장 손상으로 고통 받았다. 내시 박사는 2회 만에 약물 투여를 중단했다. 의사들이 다음 단계에 관해 논의하는 동안 데이브는 '요주의 환자'로 국립보건원에 내내 입원해 있었다.

# 22

# 기생충과의 사투

국립보건원은 워싱턴 D.C.와 접해 있는 메릴랜드주 베데스다에 있는 수백 에이커에 달하는 교정에 자리하고 있다. 파릇파릇한 신록이 눈부신 곳이다. 6월 1일, 나는 홀로 그곳에 도착했다. 끝내주게 멋진 여름날이었다. 공기 중에는 갓 베어낸 풀내음이 떠다녔고 나무에서는 새들의 노랫소리가 쏟아졌다. 국립보건원 캠퍼스는 느긋하고 여유로운 분위기가 풍겼다. 임상센터 건물을 향해 진입로를 따라 걸어 올라가는데 멀리서 어느 나팔수의 외로운 나팔 소리가 들려왔다.

건물 중앙으로 들어간 나는 밀림에 있을 때보다 더 길을 잃고 헤맨 끝에 간신히 접수 구역을 발견할 수 있었다. 나는 스스로 연구 대상이 되는 데 동의하는 서류에 서명했다. 친절한 간호사가 내 피를 작은 유리병으로 열세 병이나 뽑았다. 그러고는 내시 박사와 또 다른 담당의사인 엘리스 오코널Elise O'Connell 박사를 만났다. 두 사람의 따스함과 전문성에 나는 한결 마음이 놓였다.

피부과 실험실에서는 사진사 한 명이 디지털 카메라를 들고 내게 다가왔다. 그는 내 팔에 난 궤양 바로 밑에 작은 자를 부착한 뒤 수십 장의 사진을 찍었다. 그러고는 한 진찰실로 들어갔는데, 그곳에서는 한 무리의 시끌벅적한 의대생들이 나의 병변을 검사했다. 그들은 번갈아 가면서 병변을 유심히 살피고 촉진觸診을 하며 이것저것 질문을 던졌다. 그다음으로 들어간 조직검사실에서는 간호사가 병변에서 벌레 비슷한 모양으로 살점 두 조각을 잘라낸 뒤 그 부위를 꿰매었다. 조직검사 결과는 전혀 놀라울 게 없었다. 다른 대원들과 마찬가지로 나 역시 브라질리슈만편모충증이었다. 아니, 적어도 두 의사가 처음에 생각한 대로였다.

우리를 담당한 1차 진료 의사인 시어도어 내시 박사는 71세였다. 그는 의사 가운 호주머니에 둘둘 만 종이 뭉치를 떨어질 듯 말 듯 되는대로 쑤셔 넣은 채 회진을 했다. 희끗희끗한 곱슬머리를 반구형 이마 뒤로 넘겨 빗고 금속테 안경을 쓰고 있었는데, 다정하지만 왠지 산만해보이는 교수였다. 여느 의사들처럼 매우 바쁜 사람이었지만 그의 태도는 서두르는 법 없이 느긋하고 편안했다. 남들과 어울리기 좋아하는 성격이었던 그는 여러 질문에도 차근차근 상세히 답해 주었다. 나는 겉치레 없이 있는 그대로 이야기를 듣고 싶다고 말했다. 내시 박사는 그것이야말로 자신이 선호하는, 환자들을 대하는 방식이라고 했다. 그리고 그는 (참신할 정도로) 깜짝 놀랄 만큼 직설적이었다.

국립보건원은 1970년대 초부터 리슈만편모충증에 대한 임상연구를 진행했다. 막 미국으로 건너온 이민자들이나 여행 중에 그 병을 얻은 사람들을 치료하면서 말이다. 환자들 가운데 대다수는 평화봉사단 소속 자원봉사자들이었다. 내시 박사는 그들 대부분을 치료하는 과정에 참여했다. 그는 2001년에 보다 개선된 치료 방침을 만들었고 이는 현재도 통용되고 있다. 내시 박사는 본인이 생각하기에 지나치게 유독한 안티몬 약제 대신 암포테리신 등을 사용하는 치료법으로 방향을 바꾸었다. 사용하는 약물은 기생충의 종이나 지리적 종류에 따라 달라졌다. 미국 내의 어느 의사보다도 이 질병의 치료에 대해서 많이 아는 사람이었다. 간단한 병이 아닌지라 치료과정은 과학보다는 예술에 가까웠다. 다만 임상자료는 아직 의사들에게 정확한 공식을 제공할 만한 수준에 이르지 못한 실정이었다. 그 종류가 너무 많고 알려지지 않은 것도 많은 탓이다.

내시 박사는 국립보건원의 기생충학과에서 의사 생활의 대부분을 보냈다. 그는 기생충학이라는 것이 과학의 후미진 영역으로, 아무도 관심을 가지지 않고 누구도 함께 하려 하지 않았던 시절부터 그 분야에 몸담았다고 했다. 기생충으로 인한 질병으로 힘들어하는 사람들은 대개 가난한 데다 그 진료 분야 또한 일반적으로 박봉인 탓에, 진심으로 사람들을 돕겠다는 마음가짐이 아니고서는 쉽게 발을 들여놓기는 어려운 분야였다. 어렵고 힘든 의학 공부를 마쳤을 때 돌아오는 특권이란, 세계에서 가장 가난하고 취약한 사람들 틈에서 겸손한 수준의 월급을 받으며 믿기 어려울 정도로 충격적인 참담함과 죽음을 마주하는 것이었다. 그리고 그러한 사람들의 고통을 아주 조금이나마 덜어줄 수 있다는 데서 보람을 찾는다(따라서 기생충 학자는 희귀한 인간 종이라고 할 수 있겠다).

초기에 내시 박사는 주혈흡충증에 초점을 맞춰 연구를 진행했다. 그러다가 물에 의해서 확산되는 전 세계적으로 흔한 기생충인 지아르디아로 넘어갔다. 현재 그가 집중적으로 연구하고 있는 것은 뇌낭미충증이라는 기생충병이다. 다시 말해 촌충의 유충이 뇌를 침범하는 병으로, 완전히 익히지 않은 돼지고기가 원인이다. 혈류를 타고 돌아다니던 유충의 일부가 아주 가는 뇌혈관에 끼게 되는데, 그 유충들이 뇌혈관에 포낭을 만들면서 뇌는 온통 액으로 채워진 포도알만 한 구멍투성이가 된다. 이로 인해 뇌에 염증이 생기게 되고 환자는 발작, 환각, 기억력 감퇴 그리고 죽음에 이르게 된다. 이 병은 수백만 명에 이르는 사람들에게 영향을 끼치고 있으며 전 세계적으로 후천성 간질 발작의 주된 원인이 되고 있다. 내시 박사는 비통한 심정으로 힘주어 말했다. "말라리아에 쏟아 붓는 돈의 극히 일부만이라도 우리에게 주어진다면 이 병을 멈추기 위해서 아주 많은 일을 할 수 있을 텐데요!"

우리의 첫 만남에서 내시 박사는 나를 앉혀놓고 우리 원정대가 기생충에 감염되었다고 보는 이유와 리슈만편모충이 끼치는 영향 및 생애 주기, 치료와 관련하여 내가 알아둬야 할 모든 것을 설명해 주었다. 이 병이 발병하기 위해서는 두 가지 동물이 필요하다. 하나는 혈액 속에 리슈만편모충이 득실득실한 감염된 포유동물인 보유 숙주, 다른 하나는 매개체인 암컷 샌드플라이이다. 샌드플라이가 숙주를 물어서 피를 빨 때 기생충도 동시에 빨아들이게 된다. 이 기생충들은 샌드플라이가 다른 숙주를 물기 전까지 샌드플라이의 내장 안에서 급속도로 증식한다. 그러다가 새로운 숙주의 몸속으로 들어가면 그곳에서 생애 주기를 끝마치게 된다.

인간의 거주지와는 동떨어진 외딴 T1 계곡에서는 샌드플라이들과 현재로서는 알 수 없는 포유류 숙주, 다시 말해 쥐, 카피바라 심지어 원숭이일 수도 있는 숙주 동물이 수백 년간 지속된 '감염-재감염'의 순환고리 안에 갇혀 있었다. "그러다가 당신이 그 고리 안으로 멋대로 침범해 들어간 거예요. 당신은 일종의 오류였던 거죠"라고 내시 박사는 말했다. 그 계곡의 침입자인 우리는 전쟁터를 돌아다니다가 십자포화에 만신창이가 되고 마는 무지하고 우둔한 민간인이나 매한가지였던 것이다.

감염된 샌드플라이는 인간을 물 때, 그 인간의 조직 안에 수백 혹은 수천 마리의 기생충도 함께 풀어놓는다. 아주 미세한 이 단세포 동물은 편모가 있어서 이리저리 헤엄쳐 다닐 수 있다. 편모가 매우 가늘기 때문에 약 30개의 편모를 합쳐봐야 인간의 머리카락 한 올 정도의 굵기이다. 하지만 질병을 유발하는 박테리아나 바이러스와 비교하면 절대적으로 매우 크다. 예를 들어 설명하면, 리슈만편모충 하나를 가득 채우려면 10억 개에 달하는 감기 바이러스가 필요한 셈이다.

리슈만편모충은 복잡한 단세포 동물인 탓에 바이러스나 박테리아보다 교묘하고 기만적인 방법을 쓴다. 샌드플라이가 리슈만편모충을 주입하면 침범 사실을 감지한 인간의 몸은 백혈구 군단을 보낸다. 백혈구는 그 기생충들을 추적하여 덮친 다음 파괴한다. 다양한 유형의 백혈구들은 일반적으로 박테리아와 다른 이물질을 완전히 집어삼켜 소화시키는 방식으로 처리한다. 그런데 안타깝게도 이것이야말로 리슈만편모충이 정확히 원하는 바다. 바로 백혈구에게 먹히는 것 말이다. 일단 백혈구 안으로 들어가게 되면 그 기생충은 편모를 떨구어내고 알 모양이 되어 증식하기 시작한다. 그러면 백혈구는 이내 빵빵한 빈백(콩 주머니)처럼 기생충들로 불룩해지다가 결국 터지게 되고, 이때 환자의 조직 내에 그 기생충들이 방출된다. 이렇게 되면 더 많은 백혈구가 허겁지겁 달려들어 기생충들을 집어삼키게 되는데 이들도 마찬가지로 차례차례 납치되어 더 많은 기생충을 만들어내는 역할을 하게 된다.

감염 부위 주변에 형성되는 궤양은 기생충 자체에 의한 것이 아니라 그 기생충을 공격하는 신체의 면역 체계 때문에 발생한다. 인간의 피부를 먹어치우고 파괴하는 주범은 기생충이 아니라 바로 그 염증인 셈이다. 면역 체계는 백혈구를 박살내고 있는 그 기생충을 없애는 데 혈안이 된다. 그리고 이 과정에서 샌드플라이에 물린 부위의 조직은 시뻘건 염증 반응을 일으키고 죽으면서 전쟁터를 엉망으로 만든다. 리슈만편모충이 서서히 퍼지고 병변이 확대되면서 피부가 파괴되고 그 밑에 있는 생살이 드러날 정도로 커다란 분화구 같은 구멍이 생긴다. 이유는 밝혀지지 않았으나 궤양은 보통 통증이 없다. 피부점막리슈만편모충증으로 인한 죽음 가운데 대부분은 무방비 상태인 출입구를 통해서 몸속으로 침범해 들어간 감염 때문에 발생한다.

그다음으로 내시 박사는 내가 투여 받게 될 약물, 바로 암포테리신에 대해서 이야기해 주었다. 그 약은 최적 표준, 즉 내가 걸린 종류의 리슈만편모충증 치료용으로 선택된 약물이라고 했다. 내시 박사는 임상시험 횟수가 너무 적은 탓에 알약 형태로도 복용할 수 있는 신약인 밀테포신을 사용하고 싶어 하지 않았을뿐더러 상황적으로 쓸 수도 없었다. 신약의 사용승인이 떨어지자 해당 제약회사는 임상시험을 중단했고 신약의 생산을 늘렸으나 돌연 미국 내에서 손에 넣을 수 없는 상태가 되고 말았기 때문이다. 게다가 콜롬비아에서 진행된 임상시험에서는 밀테포신이 효력이 없다고 볼 만한 결과가 나왔다. 내시 박사는 최소한 1만 명 정도의 환자들이 약을 복용해 보기 전까지는 어떤 부작용이 불쑥 튀어나올지 알 수 없다면서 밀테포신은 아직 그 정도 수준에 이르지 못했다고 말했다. 반면 그는 오랫동안 암포테리신 B를 경험했다. 이 약물의 관해율(질환의 증상이 경감 및 완화되는 비율 – 옮긴이)은 대략 85% 정도인데, 이는 어떤 약물 치료에서든 '이보다 더 좋을 수 없는' 상태를 뜻한다. 암포테리신 B는 리슈만편모충의 세포막에 들러붙어 미세한 구멍을 냄으로써 유기체가 새어 나와 죽게 만드는 방식으로 효과를 발휘한다.

내시 박사는 그 약물이 투여됐을 때 내가 경험할 만한 일들을 알려주었다. 그의 설명에는 그 어떤 사탕발림도 일체 없었다. 암포테리신의 부작용은 극적일 수 있으며 셀 수 없을 정도로 많아서 일일이 언급할 수 없을 지경이라고 했다. 약물이 들어가자마자 발생하는 급성 반응도 있고 며칠 뒤에 나타나는 위험하고 장기적인 부작용도 있다고 했다. 부작용 가운데 대다수는 복잡한 데다 제대로 규명되지도 않았다. 약 15년 전 내시 박사가 이 약을 사용했을 때만 해도 모든 게 순조로웠다. 그런데 약물이 몸속으로 들어가자 환자들이 급성 반응을 보이기 시작한 것이다. 나중에 알고 보니 그 약물을 잘 견뎌내는 사람이 있는가 하면 그렇지 않은 사람도 있는 것으로 드러났다. 내시 박사는 맨 처음에 그런 반응들을 봤을 때 공황 상태에 빠졌다고 했다. 그도 그럴 것이 환자들에게서 발열, 오한, 통증, 심장박동수 급등, 호흡 곤란 등 급성 감염 증상들이 보였기 때문이다. 하지만 최고의 부작용은 몇몇 환자들에게서 나타난 설명하기 힘든 심리적 작용이었다. 약물이 투여된 지 몇 초 만에 환자들은 금방이라도 죽을 것 같은 감정에 휩싸였다. 최악의 경우에는 실제로 죽어가고 있다고 믿게 되었다. 이런 상황이 발생하는 경우에는 약물 투여를 중단해야 했다. 이따금 환자를 진정시키고 잠재우기 위해 마약성 진통제를 투여하기도 했다. 그나마 다행인 것은 이런 식의 급성 반응들은 대체로 금세 사라졌다는 것이다. 내시 박사는 대다수 환자들은 아무런 반응도 겪지 않는다는 점을 강조했다. 그런 복 받은 환자들 가운데 내가 속할 수 있기를 진심으로 바랐다.

그는 그 밖의 일반적인 부작용들도 줄줄 읊어댔다. 메스꺼움, 식욕 부진, 두통, 불면증, 피부 발진, 정신 착란 등이었다. 또 다른 신체적 부작용으로 전해질 불균형, 백혈구 수 감소, 간 기능 이상이 있었다. 그의 설명에 따르면, 이런 증상들은 워낙 빈번하게 발생하므로 나 역시 이 가운데 적어도 몇 가지는 경험할 수 있다고 마음의 준비를 해둬야 한다고 일러주었다. 그런데 뭐니 뭐니 해도 가장 흔하면서도 매우 위험한 부작용은 콩팥 손상으로 인한 신장 기능 저하였다. 이 피해는 고령일수록 더 심각해지는 경향이 있었다. 노인들은 나이가 들어가면서 자연스럽게 신장 기능이 떨어지기 때문이다. 나는 58세인 내가 '노인' 범주에 들어가는지 물어보았다. 그는 웃기는 소리라고 생각한 모양이었다. "오호!" 그는 큰소리로 말했다. "그러니까 선생님은 아직도 스스로 중년이라고 생각한다는 거죠? 네, 뭐. 다들 그런 부인否認의 시기를 거치게 마련이죠." 내시 박사는 일반적인 경험칙에 따라 신장 기능이 기준치의 40%까지 떨어질 경우 약물 투여를 중단할 계획이라고 덧붙여 이야기했다.

　내시 박사는 치료과정 전체가 환자에게도, 의사에게도 스트레스라고 솔직하게 말했다. 이 병을 치유하는 게 가능한지 묻는 내게 그는 애매하게 답을 했다. 증상들이 사라진다는 의미에서는 치유가 가능한 병이다. 하지만 신체가 그 기생충에서 완벽하게 해방된다는, 즉 의사들이 '멸균 치료'라고 하는 것의 의미에서는 치유가 불가능한 병이라고 했다. 몇 년 뒤에 대상포진으로 다시 돌아올 수 있는 수두처럼 리슈만편모충도 몸 안에 숨어 있는 셈이다. 치료의 가장 중요한 목표는 신체의 면역 체계가 힘을 되찾게 해서 그 기생충을 견제하고 억제할 수 있을 정도로 만드는 것이었다. 리슈만편모충은 '피켓의 돌격Pickett's charge'처럼 신체에 대한 정면 공격을 개시하는 대신 숨어서 이리저리 잽싸게 이동하며 엄폐 사격을 가한다. 그런데 백혈구들은 사이토카인이라는 화학물질을 사용하여 서로 소통한다. 사이토카인은 리슈만편모충의 공격에 대한 백혈구들의 대응방식을 수정해 결국에는 더 나은 방어를 할 수 있도록 백혈구를 훈련시킨다.

　피부 및 내장리슈만편모충증은 면역 체계가 약화되면 맹렬한 기세로 되돌아올 수 있다. 이를 테면 HIV에 걸리거나 암 치료 혹은 장기 이식을 받은 경우 재발될 가능성이 있다. 다만 브라질리슈만편모충증은 면역 체계의 상태가 좋아도 재발하는 경우가 심심찮다. 따라서 최선의 시나리오에서조차 몸은 남은 평생 그 기생충과 저강도의 전투를 벌여야 한다.

보건원에 머무는 동안 나는 데이브를 찾아갔다. 그는 회복 중이었다. 병실은 건물 옥상, 나무, 잔디밭이 보여서 전망이 좋았다. 밀림을 떠나오고 나서 처음 만나는 것이었다. 반가운 마음으로 병실에 들어선 내 눈에 환자복을 입고 침대에 앉아 있는 데이브의 모습이 들어왔다. 그가 지옥을 통과했다는 사실을 모르는 바 아니었으나 실제로 마주한 그의 모습은 충격 그 자체였다. 데이브는 산산이 부서진 것처럼 보였다. 불과 몇 달 전까지만 해도 기막힌 농담으로 무장한 채 쏟아지는 빗속에서 밀림 곳곳을 돌아다니던 팔팔한 인물이 아니었다. 완전히 딴사람이 되어 있었다. 그는 침대에서 일어나지도 못한 채 파리한 미소를 지으며 땀에 젖은 손으로 악수를 나누면서 간신히 나를 맞았다. 데이브는 그간의 사정을 내게 들려주었다.

암포테리신이 신장을 망가뜨린 탓에 내시 박사팀은 약물을 다시 투여하기 전에 데이브의 콩팥 기능을 분석했고 그 상태가 그리 좋지 않다고 결론 내렸다. 그들은 데이브의 신장 기능을 자세히 지켜볼 수 있도록 치료 기간 내내 그를 입원시키기로 했다. 그는 크레아티닌 수치가 상당히 높았다. 근육의 사용으로 발생하는 노폐물인 크레아티닌은 신장에서 일정한 비율로 걸러지는데 이 수치가 올라갔다는 것은 신장이 제대로 기능하고 있지 못하다는 뜻이었다.

데이브는 그 약물이 몸속에 들어가면 어떤 일이 벌어지는지에 대해서도 설명했다. 대부분 내시 박사로부터 들은 경고와 같았다. 데이브는 전 과정에 소요되는 시간은 7~8시간이라고 했다. 간호사들은 그를 푹신한 라운지 의자에 편안하게 앉힌 다음 정맥내주사를 꽂고서 일련의 수많은 혈액 검사를 진행했다. 수치들이 양호한 편으로 확인되자 생리식염수 1ℓ를 그의 몸에 주입했다. 혈액을 묽게 하여 신장이 약물을 재빨리 씻어낼 수 있도록 하기 위해서였다. 생리식염수 링거주사를 다 맞는 데 한 시간이 걸렸고 뒤이어 15분간 베나드릴이 주입되었다. 베나드릴은 혹시라도 있을지 모르는 암포테리신에 대한 알레르기 반응을 억제하기 위해 투여하는 것이었다. 그사이에 간호사들은 리포솜 암포테리신이 담긴, 사악해 보이는 불투명한 갈색 주머니를 링거대에 걸었다. 모든 준비가 끝나면 간호사들이 밸브를 돌리고, 그때부터 암포테리신이 몸으로 들어가기 시작한다고 데이브는 말했다. 그 액체가 주머니에서 조금씩 천천히 흘러나와 환자의 몸속으로 모두 들어가기까지 예상되는 소요시간은 3~4시간이었다.

"그래서 그 약이 들어가니까 어땠어요?" 내가 물었다.

그는 긴 한숨을 쉬며 말했다. "리몬첼로(이탈리아 남부에서 주로 생산되는 레몬으로 만든 술 – 옮긴이) 빛깔의 용액이 관을 타고 내려와 내 몸속으로 들어가는 모습을 지켜봤어요. 그런데 정맥으로 그 용액이 흘러든 지 몇 초 만에, 진짜 몇 초였어요! 가슴이 심하게 답답해지고 등에 통증이 느껴지더라고요. 정말이지 숨쉬기가 힘들 정도로 엄청나게 가슴에 압박이 느껴졌고 머리는 불바다가 된 것 같았어요."

내시 박사는 곧바로 약물 공급을 중단했다고 한다. 사실 이는 약을 주입하기 시작할 때 발생하는 일반적인 부작용들로, 암포테리신 자체가 아니라 아주 미세한 지질 방울들 때문에 나타나는 증상들이었다. 알 수 없는 이유로 이따금 지질 방울들이 몸을 속여서 거대한 이물질의 세포 침입이 발생한 것으로 생각하게 만드는 경우가 있었다. 다행히도 보통 이러한 증상들은 금방 사라진다.

데이브의 경우 의사들은 몇 시간 동안 그가 기력을 되찾을 때까지 기다렸다가 더 많은 양의 항히스타민제를 퍼붓고 나서 다시 암포테리신을 주입했다. 처음보다 천천히. 이번에는 데이브가 치료를 견뎌낼 수 있었다. 이튿날 의사들은 다시 한 번 약물을 투입했다. 그날 저녁 늦게 내시 박사는 좋지 않은 소식을 들고 왔다. "데이브 씨는 암포테리신을 받아들이지 못했어요." 데이브의 크레아티닌 수치가 치솟은 것이었다. 다시 말해 그의 신장은 심각한 타격을 입고 말았다. 의사들은 암포테리신 치료를 영구히 중단하기로 결정했다. 데이브의 말에 따르면, 의사들은 그 주 내내 그를 입원시킨 상태에서 제대로 회복 중인지 확인하기 위해 그의 신장 기능을 추적 관찰할 예정이라고 했다.

"그래서 이제 어떻게 한다는 거예요?" 내가 물었다.

데이브는 고개를 절레절레 흔들었다. "젠장, 난들 알겠어요." 의사들은 두 차례의 암포테리신 투여로 리슈만편모충이 나가 떨어졌는지 기다려 보자고 했다. 가능성은 있으나 개연성은 낮았다. 리슈만편모충증은 서서히 진행되는 병이다. 무모하고 성급하게 잠재 독성이 있는 또 다른 치료법을 시작할 필요가 없었다. 그사이에 국립보건원은 그에게 밀테포신을 써보려고도 했다. 암포테리신 B 치료에는 대략 6,000~8,000달러의 돈이 드는 데 비해 밀테포신 투여에는 2만 달러에 가까운 비용이 예상되었다. 미국에서는 밀테포신의 사용 자체가 불가능한데도 내시 박사는 그 약을 실험 치료 목적으로 특별 허가를 받아 들여올 수 있는지 알아볼 생각이었다.

이 모든 이야기를 듣는 동안 나는 점점 더 충격과 실망, 경악을 금할 수 없었다. 그리고 나 또한 별 수 없이 데이브가 경험한 것과 똑같은 여정에 오를 수밖에 없다는 사실을 깨달았다.

# 23

## 격리된 종

몇 주 뒤, 나는 국립보건원을 다시 찾았다. 다른 대원들은 대부분 내 다음으로 일정이 잡혀 있었으나 크리스 피셔는 그사이에 치료를 마친 상태였다. 약물이 투여되었을 때 크리스가 맨 처음에 보인 반응 역시 데이브의 경우만큼이나 좋지 않았다. 갑작스런 통증, 갑갑하고 질식할 것 같은 느낌, 지금 죽어 가고 있을지도 모른다는 극심한 공포감…. 하지만 다행히도 이런 부작용들은 10분도 채 되지 않아 사라졌다. 크리스의 몸은 데이브의 몸보다 암포테리신을 잘 견뎌냈고, 그는 일주일에 걸친 치료과정을 완전히 마칠 수 있었다. 그렇다고는 하더라도 그에게는 힘겨운 시간이었다. 치료 때문에 메스꺼움을 느끼고 기력이 소진되었으며 만신창이가 되어서 완전히 의욕을 상실한 상태가 되었다. 콜로라도주로 돌아간 뒤에는 몸에 심한 발진이 생겼다. 국립보건원의 의사들은 입원을 권했다. 하지만 크리스 본인이 거부했다. 그는 여름 내내 아팠고 가을 학기에도 교단에 설 수 없었다. 그로 인해 자신이 몸담고 있는 대학에서 곤란한 상황에 처하게 되었다. 궤양이 다시 생기기 시작했으나 온찜질을 하면 사라지곤 했지만, 1년이 지나도록 발진은 완전히 낫지 않았다.

국립보건원에서 임상 치료를 위한 서류작업을 하고 있을 때 내 머릿속에서 가장 많은 부분을 차지하고 있었던 것은 데이브와 크리스의 경험이었다. 아내 크리스틴이 동행해 주었다. 우리 부부는 투약실로 안내되었다. 매우 쾌적한 공간이었으나 가구가 기이할 정도로 유난스레 컸다. 마치 조너선 스위프트가 만든 가상의 왕국인 '거인국'에 상륙한 듯한 느낌이 들었다. 간호사의 설명에 따르면, 국립보건원에서 병적비만증에 대한 연구를 진행 중인데 우리가 들어간 병실이 바로 그 환자들을 위해 특별히 만들어진 곳이라고 했다.

잔뜩 긴장한 나는 걱정스러운 마음으로 그 큰 의자에 앉았다. 일주일 동안 진행될 투약은 하루에 총 6~8시간이 소요되기 때문에 나는 배낭 안에 9kg에 달하는 책을 한가득 챙겼다. 에드거 앨런 포, 아서 코넌 도일, 윌리엄 콜린스 등 내가 가장 좋아하는, 내 마음을 달래주는 책들을 읽을 수 있는 양보다 훨씬 많이 넣어서 말이다. 나는 섬뜩한 래치드 수간호사(미국 작가 켄 키지의 장편소설 《뻐꾸기 둥지 위로 날아간 새 One Flew Over The Cuckoo's Nest》에 등장하는 인물 – 옮긴이)가 이리저리 서성이는 상태에서 몇 시간 동안 감금되어 있는 것이라고 상상했다. 삐딱하고 고약한 면이 있는 나는 그 약물이 어떤 효과를 낼지도 궁금했다. 죽을 것 같다는 건 어떤 느낌일까? 어쩌면 하느님의 얼굴이나 터널 끝에 있는 불빛, 혹은 '날아다니는 스파게티 괴물'(스파게티 뭉치 모양의 괴물로 FSM교에서 창조자로 여기는 존재다 – 옮긴이)을 보게 될지도 몰랐다.

래치드 수간호사와는 정반대인 상냥한 간호사가 오더니 정맥내 주사를 꽂고 피를 뽑은 다음 생리식염수 링거주사를 놓기 시작했다. 병원 사람들은 나의 궤양이 낫기 시작했는지 보기 위해 날마다 그것을 살펴보기는 할 테지만, 실제로 그것을 만지거나 할 일은 없었다. 한 시간 뒤에 혈액검사가 재개되었고 모든 과정은 순조로웠다. 다행히도 나의 신장 기능은 강했다. 내시 박사와 오코널 박사가 참석해서 지켜보는 가운데 링거대에는 베나드릴 주머니 바로 옆에 암포테리신 B가 든 그 사악한 갈색 주머니가 걸렸다. 15분 간 베나드릴이 투여되자 나는 그로기 상태가 되었고 그런 상태에서 옆에 있던 갈색 주머니의 조리개가 돌아가더니 암포테리신이 튜브를 타고 내려오기 시작했다.

우리의 명예 이탈리아인 데이브는 그 약물을 이탈리아의 술, 리몬첼로에 비유했으나 내 눈에는 오줌 색깔로 보였다. 그런 물질이 튜브를 타고 천천히 기어내려와 내 정맥으로 향하는 모습을 지켜보고 있자니 나의 걱정은 이만저만이 아니었다. 나는 눈을 돌릴 수밖에 없었다. 아무 일도 없는 척 나는 두 의사 그리고 아내와 함께 재잘대며 이야기를 나눴다. 하지만 실제로는 약물이 투여되는 내 내 갑작스러운 통증, 압박감, 불길에 휩싸인 채로 터져버리는 머릿속, 하느님 혹은 바알 신(고대 시리아 셈족의 고유 남신 – 옮긴이)과 만날 준비를 단단히 하고 있었다. 그리고 두 의사 역시 애써 초조함을 감추기 위해 과도할 정도로 쾌활하게 별 것 아닌 얘기를 주절거리고 있다는 것을 알 수 있었다.

노란색 액체가 내 몸에 들어왔다. 그리고 … 아무 일도 없었다. 나는 데이브와 크리스가 겪었던 부작용을 하나도 경험하지 않았다. 그야말로 맥 빠지는 결말이었다. 모두 안심했지만 나는 약간 서운한 기분도 들었다. 그 후로 치료는 별 탈 없이 무사평온하게 진행되었다. 매일 아침 8시쯤 임상센터에 도착해 정맥내주사를 꽂고 일련의 수많은 혈액검사를 한 다음, 약물 치료를 받았다. 사흘째 되는 날 나는 치료가 끝난 뒤에 내시 박사와 오코널 박사에게 베나드릴 주입을 중단해 달라고 요청했다. 그 약물 탓에 졸음이 쏟아졌기 때문이다. 두 사람은 토를 달지 않고 내 말대로 해주었다. 며칠 뒤 피할 수 없는 암포테리신의 고약한 부작용들이 서서히 모습을 드러내기 시작했다. 지속적인 두통에 시달렸고 속이 메스꺼웠다. 그리고 내 안에서 뭔가가 심각하게 잘못되어가고 있는데 그게 뭔지 딱 꼬집어 낼 수는 없는, 어렴풋한 심리적 불안감이 생겼다. 이런 부작용들은 갈수록 더 심해졌고, 6일째 되는 날에는 세상에서 최악의 숙취를 질질 끌고 다니는 듯한 기분이 들었다. 두통, 메스꺼움, 무기력에 뒤죽박죽 흐리멍덩한 머릿속까지 더해졌다. 치료가 끝을 향해 갈 무렵 음향기사인 마크 애덤스가 치료를 시작했다. 그는 2012년의 라이다 탐색 및 2015년의 짧은 밀림 여행, 두 차례의 원정에 모두 참여했던 인물이다. 그는 내가 가장 좋아하는 사람들 가운데 한 명으로, 18kg에 달하는 음향 장비, 기다란 붐 마이크를 이고지고 비가 퍼붓는 울창한 밀림을 헤치고 가는 동안에도 쾌활함을 잃지 않은 부드러운 목소리의 소유자이다. 우리는 같은 병실에 있게 해달라고 요청했고 서로 수다를 떨거나 모험담을 추억하며 시간을 보냈다. 마크도 나처럼 암포테리신을 잘 견뎌냈고 무시무시한 부작용들은 전혀 경험하지 않았다.

내가 느낀 끔찍하고 지독한 메스꺼움과 무감각은 암포테리신의 가장 흔하면서도 가벼운 부작용에 속했다. 나는 지극히 운이 좋은 경우였다. 내시 박사와 오코널 박사는 메스꺼움 방지약인 이부프로펜과 전해질 평형을 회복시켜주는 아주 고약한 맛이 나는 음료를 주었다. 그런데 6일째 되는 날, 두 의사는 나의 신장 기능이 위험 수준으로 떨어졌다면서 투약을 중단하기로 결정했다고 전했다. 두 사람은 잠시 기다렸다가 나의 신장이 회복되고 난 뒤에 마지막 투약을 진행했으면 했다. 나는 몇 주 뒤에 집 근처에서 약물을 투여 받았는데, 이때는 국립보건원 의료진과 함께 의사인 내 피붙이 형제 데이비드가 치료를 맡아주었다.

숙취와 증상은 1차 투약이 이뤄진 지 약 일주일이 지나자 사라졌다. 그 뒤로 몇 달이 흐르면서 병변이 꾸덕꾸덕 마르고 차츰 평평해지더니 반짝거리는 흉터로 변했다. 나는 내시 박사에게 밀림에 다시 갈 경우의 위험성에 대해 물어보았다. 이 모든 일을 겪었지만 내 마음 한편에는 여전히 할 수만 있다면 또다시 밀림으로 가고 싶다는 생각이 굴뚝같았다. 내시 박사는 리슈만편모충증에 걸렸던 사람들 가운데 75~85%는 그 후에 면역력이 생겼다는 연구 결과가 있다고 했다. 그는 오히려 예방책이라고는 전혀 없는 그 지역에 만연한 다른 질병들, 즉 뎅기열, 치쿤구니아열, 샤가스병을 훨씬 더 걱정하고 조심해야 한다고 했다(이 대화가 이뤄진 시점에는 지카 바이러스가 온두라스에 아직 당도하지 않은 상황이었다).

나는 석 달 뒤인 2015년 9월에 추적검사를 받으러 국립보건원을 다시 찾았다. 내시 박사와 오코널 박사는 흉터를 찔러보고 추가적인 혈액검사도 진행한 다음, 그 병이 결정적으로 항복하고 약화된 상태라고 결론 내렸다. 나는 치료되었다! 적어도 가능한 선에서는 말이다. 두 의사는 환자의 비밀보호 의무 때문에 다른 원정 대원들의 상태에 대해서는 함구했으나 내가 진정으로 운이 좋은 부류에 속했다는 사실은 알 수 있었다. (본인의 신원을 밝히지 말아달라고 부탁한) 일부 동료 대원들은 추가로 밀테포신 등의 약물을 사용한 치료를 받아야 했다. 지금도 여전히 그 병과 힘겹게 싸우고 있는 동료들이 있다(불행히도 이 글을 쓰는 현 시점에 나의 병변도 귀환한 듯하다. 아직 의사들에게 말하지는 않았지만 …).

그사이에 나는 세계에서 최첨단이라고들 하는 국립보건원의 리슈만편모충 연구에 호기심을 갖게 되었다. 국립보건원 소속 과학자들이 우리의 특별한 기생충을 연구하여 무엇을 알게 되었는지 궁금했다. 뭐라도 있다면 말이다. 그래서 그 캠퍼스에 있는 리슈만편모충 실험실을 방문할 기회를 잡았다. 그 실험실에서 연구원들은 감염된 샌드플라이 및 생쥐의 살아 있는 군집을 키운다. 즉, 감염된 샌드플라이를 번식시키고 키우는 세계에서 몇 안 되는 실험실 가운데 한 곳이다. 까다롭고 위험한 일이었다.

리슈만편모충 실험실의 공식 명칭은 '세포간 기생충 생물학과'로, 수없이 다양한 유형과 종으로 이루어진 살아 있는 리슈만편모충의 생물학적 기록을 보유한 곳으로, 어떤 것은 수십 년을 거슬러 올라가는 경우도 있다. 이 기생충들은 조직검사를 통해 나와 같이 기생충에 노출된 적이 있는 사람에게서 채취한 조직 표본에서 배양된다. 조직을 혈액한천배지(한천에 혈액을 섞어 만든 세균 배양기-옮긴이) 위에 놓고 그 기생충들이 증식하도록 만드는 것이다. 그런 다음에는 액체 배양 배지가 가득 든 병에 옮겨 담고서 샌드플라이의 체온인 섭씨 25도를 유지한 상태에서 보관한다. 그 병 속에서 기생충들은 자기 할 일을 한다. 즉 숙주 파리의 내장 안에 있다고 착각하고 이리저리 헤엄쳐 다닌다. 샌드플라이의 체온은 인간의 체온보다 훨씬 낮다. 피부리슈만편모충과 피부점막리슈만편모충은 인간의 몸처럼 샌드플라이보다 높은 열기를 좋아하지 않는다. 바로 이런 연유로 이 두 기생충은 일반적으로 체온이 몇 도 정도 더 낮은 피부에 머물거나 입과 코의 점막을 찾아다닌다. 그러나 내장리슈만편모충은 다르다. 열기를 견뎌내고 인간의 몸속 깊숙이 들어간다.

실험실에서 키우는 기생충의 모든 유형은 발병력이 떨어지지 않게끔 반드시 생쥐를 통해 주기적으로 재생시켜야 한다. 만약 그렇게 하지 않을 경우 늙고 약해져서 연구에 무용지물인 상태가 되고 만다. 동물실험에 관한 여러 방침은 되도록 비인간적인 대우를 피하라고 권고한다. 하지만 가급적 고통을 덜어주기는 하겠지만 리슈만편모충증의 연구조사과정에서 발생하는 생쥐들의 고통은 그 병을 무찌르기 위해서 반드시 필요한 부분이다. 생체 연구를 대체할 선택지는 없는 것이다.

샌드플라이들과 생쥐들은 생물안전도 2단계 실험실에 보관된다.

'생물안전도 2단계BSL-2'라 함은 생물학전제(인간, 동식물에 죽음, 질병 등을 야기하는 미생물학적 유기체 – 옮긴이)가 중간 정도의 잠재적 위험을 안고 있는 경우다(생물안전도는 BSL-1부터 BSL-4까지 네 단계로 이뤄져 있다). 내가 실험실에 도착했을 때는 마침 샌드플라이들의 식사시간이었다. 실험실 조교가 안으로 나를 안내했다. 밀폐된 문이 달린 작은 방이었다. 생물학적 위험을 알리는 경고 표시가 붙은 문의 아래쪽에 꼬질꼬질한 종이 한 장이 테이프로 붙여져 있었다. 거대한 샌드플라이 그림 밑에는 '필의 파리 농장'이라고 쓰여 있었다. 필Phil은 오래 전에 떠난 과학자로, 샌드플라이 사양飼養 기술을 개발하는 데 기여한 인물이었다는 사실을 알게 되었다.

방호복은 일절 필요 없었다. 나는 애써 두려움을 숨기며 실험실 안으로 들어갔다. 혹시라도 파리들을 풀어놓았을까봐 안절부절못하며 주위를 흘낏거렸다. 하지만 파리들은 온도 조절이 되는 스테인리스강 선반 안에 안전하게 가둬져 있었다. 그런데 그 바깥에 있는 실험실 탁자 위에 깨끗한 플라스틱 상자 하나가 놓여 있었다. 상자 안에서는 좋아하기 힘든 광경이 펼쳐지고 있었다. 마취 상태인 생쥐 두 마리가 허공에 발을 들어 올린 채 배를 드러내고 벌러덩 누워서는 씰룩씰룩 경련을 일으켰다. 생쥐들의 몸은 한창 식사 중인 샌드플라이들로 온통 뒤덮여 있었다. 샌드플라이들의 아주 작은 내장으로 피가 몰리면서 새빨갛게 익은 산딸기처럼 부풀어 올랐다. 나는 텐트 안에서 내가 배를 드러낸 채 벌러덩 드러누워 잠이 들었을 때 샌드플라이들이 내 피를 빨아먹는 장면을 떠올리며 몸서리쳤다. 이 특별한 샌드플라이들은 아직 리슈만편모충에 감염되지 않은 상태였다. 일단 감염되면 더욱 조심스럽게 다뤄진다. 병을 옮길 수 있기 때문만은 아니다. 과학 연구에 보다 귀중한 존재가 되기 때문이다.

샌드플라이들을 인위적으로 감염시키기도 하는데, 이는 상당히 복잡한 과정이다. 손대면 깨질 듯한 아주 작은 유리병에 생닭껍질을 북 가죽처럼 팽팽하게 씌운다. 그런 다음 샌드플라이들이 포유류의 피부라고 착각하게끔 그 닭껍질에 생쥐의 피를 바른다. 병 안에 든 액체 역시 생쥐의 피인데, 리슈만편모충이 뿌려진 상태다. 샌드플라이는 주둥이를 닭껍질에 푹 찔러 넣어 병 안으로 들이민 다음, 생쥐의 피와 기생충들을 빨아먹게 된다. 일단 샌드플라이가 감염되면 다음 단계로 넘어간다. 실험실 직원들은 감염을 옮기게끔 파리를 살살 달래어 살아 있는 생쥐를 물게 해야 한다. 목표물이 된 생쥐를 빡빡한 플렉시 유리 상자 안에 집어넣는다. 그러고는 감염된 파리들이 들어 있는 작은 유리병에 부착된 버클을 생쥐의 한쪽 귀에 꽉 집어서 고정시킨다. 굶주린 암컷 샌드플라이들이 튜브를 따라 내려가서 생쥐의 귀에 내려앉게 되고 피를 빨아먹으면서 기생충을 생쥐에게 옮긴다.

견학이 끝나갈 무렵, 실험실 조교는 내가 현미경으로 볼 수 있도록 살아 있는 리슈만편모충이 들어 있는 병 두 개를 꺼내왔다. 기생충들은 탁한 주홍색 영양 배지 속에 살고 있었다. 나는 그중 한 병을 쌍안 현미경으로 자세히 들여다보았다. 접안렌즈의 초점을 맞추자 기생충들이 불쑥 시야에 들어왔다. 수천 마리가 쉴 새 없이 움직이면서 서로 부딪치며 우왕좌왕했다. 끝이 뾰족한 데가 가늘고 길쭉한 몸통에 채찍 같이 생긴 편모가 달려 있었다. 편모는 세포의 맨 앞에 있는데, 뒤에서 몸통을 밀고 가는 게 아니라 앞쪽으로 몸을 끌었다. 한동안 나는 꿈틀대며 자기 할 일에 열중하고 있는 그 작은 녀석들을 지켜보았다. 그것들이 우리에게 입힌 큰 피해를 생각하면서 말이다.

실험실의 실장인 데이비드 색스David Sacks 박사는 호리호리하고 잘생긴 외모에 허례허식 없이 말하는 과학자였다. 그는 지하에 있는 어수선한 사무실을 쓰고 있었다. "저 파리들은 그저 피를 간절히 원할 뿐이에요." 그는 이렇게 말했다. "뭐가 됐든 피의 원천을 찾아다니는 중이죠. 여러분은 그저 어쩌다 보니 적시적소에 있었던 것뿐이고요." 나는 왜 모든 원정 대원이 발병하지 않은 것인지 물었다. "내 생각에는 전부 물리고 감염됐을 거예요." 색스 박사가 말했다. "100% 전원이 노출되었다고 해도 아마 저는 놀라지 않을 겁니다. 물린 빈도를 감안한다면 말이죠. 그러니까 실제로 더 흥미로운 부분은 왜 어떤 사람들은 병변이 발생하지 않았느냐 하는 거예요."

그의 설명에 따르면, 똑같이 노출되었다고 했을 때, 왜 어떤 사람은 병에 걸리고 어떤 사람은 걸리지 않는지가 의학의 가장 큰 수수께끼 가운데 하나라고 했다. 환경과 영양상태가 감염에 일정 부분 역할을 하기는 하지만, 가장 중요한 것은 유전학이었다. 이것이야말로 왜 그토록 많은 신세계 사람들이 구세계 질병으로 죽었는지, 그 원인의 열쇠가 되는 질문이다. 어떤 사람들을 유독 더 민감하게 만든 실질적인 유전적 기제는 무엇이었을까?

색스 박사는 DNA 염기서열분석 덕분에 마침내 어떤 사람만 유난히 더 취약한지 알아낼 수 있는 도구를 갖게 되었다고 했다. 과학자들은 인간 유전체의 염기서열을 분석하고 서로 비교하는 중이다. 똑같은 감염 요인에 노출되었을 때 병에 걸리는 사람과 걸리지 않는 사람 사이에 나타나는 유전적 차이가 무엇인지 알아보기 위해서다. 드디어 대규모 절멸 뒤에 있는 생물학을 이해하고, 그와 같은 유행병을 미래에는 어떤 식으로 예방할 수 있을지 알아낼 수 있는 수단이 생긴 것이다(하지만 그 연구 수준은 아직 걸음마 단계에 불과하다).

대화를 나누던 중에 샌드플라이들이 얼마나 고약하고 혐오스러운지 내가 못마땅한 투로 툴툴대자 색스 박사가 한마디 했다. "우리는 저것들을 전혀 역겹다고 생각하지 않아요. 우리는 우리가 관리하고 있는 파리들을 사랑한답니다." 색스 박사는 리슈만편모충 실험실에서 수년간 연구해오고 있다고 했다. 이 기생충의 생애 주기를 단계마다 기록하고 백신을 만들 수 있는 좁은 틈새를 찾고 있었다.

보다 단순한 바이러스나 박테리아에 비해 원생동물에 대한 백신은 고안해내기가 더 어렵다. 실제로 주요 기생충병 가운데 믿을 만한 백신이 나온 것은 아직 전무하다. 리슈만편모충은 인체를 감염시키는 방식이 매우 복잡하다. 어느 기생충학자의 말마따나 '질병계의 왕족'인 셈이다. 여느 바이러스성 혹은 세균성 질환처럼 대학살을 감행하여 대규모 면역 반응을 촉발하는 대신에 그 기생충들은 인간의 면역 체계와 '차를 마시며' 노닥거리려고 한다. 색스 박사팀은 리슈만편모충이 샌드플라이의 몸속에서 생애 주기 동안 사용하는 필수 단백질의 정체를 밝혀, 그 성장을 막을 수 있는 가능성을 지닌 단백질의 변종을 만들어냈다. 하지만 이러한 취약성을 어떤 식으로 이용해야 할지 알아내는 것은 힘들고, 거기서 백신까지 이르는 길은 훨씬 험난하고 고될 것이다. 늘 그렇듯이 최대의 장애물은 돈이다. 백신을 개발하고 테스트하여 시장에 내놓으려면 수억 달러가 든다. 인체 실험을 하려면 피험자 수천 명이 필요하다. 색스 박사는 이렇게 말했다. "기업들을 실험 파트너로 끌어들이기가 어렵습니다. 그들이 보기에는 시장성이 전혀 없는 실험인 것이지요. 리슈만편모충증 환자들은 가난한 사람들이니까요."

세계보건기구는 지난 10년 동안 간단한 리슈만편모충증 백신을 검사하는 일련의 임상시험들을 후원했다. 열을 가해서 죽인 리슈만편모충을 인체에 주입하는 임상시험이었다. 의사들은 살아 있는 기생충들이 주입되었을 때 공격하게끔 면역 체계를 대비하는 역할을 죽은 기생충들이 해주리라 기대했다. 하지만 불확실한 이유로 이 임상시험들은 실패했다(다른 백신 후보들은 실험 초기 단계다).

색스 박사팀의 가장 큰 발견 성과 가운데 하나는 리슈만편모충이 샌드플라이의 몸 안에서 유성생식을 한다는 사실이었다. 그전까지는 다들 그 기생충이 오직 분열에 의해서만 증식할 수 있다고, 즉 무성생식을 한다고 생각했다. 그런데 이 기생충은 유성생식을 통해 유전자를 재조합하여 잡종을 낳고 환경에 적응할 수 있었다. 이 발견으로 리슈만편모충의 종이 어떻게 수십 가지에 이르는지, 심지어 하나의 종 안에도 왜 그토록 수많은 종류가 있는지 그 이유를 설명할 수 있게 되었다. 이 능력은 리슈만편모충에게 진화에 있어서 엄청난 이점을 안겨주었다. 이 기생충이 공룡과 인간을 감염시키며 1억 년 동안 번영을 누리며 퍼질 수 있었던 주된 이유였다. 그 덕분에 리슈만편모충증은 (그 기생충의 관점에서 볼 때) 세상에서 가장 치명적인 질병 가운데 하나가 되었다.

T1 계곡에 리슈만편모충증이 그렇게도 만연했다면, 고대인들은 그 병에 어떻게 대처했을지 궁금했다. 초목을 베어내거나 숙주 역할을 하는 동물들을 죽여서 그 병을 억제할 수 있었을까? 나는 색스 박사에게 이러한 의문들에 관해 물어보았다. 그는 T1 사람들이 샌드플라이가 매개체라는 사실을 알아내기는 힘들었을 테고, 숙주 동물이 필요하다는 사실 자체를 알았을 리가 없다고 지적했다. 매일 몸을 물어대는 곤충에 시달리면서도 아마 샌드플라이에 물린 것과 그로부터 수주일 뒤에 발생하는 병변을 서로 연결 짓지는 못했을 것이란 거다.

이 질병 때문에 T1을 버리고 떠났다는 것은 말이 되지 않았다. 콜럼버스 이전 시대에 너무나도 만연한 병이었기에 T1 사람들이 그 병을 피해서 달리 도망칠 만한 곳이 없었다. 그들은 리슈만편모충증과 더불어 살았을 것이다. 오늘날 수억 명의 사람들과 마찬가지로 말이다. 우리 원정 대원들이 이 질병의 진단을 받았을 때 조직 검사를 통해 우리 몸에 있던 병변에서 떼어낸 조직들은 국립보건원의 '분자기생충학과'라는 또 다른 실험실로 보내졌다. 그 기생충의 유전체 가운데 일부의 염기서열을 분석하여 그것이 브라질리슈만편모충이라는 사실을 제일 먼저 알아낸 사람이 바로 이 실험실의 책임자인 마이클 그리그Michael Grigg였다. 나는 그리그가 그때 뭔가 심상치 않은 것을 발견했는지 알아보고자 전화를 걸었다.

"당신의 몸속에 있던 종류의 리슈만편모충은 키우기가 매우 힘들었어요." 그리그는 당시를 떠올리며 말했다. 일부 까다로운 종류의 것들과 마찬가지로 그것 역시 클 기미가 전혀 보이지 않았다고 했다. 그는 우리가 조직 검사를 받을 때 채취한 조직 표본들을 혈액 한천배지 위에 발랐으나 그 기생충들은 증식을 거부했다. 이 때문에 그의 실험실에서는 전체 유전체의 염기서열을 분석하기 위해서 인체 조직을 제거한 기생충들을 충분히 배양할 수 없었다. 연구 작업을 망칠 것이 뻔한 인간의 DNA가 너무나도 많이 들어 있었다.

대안으로 선택한 방법은 우선 하나의 유전자, 즉 '표지 유전자'의 염기서열을 분석하는 것이었다고 그리그는 설명했다. 표지 유전자란 특정 종임을 드러내는 특징적인 유전자를 말한다. 그런데 그가 분석한 표지 유전자가 브라질형型과 일치했던 것이다. 그러고 나서 그리그는 (본인이 '그 기생충으로 통하는 다섯 개의 작은 창'이라고 표현한) 표지 유전자 다섯 개의 염기서열을 분석했다. 그는 등골이 오싹할 정도로 깜짝 놀랐다. '창' 두 개에서 이때껏 알려진 리슈만편모충 종과는 전혀 다른 유전자 염기서열을 발견했고, 또 다른 창에서는 아주 고약한 파나마리슈만편모충이라고 불리는 종과 유사한 DNA를 찾아낸 것이다. 그리그는 우리 몸속에 있던 기생충이 파나마형과 브라질형 사이에서 탄생한 잡종일 가능성이 있다고 했다. 샌드플라이의 내장에서 섞인 이 두 종이 짝짓기를 해서 잡종인 새끼를 낳았다는 얘기였다. 이렇게 해서 태어난 잡종은 고립된 상태에서 새로운 종으로까지 진화하기 시작했다. 그 다섯 개의 창에는 이 특별한 종이 일정 기간 격리되었다는 사실을 보여주고도 남는 스닙스(단일유전자 변이), 즉 변이종이 있었다. 나는 얼마나 오랫동안 그래왔는지에 관해 물었다. "그것을 판단하는 게 어려운 부분이에요. 스닙스가 많지는 않습니다. 그러니까 수백 년 정도라고 할 수 있겠네요. 수천 년이나 수만 년까지는 아니고요."

불현듯 어떤 생각이 나를 스치고 지나갔다. 나는 과거 T1 계곡은 활발한 무역망을 보유한 번화한 곳이었다고 그리그에게 설명했다. 그러다가 약 500년 전에 그곳이 버려지면서 그 계곡은 돌연 세상과 단절되었고, 그 결과 사람들이 오가면서 그 병을 퍼뜨릴 일은 더는 없어졌을 것이라고 이야기했다. 그렇다면 도시가 버려진 때가 바로 그 기생충이 고립된 시점이라고 볼 수 있을까? 그렇다면 그곳이 버려진 시기의 연대를 추정하는 데 그 기생충의 분자시계를 사용할 수 있지 않을까?

그는 나의 이러한 의견에 관해서 곰곰이 생각해보더니 분명 합당한 가설이라고 말했다. "스닙스 한두 개의 변화율이 나오면 수백 년간 고립되었다는 사실을 알게 되죠. 비교적 최근의 일이에요. 당신의 가설과 일치합니다." 모든 종에는 분자시계라고 알려진 것이 있다. 대를 거듭하면서 임의적 변이가 얼마만큼의 속도로 일어나는지 측정하는 시계이다. 감기 바이러스 같은 종은 빠른 시계를 갖고 있고, 인간과 같은 종은 느린 시계를 갖고 있다. 분자시계는 변이의 숫자를 통해서 그 종이 얼마나 오랫동안 고립되어 있었는지 알려준다. 이는 마치 전화놀이와도 같다. 들리는 소리가 얼마나 왜

곡되는지에 따라 얼마나 멀리 떨어져 있는지 알 수 있는 것이다.

나는 그 기생충의 분자시계를 이용하여 T1의 종말 시기를 추정한다는 아이디어를 색스 박사에게도 설명했다. 그는 다음과 같이 이야기했다. "말이 되네요. 계통수(동식물의 진화과정을 수목의 줄기와 가지의 관계로 나타낸 것 – 옮긴이)도 있잖아요. 새로운 종을 발견했을 때 그것을 계통수에 넣어보면 유전적 거리를 알아낼 수 있는 것처럼 말이에요." 이 구상이 실현되었다면 분자시계로 고고학 유적지의 연대를 추정한 최초의 사례가 되었을 것이다(실제로 우리의 병이 T1의 운명에 대한 단서를 쥐고 있을지도 몰랐다). 하지만 이에 대한 연구조사는 아직 진행되지 않은 상태이다.

# 24

# 라 시우다드 델 하과르

2015년 2월 우리 원정대가 T1 계곡을 떠난 뒤로 약 1년 동안 그 유적지는 아무도 손대지 않은 채 그대로 있었다. 우리가 머물던 야영지에는 온두라스 파견부대의 교대 병력이 남아 도시를 지키고 있었다. 얼마 지나지 않아 군인들도 리슈만편모충증에 걸리기 시작했다. 온두라스 군으로서는 국내의 다른 지역에서는 경험하지 못한 일이었다. 온두라스 군은 부대 철수를 고려하기도 했으나 결국에는 노출을 최소화하는 차원에서 군인들을 자주 교대시키는 방법으로 그 문제를 처리했다. 군인들은 샌드플라이의 서식지를 줄여 보려고 야영지에서 나무를 제외한 덤불과 초목을 제거했다. 또한 교대 절차를 더 간단하고 신속하게 진행하기 위해서 온두라스 군은 아과카테 공항에 병영을 지었다.

T1의 유물 은닉처 발굴은 우선사항이 되었다. 크리스 역시 유물들을 땅 속에 그냥 두는 것은 장기적인 선택지가 될 수 없다고 봤다. 도굴은 온두라스에 만연한 문제인 데다 그 은닉처의 가치는 수

백만 달러에 이르렀으므로 군대가 무기한으로 지키고 보호해야 했다. 하지만 잦은 정권 교체, 그 계곡에 인간이 상주하는 것을 어렵게 만드는 맹렬한 리슈만편모충증을 감안하면 현실화하기가 쉽지 않았다.

크리스는 리슈만편모충증과 고투를 벌이는 한편, 은닉처의 발굴 작업 계획을 세우고 고고학자들 및 기술자들로 구성된 전문 발굴 팀을 꾸리기 시작했다. 그의 구상은 공물 전체를 옮기는 게 아니었다. 지면 바깥으로 비어져 나와서 손을 탈 위험에 처해 있는 유물들만 발굴한다는 계획이었다. 유적지의 나머지 부분은 숨겨진 상태로 그냥 둘 작정이었다. 그래야 지하에 있는 유물들이 안전할 테니 말이다. 크리스는 부분적인 발굴만으로도 은닉처의 의미, 그 문화를 둘러싼 수많은 수수께끼들에 대한 답을 알아내기 시작할 수 있으리라고 기대했다. 그 후 이 글을 쓰고 있는 지금까지 온두라스의 고고학자들이 발굴을 계속하여 500점이 넘는 유물을 찾아냈다.

많은 원정 대원들의 바람과는 달리 우리의 원정에 대한 학계의 논란은 수그러들지 않았다. 2015년 원정을 마치고 나서 수개월이 지난 뒤에 후안 카를로스는 테구시갈파에서 원정대의 라이다 작업에 관한 강연을 했다. 그때 한 무리의 시위대가 훼방을 놓기 시작했다. 시위 주최자는 테구시갈파의 프란시스코 모라산 국립교육대학교에 재직 중인 글로리아 라라 핀토Gloria Lara Pinto 교수였다. 강연에 늦게 도착한 그는 질의응답 시간에 후안 카를로스에게 이의를 제기했다. 그는 후안 카를로스가 고고학자가 아니므로 고고학자 행세를 할 자격이 없고, 일반 청중을 대상으로 하는 그의 강연은 과학적 엄격함을 결여하고 있다고 말했다. 후안 카를로스는 강연 초반에 그러한 고지 사항들에 관해 이미 정확하게 알렸으며, 핀토 교수가 늦게 오는 바람에 그 부분을 놓쳐서 유감이라고 지적했다. 후안 카를로스는 나중에 이렇게 말했다. "나도 인정해요. 내가 고고학자나 인류학자는 아니죠. 하지만 온두라스인의 한 사람으로서 진정으로 조국의 지리와 역사를 보다 더 이해할 권리와 의무를 갖고 있습니다. 그리고 박사 학위가 있는 연구자로서 고증작업을 진행할 기본적인 도구들을 갖고 있는 게 사실이고요." 후안 카를로스의 말에 따르면 그가 앞서 나온 바와 같이 대답하자 청중들이 핀토 교수와 그가 이끄는 훼방꾼들에게 야유를 보냈다고 한다.

온두라스로 다시 가는 데 드는 여비와 발굴 비용은 거의 100만 달러에 달했다. 이것 역시 대부분 헬리콥터 운용비용이었다. 크리스의 도움 덕분에 스티브 엘킨스와 빌 베넨슨은 자금을 모아 예산을 맞출 수 있었다. 더불어 온두라스 정부와 미국 국립지리학회에서 기부금을 내주었다. 〈내셔널 지오그래픽〉은 이번에도 나에게 원정대 활동의 취재를 맡겼다. 그곳에 다시 간다고 하니, 불안한 마음도 컸지만 그곳에 관한 여전한 호기심이 더욱 강렬했다. 다만 신기한 것은 더는 리슈만편모충이 걱정되지 않았다(실은 독사나 뎅기열이 훨씬 우려스러웠다). 내게 잊지 못한 경험을 선사한 페르드랑스와의 조우를 대비하여 나는 낡아빠진 뱀물림 방지용 케블라 각반을 다시 사용하는 대신 가장 우수한 성능으로 제작되었다고 하는 200달러짜리 뱀 보호구 한 켤레를 구입했다. 뎅기열에 대해서는 계획이 있었다. 디트를 옷 안팎으로 골고루 뿌리고, 하루에 두 번은 옷을 벗고 온몸에 디트를 바를 생각이었다. 또 해질녘에는 모기들이 기어나오기 전에 텐트로 피신했다가 동트기 전까지는 밖으로 나오지 않기로 다짐했다.

2016년 1월 초, 크리스 피셔는 온두라스인과 미국인으로 구성된 고고학자팀과 함께 은닉처 현장에 도착하여 베이스캠프를 설치했다. 보급품들도 헬기를 통해 무사히 전달되었다. 그들은 밀림의 험한 환경을 견뎌낼 수 있게끔 대비가 되어 있는 태블릿 컴퓨터, 최신 GPS 장비, 휴대용 라이다 기기 등 최첨단 고고학 장비들로 작업했다. 휴대용 라이다 기기는 후안 카를로스가 조작했다. 놀랍게도 후안 카를로스는 물론이고 앞선 원정으로 병마에 시달렸던 사람들 중에 다시 오기를 주저한 이는 아무도 없었다(다만 오스카르 네일은 그 밀림에 다시는 발을 들여놓지 않겠다는 의사를 IHAH에 전했다).

일주일이 채 지나기도 전에 크리스의 고고학자팀은 은닉처에서 작업을 시작할 준비를 마쳤다. 온두라스 언론은 잃어버린 도시에서 발굴 작업을 개시한다는 소식에 몹시 들떠 있었다. 다행히 그때까지도 그곳의 위치는 비밀로 유지되고 있었다. 당시에 은닉처의 위치를 알고 있던 사람들이 얼마나 많았는지를 감안하면 놀라운 일이었다. 에르난데스 대통령은 직접 헬기를 타고 현장으로 들어가서 최초로 발굴된 유물 두 점을 아과카테 공항에 지은 신설 연구소로 옮길 계획이라고 발표했다. 에르난데스 대통령은 그 프로젝트에 관해 개인적으로 깊은 관심을 갖고 있었지만 그보다는 국민들을 위해 뭔가 좋은 소식을 내놓고 싶어 했다.

그리고 예상대로, 몰아치듯 쏟아진 발굴 기사들은 학술적 논쟁의 불씨를 되살렸다. 더불어 온두라스의 토착 공동체 사회 역시 격분하게 만들었다. 아 프로젝트의 비판자들은 또다시 블로그로 달려가 원정대를 비난하거나 대중매체에 불만을 제기했다. 전직 IHAH 소장이었던 다리오 에우라케는 인터넷 언론매체인 〈바이스 닷컴Vice.com〉에 우리 원정대의 고고학자들이 발견의 공을 가로채고 있으며, 인종차별적인 언어를 사용하여 토착민들을 모욕했다고 말했다. 그는 매스컴의 주목에 따른 유명세로 인해 그 유적지가 도굴 위험에 노출되었으며, 온두라스가 리얼리티 쇼로 변질된 모습을 보니 무척 슬프다고 했다. 일부 고고학자들은 에르난데스 대통령이 사회적인 여러 이슈에서 대중의 관심을 딴 데로 돌리기 위해 그 발견을 이용하고 있다고 맹비난하면서 원정대가 그런 정부에 협조하고 있다고 규탄했다.

1월 13일, 온두라스 토착민 지도자들의 모임에서 공개 항의서를 내놓았다. 그들은 온두라스 정부를 비판하며 T1 발굴이 원주민 협약 위반이라고 주장했다. 또한 긴 목록의 요구사항을 제시하며 '원숭이 신'이라는 용어를 사용하는 데 반대했다. 이러한 항의서의 작성자들은 원숭이 신이라는 말을 모욕적이고 인종차별적인 표현으로 간주했다. 그들은 "우리, 토착 미스키토족의 자손들은 '백색 도시'라고 하는 우리의 신성한 장소에서 약탈해 간 모든 유물의 즉각적인 반환을 요구한다"고 했다. 덧붙여 항의서에는 미스키토족의 영역을 표시한 지도가 첨부되어 있었다. 고대 모스키티아인들의 실제 후손이라고 여겨지는 페크족, 타와카족 등 대대로 여러 토착 원주민들이 공동으로 사용했던 지역들까지 포함하고 있었다. 온두라스 내에서 토착민의 권리문제는 간단한 사안이 아니었다. 나는 비르힐리오에게 이 항의서에 관해 물어보았다. 그는 온두라스 정부도 이미 알고 있는 사안으로 예상했던 일이니 알아서 잘 처리할 것이라고 했다(내가 알아본 바에 의하면 온두라스 정부는 무시하는 것으로 대처했다).

1월 중순, 나는 그 밀림으로 다시 들어가서 〈내셔널 지오그래픽〉에 실을 발굴 기사를 취재하기 위해 테구시갈파로 날아갔다. 에르난데스 대통령과 수행단 그리고 언론인들이 뱀과 질병이 들끓는 밀림을 어떻게 감당해낼지 궁금했다. 더불어 숨이 멎을 듯한 완벽함을 자아냈던 우림이 파괴되었을지 모르며 그곳이 인간의 점유로 인해 수모를 겪는 데 나 자신이 일조했다는 생각에 마음을 졸였다.

T1으로의 귀환 여행은 2016년 1월 11일 오전에 시작되었다. 나는 동트기 전에 테구시갈파에서 장거리 육로 여정을 통해 아과카테 공항으로 간 다음, 오전 8시에 군 헬기를 타고 계곡으로 들어갈 예정이었다. 비르힐리오는 식량과 물 등 계곡에서 하룻밤을 머물 때 필요한 것을 모두 챙기라고 주의를 줬다. 헬리콥터 수송이 불확실한 상황에서 아마 적어도 하룻밤 혹은 며칠을 더 보내야 했기 때문이다. 나는 지나치다 싶을 정도로 빵빵하게 속을 채워 넣은 배낭을 낡은 픽업트럭 뒷좌석에 던지듯 실었다. 픽업트럭의 앞 유리에는 금이 가 있었고, 차 문에는 정부 로고들이 새겨져 있었다. 우리는 빠른 속도로 출발했다. 트럭은 종말이 온 듯 황량하고 휑한 테구시갈파의 거리를 획 통과했다. 금세 도시를 벗어난 차량은 아찔하고 어지러운 산길을 굉음을 내며 질주했다. 한 시간 뒤 고산 지

대에 이르자 짙은 안개에 휩싸였다. 승용차와 트럭의 노란 라이트 불빛이 불길한 느낌을 풍기면서 어렴풋이 보이다가 갑자기 폭죽처럼 확 터지더니 천둥소리를 내며 지나갔다. 그렇게 우리를 스쳐 간 차량들의 미등은 돌연 칠흑 같은 어둠 속으로 사라졌다. 새벽빛이 서서히 올라오자 안개가 드문드문 산허리에 걸리고, 저지대에는 옅은 안개가 자욱했다. 온두라스의 내륙지방은 장관을 연출하는 눈부시게 아름다운 곳이지만 기복이 심하다. 깊은 계곡들로 갈라진 산맥이 줄줄이 이어진다. 산길을 오르내리는 동안 마력을 지닌 마을 이름들이 눈 깜짝할 새 획획 지나갔다. 1년 전에 우리가 지나갔던 바로 그 마을들이었다. 그런데 이번에는 이른 아침의 엷은 안개에 둘러싸여 있으니 딴 세상처럼 비현실적으로 보였다.

우리는 늦지 않게 아과카테 공항에 도착했다. 비행시간은 한참이나 지연된 상태였다. 다 낡아빠진 허름한 공항 터미널 건물이 어떻게 그렇게 금세 말쑥한 모습의 고고학 연구소로 개조되었는지 놀라울 따름이었다. 연구소 바로 옆에는 군 생활관이 지어져 있었다. 물결 모양의 양철지붕에 연노란색 콘크리트 블록으로 지은 그 건물은 유적지 현장으로 교대 근무를 하는 군인들의 숙소였다.

온두라스의 헬리콥터인 벨 UH-1이 활주로에 대기 중이었다. 마침내 우리는 이륙했고 한 시간 뒤에는 또다시 그 V자형 협곡을 지나가게 되었다. 눈앞에 펼쳐진 마법과도 같은 황홀한 T1 계곡은 햇빛으로 그려낸 한 폭의 점묘화 같았다. 그런데 속도를 줄이면서 야영지 상공을 선회하는 동안 나의 우려가 곧 현실로 드러났다. 강을 따라 이어진 지역들은 몰라볼 정도로 달라져 있었다. 강 건너편에 울창한 초목을 잘라내고 더 크게 만든 착륙지대가 보였다. 이착륙장 흙바닥에는 붉은색 플라스틱 끈으로 거대한 X자 표시가 되어 있었다. 헬기가 착륙했다. 내가 배낭을 챙겨 폴짝 뛰어내리자 헬기는 이내 엄청난 굉음을 내며 다시 하늘로 올라갔다. 모든 게 달라져 있었다. 나는 마체테에 잘려나간 초목들이 말라 죽어 있는 더미들을 가로질러 조심조심 나아간 뒤 지그재그로 놓인 외나무다리를 따라 강을 건넜다. 2015년 원정이 있고 나서 큰 홍수가 계곡을 휩쓸었다. 그 때문에 예전 착륙지대가 유실되면서 강 한복판의 바위섬으로 변했고 강의 경로도 바뀌었다. 야영지로 이어지는 둑 가까이에 새로운 물길이 하나 생겼다. 다행히 범람원 위쪽의 고지대 단구에 위치한 유적지 현장은 영향을 받지 않았다.

둑 위로 올라간 나는 달라진 야영지의 모습에 다시금 충격을 받았다. 큰 나무들만 남겨둔 채 지상의 초목들은 모조리 잘려나간 상태였다. 말 그대로 짓밟혀 있었다. 살아 숨 쉬는 우림에 깊이 빠져드는, 그 형언할 수 없는 신비로움은 온데간데없었다. 쪼그라들고 후줄근해진 느낌만이 남아 있었다. 1년 동안 이뤄진 지속적인 점유가 밀림에 타격을 가한 것이다. 여기저기 울울한 나무들 틈에 최소한의 용도로 만들어 두었던 텐트와 해먹은 이제 더는 없었다. 대신에 온두라스 군인들의 거대한 야영지가 뙤약볕을 고스란히 받으며 무방비 상태로 그곳에 있었다. 줄줄이 이어진 녹색의 캔버스 막사들과 나무기둥으로 받쳐 놓은 파란색 방수포 천막들이 요리하려고 피워놓은 불에서 올라오는 연기에 에워싸여 있었다. 밀림의 야생으로부터는 더 안전해졌을지는 모르나 예전 그 날것의 낭만은 덜

했다. 대나무와 목재 화물운반대로 만든 길이 진흙바닥 위에 놓여 있었다. 밀림의 소리도 달라져 있었다. 야생동물들의 울음소리와 숲의 소리가 멀어졌다. 발전기 한 대가 밀림을 흔들어댔다. 이러한 변화들이 불가피하다는 것을 알면서도 우리 원정대의 탐사로 인한 필연적인 결과라는 생각에 슬프고 괴로운 마음이 드는 건 어쩔 수 없었다.

하지만 빈터 끄트머리에 원래 모습 그대로 밀림의 벽이 있는 것을 보고 나는 기뻤다. 여전히 그 깊이를 알 수 없는 어두운 나무 벽이 사방에 솟아 있었고 작게나마 동물들의 중얼거림도 들려왔다. 그래도 다행이란 생각이 들었다. 나는 야영지의 주방에서 커피를 끓이고 있던 스퍼드와 반갑게 인사를 나눴다. 우디와 설리가 다른 프로젝트를 맡아서 떠나는 바람에 그가 우리 원정대의 실무 책임자가 되었다. 주요한 개선 사항들은 이미 완료된 상태였다. 특히 지난 원정에서 우리를 거의 집어삼킬 듯했던 진흙은 이제 지면에서 높게 올려 만든 통로와 두툼한 고무매트를 깐 목재 화물운반대 갑판으로 해결되었다.

나는 가능한 한 텐트촌에서 멀리 떨어진 곳에 자리를 잡으려고 했다. 내가 빈터 끄트머리에 있는 한 장소를 살펴보고 있을 때였다. 순찰 중이던 예의 바른 한 군인이 나를 멈춰 세우더니 뒤로 물러서라고 손짓했다. "안 돼요, 안 됩니다. 선생님!" 이어서 그 군인이 말했다. "그곳에는 뱀이 있어요."

시무룩해진 나는 야영지 한복판의 뻥 뚫린 곳에 텐트를 쳤다. 나는 텐트 안으로 기어 들어가 옷을 벗고 다시 한 번 온몸에 디트를 발랐다. 옷 겉면에도 뿌린 다음 뒤집어서 또 뿌렸다. 방충 스프레이의 숨이 막힐 듯한 고약한 냄새가 텐트 안을 가득 채워왔다. 이렇게 단단히 무장한 상태에서 나는 노트와 카메라를 챙겨 들고 유적지까지 걸어 올라갔다. 상태가 좋은 길이 멀끔하게 나 있었다. 마체테를 휘두르는 호위대와 함께 움직일 필요도 없었고 길을 잃을 염려도 없었다. 날이 아주 좋았다. 하늘은 유유히 떠가는 적운으로 가득했다.

나는 외나무다리를 따라 강을 건넌 다음, 새로 난 길을 따라갔다. 피라미드 밑에 있는 급경사면에 이르렀을 때 흙계단을 만들고 있는 한 무리의 군인들이 보였다. 에르난데스 대통령의 방문을 앞두고 말뚝과 통나무로 계단 지지대를 세우는 중이라고 했다. 나일론 밧줄이 난간 역할을 했다. 계단을 올라가 피라미드의 맨 아랫부분에 이르자 길이 좁아지면서 다시 밀림이 나타났다. 대체로 온전한 상태였다. "여기서부터 금연"이라고 쓰인 스페인어 표지판만 제외하고는 말이다.

은닉처 현장은 거의 그대로였다. 애나와 크리스 등 고고학자들이 몸을 움직일 수 있는 딱 그 정도의 정리작업이 이뤄졌다. 크리스는 가급적 손대지 않은 상태 그대로 유지하기 위해서 최대한 주의를 기울였다. 나는 그들에게도 반갑게 인사했다. 두 사람은 1m² 공간 안에서 작업 중이었다. 그곳에는 다음 날 에르난데스 대통령이 가지고 가기로 한 유물들이 있었다. 애나는 콘도르 머리가 조각된 제기에 묻은 흙을 솔로 조심스럽게 털어내고 있었다.

노란 테이프로 출입 통제선이 처진 은닉처는 줄을 가지고 1m²

단위로 바둑판 모양의 구획을 나눠놓은 상태였다. 작업이 개시되고 나서 며칠 뒤에 그 공간들 가운데 세 곳이 개방되었다. 두 곳은 숨이 멎을 듯한 유물들이 빽빽하게 들어차 있었고 나머지 한 곳은 지면을 파서 절단면이 드러난 상태였다. 현장의 자연적인 층위, 즉 유물들이 없는 상태에서 그곳의 지층이 어떤 식으로 켜켜이 쌓여 있었는지 알아내기 위한 통제집단(실험결과 대조 시 표준으로 삼기 위한 집단 – 옮긴이) 역할을 하는 구역이었다.

촬영장비로 무장한 채 사진을 찍고 있던 데이브 요더를 마주하니 매우 기뻤다. 그도 〈내셔널 지오그래픽〉에 실을 발굴 기사를 취재하는 중이었다. 지난번보다 훨씬 좋아보였다. 리슈만편모충증은 좀 어떤지 물어보니, 단 두 차례 투약만으로도 병이 빠르게 호전되어서 추가 치료를 받을 필요가 없다고 했다. 다만 그 역시 약물로 인한 부작용으로 많은 고생을 한 것 같았다. "그 후로 몇 달 동안 기력이 완전히 소진된 기분이었어요." 덧붙여 그는 이렇게 말했다. "의사들은 괜찮다고 하지만, 솔직히 내가 정말로 회복되었는지 아직도 잘 모르겠어요."

밀림으로 다시 가야한다는 생각이 들었을 때, 어떤 기분이 들었는지 물었다. 그는 코웃음을 치며 이렇게 말했다. "나는 사진작가예요. 안전하려고 이런 데 오는 게 아니에요." 그리고 실제로 그는 안전하지 않았다. 그 달 말, 데이브는 취재임무를 수행하던 중에 여러 차례 아슬아슬한 상황에 놓였다. 어느 날 밤에는 변소에 가는 길에 대나무 줄기를 타고 기어 내려오던 (그의 표현을 빌자면 '완전히 열 받은') 1.2m짜리 산호뱀 한 마리와 맞닥뜨렸다. 헤드램프 불빛을 비춘 상태에서 겁을 줘서 쫓아버릴 심산으로 그가 발을 쿵쿵 구르려는 순간 지면에 다다른 뱀은 곧장 야영지로 향했다. 때마침 야간 순찰을 돌고 있던 온두라스 군인들이 늦기 전에 도착하여 마체테로 그 뱀을 토막 내어 버렸다.

그다음 달에는 데이브, 스퍼드 그리고 여러 명의 고고학자들이 헬리콥터 사고로 죽을 뻔했다. 그들은 내가 타고 왔던 헬기, 바로 그 낡은 벨 UH-1을 타고 출발했다. 베트남에서 실제 전투에 투입되기도 했던 그 헬기의 문에는 캘리버 50 기관총 받침대가 달려 있었다. 데이브는 늘 하던 대로 문을 활짝 연 채 탁 트인 시야에서 사진을 찍기 시작했다. 그런데 데이브가 사진촬영을 마쳤을 때였다. 누군가가 문을 밀어서 닫으려는 순간 헬리콥터 측면으로 문이 완전히 빨려 들어가면서 떨어져 나갔다. 문이 빠른 속도로 추락하는 과정에서 동체에 여러 개 구멍이 났고, 꼬리 회전날개와 안정핀이 거의 날아가 버렸다. 둘 중 어느 하나라도 완전히 날아갔다면 T1에서 여덟 개의 시체 운반용 부대가 나왔을 것이다. 크리스는 위험을 최소화하는 데 광적일 정도로 집착하는 사람인지라, 위기일발의 헬기 사고 소식을 듣고 극도로 흥분했다. 내가 나중에 사고의 원인을 알아본 바에 따르면, 벨 UH-1 같은 종류의 헬기에 달린 문은 비행 중에 닫는 방식이 따로 있었다. 그 특정 방식을 따르지 않을 경우 (경험한 것처럼) 문 한 짝을 날려버릴 정도로 강한 기압 차가 발생하게 되는 것이다.

데이브가 라이트페인트기법으로 유물 사진을 찍는 동안 그의 조수 한 명이 드론을 이용해 상공에서 현장을 촬영했다. 드론은 마치 거대한 백악기의 곤충처럼 부산하게 밀림을 누볐다. 크리스는 다음 날 대통령의 방문에 앞서 현장 보존 조치를 지시하며 이곳저곳을 돌아다녔다. 군중 통제를 위해서 통제선 테이프를 치고, 발굴을 위해 파놓은 구덩이를 짓밟고 다니지 못하도록 가장자리에 합판을 댔다. 크리스는 사람들이 유물 사이로 걸어 다니는 일이 발생하지 않았으면 했다. 방문객들의 동선을 신중하게 짰다. 그가 들고 있는 클립보드에는 사진촬영을 위해 노란색 저지선 테이프 안으로 들어가는 것이 허용된 소수 정예 명단이 끼워져 있었다.

크리스는 기분이 언짢은 상태였다. 일전에 땅에 묻힌 유물의 아랫부분이 궁금했던 호기심 많은 군인 하나가 아무 생각 없이 그 유명한 재규어 머리 등 유물 두 점을 파낸 일이 있었기 때문이다. 설리의 예상과 달리 군인들의 도굴은 발생하지 않았다. 일에 있어서는 병적일 정도로 완벽주의자인 크리스는 현장의 온전함을 해치는 잠재적 위협을 참을 수 없어 했기 때문이다. 심지어 그 나라의 대통령이라 하더라도 말이다. 이러한 걱정과 함께 점점 다가오는 마감 시한이 크리스를 압박했다. 그때껏 진행된 상황으로 미루어볼 때 2016년 2월 1일까지 유물 발굴을 완료하기는 불가능했다.

크리스는 직장 문제로도 괴로워했다. 자신이 몸담고 있는 대학으로부터 지원을 받지 못했기 때문이다. 그가 T1의 발견 및 발굴에 참여한 덕분에 콜로라도주립대학교도 언론의 상당한 관심을 받았다. 크리스는 〈뉴요커〉와 〈내셔널 지오그래픽〉의 지면을 장식했고 콜로라도주립대학교 동문회지에서도 크게 다뤄졌다. 앙가무코에 관한 그의 연구 역시 명성이 자자했다. 그런데 2015년 원정 기간에 대학 측은 "당신을 수업을 맡아줄 대타 교수를 구해야 한다"고 크리스에게 요구했다. 즉, 그가 온두라스에 있는 동안 그를 대신해 수업을 맡아줄 조수를 자비로 고용하란 얘기였다. 이에 스티브 엘킨스는 크리스를 돕기 위해 사비 8,000달러를 그 대학에 지급했다. 또한 대학에서는 2016년 발굴이 진행되는 동안 2주 간 수업을 온라인으로 진행할 것을 요구했다. '밀림'에서 말이다. 이는 헬리콥터를 타고 인터넷 연결이 되어 있는 카타카마스로 가야 한다는 얘기였다. 또한 학과장은 스티브에게 수업이 없는 하계에 국한하여 현장연구일정을 잡으라고 요구했다. 하지만 온두라스와 멕시코의 경우, 여름은 우기인 탓에 고고학 발굴을 진행하기 어렵다. 다만 이렇게 좌절스러운 일들이 많았지만, 오랜 세월 제대로 인정받지 못한 고고학자로서 크리스가 겪은 설움은 일생일대의 놀랄 만한 발견에 동참함으로써 크게 보상 받았다. 원정을 시작할 때부터 그는 원정대의 에너지와 열정의 원동력이었다. 그는 본인의 안전에는 무심하고 무모했지만, 자신의 팀만큼은 지독할 정도로 챙겼다. 밀림에서 여러 차례 사고를 겪은 그는 팀원들을 더는 위험에 노출시킬 수 없다고 판단하여 T1에서 추가적인 고증작업을 지휘하지 않기로 결정했다.

고고학자들이 발굴 작업을 하는 동안 나의 시선은 흙으로 만든 피라미드로 옮겨갔다. 밀림이 우거진 가운데 피라미드의 모습이 어렴풋이 보였다. 은닉처 바로 위쪽에는 무시무시할 정도로 큰 나무 세 그루가 무리 지어 자라고 있었다. 그 너머에 있는 피라미드의 모습은 빽빽한 초목들 속에 잠겨 있었다. 피라미드가 변함없이 그대로인지 궁금했다. 발굴 현장에서 벗어나 거대한 나무 세 그루를 지나 올라가자 이내 에메랄드빛으로 어스름하게 빛나는 원시림이 펼쳐졌다. 우리가 다녀간 이후로 여전히 훼손되지 않은 채 유지되고 있는 것을 보니 매우 기뻤다. 나는 피라미드 꼭대기에서 걸음을 멈췄다. 비옥한 땅의 냄새를 한껏 들이마시면서 문화의 정점에 있었을 그 도시를 떠올려 보려고 했다. 여전히 울창한 초목이 도시의 구조와 그 규모를 알려줄 만한 실마리를 모조리 가로막고 있었다. 정상에 있는데도 무성하게 자란 거대한 식물들에 파묻혔다. 내 머리 위로 약 30m 혹은 그 이상 높이 솟은 나무에는 스트랭글러 피그가 늘어져 있었다. 아래쪽에서 작업 중인 고고학자들의 모습은 보이지 않으나 그들의 목소리가 나뭇잎을 통과하여 들려왔다. 무슨 말인지 알 수 없는 소리들은 마치 유령들의 중얼거림처럼 들렸다.

나는 피라미드 정상의 바닥을 주의 깊게 살폈다. 1년 전에 처음 올라왔을 때와 똑같았다. 작은 신전 혹은 구조물이 있던 자리임이 분명한, 희미하게 흔적만 남은 직사각형의 움푹 팬 자국들과 혹처럼 솟은 덩어리들이 있었다. 사라진 사람들의 고대 제식을 알아내기 위해서 그곳 역시 발굴이 진행될 테지만 한편으로는 그렇게 되지 않을 거라고, 그 장소는 결코 신비로움을 잃지 않을지도 모른다는 생각을 했다. 그런 가운데 나는 그곳에서 어떤 의식들이 행해졌는지 궁금했다. 마야 문화와 다른 메소아메리카 문화에서는 인신공양이 이뤄졌다. 신들에게 가장 신성하고 귀한 영양분, 바로 인간의 피를 올린 것이다. 사제는 희생양을 참수하거나 가슴뼈를 갈라서 아직 펄떡펄떡 뛰고 있는 심장을 끄집어내 하늘에 바쳤을 것이다. 이러한 제의는 대체로 모두가 볼 수 있게끔 피라미드 꼭대기에서 진행되었다. 모스키티아 사람들도 이런 의식들을 행했을까? 전염병이 T1의 도시를 휩쓸면서 그곳 사람들이 자신들이 모시던 신들로부터 버림받았다고 느꼈을 때, 우주의 질서를 회복하기 위한 필사적인 노력의 일환으로 어떤 의식을 행했을지 궁금했다. 그러나 어떤 의식을 행했건 간에 그것은 실패하고 말았다. 신들에게 저주받고 버림받았다는 생각으로 그들은 도시를 떠났고 다시는 돌아오지 않았다.

나는 이러한 진지한 생각들을 하면서 산을 내려와 야영지로 향했다. 석양이 우듬지를 가득 채우고 있었다. 저녁을 먹은 뒤에 날이 어두워지자 벌레들이 출몰하기 시작했다. 하지만 나는 텐트로 대피해야겠다는 다짐을 잊은 채 동료들과 주방에서 한참 머물렀다. 우리는 방수포 천막 아래서 휴식을 취하면서 콜맨 랜턴의 불빛에 의지하여 이야기를 나누고 음악을 들으며 차를 마셨다. 야영지의 저녁에는 거부할 수 없는 뭔가가 있었다. 다들 하루 일과에서 해방되어 긴장을 풀고 쉬는 동안, 밀림의 기온이 내려가면서 공기가 선선해졌다. 부드러운 밤공기는 야생동물들의 소리로 가득 찼다. 군인들의 야영지 위로 한 줄짜리 크리스마스 전등이 빛났고 제일 큰 막사에서는 액션영화 소리가 울려 퍼졌다.

이튿날이 밝았다. 새벽에 짖는원숭이들의 익숙한 포효를 들으니 나도 모르게 웃음이 나왔다. 다만 그들은 강 건너편으로 물러간 상태였다. 아침 안개 역시 자욱했다. 군인들은 그날 오전 늦게 있을 대통령 방문에 맞춰 계단 설치 작업을 마무리하기 시작했다. 그들은 군화에 반질반질 광을 내고 무기들은 깨끗하게 닦아 기름칠을 했으며 푹푹 찌는 밀림에서도 최대한 단정하게 군복을 차려입었다.

안개는 아침나절에 걷혔지만 약하게 해가 비치는 가운데 아주 잠깐 비가 내렸다. 그러고 나니 헬리콥터 소리가 점차 상공을 메우기 시작했다. 거의 동시에 착륙한 헬리콥터 세 대에서는 기자들과 온두라스 관료들 그리고 스티브 엘킨스가 걸어 나왔다. 그중에는 온두라스 육군 사령관, 국방부 장관, 과학기술부 장관 그리고 비르힐리오 소장도 있었다. 그리고 온두라스 국기가 새겨진 헬리콥터에서 온두라스 대통령 후안 오를란도 에르난데스가 미국 대사 제임스 닐론과 함께 걸어 나왔다. 크리스 피셔는 착륙장에서 긴요한 선물을 들고 에르난데스 대통령을 맞았다. 먼 길을 가기 전에 대통령이 착용할 뱀물림 방지용 각반 한 켤레였다. 대통령이 스티브, 크리스, 미국 대사와 기분 좋게 대화를 나누면서 자신의 종아리에 각반을 감는 동안 우리는 저만치 서서 대기하고 있었다.

나머지 원정 대원들은 발굴 현장까지 도보로 이동하기 시작한 대통령과 그의 수행단을 뒤따라 걸었다. 흙으로 만든 계단을 힘겹게 올라가자마자 밀림으로 에워싸인 은닉처로 다들 우르르 몰려갔다. 크리스가 쳐놓은 통제선 테이프는 있으나마나였다. 모두 발굴 현장 안으로 들어가서 여기저기를 밟고 지나다니거나 사진을 찍기 위해 포즈를 취했다. 얼굴이 딱딱하게 굳은 크리스의 모습이 내 눈에 들어왔다. 그는 미소를 띤 채 평정심을 유지하려고 무단히 애를 썼지만 매우 불안하고 초조해 보였다. 반면 에르난데스 대통령은 활기가 넘쳤다.

제일 먼저 꺼낼 유물인 콘도르 머리가 새겨진 석기는 원래 있던 자리인 흙 받침대 위에 고대로 있었다. 500년 전에 공물로 둔 모습 그대로 말이다. 에르난데스 대통령은 크리스 피셔, 스티브, 과학기술부 장관, 비르힐리오와 함께 그 앞에 무릎을 꿇고 앉았다. 스티브는 그 항아리 위에 한 손을 얹고서 몇 마디를 했다. "이 순간을 맞기까지 23년이라는 오랜 시간이 걸렸습니다. 마침내 이런 날이 오는군요! 하지만 이곳의 정체를 알아내는 데 아마 앞으로 200년이라는 시간이 더 필요할 겁니다." 스티브가 말을 마치자 크리스와 에르난데스 대통령은 카메라 플래시가 터지는 가운데 그 거대한 석기의 돌출부를 잡고서 수백 년 된 기단에서 끌어낸 다음, 얕은 구덩이에서 들어 올렸다.

유물들이 포장되는 동안, 나는 에르난데스 대통령을 인터뷰했다. 그는 그 발견에 대해서, 그것이 온두라스에 어떤 의미인지에 대해서 열변을 토했다. 어릴 때부터 시우다드 블랑카 전설을 듣고 자란 그는 2012년 온두라스 의회 의장 시절에 우리가 추측에 따라 진행한 모스키티아 라이다 측량으로 잃어버린 도시를 하나도 아니고 두 개나 찾아냈다는 소식을 접하고 감동했다고 이야기했다. "그건 고고학적이고도 역사적인 사건입니다. 이 문화는 대단히 흥미롭고 매력적입니다. 하지만 알아봐야 할 것이 잔뜩 쌓여 있지요. 시간이 걸릴 겁니다." 그러고는 뿌듯하다는 듯이 이렇게 보탰다. "우리는 이 지식을 전 세계와 공유할 수 있게 되어서 매우 기쁩니다."

후안 카를로스가 자신이 관찰한 바에 따르면 온두라스인들에게는 강한 민족 정체성, 고유한 역사의식이 결여되어 있는 것 같다고 한 말이 떠올랐다. 어쩌면 우리 모두는 이 발견이 그러한 인식을 바꿔 놓을 수도 있다고 기대했는지도 모르겠다.

포장작업이 끝난 유물들이 외출 준비를 마쳤다. 고고학자들과 군인들이 각 모퉁이마다 한 사람씩 잡고서 좁은 밀림의 길을 따라 내려갔다. 영국의 고고학자 하워드 카터Howard Carter가 투탕카멘 왕의 무덤 발굴에서 사용한 '들것 기법'을 모방한 것이었다. 그렇게 실어 나른 유물 두 점, 즉 콘도르 항아리와 재규어 인간 메타테가 헬리콥터에 실렸다.

나는 좀 더 이 밀림에 머무르리라고 생각했다. 그런데 유물들이 헬기에 실리는 과정을 지켜보고 있을 때, 갑자기 몇 분 내로 출발할 수 있도록 짐을 꾸려 헬리콥터에 탑승하라는 얘기를 듣게 되었다. 이번에도 감상에 젖을 겨를도 없이 부랴부랴 짐을 챙겨 T1에서 나가야 했다. 이내 하늘 위로 높이 오른 헬기는 우듬지 상공을 훑고 지나 카타카마스로 향했다. 나의 마지막 계곡 방문은 그렇게 끝이 났다.

아과카테 공항에 도착해 보니 중요한 국가적 행사를 치르는 데 필요한 만반의 준비가 갖춰진 상태였다. 연구소 뒤편에 설치된 막사에 의자, 확성기, 대형 텔레비전, 음식이 마련되어 있었다. 팡파르가 울리는 성대한 의식과 함께 유물들이 담긴 상자가 활주로를 따라 옮겨졌다. 줄지어 늘어선 온두라스 언론과 귀빈들 사이로 퍼레이드를 하듯 지나갔다. 평판 화면에 감동적인 영상이 나오는 가운데 라텍스 장갑을 낀 크리스와 그의 조수가 유물 두 점을 꺼내 무대 위에 놓인 특별 제작된 박물관 진열장 안에 넣었다. 한쪽에는 재규어 인간 메타테가, 다른 한쪽에는 콘도르 항아리가 놓였다. 유물들이 진열장 안에 자리를 잡은 뒤 유리 뚜껑이 닫히자 청중석에서 박수갈채가 터져 나왔다.

크리스가 짧은 연설을 했다. 그는 유적 현장 및 주변 우림의 보존이 얼마나 중요한지에 관해 이야기하면서 그곳을 점점 잠식해 들어가고 있는 개별의 심각한 위협에 대해 경고했다. 그는 청중을 향해 이렇게 말했다. "우리는 처음으로 이 문화를 체계적으로 연구할 수 있게 되었습니다. 따라서 잘 보호해야 합니다!"

크리스 다음으로 에르난데스 대통령이 아주 짧지만 감동적인 연설을 했다. 그의 연설 내용은 거의 종교적인 색채를 띤 정도였다. "우리는 하느님의 가호로 온두라스 역사상 너무나도 특별한 이 순간, 우리 모두 살아 있습니다." 그러면서 그 자리에 모인 사람들은 하나같이 "이 일이 온두라스는 물론이고 전 세계에 어떤 의미가 될지 큰 기대"를 품고 있다고 덧붙였다. 그는 T1의 발견이 고고학 분야에 이득이 되는 차원을 넘어선 중요성을 가지고 있다고 했다. 그러면서 이 발견이 앞으로 온두라스인들에게 어떤 의미가 될 것인지에 관해서 대략적으로 설명했다. 즉, 관광업을 살리고 온두라스의 신진 고고학자들을 양성하는 데 도움이 될 뿐만 아니라 온두라스와 온두라스 국민들에게 고유한 정체성을 심어주게 될 터였다.

온두라스는 굉장히 흥미로운 국가다. 온두라스 국민들은 구세계와 신세계 양쪽으로 거슬러 올라가는 두 갈래의 역사를 지니고 있다. 스페인 점령기의 역사는 잘 알려진 반면, (코판 이후) 콜럼버스 이전 시대의 역사는 아직도 수수께끼다. 인간은 자기 자신을 알기 위해서 그리고 정체성과 자부심, 공동체 정신 및 미래에 대한 희망을 만들어내기 위해서 역사가 필요하다. 백색 도시 전설이 온두라스 국민 정서에 그토록 깊숙이 뿌리내리고 있는 것은 바로 이 때문이다. 이는 부유하고 수준 높은, 기억할 만한 가치가 있는 콜럼버스 이전 시대와 직접적으로 이어지는 연결고리이다. 500년 전 T1에서 발생한 대재앙에서 살아남은 생존자들은 그 도시를 떠난 뒤에 그대로 사라지지 않았다. 대부분 삶을 이어갔고 이들의 후손은 여전히 오늘날 온두라스의 생명력 넘치는 메스티소 문화의 일부로 존재하고 있다. T1의 도시는 이제부터 진짜 이름을 얻게 될 터였다.

라 시우다드 델 하과르, '재규어 도시'였다.

# 25

# 우리는 고아가 되었다

1만 5,000~2만 년 전 인류가 베링육교(상부 플라이스토세 빙하기에는 육지였던 곳으로 인류가 신대륙으로 도래한 경로 및 시기와 깊은 관계가 있다 – 옮긴이)를 건너 제일 처음 아메리카 대륙으로 걸어 들어갈 당시 우리 인간이라는 종은 소규모로 떠돌아다니는 수렵·채집 무리로 도처에 존재했다. 마을도 도시도 없었으며 농업이나 축산업도 이뤄지지 않았다. 늘 움직이면서 퍼져 나갔다. 다른 무리들을 만날 일은 거의 없었다. 인구 밀도가 낮았기에 대부분의 잠재적 질병들은 발판을 구축하거나 거점을 확보할 수 없었다. 사람들은 기생충과 감염으로 고통 받기는 했으나 최근의 인류 역사에서 매우 익숙한 대부분의 질병들, 몇 가지만 거명하자면 홍역, 수두, 흑사병, 독감 같은 병에는 걸리지 않았다.

지난 1만 년 동안 인구 밀도가 증가하면서 질병이 인간사의 중앙 무대로 올라갔다. 다름 아닌 전염병이 인류 역사의 궤적을 바꿔놓았다. 눈부신 기술에도 불구하고 우리는 여전히 병원균들에게 이리저리 휘둘린다. 오래된 병원균들과 새로운 병원균들 앞에서 속수무책인 상태다.

생물학자 재레드 다이아몬드는 신기원을 이룬 획기적인 저서 《총, 균, 쇠Guns, Germs, and Steel》에서 이런 질문을 던진다. 구세계 질병들은 신세계를 초토화한 반면, 왜 그 반대의 상황은 발생하지 않았는가? 왜 질병은 오직 한 방향으로만 접근해 들어갔는가? 답은 1만 5,000여 년 전에 앞서 말한 대륙을 가로지르는 대이동이 있은 뒤에 구세계 사람들과 신세계 사람들의 삶이 어떤 식으로 변하게 되었는지에 있다.

인간들이 마을과 도시에 정착할 수 있게끔 만든 농업은 구세계와 신세계에서 공히 독자적으로 발생했다. 주된 차이는 축산업이었다. 구세계에서는 온갖 종류의 다양한 동물을 길들였다. 약 8,000~1만 년 전 소를 시작으로 돼지, 닭, 오리, 염소, 양으로 넘어갔다. 신세계 농부들도 동물을 가축화하기는 했다. 특히 라마, 기니피그, 개, 칠면조 같은 동물들 말이다. 하지만 유럽(그리고 아시아와 아프리카)에서는 가축을 사육하고 번식시키는 일이 생활의 중심적인 양상, 거의 모든 가정 내에서의 필수적인 활동이 되었다. 수천 년 동안 유럽인들은 자신이 기르는 가축과 비좁은 공간에서 함께 복작대며 살았다. 그러면서 지속해서 미생물이나 질병에 노출되었다. 반면 신세계에서는 (아마도 공간은 더 넓고 가축의 수는 적었기 때문일 테지만) 사람들이 자신이 키우는 동물들과 바싹 붙어살지 않았다.

인간은 보통 동물로부터 전염병이 옮지 않는다. 병원균은 단일 종에 국한하여 고약한 짓을 하는 경향이 있기 때문이다(리슈만편모충중은 두드러진 예외다). 하지만 미생물은 늘 변형된다. 가끔씩 동물의 병원균이 갑자기 인간을 감염시키는 식으로 바뀌기도 한다. 근동 사람들이 제일 처음 들소의 일종인 오로크스라는 소를 가축화했을 때, 우두 바이러스의 변이종이 인간에게로 넘어가게 되었다. 그리하여 탄생한 것이 바로 천연두다. 바이러스에 의한 소의 급성 전염병인 우역은 인간에게 옮겨가 홍역이 되었다. 결핵도 소에서 비롯한 것으로 보인다. 인플루엔자는 새와 돼지, 백일해는 돼지 혹은 개, 말라리아는 닭과 오리에서 시작된 병이다. 이 같은 과정은 지금도 진행 중이다. 에이즈는 원숭이와 침팬지에서 우리 종으로 난입했고 에볼라는 박쥐에서 인간으로 넘어왔을 가능성이 있다.

구세계 인간들은 동물의 가축화와 동시에 마을, 소읍, 도시에 터를 잡고 정착하기 시작했다. 전보다 훨씬 더 밀집된 장소에 많은 사람이 모여 살았다. 도시는 부산함과 북적임, 무역, 오물과 쓰레기, 비좁고 갑갑한 공간 탓에 병원균에게는 아주 좋은 보금자리가 되었고 전염병에게는 이상적인 활동 무대가 되었다. 이런 환경에서 질병들이 가축에서 인간으로 옮겨가면서 전염병이 터져 나오게 된 것이었다. 질병들은 수두룩한 인간을 연료 삼아 이 마을에서 저 마을로, 이 나라에서 저 나라로 쏜살같이 질주했고 심지어 배를 타고 대양을 건너가기까지 했다. 생물학자들은 이러한 질병을 '군중 질병'이라고 부른다. 그 병들이 퍼져나가고 진화하는 데 필요한 게 바로 군중, 사람이기 때문이다.

전염병은 주기적으로 유럽의 정착촌을 휩쓸곤 했다. 약한 사람들은 죽이고 튼튼한 사람들은 살려두면서 유전자풀에서 가장 우수한 것들만 추려냈다. 늘 그렇듯이 희생자 가운데 대다수는 어린 아이들이었다. 치사율이 100%인 질병은 거의 없다. 다시 말해, 병에 걸린 환자들 가운데 일부는 언제나 살아남았다. 생존자들은 그 병에 조금이나마 더 잘 저항할 수 있게 해주는 유전자를 지니고 있었고 그러한 저항력을 자식들에게도 물려주었다. 구세계 사람들은 수천 년 동안 셀 수 없이 많은 죽음을 겪어내면서 잔혹한 유행병들에 대한 유전 저항이 서서히 강력해졌다.

반면 신세계에서는 동물 개체군에서 인간 개체군으로 큰 질병이 넘어간 일이 없는 듯하다. 아메리카 대륙에도 유럽만큼이나 큰 도시들이 있었으나 스페인 사람들이 도래할 당시만 해도 훨씬 새로운 곳이었다. 신세계 사람들은 군중 질병이 싹터 확산될 정도로 좁고 갑갑한 공간에 살지 않았다. 아메리카 원주민들은 유럽인들을 괴롭힌 무수한 질병들에 대한 저항력을 키울 기회가 전혀 없었다.

그런데 이러한 유전 저항을 획득면역과 혼동해서는 안 된다. 획득면역은 신체가 병원균을 제거하고 난 뒤 똑같은 미생물에 대해서 삼엄한 경계 상태를 유지하는 것을 말한다. 인간이 보통 똑같은 병에 두 번 걸리지 않는 이유가 바로 이 획득면역 때문이다. 유전 저항은 보다 더 두꺼운 베일에 싸여 있다. 노출을 통해서 획득되는 게 아니다. 타고나는 것이다. 어떤 사람들은 다른 사람들에 비해 특정 질병에 대한 더 강한 저항력을 가지고 태어난다. T1 계곡에서 우리 원정대가 경험한 일은 교과서에 실린 삽화 같은 일종의 표본이었다. 의사들은 원정 대원 전원이 샌드플라이에 물리고 감염 가능성에 노출되었다고 본다. 그런데 그중 절반만이 리슈만편모충증에 걸렸다. 후안 카를로스 같은 소수의 사람들은 약물 없이도 그 병과 싸워서 이길 수 있었다. 그런데 어떤 사람들은 심각할 정도로 앓았고 일부는 내가 이 글을 쓰고 있는 현재까지도 여전히 그 병과 힘겨운 싸움을 벌이고 있다.

병에 저항하는 유전자는 한 개체군 내에서 오직 '자연선택'이라는 무자비한 제비뽑기를 통해서만 확산될 수 있다. 한 개체군이 광범위한 저항력을 얻기 위해서 면역 체계가 강한 사람들은 살아남고 면역 체계가 약한 사람들(특히 아이들)은 대부분 죽는다. 수천 년에 걸친 엄청난 고통과 죽음을 통해 유럽인(그리고 아프리카인과 아시아인)은 군중 질병에 대한 저항력을 구축했다. 한 생물학자는 나에게 이렇게 말했다. 유럽인 남성들에 의한 원주민 여성들의 대규모 강간이 많은 토착 원주민 문화를 절멸에서 구해냈을 수도 있다고 말이다. 그렇게 해서 태어난 아이들 가운데 대다수가 유럽인의 유전 저항을 물려받았다는 얘기였다.

구세계에서는 수천 년에 걸쳐 발생한 아픔과 죽음이 신세계의 경우 1494~1650년경의 한 시기로 압축되었다. 이 잔혹한 150년 동안 병원균에 의한 대량 학살이 벌어졌다. 신세계의 대도시들이 합쳐지면서 전염병들이 퍼지는 데 필요한 인구밀도 수준에 이르렀을 때였다. 최악의 순간에 병원균들이 덮친 것이었다. 감염의 '퍼펙트 스톰'(악재가 겹치면서 엄청난 파괴력을 지니게 된 태풍 혹은 그런 상황—옮긴이)이었다.

얼마 살아남지 못한 아메리카 원주민의 목격담이 있는데, 특히 눈에 띄는 것이 "칵치켈 연대기"라는 글이다. 모스키티아의 북서쪽에 있는 과테말라의 한 지역을 휩쓴, (아마 천연두나 독감이었을) 어떤 전염병에 관해 기술한 것이다. 1844년 어느 외딴 수녀원에서 발견된 이 희귀한 원고는 프란시스코 에르난데스 아라나 사힐라 Francisco Hernández Arana Xajilá라는 원주민이 '칵치퀠어'라는 마야어로 쓴 것이다. 유년시절 아라나 사힐라는 동족을 파멸로 몰아넣은 전염병을 겪어냈다.

오, 나의 아들들아! 스물다섯 번째 해(1520년)에 그 전염병이 시작되었다. 처음에는 사람들이 기침을 하면서 앓더니, 코피와 방광의 통증으로 고통스러워했다. 그 기간에 죽은 사람들의 숫자는… 그것은 실로 엄청났다. 바카키 아마크Vakaki Ahmak 왕자도 그때 목숨을 잃었다. 짙은 그림자와 캄캄한 밤이 차츰차츰 우리의 아버지들, 그 아버지의 아버지들 그리고 우리까지 덮쳤다.

오, 나의 아들들아! 시체에서 풍기는 악취가 엄청났다. 우리의 아버지들, 그 아버지의 아버지들이 굴복한 뒤로 사람들 절반이 벌판으로 달아났다. 개들과 콘도르들이 시체를 게걸스레 먹어 치웠다. 엄청나게 많은 사람들이 목숨을 잃었다.

그리하여, 오, 나의 아들들아! 우리는 고아가 되었다. 우리가 어렸을 때 고아가 되었다. 우리 모두 그러하였다. 우리는 죽기 위해 태어났다.

여기서 잠깐 통계라는 것에 대해 곰곰이 생각해봤으면 한다. 통계는 한낱 숫자에 불과하다. 따라서 인간의 체험으로 번역되어야 한다. 사망률 90%라는 것은 생존자 및 그들이 속한 사회에 어떤 의미일까? 유럽에서 흑사병이 절정에 이르렀을 때 인구의 30~60%가 목숨을 잃었다. 충분히 파괴적인 수치다. 하지만 유럽 문명 자체를 파괴할 정도는 아니었다. 사망률 90%는 문명을 파괴한다. 단순히 사람만 죽이는 게 아니다. 사회를 전멸한다. 언어, 종교, 역사, 문화를 파괴한다. 한 세대에서 다음 세대로 이어지는 지식 전수의 맥을 끊어 놓는다. 생존자들은 과거와 이어지는 필수적인 인간적 연결고리를 빼앗긴다. 자신들의 이야기, 음악과 춤, 영적 관례와 믿음을 강탈당한다. 다시 말해 고유한 정체성을 잃는다.

전염병의 물결로 인한 총 사망률은 실제로 90%에 달했다. 이 통계 수치를 개인적인 차원에서 따져보고 싶다면 당신과 가장 가까운 사람 열아홉 명의 명단을 작성해보라. 사망률 90%라는 것은 그중 한 명만 빼고 모조리 죽는다는 얘기다(물론 당신도 생존자라고 간주하는 경우다). 앞서 나온 칵치퀠어로 쓰인 글의 저자처럼 가까운 지인, 그러니까 자식, 부모, 조부모, 형제자매, 친구, 공동체 지도자들, 영적 권위자들이 전부 죽는 모습을 보게 된다면 어떨 것 같은가? 일어날 수 있는 가장 고통스럽고 치욕적이며 섬뜩한 방식으로 그들이 소멸되는 광경을 지켜보는 심정이 어떠할까? 사회를 떠받치고 있던 모든 기둥이 무너져 내린다고 상상해보라. 황무지가 된 채로 버려진 마을과 도시, 제멋대로 자란 잡초들이 무성한 들판, 매장되지 못한 시신들이 여기저기 흩어져 있는 가옥들과 거리를 상상해보라. 무가치해진 재산, 악취, 파리 떼, 먹이를 뒤지는 동물들 그리고 고독과 침묵을 상상해보라. 그리고 나서 이를 마을과 도시

너머로 확장해보라. 왕국과 문명 너머로 확장해보라. 대륙 너머로 확장해보라. 지구라는 행성의 절반을 아우를 때까지 말이다. 이 전염의 지옥 편은 수천 개의 사회, 수백만 명의 사람들을 파괴했다. 알래스카에서 티에라델푸에고(남아메리카 남단의 군도 – 옮긴이)까지, 캘리포니아주에서 뉴잉글랜드주까지, 아마존 우림에서 허드슨만의 툰드라까지 말이다. T1, 즉 재규어 도시와 고대 모스키티아인들을 파괴한 주범도 바로 그것이었다.

종말에 관한 소설을 쓰는 작가들이 상상의 나래를 펴서 만들어내는 상황, 대단한 뉴스매체들이 다루는 악몽과도 같은 사건들 역시 이와 비슷하기는 하다. 그러나 현실의 아마겟돈은 가장 암울한 할리우드 판타지 영화들도 닿을 수 없는, 상상을 초월한 지점에 있었다. 그것은 인류를 덮친 가장 참담한 대재앙이었다.

그렇다면 16세기 그리고 17세기 유럽인들을 탓해야 할까? 어쨌든 그들에게도 책임은 있었다. 스페인인, 영국인 등은 잔학행위, 노예제도, 강간, 학대, 기아, 전쟁, 대량 학살을 통해서 사망자를 늘리는 데 대단히 큰 기여를 했다. 유럽인들은 질병의 도움 없이도 직접적으로 수많은 원주민들을 죽였다. 어떤 경우에는 생물무기처럼 의도적으로 질병을 이용하기도 했다. 원주민들에게 천연두 균이 득시글대는 담요를 주는 식으로 말이다. 유럽인들의 만행이 없었더라면 취약해질 일 없이 살아남았을지도 모르는 원주민 수백만 명이 질병으로 사망했다.

유럽인들이 신세계에 가지 않았더라면 치명적인 전염병이 발생하지 않았을 거라고 주장하고 싶을 것이다. 하지만 구세계와 신세계의 만남은 필연적이었다. 만약 유럽인이 신세계로 병을 가지고 들어가지 않았다면 아시아인들이나 아프리카인들이 그렇게 했을 것이다. 아니면 신세계의 뱃사람들이 결국에는 구세계로 갔을 것이다. 어떻든지 간에 반드시 재앙이 뒤따르게 되어 있었다. 거대한 지리적 사건이 터지는 것은 시간문제였다. 1만 5,000년 동안 째깍거리고 있었던 시한폭탄이었다. 병든 승객들을 실은 배 한 척이 마침내 드넓은 대양을 가로질러 출항한 운명의 순간까지 초읽기를 하고 있던 시한폭탄 말이다. 대량 학살을 변호하려는 게 아니다. 다만, 그 재앙은 크게 보자면 자연적인 사건이었다. 아무 생각 없는 생물학적 명령, 지구 한쪽에서 다른 쪽으로 이뤄진 말 못하는 우둔한 병원균들의 어마어마한 대이동이었다.

우리가 걸렸던 그 병의 이야기 속에는 무수한 아이러니가 있다. 우리를 덮친 리슈만편모충은 신세계 질병이 구세계 사람들을 공격한 드문 사례였다. 나는 저주 같은 것을 믿는 사람은 아니다. 하지만 구세계의 병으로 파괴된 신세계의 한 도시가 구세계의 재발견자들에게 신세계의 병으로 큰 해를 가한 신벌이 아닌가 하는 느낌을 떨칠 수가 없다. 그런데 이런 식의 아이러니는 현대적 교훈을 놓치고 있다. 사실 그 병은 제1세계 사람들을 공격한 제3세계 질병이었다. 현재 세계는 구세계와 신세계가 아니라 제1세계와 제3세계로 나뉜다. 과거에는 제3세계에만 국한되었던 병원균들이 이제는 제1세계를 지독할 정도로 잠식해 들어가고 있는 상황이다. 이는 지구라는 행성에서 벌어질 질병의 미래 궤도인 셈이다. 병원균에게는 경계가 없다. 그것들은 궁극의 여행자들이다. 병원균에게 연료가 되는 인간이라는 땔감이 있는 곳이라면 어디든지 간다. 우리 제1세계 사람들은 질병, 특히 '소외된 열대병들NTDs'이 제3세계에 격리되어 있을 것이라고, 병원균들이 못 들어오게 막고서 우리의 공동체 안에서 무사히 살 수 있을 것이라고 과할 정도로 안일하게 생각했다. 머나먼 땅에 있는 가난한 자들과 병든 자들의 고통은 외면한 채 말이다.

에이즈의 의학적 위기에 편승하여 리슈만편모충증은 이미 지구상의 새로운 지역, 특히 남유럽으로 진출했다. HIV는 리슈만편모충증의 파괴력을 엄청나게 증강시켰고 리슈만편모충증 역시 HIV에 날개를 달아주었다. 한마디로 끔찍한 조합이다. 그 자체로 치료가 거의 불가능하고 일반적으로 죽음을 초래하는 독자적인 질병으로 간주된다. HIV와 리슈만편모충증은 상호 강화라는 악순환의 고리에 갇혀 있다. 만약 리슈만편모충증을 앓는 사람이 HIV에 걸리면 리슈만편모충증이 항HIV 약물의 효능을 차단해 에이즈 발병을 가속화한다. 반대의 경우도 마찬가지다. 리슈만편모충증이 있는 곳에 사는 HIV 환자는 약해진 면역 체계 때문에 건강한 사람에 비해 리슈만편모충증에 걸릴 확률이 100~1,000배나 높다. 두 질병의 동시감염으로 고통 받고 있는 사람들은 리슈만편모충이 엄청나게 바글거리는 상태여서 그 기생충의 확산 속도를 가속화하는 슈퍼 숙주가 된다.

리슈만편모충증은 인류의 고통 및 방치의 잔해 틈새에서 번창한 질병이다. 다 쓰러져 가는 집, 지저분한 쥐, 초만원인 빈민가, 쓰레기 처리장, 개방 하수, 떠돌이 개들, 영양실조, 중독, 부족한 의료

서비스, 빈곤, 전쟁, 테러의 틈새에서 말이다. 현재 피부리슈만편모충증은 이슬람국가가 장악한 이라크와 시리아에서 걷잡을 수 없이 퍼지고 있다. 너무 만연하다 보니 어린 딸들의 경우 얼굴에 흉터를 남기지 않으려고 신체 부위 가운데 겉으로 드러나지 않는 곳에 일부러 리슈만편모충을 접종하는 가족도 있다고 한다(이 유형의 리슈만편모충증은 가벼운 종류여서 대개 면역성만 남긴 채 저절로 사라진다).

리슈만편모충은 1993년부터 확산되기 시작했다. HIV 동시감염 때문만은 아니었다. 시골에서 도시로의 인구 이동에 따른 것이었다. 리슈만편모충은 다양한 프로젝트 때문에 위험을 무릅쓰고 우림에 발을 들여놓는 사람들을 공격하고 있다. 기이한 이야기들이 흘러넘친다. 코스타리카 밀림으로 요가 여행을 떠난 사람들 가운데 거의 대부분이 리슈만편모충증에 걸렸다. 한 서바이벌 프로그램 출연자는 리슈만편모충증으로 한쪽 귀의 일부를 잃었다. 한 모험여행자의 영상을 촬영하던 영화 제작팀도 이 병에 걸렸다.

현재 리슈만편모충증은 미국 내에서도 확산되고 있다. 20세기 전체를 통틀어 미국에서 보고된 이 질병의 사례는 29건에 불과했다. 게다가 모두 멕시코 국경에서 가까운 텍사스주에서 발생했다. 그런데 2004년 오클라호마주 남동부, 아칸소주와의 경계에서 16km 떨어진 곳에 위치한 어느 소도시 출신의 청년이 의사를 찾아갔다. 그는 나을 기미가 보이지 않는 얼굴의 염증에 대해서 불편함을 호소했다. 의사는 그 염증을 잘라내 오클라호마 시티에 있던 한 병리학자에게 보냈다. 그 병리학자는 염증의 정체를 밝히지 못한 채 동결시킨 조직을 보관해 두었다. 1년 뒤, 그는 순전히 우연한 계기로 그 청년과 같은 도시에 살던 또 다른 환자의 조직 표본을 입수하게 되었다. 그는 즉시 오클라호마주 보건부에 연락을 취했고 역학자인 크리스티 브래들리Kristy Bradley 박사와 연락이 닿게 되었다. 브래들리 박사는 두 개의 조직 표본을 애틀랜타주의 CDC로 보내라고 했다. 그리고 진단 결과가 나왔다. 피부리슈만편모충증이었다. 일반적으로 궤양 절제를 통해 나을 수 있는 가벼운 유형이었다(실제로 두 환자 모두 이 방법으로 치료를 받았다).

오클라호마주에서 브래들리 박사가 리슈만편모충증을 조사하던 시기에 텍사스주 북동부, 댈러스-포트워스시 권역에 속한 교외 지역들에서 같은 질병이 발생했다. 십여 명가량의 환자들 중에는 얼굴에 병변이 생긴 소녀도 있었고, 한집에 사는 고양이와 인간이 동시에 감염된 사례도 있었다. 텍사스주와 오클라호마주 보건부에 소속된 의사들은 병의 근원을 추적하기 위해 협력했다. 이들은 환자들 가운데 여행을 다녀온 적이 있는 사람이 한 명도 없다는 점을 특히 걱정했다. 다들 자기네 뒷마당에서 걸린 것이었다.

브래들리 박사는 오클라호마주에서 두 사례에 관한 조사를 이끌었다. 그는 곤충학자와 생물학자가 포함된 팀을 꾸렸다. 브래들리 박사팀은 환자들의 거주지를 점검하는 과정에서 들쥐의 굴과 샌드플라이 개체군을 찾아냈다. 조사팀은 그것들이 숙주와 매개체임이 분명하다고 결론 내렸다. 그들은 다수의 쥐와 샌드플라이를 잡아서 리슈만편모충이 있는지 검사했다. 그런데 이 질병에 걸린 개체는 한 마리도 없었고, 그 무렵 소규모 발병 역시 잦아들었다.

나는 브래들리 박사에게 연락해 그때 이후로 리슈만편모충증이 정말로 자취를 감췄는지, 아니면 아직도 여전히 돌아다니고 있는지 물어보았다. "사라지지 않았다고 확신합니다." 그는 이렇게 말했다. "겉으로 드러나지는 않지만 어딘가에서 들끓고 있어요. 사실상 조용히 자연 속에서 순환하고 있죠. 다시 터져 나오기에 적절한 환경의 조합을 기다리면서 말이에요." 브래들리 박사팀은 일정 기간 동안 발생한 미국 내 리슈만편모충증 사례로 지도를 만들었다. 그리고 그 병이 텍사스주와 오클라호마주를 가로질러 북동쪽으로 거침없이 확산되고 있다는 사실을 밝혀냈다. 이 질병은 동북 방향에 있는 다른 주들로 향해 가고 있었다. 왜 그 방향으로 퍼지는 것인지 물었다.

브래들리 박사의 입에서 즉각 답이 나왔다. "기후 변화죠." 그의 말에 따르면, 미국이 점점 따뜻해지면서 샌드플라이와 들쥐의 서식 범위가 북쪽으로 서서히 올라가고 있고, 리슈만편모충 역시 여기에 따라붙게 되었다는 것이다. 이 기생충을 퍼뜨린다고 알려진 샌드플라이 종은 현재 기존의 분포 범위에서 북서쪽으로 약 805km, 북동쪽으로 약 322km 떨어진 미국 내에서 발견되고 있다.

향후 65년에 걸쳐 리슈만편모충증이 미국 전역으로 확대될 가능성을 모의실험한 연구가 최근 나오기도 했다. 이 병이 퍼지려면 매개체와 숙주가 모두 필요하므로 과학자들은 샌드플라이와 들쥐 조합이 어디로 이동할지 알아내고자 했다. 과학자들은 최선의 경우와 최악의 경우로 나눠, 미래 기후 시나리오를 살펴보았다. 두 시나리오 모두 각각 2020년, 2050년, 2080년의 상황을 추론했다. 최선의 기후 추정 시나리오에서조차 지구 온난화로 인해 2080년 무렵이면 리슈만편모충증이 미국 전역을 거쳐 캐나다 남동부까지 진출한다는 결과가 도출되었다. 수억 명의 미국인들이 노출될 수 있다. 다만, 이는 들쥐에 의해서만 확산된다는 전제에서의 얘기다. 개나 고양이를 비롯해 다른 수많은 포유류 종들이 리슈만편모충의 숙주가 될 수 있으므로 이 연구에서 설명하는 것보다 훨씬 더 심각한 문제가 잠재되어 있다고 봐야 한다. 또한 이와 유사한 질병의 확산은 유럽이나 아시아에서도 얼마든지 일어날 수 있다.

　태곳적부터 인류를 애먹인 이 질병이 21세기에 이르러 그 역량을 마음껏 발휘하고 있는 듯하다. 국립보건원의 국립알레르기·전염병연구소 소장 앤서니 포시Anthony Fauci는 우리 원정대에게 직설적으로 말했다. "여러분은 지구상에서 제일 밑바닥에 있는 10억 명의 사람들이 어떤 상황에 처해 있는지, 있는 그대로의 진실을 깨닫는 충격적인 경험을 하게 된 겁니다." 그의 말에 따르면, 우리는 수많은 사람들이 평생 감내하고 살아야 하는 병과 아주 극적인 방식으로 대면했다고 했다. 그럼에도 불구하고 우리의 시련에는 한 가닥 긍정적인 측면은 있었다. 그건 바로 만연한 매우 심각한 질병에 대해서 다른 사람들의 주의를 환기시키며 경험담으로 들려줄 수 있게 되었다는 점이다. 전망대로 미국에서 리슈만편모충증이 계속 확산된다면 이번 세기가 끝날 무렵에는 더는 머나먼 땅에 살고 있는 사람들에게만 국한되는 얘기가 아닐 수도 있다. 우리 집 뒷마당에서도 일어날 수 있는 일이다.

　지구 온난화는 이 질병뿐만 아니라 다른 많은 질병에게도 미국 남부의 문을 열어주었다. 나열해본다면 지카 바이러스, 웨스트 나일 바이러스, 뎅기열 등이 있다. 심지어 콜레라, 에볼라, 흑사병 같은 병들도 지구 온난화가 가속화되면서 더 많은 사람들이 감염될 잠재적 위험성을 높이고 있다.

더불어 현대의 여행은 새로운 전염병 확산 방식을 제공했다. 14세기에 흑사병은 말, 낙타, 배를 통해 중앙아시아에서 레반트(동부 지중해 연안), 유럽까지 이동했다. 반면 21세기에 지카 바이러스는 2015년까지 미크로네시아의 야프 섬에서 프랑스령 폴리네시아, 브라질, 카리브 해 지역, 중앙아메리카로 넘어갔다. 모두 비행기를 통해서였다. 2016년 여름에도 비행기를 타고 마이애미에 상륙했다. 2009년 멕시코에서 발생한 치명적인 신종 인플루엔자 A는 비행기를 타고서 저 멀리 일본, 뉴질랜드, 이집트, 캐나다, 아이슬란드를 덮쳤다. 리처드 프레스턴Richard Preston이 간담을 서늘케 하는 저서 《핫존The Hot Zone》에서 언급한 바와 같이 우림의 위험한 바이러스는 지구상의 모든 도시를 오가는 24시간 비행기 안에서 살고 있다.

가장 최근에 전 세계를 휩쓴 대유행병은 1918년에 발생한 스페인독감이었다. 이 병으로 1억 명이 목숨을 잃었다. 전 세계 인구의 약 5%에 달하는 수치다. 만약 이와 같은 유행병이 오늘날 다시금 발생하게 된다면, 그때보다 더 빨리 퍼질 테고 어쩌면 봉쇄 자체가 불가능할지도 모른다. 빌&멀린다 게이츠 재단에 따르면, 이런 유행병이 퍼질 경우 사망자 수가 3억 6,000만 명에 이를 수도 있다고 한다. 백신이나 현대의 강력한 약물들이 완벽하게 구비되어 있다고 하더라도 말이다. 게이츠 재단이 추산한 바에 따르면, 그러한 전염병은 3조 달러에 달하는 경제 붕괴를 촉발해 경제적으로도 세계를 초토화할 수도 있다. 유언비어를 퍼뜨리는 게 아니다. 대부분의 역학자들은 결국 이와 같은 유행병이 발생하리라고 예상하고 있다.

고고학에는 질병뿐 아니라 21세기에 우리가 곰곰이 생각해봐야 하는 인간의 성공과 실패에 관한 경고성 이야기들도 많이 있다. 환경의 질적 저하, 소득 불평등, 전쟁, 폭력, 계급 구분, 착취, 사회 대변동, 광적인 신앙에 관한 교훈들을 우리에게 가르쳐준다. 또한 여러 문화가 환경의 도전과 인간 본성의 어두운 측면을 극복하면서 어떻게 번영을 누리고 지속했는지 알려주기도 한다. 기상천외할 정도로 다양한 조건에서 인간들이 어떻게 적응하고 인생을 살아가며 의미를 찾았는지 보여준다. 실패 사례와 성공 사례를 동시에 좇는다. 여러 문화가 어떤 방법으로 고난과 도전을 마주했는지 들려준다. 때로는 성공적으로, 처음에는 성공적이었으나 결국에는 몰락의 씨앗을 뿌리게 된 방식으로 말이다. 마야인들은 생명력이 넘치는 눈부시게 성공한 사회를 창조했으나 끝내 달라진 환경과 그것을 마주한 욕구에 적응하는 데 실패하고 말았다. 로마 제국과 고대 크메르 제국도 그러했다. 무작위로 어떤 문명을 살펴보아도 마찬가지다. 하지만 '재규어 도시'의 사람들은 실제로 우림의 여러 도전들에 적응했다. 그리고 지구라는 행성에서 가장 가혹한 환경에 속하는 곳에서 번창해 나갔다. 험난한 환경을 아름다운 곳으로 탈바꿈하면서 말이다.

나는 우리가 우연히 은닉처를 발견한 순간 그리고 지면 밖으로 나와 있는 재규어 머리를 처음 본 순간을 지금도 생생하게 떠올릴 수 있다. 빗물에 번들거리며 빛나던 그 재규어 조각은 땅에서 벗어

나려고 몸부림치듯 으르렁대며 일어섰다. 그것은 수백 년을 가로질러 나에게 직접 말을 건넨 하나의 이미지였다. 사라진 그곳의 사람들과 감정적 연결고리가 생긴 듯했다. 그동안 이론으로만 접했던 것이 현실로 다가온 순간이었다. 기백 넘치는 그 형상은 자신감 넘치고 기량이 뛰어났던 굉장한 사람들이 만들어낸 것이었다. 고대의 둔덕들 사이에 드리워진 짙은 그늘 속에서 눈에 보이지 않는 죽은 자들의 존재가 느껴질 정도였다. 정점에 이르렀을 때 T1의 도시, 즉 '재규어 도시'의 사람들은 틀림없이 많은 산으로 에워싸인 계곡의 보루 안에서 난공불락의 안온함을 느꼈을 것이다. 그 어떤 힘이 그들의 강력한 신들을 쓰러뜨리고 영험한 의식들을 무너뜨릴 수 있었겠는가? 하지만 보이지 않는 침략자가 유령처럼 소리 소문 없이 들어와 그들을 파멸로 몰아넣었다. 예측할 수 없었던 만큼 저항이 불가능했던 파멸이었을 것이다. 때로는 멀리서 종말이 조금씩 다가오고 있는 것이 뻔히 보이는데도 이에 대비하지 못하는 사회가 있다. 그런데 어떤 경우에는 아무런 경고 없이 갑자기 막이 내리고 사라지기도 한다.

이때껏 영원히 살아남은 문명은 없었다. 하나같이 차례대로 소멸을 향해 움직였다. 해변의 부서지는 파도처럼 말이다. 그 어떤 것도 이러한 우주의 섭리에서 자유로울 수 없다.

우리도 예외는 아니다.

**부록:**

# 백색 도시의 발굴 현장 속으로

폭우와 진흙탕, 벌레 떼, 재규어와 치명적인 페르드랑스까지….
더없이 험악한 정글도, 천 년간 그 누구의 손도 닿지 않았던
고대 도시의 비밀을 밝히려는 원정대의 행보를 막지 못했다.
그 흥미진진한 발굴 현장을 생생하게 소개한다.

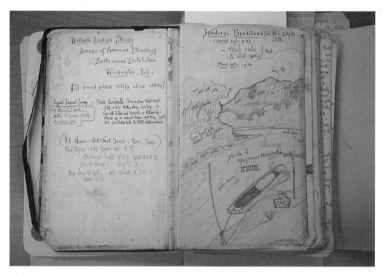

윌리엄 덩컨 스트롱의 온두라스 일지(1933년). 그는 최초로 적법하게 이 지역을 뚫고 들어간 고고학자 가운데 한 사람이었다.

1959년, 현지 가이드와 함께 백색 도시를 찾아다녔던 샘 글래스마이어(맨 왼쪽).

산으로 둘러싸인 모스키티아 심산유곡에서 진입이 거의 불가능한 T1 계곡. 2015년 2월, 원정대가 도착하기 전까지는 지구상에 마지막으로 남아 있던 과학적 미답지 중 한 곳이었다.

1940년 모스키티아에서 모터가 달린 통나무배 덕아웃 카누를 타고 파투카 강을 따라 올라간 시어도어 A. 모드의 모습.

백만 달러짜리 라이더 기기를 실은 세스나 스카이매스터. 온두라스 군인들이 이 극비 탑재물을 경호했다. 2012년 이 소형 비행기는 모스키티아의 외딴 산속 전인미답의 계곡 세 곳에 관한 임무 비행을 수행했다.

2012년 5월 4일, NCALM 소속 공학자인 후안 카를로스 박사가 T1 계곡 상공을 비행하는 동안 라이더 기기를 조작하고 있다.

역사적인 T1 계곡 상공 비행을 앞두고 세스나 스카이매스터 뒤편에 바짝 끼어 탄 이 책의 저자 더글러스 프레스턴.

1994년 백색 도시를 찾아 나선 첫 번째 탐사에서 스티브 엘킨스는 밀림 깊숙한 곳에서 인간이 씨를 뿌리는 모습이 조각된 바위를 발견했다.
이로써 콜럼버스 이전 시대에 오늘날 거의 통행이 불가능한 밀림에 주요 농경 문명이 존재했다는 사실이 드러났다.

T1 계곡에서 촬영한 '잃어버린 도시'의 첫 번째 라이더 영상을 보기 위해 뛰어가다가 급한 마음에 울타리를 넘는 스티브 엘킨스의 모습. 그의 20년 간 탐색에서의 정점이었다.

'잃어버린 도시'의 첫 번째 라이더 영상을 검토하는 원정대의 모습. 왼쪽부터 스티브 엘킨스, 빌 베넨슨(뒤), 마이클 사르토리(앉아 있는 이), 비르힐리오 파레데스, 톰 와인버그 그리고 더글러스 프레스턴.

T1 산 정상의 라이더 영상. 왼쪽 이미지는 회색조, 그 아래 이미지는 컬러 서식이다. 당시에는 산꼭대기의 유적지는 탐사되지 않은 상태였다.

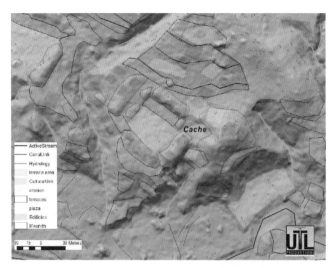

은닉처의 위치와 다른 중요한 특징들을 보여주는 T1의 심장부 라이더 영상.
콜럼버스 이전 시대에 모스키티아의 고대인들에 의해 설계된 풍경이었다.

금 시굴자이자 콜롬비아 카르텔 소속 마약 밀수범이었던 브루스 하이니케. 그는 잃어버린 도시를 찾는 데 많은 도움을 준 인물이다.

에이스타를 타고 이동한 원정대가 T1 유적지 강 하류에 있는 착륙지대에서 짐을 부리고 있다.

원정대의 수석 고고학자 크리스 피셔(뒤)와 더글러스 프레스턴(앞)이 T1 계곡을 관통해 흐르는 이름 모를 강을 답사하고 있다.

2015년 모스키티아의 밀림 깊숙한 곳에서 원정대의 공식 기록자였던 톰 와인버그가 노트북 컴퓨터에 탐사 과정을 상세히 기록하고 있다.

계곡을 관통해 흐르는 미지의 강에 면한 둑에서 바라본 동틀 무렵의 밀림.

유적지 아래쪽에 있던 더글러스 프레스턴의 야영지. 쉴 새 없이 쏟아지는 비 때문에 진흙투성이로 변하기 직전의 모습이다. 주변 나무에 살던 거미원숭이 군단은 그를 향해 나뭇가지를 흔들고 날카롭게 소리를 지르면서 그를 다른 데로 쫓아내려고 했다.

탐사 첫날 밤, 세계에서 가장 치명적인 뱀 가운데 하나인 페르드랑스가 야영지로 들어오는 바람에 죽일 수밖에 없었다. 원정 대장이었던 앤드루 우드는 모든 사람들에게 뱀의 위험성을 각인시키려고 야영지에 있는 나무에 페르드랑스의 머리를 묶어두었다.

자신이 죽인 머리 없는 페르드랑스를 들어 올리고 있는 앤드루 우드.

잃어버린 도시의 탐색에 자금을 댄 영화 제작자 빌 베넨슨이 유적지 아래쪽 T1 계곡에 흐르는 이름 모를 강을 답사하고 있다.

원정 대원 중 한 사람이었던 인류학자 알리시아 곤살레스 박사. 배경에 나온 이들은 왼쪽부터 크리스 피셔, 애나 코언, 앤드루 우드이다.

크리스 피셔가 GPS로 유적지를 탐사하고 있다. 둔덕과 흙으로 된 피라미드가 에워싸고 있는 잃어버린 도시의 중앙 광장은 믿기 힘들 정도로 울울창창했다.

모스키티아 밀림 깊숙한 곳에 있었던 원정대 캠프의 주방. 워낙 외진 지역인지라 그곳에 사는 동물들은 그때껏 사람 그림자도 못 본 듯이 겁도 없이 이리저리 돌아다녔다.

온두라스 특수부대 테손 소속 군인들이 원정대와 동행했다. 사진 속 그들은 야영지에서 사냥한 사슴을 불에 구워 먹었다.

2015년 2월, 온두라스의 고고학 책임자 오스카르 네일은 이 사진이 찍히기 몇 초 전, 유적지에서 처음으로 제단석을 발견했다. 그의 오른손 뒤쪽에 있는 것이 그것인데, 제대로 식별하기 어렵다. 제단은 세 개의 석영 바위 위에 놓인 크고 평평한 돌로, 도시의 주 광장을 따라서 한 줄로 길게 늘어선 상태로 드러났다.

은닉처 혹은 공물을 바치던 곳으로 추정되는 곳에서 관련된 석기와 조각 등이 맨 윗부분만 보이는 상태에서 지표면 위로 드러났다. 이곳의 발굴은 수수께끼 같았던 백색 도시 문명의 엄청난 미스터리 가운데 하나로, 500년 전 이 도시의 갑작스럽고 비극적인 소멸의 이유를 밝혀줄 것이다.

지상에 처음으로 모습을 드러낸 재규어 머리 조각. 사진작가 데이브 요더는 목숨을 걸고 밤중에 은닉처까지 올라가 라이트페인트기법으로 유물들의 사진을 찍었다.

고고학자 애나 코언이 미스터리한 은닉처 현장에서 석기들을 발굴하고 있다. 일명 '에일리언 새끼들'이라고 불린 석기이다. 매장하기 위해 묶어둔 시체, 인신공양 직전의 포로, 반은 원숭이 반은 인간인 형상을 한 신을 묘사했을 가능성이 있다.

중앙 피라미드 기단부에서 발견된 은닉처 한복판에 있던 미스터리한 조각. 고고학자들은 독수리로 변신한 주술사를 묘사한 것이라고 이야기한다.

**옮긴이 손성화**

서강대학교 사학과 정치외교학에서 수학한 후, 연세대학교 행정대학원에서 국제관계·안보를 공부했다. 한때 신문사에 몸담았으며 지금은 출판번역 에이전시 베네트랜스 번역가로 활동 중이다. 옮긴 책으로《용서의 정원》《사물의 약속》《미운 나》《지킬의 거울》《아름다운 반역자들》《나는 사십에 소울메이트를 만났다》등이 있다.

## 원숭이 신의 잃어버린 도시

1판 1쇄 발행 2018년 11월 19일
1판 3쇄 발행 2018년 12월 20일

지은이 더글러스 프레스턴
옮긴이 손성화
발행인 오영진 김진갑
발행처 나무의철학

책임편집 김율리
기획편집 임나리 이다희 함초롬
디자인총괄 안윤민
마케팅 박시현 신하은 박준서
경영지원 이혜선

출판등록 2006년 1월 11일 제313-2006-15호
주소 서울시 마포구 월드컵북로5가길 12 서교빌딩 2층
전화 02-332-3310 팩스 02-332-7741
블로그 blog.naver.com/midnightbookstore
페이스북 www.facebook.com/tornadobook

ISBN 979-11-5851-116-6 03940

이 도서의 국립중앙도서관 출판예정도서목록(CIP)은 서지정보유통지원시스템 홈페이지(http://seoji.nl.go.kr)와 국가자료공동목록시스템(http://www.nl.go.kr/kolisnet)에서 이용하실 수 있습니다. (CIP제어번호: CIP2018033099)